21세기 지식 정보화 시대
대한민국의 IT 인재로 만드는 비결!

Digital Information Ability Test

프리젠테이션
파워포인트 2016

발 행 일 : 2022년 11월 01일(1판 1쇄)
개 정 일 : 2024년 01월 15일(1판 5쇄)
I S B N : 978-89-8455-164-0(13000)
정   가 : 17,000원

집   필 : KIE 기획연구실
진   행 : 김동주
본문디자인 : 앤미디어

발 행 처 : (주)아카데미소프트
발 행 인 : 유성천
주   소 : 경기도 파주시 정문로 588번길 24
홈페이지 : www.aso.co.kr / www.asotup.co.kr

※ 이 책은 저작권법에 따라 보호를 받는 저작물이므로 무단 전재와 무단 복제를 금지하며,
이 책 내용이 전부 또는 일부를 이용하려면 반드시 (주)아카데미소프트의 서면동의를 받아야 합니다.

MEMO

CONTENTS

PART 01 DIAT 시험 안내 및 자료 사용 방법

시험안내 01	DIAT 시험 안내	04
시험안내 02	DIAT 회원 가입 및 시험 접수 안내	06
시험안내 03	DIAT 자료 사용 방법	15

PART 02 출제유형 완전정복

출제유형 01	페이지 설정 및 슬라이드 마스터	20
출제유형 02	[슬라이드1] 제목 도형	28
출제유형 03	[슬라이드1] 본문 도형	34
출제유형 04	[슬라이드1] 그림 및 텍스트 상자	40
출제유형 05	[슬라이드1] 애니메이션	46
출제유형 06	[슬라이드2] 소제목 도형	50
출제유형 07	[슬라이드2] 본문 도형	60
출제유형 08	[슬라이드2] SmartArt	72
출제유형 09	[슬라이드3] 표	82
출제유형 10	[슬라이드3] 차트	88
출제유형 11	[슬라이드3] 텍스트 상자 및 배경	102
출제유형 12	[슬라이드4] 본문 도형	108
출제유형 13	[슬라이드4] WordArt	120

PART 03 출제예상 모의고사

모의고사 01	제 01 회 출제예상 모의고사	128
모의고사 02	제 02 회 출제예상 모의고사	133
모의고사 03	제 03 회 출제예상 모의고사	138
모의고사 04	제 04 회 출제예상 모의고사	143
모의고사 05	제 05 회 출제예상 모의고사	148
모의고사 06	제 06 회 출제예상 모의고사	153
모의고사 07	제 07 회 출제예상 모의고사	158
모의고사 08	제 08 회 출제예상 모의고사	163
모의고사 09	제 09 회 출제예상 모의고사	168
모의고사 10	제 10 회 출제예상 모의고사	173
모의고사 11	제 11 회 출제예상 모의고사	178
모의고사 12	제 12 회 출제예상 모의고사	183
모의고사 13	제 13 회 출제예상 모의고사	188
모의고사 14	제 14 회 출제예상 모의고사	193
모의고사 15	제 15 회 출제예상 모의고사	198

PART 04 최신유형 기출문제

기출문제 01	제 01 회 최신유형 기출문제	204
기출문제 02	제 02 회 최신유형 기출문제	209
기출문제 03	제 03 회 최신유형 기출문제	214
기출문제 04	제 04 회 최신유형 기출문제	219
기출문제 05	제 05 회 최신유형 기출문제	224
기출문제 06	제 06 회 최신유형 기출문제	229
기출문제 07	제 07 회 최신유형 기출문제	234
기출문제 08	제 08 회 최신유형 기출문제	239
기출문제 09	제 09 회 최신유형 기출문제	244
기출문제 10	제 10 회 최신유형 기출문제	249

※ 부록 : 시험직전 모의고사 3회분 수록

MEMO

DIAT

PART 01

DIAT 시험 안내 및 자료 사용 방법

MEMO

DIAT

시험안내 01 — DIAT 시험 안내

☑ 디지털정보활용능력(DIAT) 시험 과목 및 합격 기준
☑ 디지털정보활용능력(DIAT) 검정 기준

1. 디지털정보활용능력(DIAT / Digital Information Ability Test)

- 컴퓨터와 인터넷을 이용한 정보가 넘쳐나고 사물과 사물 간에도 컴퓨터와 인터넷이 연결된 디지털정보 시대에 기본적인 정보통신기술, 정보처리기술의 활용분야에 대해 학습이나 사무업무를 수행할 수 있도록 종합적으로 묶어 효과적으로 구성한 자격종목
- 총6개 과목으로 구성(작업식 5개 과목, 객관식 1개 과목)되어 1개 과목만으로도 자격취득이 가능하며 합격점수에 따라 초·중·고급자격이 부여
- 과목별로 시험을 응시하며 시험 당일 한 회차에 최대 3개 과목까지 응시 가능

2. 필요성

- 사무업무에 즉시 활용 가능한 작업식 위주의 실기시험
- 정보통신·OA·멀티미디어·인터넷 등 분야별 등급화를 통한 실무능력 인증

3. 자격 종류

- 자격구분 : 공인민간자격
- 공인번호 : 과학기술정보통신부 제2020-2호
- 등록번호 : 2008-0265

4. 시험 과목

검정과목	사용프로그램	검정방법	문항수	시험시간	배점
프리젠테이션	- MS 파워포인트 2016 - 한컴오피스 한쇼 NEO	작업식	4문항	40분	200점
스프레드시트	- MS 엑셀 2016 - 한컴오피스 한셀 NEO	작업식	5문항	40분	200점
워드프로세서	- 한컴오피스 한글 NEO	작업식	2문항	40분	200점
멀티미디어제작	- 포토샵/곰믹스프로 - 이지포토/곰믹스프로	작업식	3문항	40분	200점
인터넷정보검색	- 인터넷	작업식	8문항	40분	100점
정보통신상식	- CBT 프로그램	객관식	40문항	40분	100점

합격기준
- 고급 : 해당과제의 80% ~ 100% 해결능력
- 중급 : 해당과제의 60% ~ 79% 해결능력
- 초급 : 해당과제의 40% ~ 59% 해결능력

※ 검정 수수료 및 시험 일정은 www.ihd.or.kr 홈페이지 하단의 [자격안내]에서 확인할 수 있습니다.

디지털정보활용능력 – 프리젠테이션[파워포인트] (시험시간 : 40분)

[슬라이드 4] 아래의 작성조건 및 출력형태에 알맞게 네 번째 슬라이드에 작업하시오. (60점)

≪출력형태≫

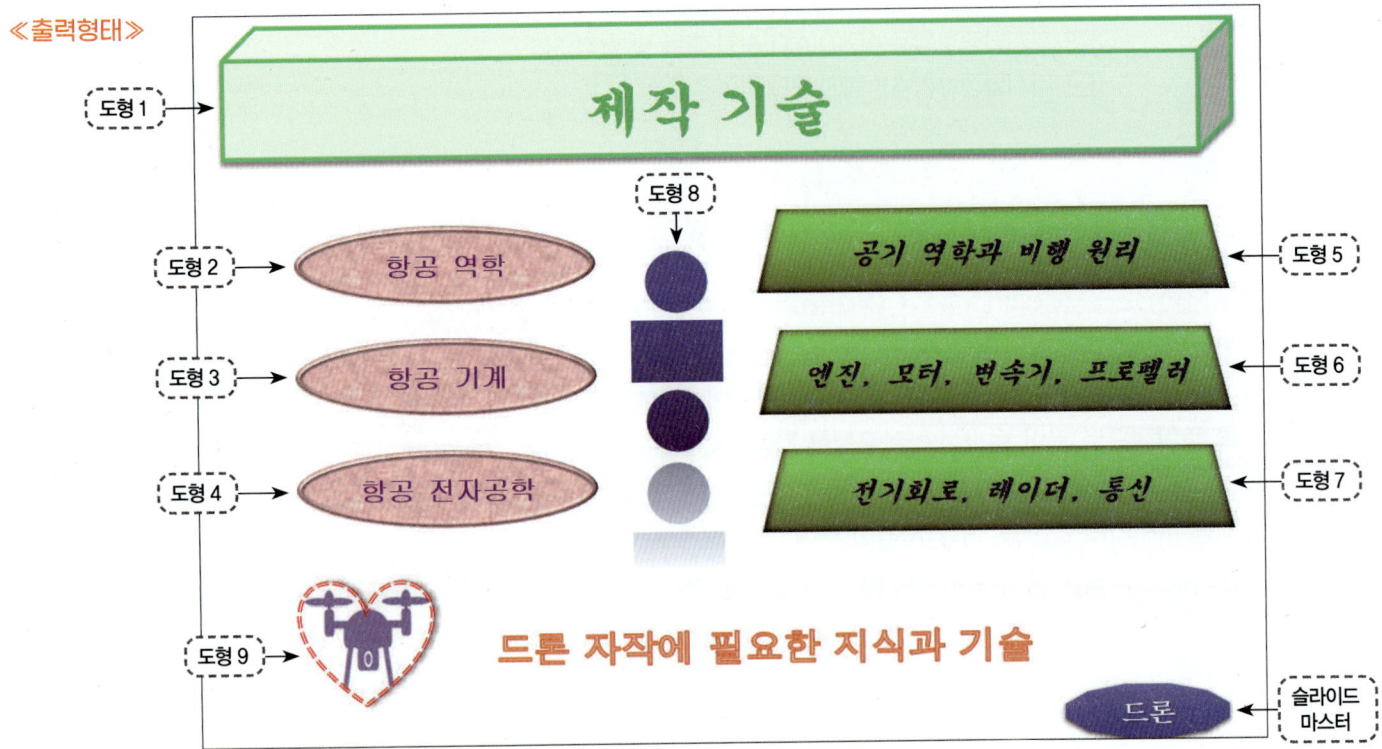

≪작성조건≫

(1) 제목
- 도형 1 ⇒ 기본 도형 : 정육면체, 도형 채우기('녹색, 강조 6, 80% 더 밝게'),
  도형 윤곽선(실선, 색 : 녹색, 너비 : 3pt, 겹선 종류 : 단순형), 도형 효과(그림자 – 바깥쪽 – 오프셋 아래쪽),
  글꼴(궁서, 42pt, 굵게, 녹색)

(2) 본문
- 도형 2~4 ⇒ 기본 도형 : 타원, 도형 채우기(질감 : 분홍 박엽지), 선 없음,
  도형 효과(입체 효과 – 낮은 수준의 경사), 글꼴(굴림체, 20pt, 굵게, 자주)
- 도형 5~7 ⇒ 기본 도형 : 사다리꼴, 도형 채우기(연한 녹색, 그라데이션 – 선형 위쪽), 선 없음,
  도형 효과(그림자 – 안쪽 가운데), 글꼴(궁서체, 20pt, 굵게, 기울임꼴, 진한 파랑)
- 도형 8 ⇒ 수식 도형 : 나눗셈 기호, 도형 채우기('파랑, 강조 5', 그라데이션 – 선형 위쪽), 선 없음,
  도형 효과(반사 – '1/2 반사, 8 pt 오프셋')
- 도형 9 ⇒ 기본 도형 : 하트, 도형 채우기(그림 또는 질감 채우기) 기능을 사용하여 그림 3 삽입,
  도형 윤곽선(실선, 색 : 빨강, 너비 : 3pt, 겹선 종류 : 이중, 대시 종류 : 사각 점선),
  도형 효과(그림자 – 바깥쪽 – 오프셋 오른쪽)
- WordArt 삽입(드론 자작에 필요한 지식과 기술)
  ⇒ WordArt 스타일('채우기 – 주황, 강조 2, 윤곽선 – 강조 2'), 글꼴(돋움, 28pt, 굵게)
- 지시사항이 없는 부분은 ≪출력형태≫와 동일하게 작성하시오.

5. DIAT 프리젠테이션 검정 기준

과목	대분류	중분류	소분류	문제수
프리젠테이션		프리젠테이션 구성	1-1. 프리젠테이션 만들기와 열기	4
			1-2. 프리젠테이션 저장과 닫기	
			1-3. 프리젠테이션 모양 만들기	
			1-4. 슬라이드 마스터	
		슬라이드 작성	2-1. 슬라이드 편집과 보기	
			2-2. 텍스트 추가와 서식	
			2-3. 단락 서식	
			2-4. 맞춤법 검사와 자동 고침	
			2-5. 슬라이드 노트와 유인물	
			2-6. 머리글 및 바닥글	
			2-7. 슬라이드 번호, 날짜/시간 등 입력	
		도형 및 개체 활용	3-1. 도형 및 이미지 삽입 및 편집	
			3-2. 선, 연결선, 테두리 추가	
			3-3. 특수 텍스트(워드아트, 클립아트, 다이어그램 등) 효과 만들기	
			3-4. 채우기, 3차원 효과	
			3-5. 개체 이동과 대칭	
		수식, 표, 차트	4-1. 수식 작업	
			4-2. 표 삽입 및 편집	
			4-3. 차트 삽입 및 편집, 데이터 입력	
		슬라이드 쇼	5-1. 슬라이드 쇼 디자인	
			5-2. 애니메이션 슬라이드	
			5-3. 시간과 화면 전환	
			5-4. 음향, 동영상 추가	
			5-5. 슬라이드 쇼 실현과 제어	
			5-6. 웹에서 프리젠테이션 열기와 찾기	
			5-7. 웹에 게시	
합 계				4

[슬라이드 3] 아래의 작성조건 및 출력형태에 알맞게 세 번째 슬라이드에 작업하시오. (60점)

≪출력형태≫

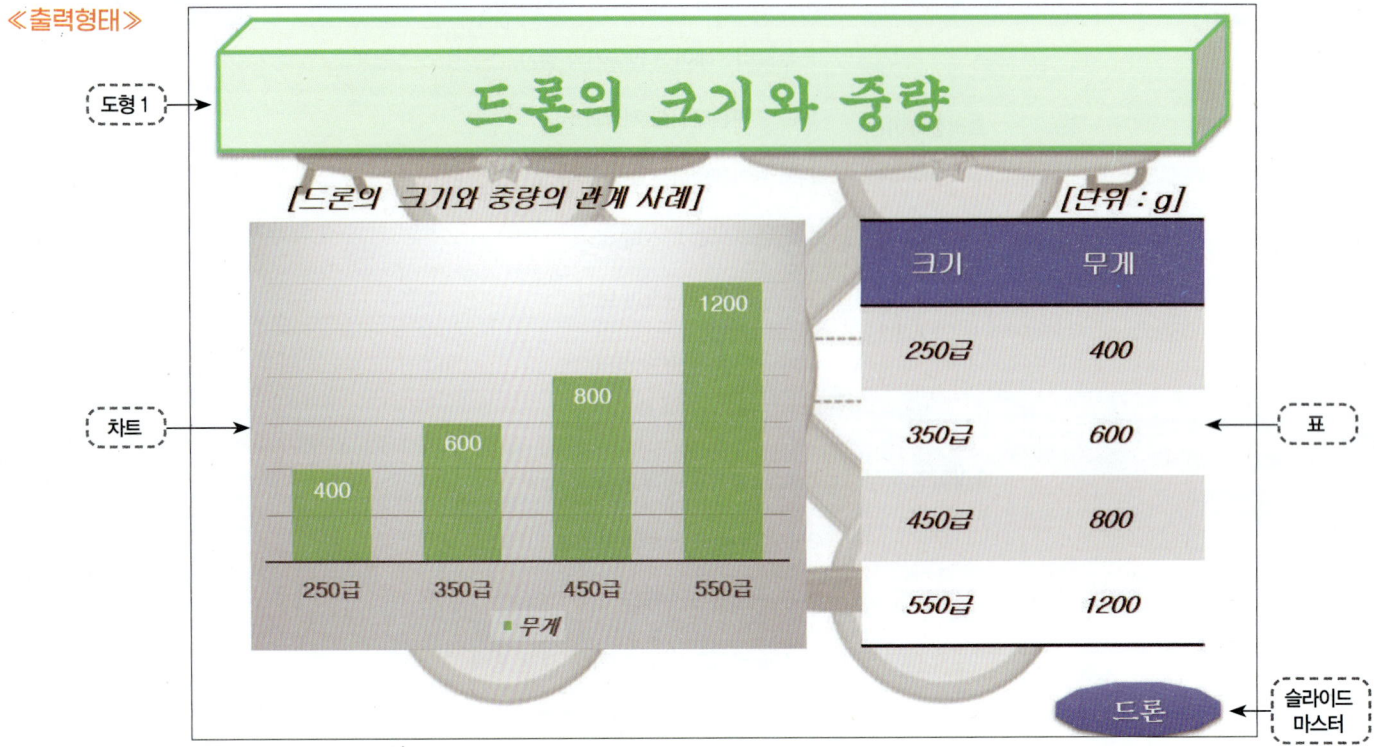

≪작성조건≫

(1) 제목
- ▶ 도형 1 ⇒ 기본 도형 : 정육면체, 도형 채우기('녹색, 강조 6, 80% 더 밝게'),
  도형 윤곽선(실선, 색 : 녹색, 너비 : 3pt, 겹선 종류 : 단순형), 도형 효과(그림자 – 바깥쪽 – 오프셋 아래쪽),
  글꼴(궁서, 42pt, 굵게, 녹색)

(2) 본문 (※ 차트 작성은 반드시 '차트삽입 → 데이터입력 → 차트스타일' 순으로 작성바랍니다.)
- ▶ 텍스트 상자 1([단위 : g]) ⇒ 글꼴(굴림, 20pt, 굵게, 기울임꼴)
- ▶ 표 ⇒ 표 스타일(보통 스타일 3 – 강조 5),
  가장 위의 행 : 글꼴(굴림, 20pt, 굵게, 텍스트 그림자, 가운데 맞춤),
  나머지 행 : 글꼴(굴림, 18pt, 굵게, 기울임꼴, 가운데 맞춤)
- ▶ 텍스트 상자 2([드론의 크기와 중량의 관계 사례]) ⇒ 글꼴(굴림, 20pt, 굵게, 기울임꼴)
- ▶ 차트 ⇒ 세로 막대형 : 묶은 세로 막대형, 차트 스타일(색 변경 – '색상형 – 색 4', 스타일 5),
  축 서식/데이터 레이블 : 글꼴(돋움, 16pt, 굵게),
  범례 서식 : 글꼴(돋움, 16pt, 굵게, 기울임꼴), 데이터는 표 참고
- ▶ 배경 ⇒ 배경 서식(채우기 – 그림 또는 질감 채우기)에서 그림 2 삽입(현재 슬라이드만 적용)
- ▶ 애니메이션 지정 ⇒ 차트 : 나타내기 – 바운드
- ▶ 지시사항이 없는 부분은 ≪출력형태≫와 동일하게 작성하시오.

DIAT 회원 가입 및 시험 접수 안내

☑ 회원 가입하기
☑ 본인인증하기(본인 명의 휴대폰이 있는 경우, 본인 명의 휴대폰이 없는 경우)
☑ 로그인하고 사진 등록하기

1. 회원 가입하기

① 인터넷을 실행한 후 주소 표시줄에 'www.ihd.or.kr'를 입력하고 Enter 키를 눌러 자격 검정 사이트에 접속합니다.

② 회원 가입을 하기 위해 화면 오른쪽의 [회원가입]을 클릭합니다.

③ 회원 가입에서 [14세 미만 가입]을 클릭합니다.
※ 응시자가 14세 이상일 경우에는 [14세 이상 가입]을 눌러 가입을 진행합니다.

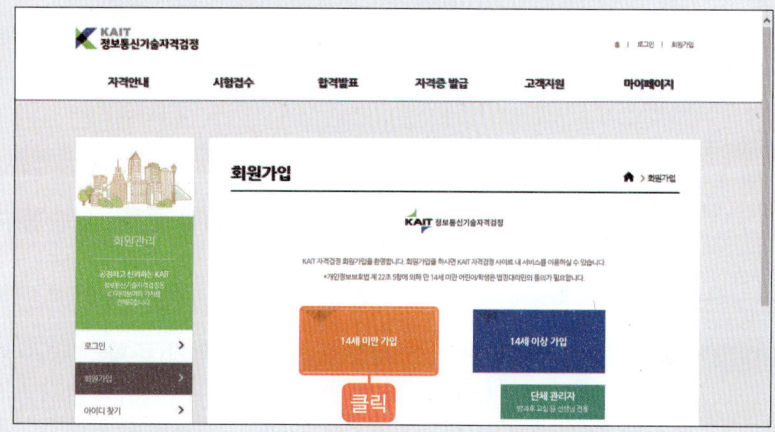

④ [약관동의]에서 '한국정보통신진흥협회 자격검정 회원서비스 이용을 위한 필수 약관에 모두 동의합니다.' 체크 박스를 클릭합니다.

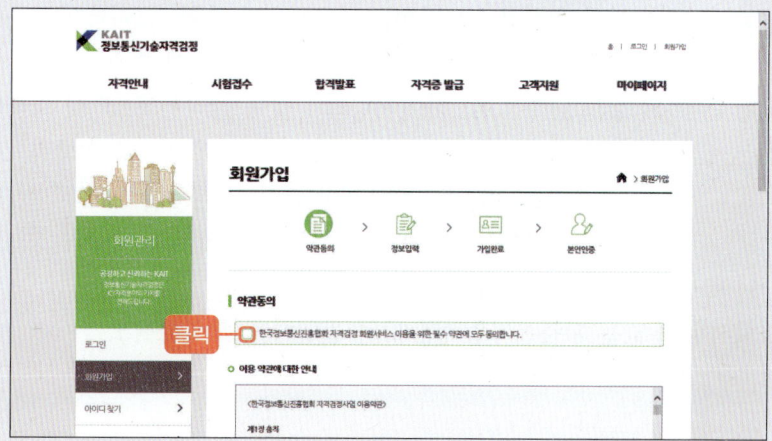

디지털정보활용능력 - 프리젠테이션[파워포인트] (시험시간 : 40분)

[슬라이드 2] 아래의 작성조건 및 출력형태에 알맞게 두 번째 슬라이드에 작업하시오. (50점)

≪출력형태≫

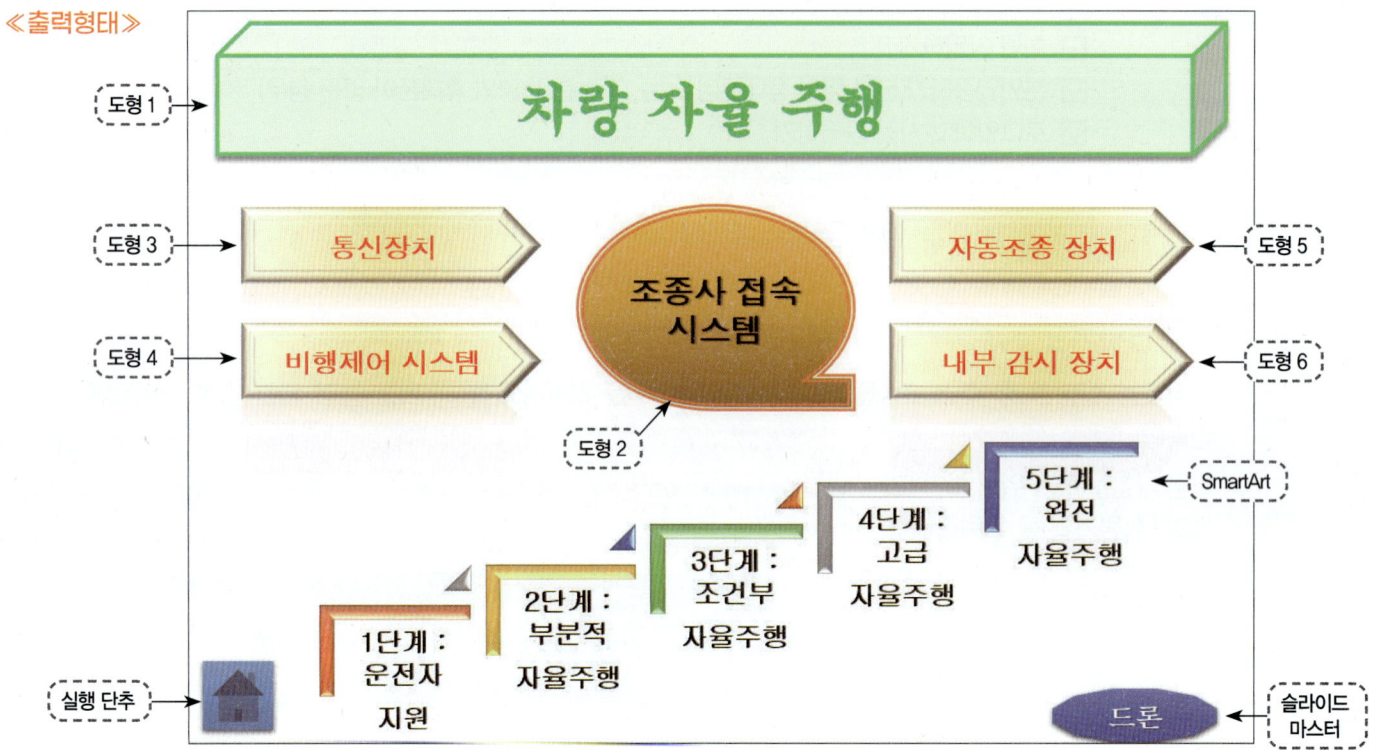

≪작성조건≫

(1) 제목
  ▶ 도형 1 ⇒ 기본 도형 : 정육면체, 도형 채우기('녹색, 강조 6, 80% 더 밝게'),
          도형 윤곽선(실선, 색 : 녹색, 너비 : 3pt, 겹선 종류 : 단순형), 도형 효과(그림자 - 바깥쪽 - 오프셋 아래쪽),
          글꼴(궁서, 42pt, 굵게, 녹색)

(2) 본문
  ▶ 도형 2 ⇒ 순서도 : 순차적 액세스 저장소, 도형 채우기(주황, 그라데이션 - 선형 위쪽),
          도형 윤곽선(실선, 색 : '주황, 강조 2', 너비 : 6pt, 겹선 종류 : 이중),
          글꼴(돋움, 24pt, 굵게, 텍스트 그림자, '검정, 텍스트 1')
  ▶ 도형 3~6 ⇒ 블록 화살표 : 오각형, 도형 채우기(주황, 그라데이션 - 가운데에서), 선 없음,
          도형 효과(반사 - '근접 반사, 터치', 입체 효과 - 디벗), 글꼴(돋움, 20pt, 굵게, 빨강)
  ▶ 실행 단추 ⇒ 실행 단추 : 홈, 하이퍼링크 : 첫째 슬라이드, 도형 스타일('강한 효과 - 파랑, 강조 1')
  ▶ SmartArt 삽입 ⇒ 프로세스형 : 단계 상승 프로세스형, 글꼴(굴림, 20pt, 굵게, 가운데 맞춤),
          SmartArt 스타일(색 변경 - '색상형 - 강조색', 3차원 - 경사),
          (반드시 SmartArt 기능을 이용하여 작성할 것)
  ▶ 애니메이션 지정 ⇒ SmartArt : 나타내기 - 도형
  ▶ 지시사항이 없는 부분은 ≪출력형태≫와 동일하게 작성하시오.

❺ [보호자(법정대리인)동의]에서 '보호자 성명'과 '생년월일', 'e-mail'을 입력합니다. '[필수] 14세미만 자녀의 회원가입에 동의합니다.' 체크 박스를 클릭하고 [약관동의]를 클릭합니다.

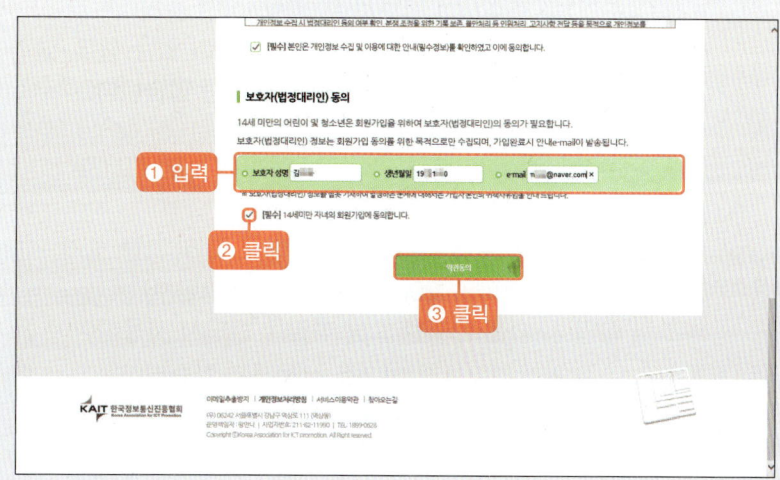

❻ [정보입력]에서 항목별로 정보를 정확하게 입력하고 [회원가입하기]를 클릭합니다.

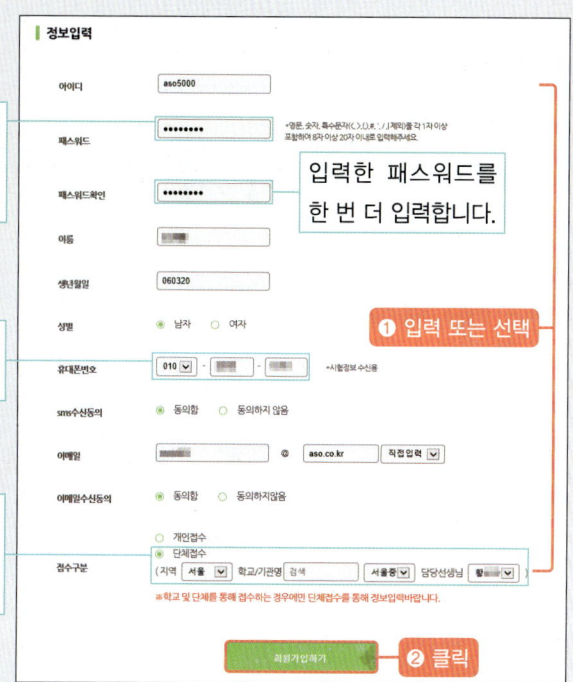

영문, 숫자, 특수문자(⟨, ⟩, (,), #, ;, / 제외)를 각 1자 이상 포함하여 8자이상 20자 이내로 입력합니다.

입력한 패스워드를 한 번 더 입력합니다.

만약 본인의 휴대폰이 없는 경우에는 부모님 휴대폰 번호를 입력합니다.

학교 및 단체를 통해 접수하는 경우에 '단체접수'를 선택하고 차례로 '지역', '학교/기관명', '담당선생님'을 선택합니다.

❼ '저장하시겠습니까?' 메시지 창이 나타나면 〈확인〉 버튼을 클릭합니다.

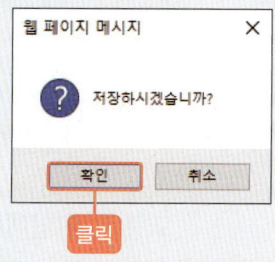

디지털정보활용능력-프리젠테이션[파워포인트] (시험시간 : 40분)

유의사항
- 《작성조건》을 준수하여 반드시 프리젠테이션 슬라이드로 작업합니다.
- 글꼴 및 기타 사항에 대해 별도의 지시사항이 없는 경우, 슬라이드 크기와 전체적인 균형을 고려하여 임의로 작성하되, **도형은 그룹으로 설정하지 않습니다.**
- 모든 슬라이드 크기(A4), 방향(가로), 디자인 테마(Office 테마)로 지정합니다.
  ▶ 슬라이드 크기, 방향 조정 시 '맞춤 확인'으로 지정하여야 합니다.
- 공통적용사항(슬라이드 마스터)
  ▶ 도형 ⇒ 기본 도형 : 십이각형, 도형 스타일('강한 효과 – 파랑, 강조 5'),
     글꼴(바탕, 20pt, 굵게, 텍스트 그림자)
- 그림 삽입 시 다운로드 한 그림 파일을 반드시 사용하여야 합니다.
- ⬜ ⟶ 은 지시사항이므로 작성하지 않습니다.
- 슬라이드에 제시된 글자 및 숫자 오타는 감점처리 됩니다.

[슬라이드 1] 아래의 작성조건 및 출력형태에 알맞게 첫 번째 슬라이드에 작업하시오. (30점)

《출력형태》

《작성조건》

- ▶ 도형 1 ⇒ 순서도 : 천공 테이프, 도형 채우기(그라데이션 : 미리 설정 – '가운데 그라데이션 – 강조 4',
    종류 – 선형, 방향 – 선형 왼쪽), 도형 윤곽선(실선, 색 : 노랑, 너비 : 3pt, 겹선 종류 : 단순형),
    도형 효과(입체 효과 – 둥글게), 글꼴(굴림, 54pt, 굵게, 텍스트 그림자, 진한 파랑)
- ▶ 도형 2 ⇒ 수식 도형 : 곱셈 기호, 도형 채우기(자주, 그라데이션 – 가운데에서), 선 없음,
    도형 효과(그림자 – 안쪽 아래쪽, 반사 – '1/2 반사, 터치')
- ▶ 도형 3 ⇒ 기본 도형 : 빗면, 도형 스타일('강한 효과 – 녹색, 강조 6')
- ▶ 그림 삽입 ⇒ 그림 1 삽입, 크기(높이 : 7cm, 너비 : 11cm)
- ▶ 텍스트 상자(4차 산업 혁명 준비를 위해) ⇒ 글꼴(굴림체, 24pt, 굵게, 기울임꼴)
- ▶ 애니메이션 지정 ⇒ 도형 1 : 나타내기 – 날아오기
- ▶ 지시사항이 없는 부분은 《출력형태》와 동일하게 작성하시오.

2. 본인인증하기(본인 명의 휴대폰이 있는 경우)

❶ 본인 인증하기 화면에서 [본인인증하기]를 클릭합니다.

※ 시험 접수 및 합격정보 확인 등을 이용하기 위해서 본인 인증이 필요합니다.

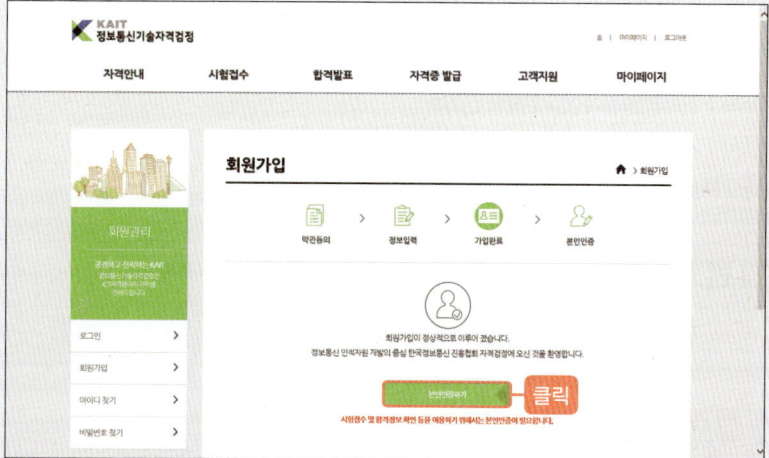

❷ 본인 인증 방법에서 [휴대폰]이 선택된 것을 확인하고 [인증하기]를 클릭합니다.

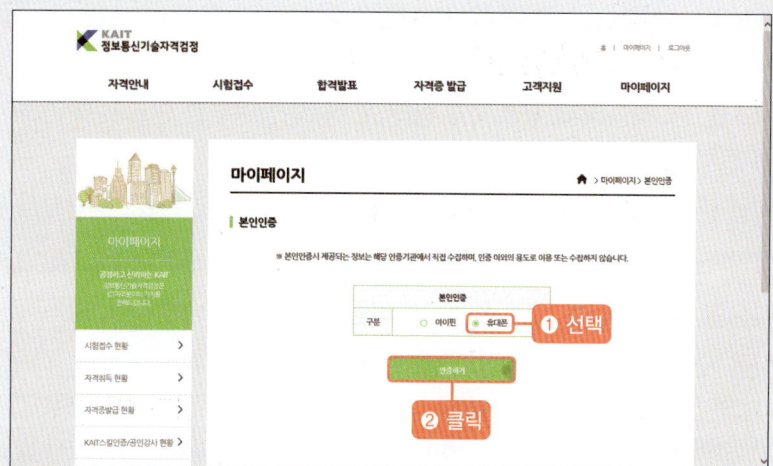

❸ '통신사 확인' 창에서 사용 중인 이동통신사를 선택합니다.
❹ '본인확인' 창에서 [휴대폰 본인 확인(문자)]를 클릭한 후 개인 정보를 입력하고 〈확인〉 버튼을 클릭합니다.

 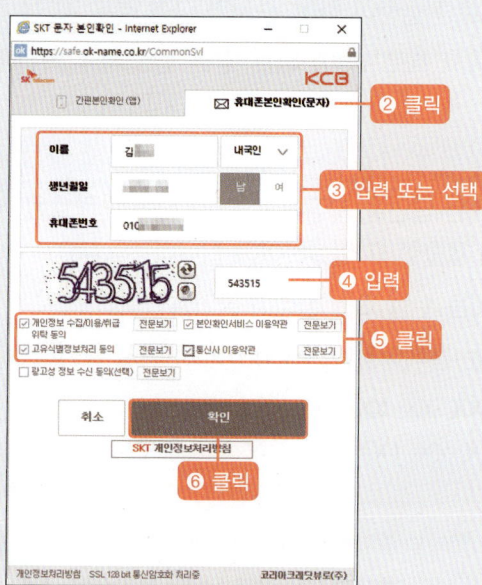

디지털정보활용능력 최신유형 기출문제

- ☑ 시험과목 : 프리젠테이션(파워포인트)
- ☑ 시험일자 : 20XX. XX. XX. (X)
- ☑ 응시자 기재사항 및 감독위원 확인

MS Office 2016 버전용

수검번호	DIP - XXXX -	감독위원 확인
성 명		

응시자 유의사항

1. 응시자는 신분증을 지참하여야 시험에 응시할 수 있으며, 시험이 종료될 때까지 신분증을 제시하지 못 할 경우 해당 시험은 0점 처리됩니다.
2. 시스템(PC작동여부, 네트워크 상태 등)의 이상여부를 반드시 확인하여야 하며, 시스템 이상이 있을시 감독위원에게 조치를 받으셔야 합니다.
3. 시험 중 부주의 또는 고의로 시스템을 파손한 경우는 응시자 부담으로 합니다.
4. 답안 전송 프로그램을 통해 다운로드 받은 파일을 이용하여 답안 파일을 작성하시기 바랍니다.
5. 작성한 답안 파일은 답안 전송 프로그램을 통하여 전송됩니다. 감독위원의 지시에 따라 주시기 바랍니다.
6. 다음 사항의 경우 실격(0점) 혹은 부정행위 처리됩니다.
    1) 답안 파일을 저장하지 않았거나, 저장한 파일이 손상되었을 경우
    2) 답안 파일을 지정된 폴더(바탕화면 – "KAIT" 폴더)에 저장하지 않았을 경우
        ※ 답안 전송 프로그램 로그인 시 바탕화면에 자동 생성됨
    3) 답안 파일을 다른 보조 기억장치(USB) 혹은 네트워크(메신저, 게시판 등)로 전송할 경우
    4) 휴대용 전화기 등 통신기기를 사용할 경우
7. 슬라이드는 반드시 순서대로 작성해야 하며, 순서가 다를 경우 "0"점 처리 됩니다.
8. 시험지에 제시된 글꼴이 응시 프로그램에 없는 경우, 반드시 감독위원에게 해당 내용을 통보한 뒤 조치를 받아야 합니다.
9. 슬라이드 작성 시 도형의 그룹 설정을 사용하는 경우, 채점에서 감점처리 됩니다.
10. 시험의 완료는 작성이 완료된 답안을 저장하고, 답안 전송이 완료된 상태를 확인한 것으로 합니다. 답안 전송 확인 후 문제지는 감독위원에게 제출한 후 퇴실하여야 합니다.
11. 답안 전송이 완료된 경우에는 수정 또는 정정이 불가능합니다.
12. 시험 시행 후 합격자 발표는 홈페이지(www.ihd.or.kr)에서 확인하시기 바랍니다.
    1) 문제 및 정답 공개 : 20XX. XX. XX. (X)
    2) 합격자 발표 : 20XX. XX. XX. (X)

❺ 휴대폰에 수신된 본인확인인증번호를 입력하고 〈확인〉 버튼을 클릭합니다.
❻ '휴대폰본인확인완료' 메시지를 확인하고 〈완료〉 버튼을 클릭합니다.

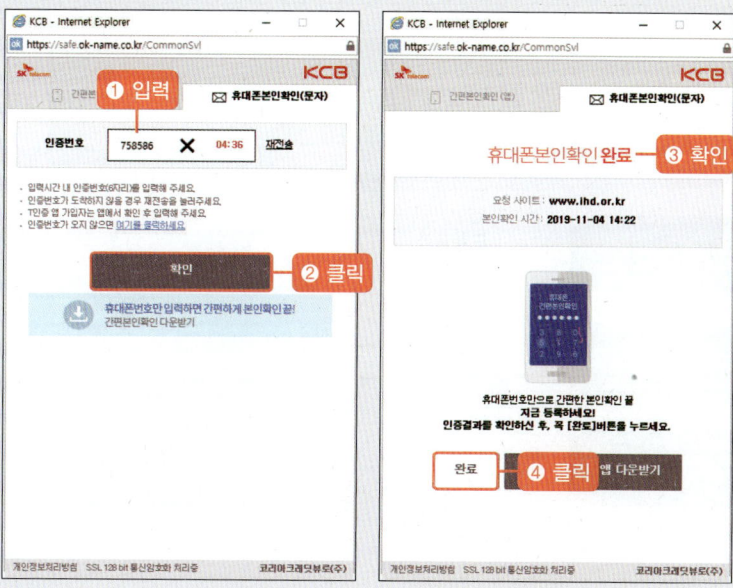

❼ '본인인증성공' 메시지 창이 나타나면 〈확인〉 버튼을 클릭합니다.

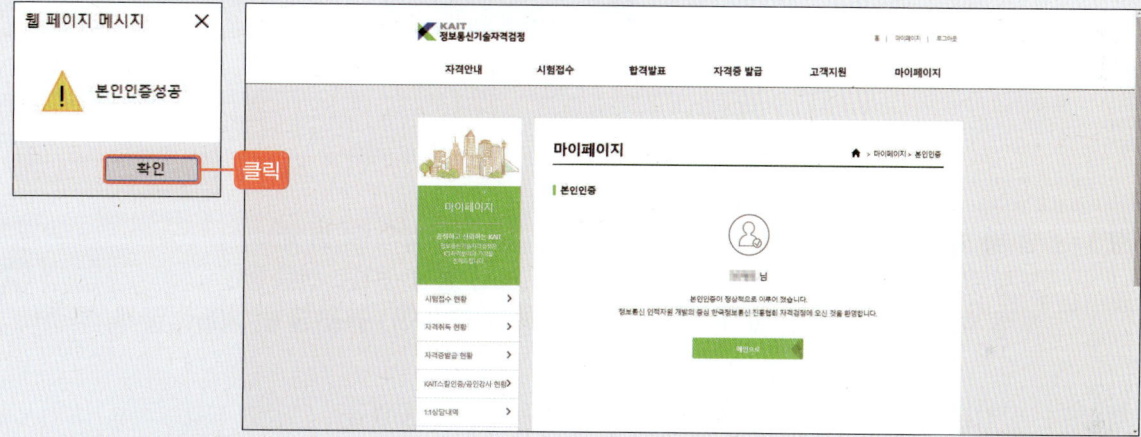

[슬라이드 4] 아래의 작성조건 및 출력형태에 알맞게 네 번째 슬라이드에 작업하시오. (60점)

≪출력형태≫

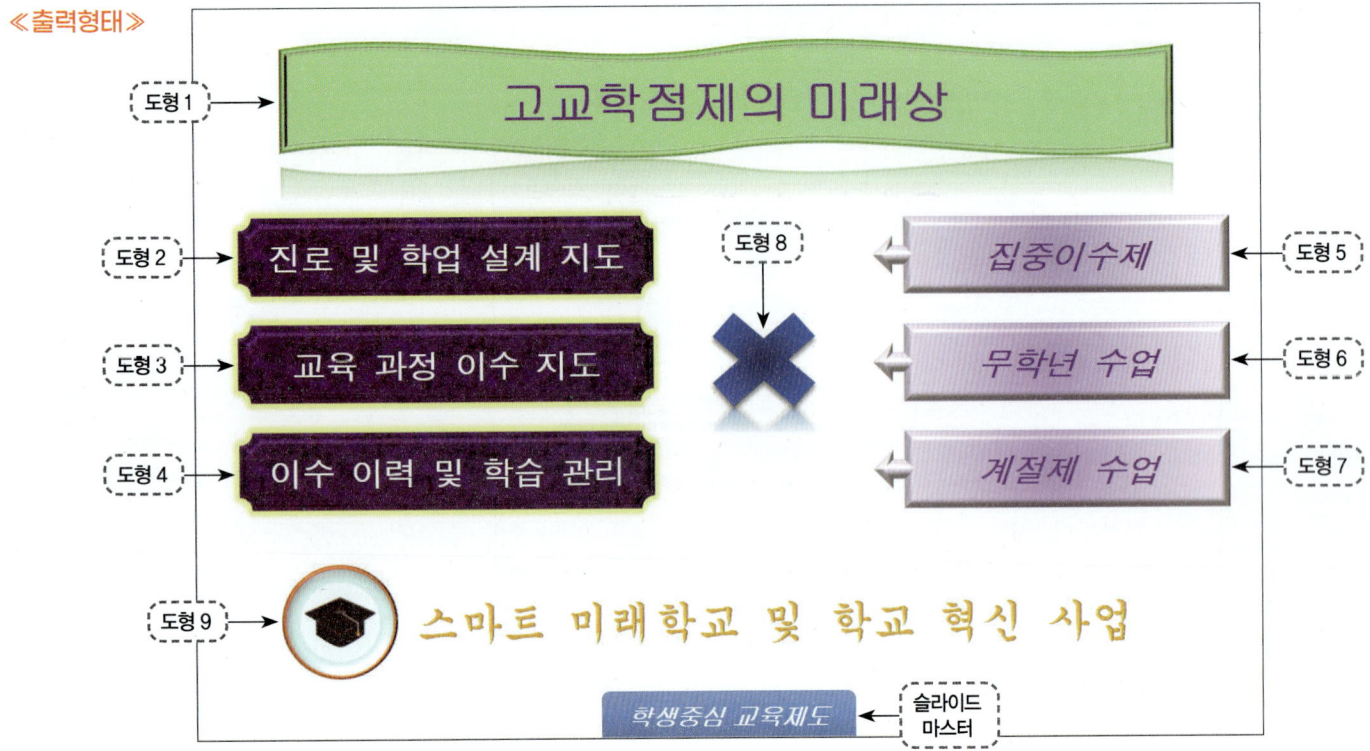

≪작성조건≫

(1) 제목
- 도형 1 ⇒ 별 및 현수막 : 이중 물결, 도형 채우기('녹색, 강조 6, 40% 더 밝게'),
  도형 윤곽선(실선, 색 : '녹색, 강조 6', 너비 : 2pt, 겹선 종류 : 단순형),
  도형 효과(반사 – '근접 반사, 터치', 입체 효과 – 급경사), 글꼴(굴림, 36pt, 굵게, 자주)

(2) 본문
- 도형 2~4 ⇒ 기본 도형 : 배지, 도형 채우기(질감 : 자주 편물), 선 없음,
  도형 효과(네온 – '황금색, 8 pt 네온, 강조색 4'), 글꼴(돋움체, 24pt, 굵게)
- 도형 5~7 ⇒ 블록 화살표 : 왼쪽 화살표, 도형 채우기(자주, 그라데이션 – 가운데에서), 선 없음,
  도형 효과(입체 효과 – 비스듬하게), 글꼴(돋움체, 24pt, 굵게, 기울임꼴, 자주)
- 도형 8 ⇒ 수식 도형 : 곱셈 기호, 도형 채우기(파랑, 그라데이션 – 가운데에서), 선 없음,
  도형 효과(그림자 – 바깥쪽 – 오프셋 아래쪽, 반사 – '근접 반사, 터치')
- 도형 9 ⇒ 기본 도형 : 타원, 도형 채우기(그림 또는 질감 채우기) 기능을 사용하여 그림 3 삽입,
  도형 윤곽선(실선, 색 : '주황, 강조 2', 너비 : 3pt, 겹선 종류 : 단순형, 대시 종류 : 실선),
  도형 효과(입체 효과 – 부드럽게 둥글리기)
- WordArt 삽입(스마트 미래학교 및 학교 혁신 사업)
  ⇒ WordArt 스타일('채우기 – 황금색, 강조 4, 부드러운 입체'), 글꼴(궁서체, 32pt, 굵게)
- 지시사항이 없는 부분은 ≪출력형태≫와 동일하게 작성하시오.

3. 본인인증하기(본인 명의 휴대폰이 없는 경우)

❶ 본인 인증 방법에서 [아이핀]을 선택한 후 [인증하기]를 클릭합니다.

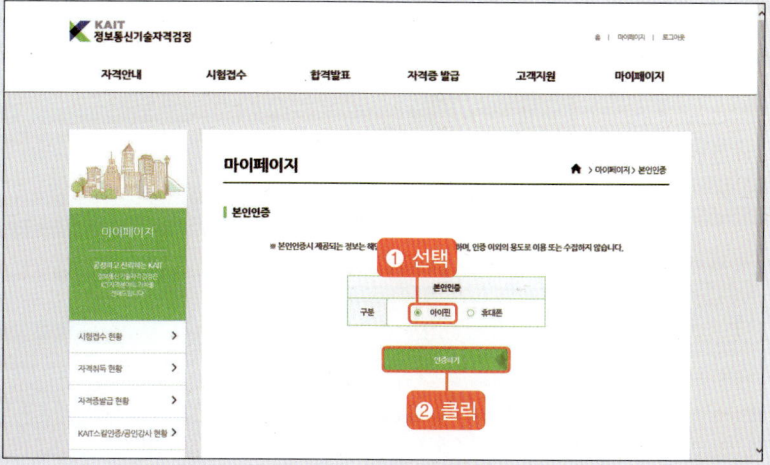

❷ '메인 화면' 창이 열리면 왼쪽 하단의 [신규발급]을 클릭합니다.

※ 만약 아이핀ID와 비밀번호가 있는 경우에는 '아이핀ID, 비밀번호, 문자입력'을 각각 입력한 후 〈확인〉 버튼을 클릭합니다.

❸ '약관 동의' 창이 나오면 약관 동의에 체크한 후 〈확인〉 버튼을 클릭합니다.

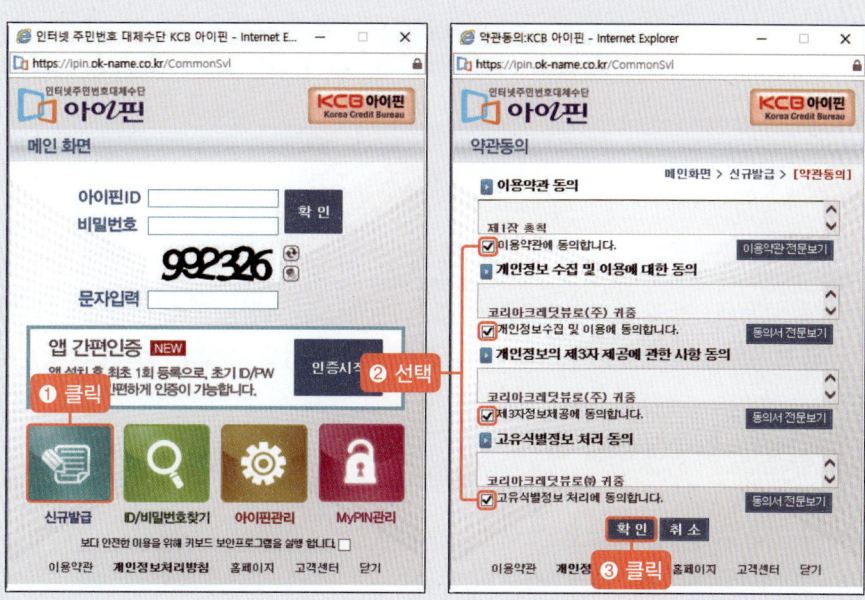

TIP 아이핀이란?

아이핀은 주민 등록 번호를 대체할 수 있는 인증방법으로 아이디와 패스워드를 이용하여 본인 확인을 하는 수단입니다. 이전에 아이핀을 가입하였다면 바로 로그인을 진행하도록 합니다.

[슬라이드 3] 아래의 작성조건 및 출력형태에 알맞게 세 번째 슬라이드에 작업하시오. (60점)

≪출력형태≫

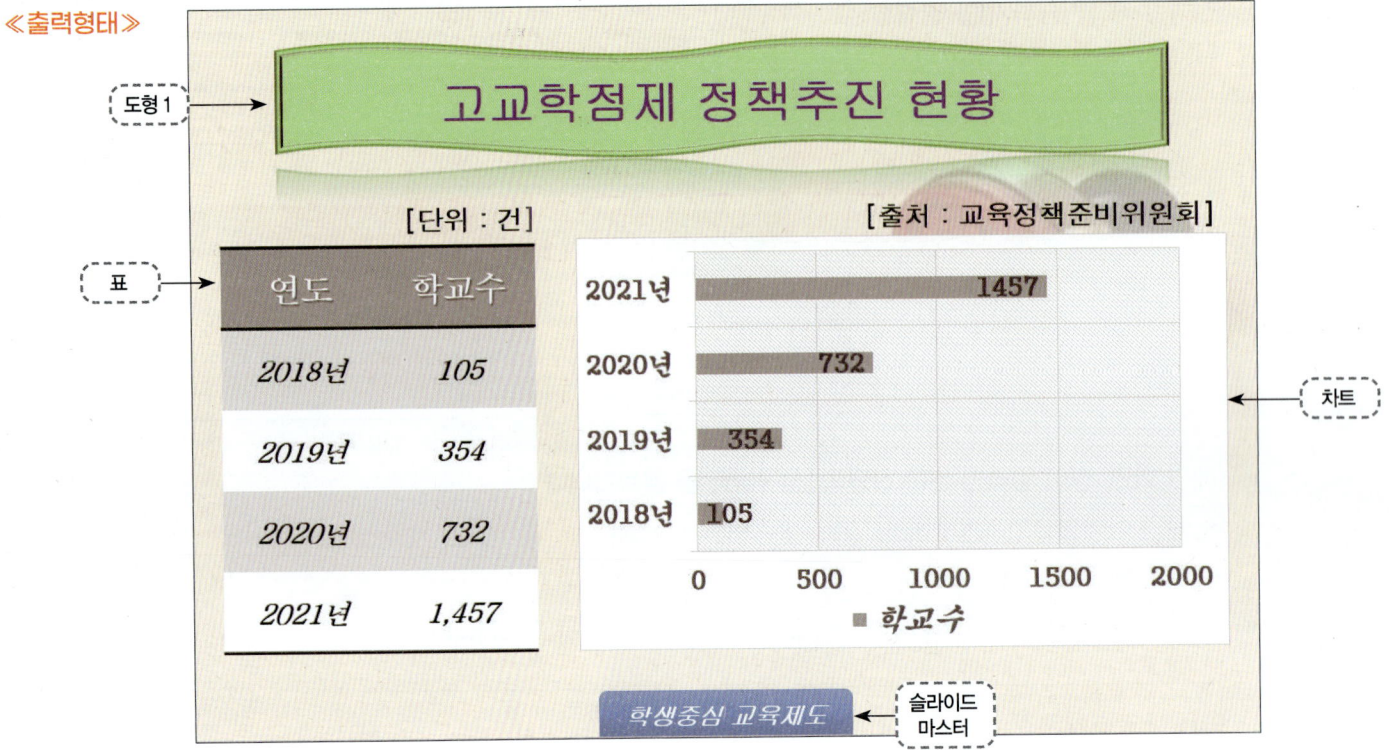

≪작성조건≫

(1) 제목
   ▶ 도형 1 ⇒ 별 및 현수막 : 이중 물결, 도형 채우기('녹색, 강조 6, 40% 더 밝게'),
              도형 윤곽선(실선, 색 : '녹색, 강조 6', 너비 : 2pt, 겹선 종류 : 단순형),
              도형 효과(반사 – '근접 반사, 터치', 입체 효과 – 급경사), 글꼴(굴림, 36pt, 굵게, 자주)

(2) 본문 (※ 차트 작성은 반드시 '차트삽입 → 데이터입력 → 차트스타일' 순으로 작성바랍니다.)
   ▶ 텍스트 상자 1([단위 : 건]) ⇒ 글꼴(돋움, 20pt, 굵게)
   ▶ 표 ⇒ 표 스타일(보통 스타일 3 – 강조 3),
          가장 위의 행 : 글꼴(바탕, 24pt, 굵게, 텍스트 그림자, 가운데 맞춤),
          나머지 행 : 글꼴(바탕, 20pt, 굵게, 기울임꼴, 가운데 맞춤)
   ▶ 텍스트 상자 2([출처 : 교육정책준비위원회]) ⇒ 글꼴(돋움, 20pt, 굵게)
   ▶ 차트 ⇒ 가로 막대형 : 묶은 가로 막대형, 차트 스타일(색 변경 – '단색형 – 색 7', 스타일 6),
            축 서식/데이터 레이블 : 글꼴(궁서, 20pt, 굵게),
            범례 서식 : 글꼴(궁서, 22pt, 굵게, 기울임꼴), 데이터는 표 참고
   ▶ 배경 ⇒ 배경 서식(채우기 – 그림 또는 질감 채우기)에서 그림 2 삽입(현재 슬라이드만 적용)
   ▶ 애니메이션 지정 ⇒ 차트 : 나타내기 – 올라오기
   ▶ 지시사항이 없는 부분은 ≪출력형태≫와 동일하게 작성하시오.

④ '발급자 정보입력' 창에서 내용을 입력하고 아이핀 ID를 중복 확인한 후 〈발급하기〉 버튼을 클릭합니다.
⑤ '추가 인증수단 설정' 창에서 2차 비밀번호를 선택한 후 〈확인〉 버튼을 클릭합니다.
⑥ '법정대리인 동의' 창에서 법정 대리인의 정보를 입력하고, 개인정보처리 동의에 체크한 후 〈확인〉 버튼을 클릭합니다.

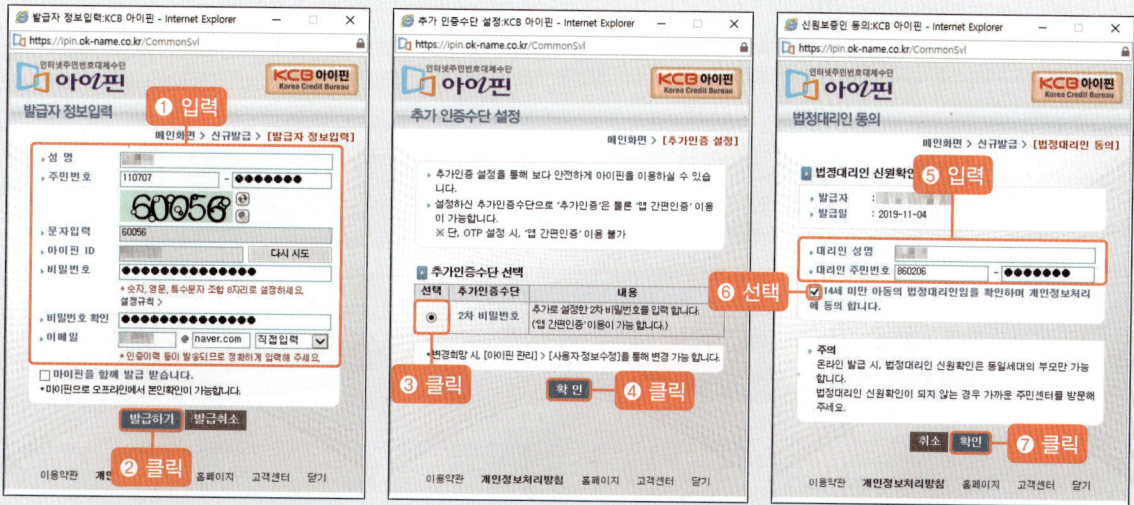

⑦ '아이핀 신원확인' 창이 나오면 법정 대리인의 휴대폰 정보를 입력한 후 〈인증번호 확인〉 버튼을 클릭합니다.
  ※ 범용 공인인증서를 이용하여도 신원확인이 가능합니다.
⑧ 휴대폰에 수신된 승인번호를 입력한 후 〈인증번호 확인〉 버튼을 클릭합니다.

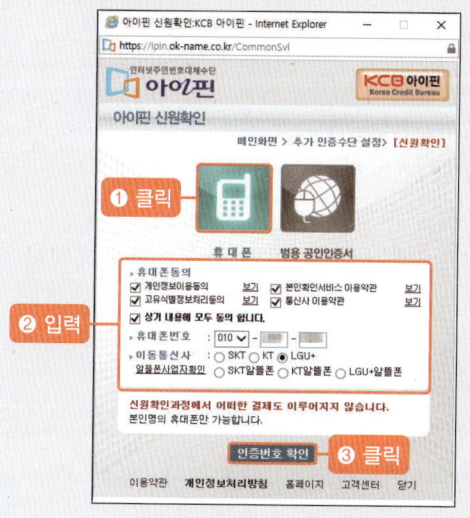
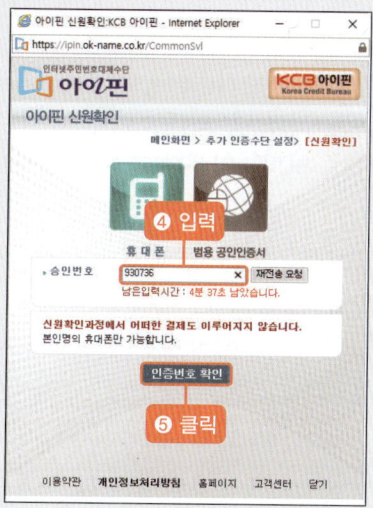

⑨ '2차 비밀번호 설정' 창이 나오면 2차 비밀번호를 입력한 후 〈확인〉 버튼을 클릭하여 아이핀 발급을 완료합니다.
⑩ '메인 화면' 창이 나오면 '아이핀 ID', '비밀번호', '문자입력' 내용을 입력한 후 〈확인〉 버튼을 클릭합니다.
⑪ '추가인증' 창에서 2차 비밀번호를 입력한 후 〈확인〉 버튼을 클릭하여 본인 확인 절차를 완료합니다.

[슬라이드 2] 아래의 작성조건 및 출력형태에 알맞게 두 번째 슬라이드에 작업하시오. (50점)

≪출력형태≫

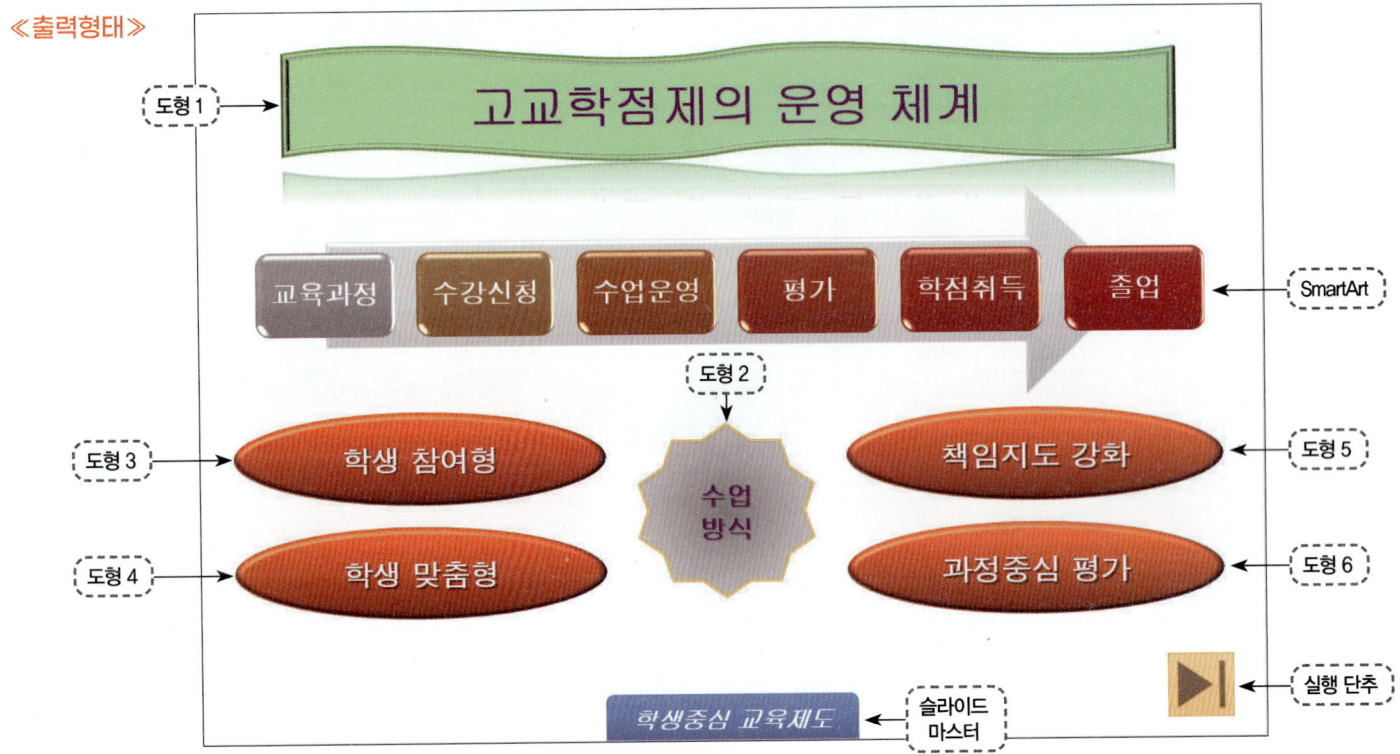

≪작성조건≫

(1) 제목
- 도형 1 ⇒ 별 및 현수막 : 이중 물결, 도형 채우기('녹색, 강조 6, 40% 더 밝게'),
  도형 윤곽선(실선, 색 : '녹색, 강조 6', 너비 : 2pt, 겹선 종류 : 단순형),
  도형 효과(반사 – '근접 반사, 터치', 입체 효과 – 급경사), 글꼴(굴림, 36pt, 굵게, 자주)

(2) 본문
- 도형 2 ⇒ 별 및 현수막 : 포인트가 10개인 별, 도형 채우기('회색-25%, 배경 2', 그라데이션 – 가운데에서),
  도형 윤곽선(실선, 색 : '황금색, 강조 4', 너비 : 2pt, 겹선 종류 : 이중),
  글꼴(굴림체, 20pt, 굵게, 텍스트 그림자, 자주)
- 도형 3~6 ⇒ 기본 도형 : 타원, 도형 채우기('주황, 강조 2', 그라데이션 – 선형 위쪽), 선 없음,
  도형 효과(입체 효과 – 둥글게), 글꼴(돋움, 22pt, 굵게, 텍스트 그림자)
- 실행 단추 ⇒ 실행 단추: 끝, 하이퍼링크 : 마지막 슬라이드, 도형 스타일('미세 효과 – 황금색, 강조 4')
- SmartArt 삽입 ⇒ 프로세스형 : 연속 블록 프로세스형, 글꼴(돋움체, 20pt, 굵게, 가운데 맞춤),
  SmartArt 스타일(색 변경 – '색상형 범위 – 강조색 3 또는 4', 3차원 – 광택 처리),
  (반드시 SmartArt 기능을 이용하여 작성할 것)
- 애니메이션 지정 ⇒ SmartArt : 나타내기 – 날아오기
- 지시사항이 없는 부분은 ≪출력형태≫와 동일하게 작성하시오.

4. 로그인하고 사진 등록하기

❶ 우측 상단의 [로그인]을 클릭합니다. 이어서, 아이디와 비밀번호를 정확하게 입력하고 [로그인]을 클릭합니다.

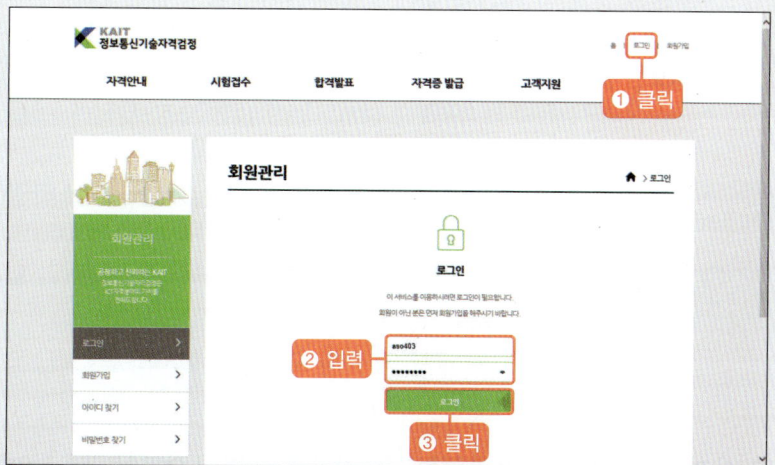

❷ [마이페이지]를 클릭합니다.

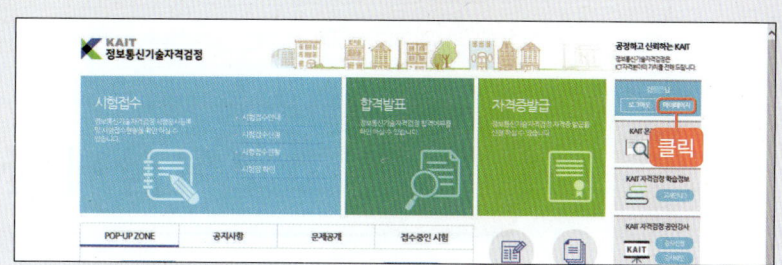

❸ 왼쪽 메뉴에서 [사진관리]를 클릭합니다.

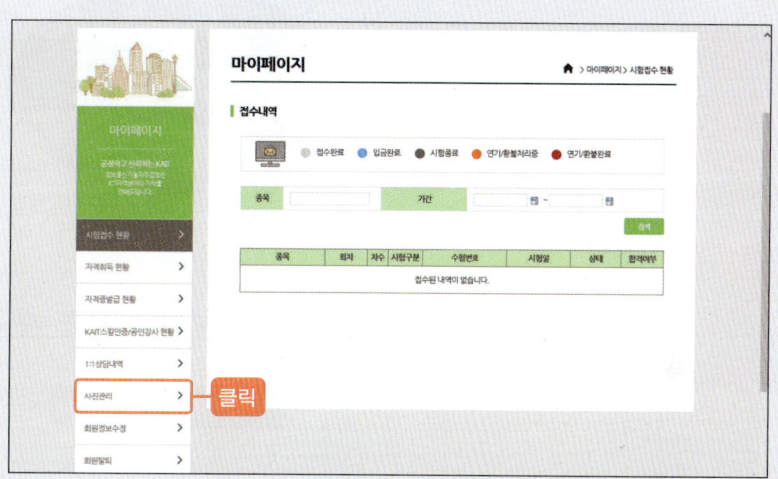

❹ [사진 선택]을 클릭합니다.

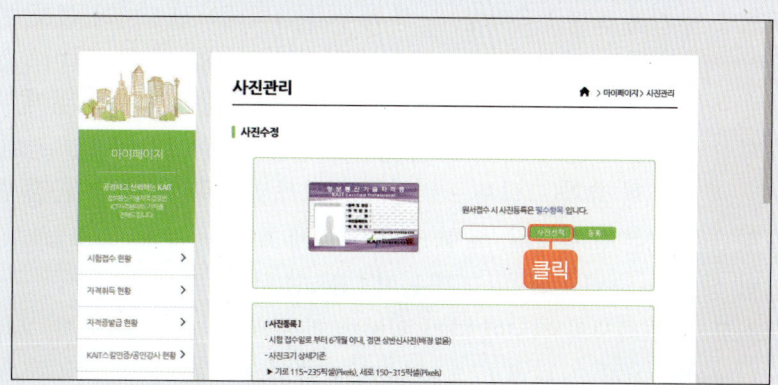

디지털정보활용능력-프리젠테이션[파워포인트] (시험시간 : 40분)

유의사항
- 《작성조건》을 준수하여 반드시 프리젠테이션 슬라이드로 작업합니다.
- 글꼴 및 기타 사항에 대해 별도의 지시사항이 없는 경우, 슬라이드 크기와 전체적인 균형을 고려하여 임의로 작성하되, **도형은 그룹으로 설정하지 않습니다.**
- 모든 슬라이드 크기(A4), 방향(가로), 디자인 테마(Office 테마)로 지정합니다.
  ▶ 슬라이드 크기, 방향 조정 시 '맞춤 확인'으로 지정하여야 합니다.
- 공통적용사항(슬라이드 마스터)
  ▶ 도형 ⇒ 사각형 : 양쪽 모서리가 둥근 사각형, 도형 스타일('보통 효과 – 파랑, 강조 1'), 글꼴(굴림, 18pt, 굵게, 기울임꼴)
- 그림 삽입 시 다운로드 한 그림 파일을 반드시 사용하여야 합니다.
- ⬚ ⟶ 은 지시사항이므로 작성하지 않습니다.
- 슬라이드에 제시된 글자 및 숫자 오타는 감점처리 됩니다.

[슬라이드 1] 아래의 작성조건 및 출력형태에 알맞게 첫 번째 슬라이드에 작업하시오. (30점)

≪출력형태≫

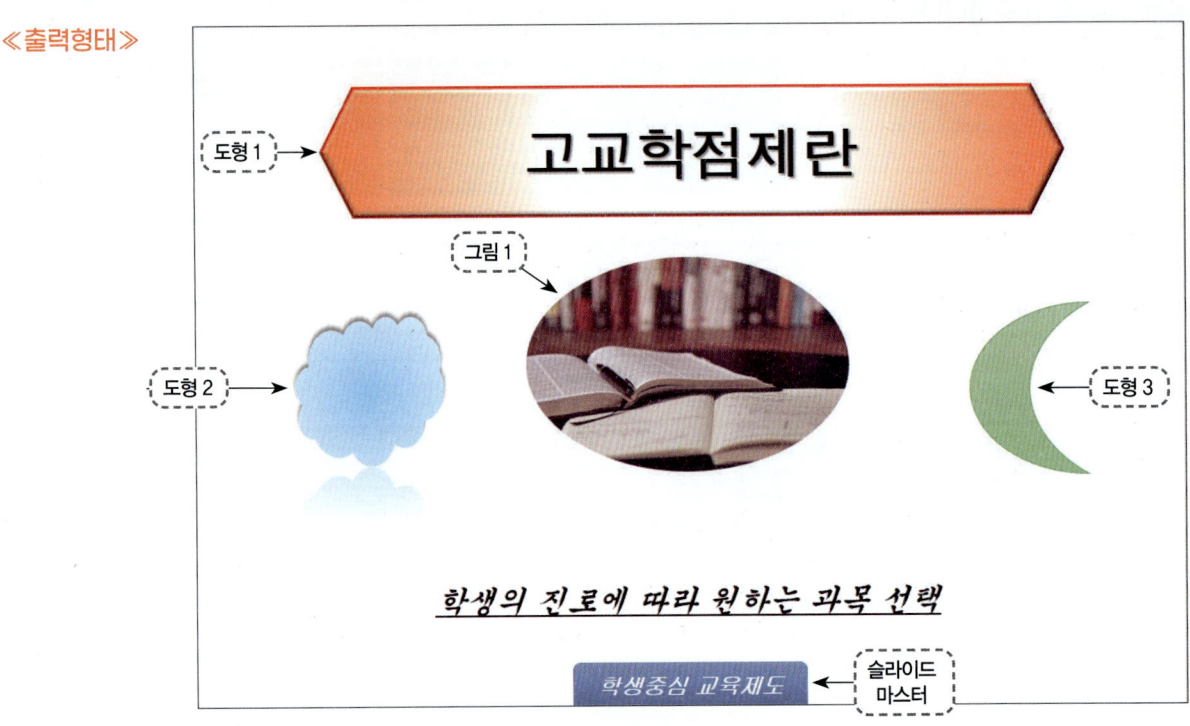

≪작성조건≫

▶ 도형 1 ⇒ 기본 도형 : 육각형, 도형 채우기(그라데이션 : 미리 설정 – '위쪽 스포트라이트 강조 2', 종류 – 방사형, 방향 – 가운데에서), 도형 윤곽선(실선, 색 : 빨강, 너비 : 2pt, 겹선 종류 : 단순형), 도형 효과(입체 효과 – 둥글게), 글꼴(돋움체, 44pt, 굵게, 텍스트 그림자, '검정, 텍스트 1')

▶ 도형 2 ⇒ 기본 도형 : 구름, 도형 채우기(연한 파랑, 그라데이션 – 가운데에서), 선 없음, 도형 효과(그림자 – 바깥쪽 – 오프셋 위쪽, 반사 – '근접 반사, 터치')

▶ 도형 3 ⇒ 기본 도형 : 달, 도형 스타일('미세 효과 – 녹색, 강조 6')

▶ 그림 삽입 ⇒ 그림 1 삽입, 크기(높이 : 6cm, 너비 : 9cm)

▶ 텍스트 상자(학생의 진로에 따라 원하는 과목 선택) ⇒ 글꼴(궁서, 24pt, 기울임꼴, 밑줄)

▶ 애니메이션 지정 ⇒ 도형 1 : 나타내기 – 나누기

▶ 지시사항이 없는 부분은 《출력형태》와 동일하게 작성하시오.

❺ [업로드할 파일 선택] 창에서 내 사진 파일을 선택하고 〈열기〉 버튼을 클릭합니다.

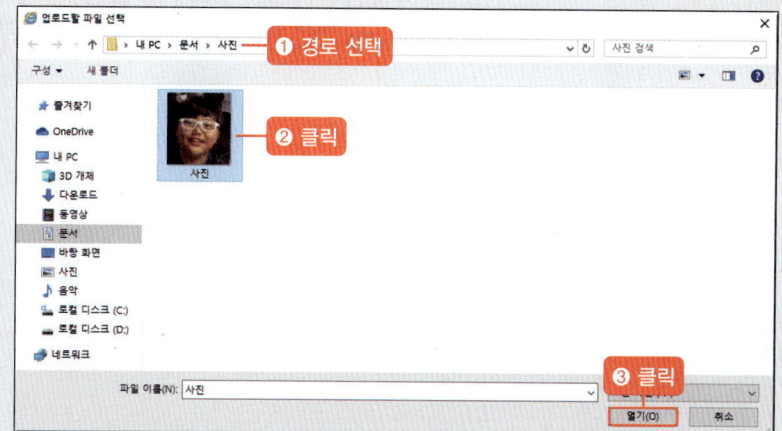

❻ [등록]을 클릭합니다.

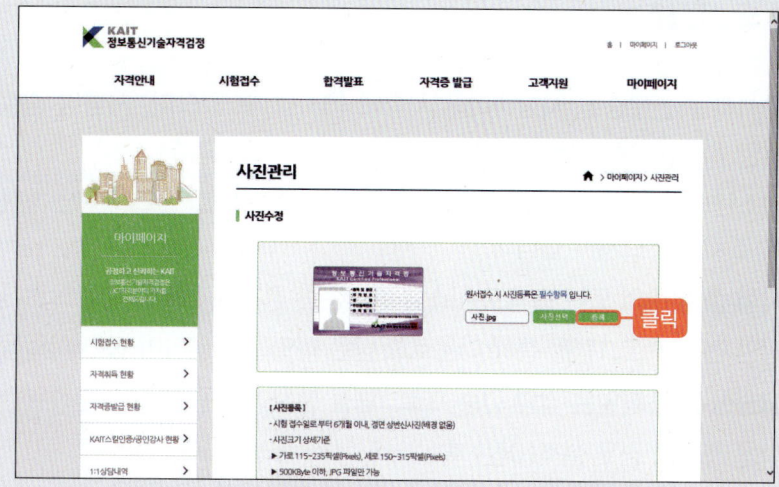

❼ '수정 하겠습니까' 메시지 창이 나타나면 〈확인〉 버튼을 클릭합니다.

❽ '저장 성공!!' 메시지 창이 나타나면 〈확인〉 버튼을 클릭합니다.

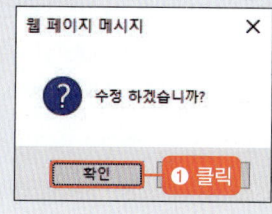
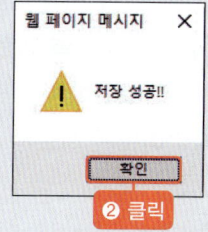

❾ 사진이 등록된 것을 확인합니다.

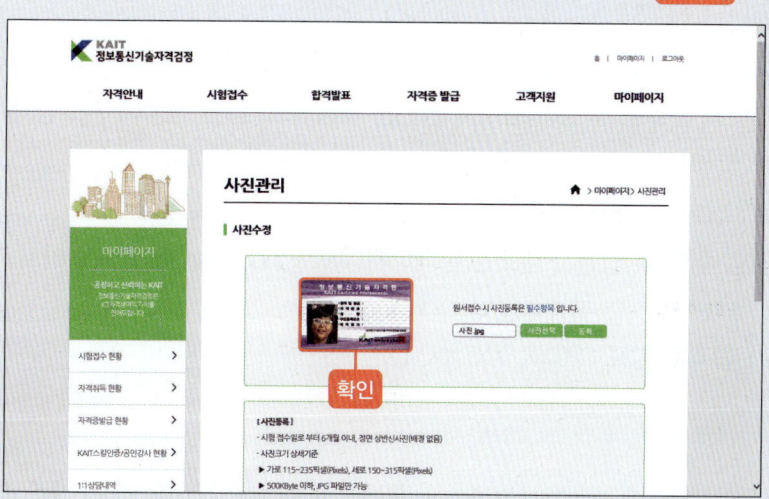

제09회 디지털정보활용능력 최신유형 기출문제

- ☑ 시험과목 : 프리젠테이션(파워포인트)
- ☑ 시험일자 : 20XX. XX. XX. (X)
- ☑ 응시자 기재사항 및 감독위원 확인

MS Office 2016 버전용

수검번호	DIP - XXXX -	감독위원 확인
성 명		

응시자 유의사항

1. 응시자는 신분증을 지참하여야 시험에 응시할 수 있으며, 시험이 종료될 때까지 신분증을 제시하지 못 할 경우 해당 시험은 0점 처리됩니다.
2. 시스템(PC작동여부, 네트워크 상태 등)의 이상여부를 반드시 확인하여야 하며, 시스템 이상이 있을시 감독위원에게 조치를 받으셔야 합니다.
3. 시험 중 부주의 또는 고의로 시스템을 파손한 경우는 응시자 부담으로 합니다.
4. 답안 전송 프로그램을 통해 다운로드 받은 파일을 이용하여 답안 파일을 작성하시기 바랍니다.
5. 작성한 답안 파일은 답안 전송 프로그램을 통하여 전송됩니다. 감독위원의 지시에 따라 주시기 바랍니다.
6. 다음 사항의 경우 실격(0점) 혹은 부정행위 처리됩니다.
    1) 답안 파일을 저장하지 않았거나, 저장한 파일이 손상되었을 경우
    2) 답안 파일을 지정된 폴더(바탕화면 – "KAIT" 폴더)에 저장하지 않았을 경우
        ※ 답안 전송 프로그램 로그인 시 바탕화면에 자동 생성됨
    3) 답안 파일을 다른 보조 기억장치(USB) 혹은 네트워크(메신저, 게시판 등)로 전송할 경우
    4) 휴대용 전화기 등 통신기기를 사용할 경우
7. 슬라이드는 반드시 순서대로 작성해야 하며, 순서가 다를 경우 "0"점 처리 됩니다.
8. 시험지에 제시된 글꼴이 응시 프로그램에 없는 경우, 반드시 감독위원에게 해당 내용을 통보한 뒤 조치를 받아야 합니다.
9. 슬라이드 작성 시 도형의 그룹 설정을 사용하는 경우, 채점에서 감점처리 됩니다.
10. 시험의 완료는 작성이 완료된 답안을 저장하고, 답안 전송이 완료된 상태를 확인한 것으로 합니다. 답안 전송 확인 후 문제지는 감독위원에게 제출한 후 퇴실하여야 합니다.
11. 답안 전송이 완료된 경우에는 수정 또는 정정이 불가능합니다.
12. 시험 시행 후 합격자 발표는 홈페이지(www.ihd.or.kr)에서 확인하시기 바랍니다.
    1) 문제 및 정답 공개 : 20XX. XX. XX. (X)
    2) 합격자 발표 : 20XX. XX. XX. (X)

TIP 개인으로 시험 접수하는 방법 알아보기

정보통신기술자격검정(www.ihd.or.kr) 사이트에서 [시험접수]를 클릭하고 [시험접수 신청]을 클릭합니다.

시험 접수 신청 절차 알아보기

| STEP 01 로그인(회원가입) | STEP 02 응시종목 선택 | STEP 03 응시지역 선택 | STEP 04 결제하기 | STEP 05 접수완료 |

- **STEP 01 로그인(회원가입)**
  응시접수는 인터넷을 통해서만 가능하며, 시험접수 및 응시를 위해서는 반드시 회원으로 가입되어야 합니다.
  ※ 단체 접수시 단체관리자(회원가입 및 회원정보수정을 통해 설정)를 통해 접수바랍니다.
  ※ 마이페이지의 사진등록 이후에 시험접수가 가능합니다.

- **STEP 02 응시종목 선택**
  응시하고자 하는 종목과 시험일자를 확인한 후 '접수하기'를 선택합니다.

- **STEP 03 응시지역 선택**
  - 응시하고자 하는 응시지역과 시험장을 선택합니다.
  - 시험장 정원이 모두 마감된 경우에는 더 이상 해당 시험장을 선택할 수 없습니다.
  ※ 추후배정 시험장은 응시접수 완료 후 10일전 시험장 확인을 통해 시험장 확인 가능

- **STEP 04 결제하기**
  - 응시료 결제가 완료되어야 응시접수가 정상적으로 완료됩니다.
  - 결제수단 : 개인-신용카드, 계좌이체 입금 중 택일, 단체-가상계좌 입금만 가능, 정보이용료 별도- 신용카드/계좌이체 650원, 가상계좌 300원
    ※ 접수마감일 18:00까지 접수 및 입금 완료

- **STEP 05 접수완료**
  - 결제가 완료되면 [시험접수현황 확인]에서 접수한 내역을 확인할 수 있습니다.
  - 시험장 확인 : 시험장 확인은 시험일 10일전부터 시험 당일까지 확인 가능
  - 수험표 출력 : 수험표 출력은 시험일 5일전부터 시험 당일까지 확인 가능
  - 연기 및 환불 : 연기 및 환불규정에 따라 신청 가능

디지털정보활용능력 – 프리젠테이션[파워포인트] (시험시간 : 40분)

[슬라이드 4] 아래의 작성조건 및 출력형태에 알맞게 네 번째 슬라이드에 작업하시오. (60점)

≪출력형태≫

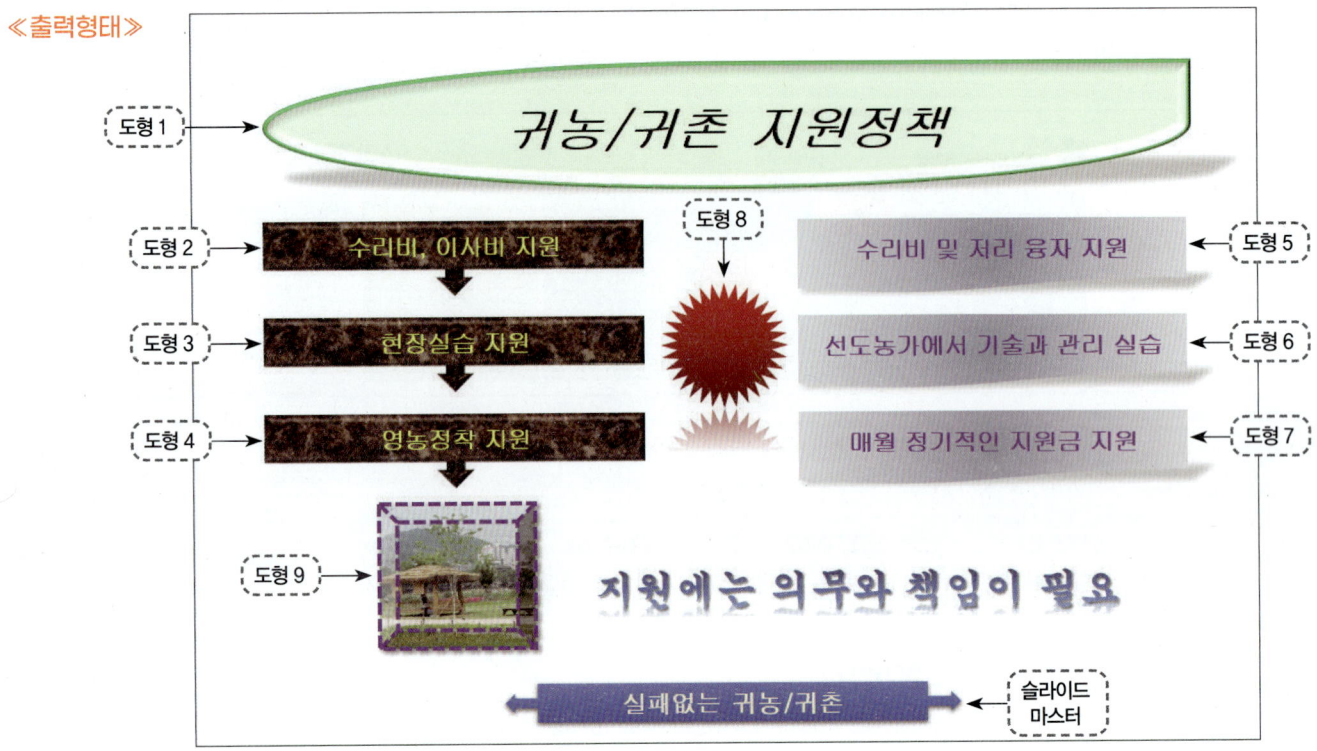

≪작성조건≫

(1) 제목
- 도형 1 ⇒ 기본 도형 : 눈물 방울, 도형 채우기('녹색, 강조 6, 80% 더 밝게'),
  도형 윤곽선(실선, 색 : 녹색, 너비 : 3pt, 겹선 종류 : 단순형),
  도형 효과(그림자 – 원근감 대각선 오른쪽 위, 입체 효과 – 부드럽게 둥글리기),
  글꼴(굴림체, 36pt, 굵게, 기울임꼴, '검정, 텍스트 1')

(2) 본문
- 도형 2~4 ⇒ 블록 화살표 : 아래쪽 화살표 설명선, 도형 채우기(질감 : 밤색 대리석), 선 없음,
  도형 효과(입체 효과 – 둥글게), 글꼴(굴림, 18pt, 굵게, 노랑)
- 도형 5~7 ⇒ 순서도 : 문서, 도형 채우기(진한 파랑, 그라데이션 – 가운데에서), 선 없음,
  도형 효과(그림자 – 원근감 대각선 오른쪽 위), 글꼴(굴림, 18pt, 굵게, 자주)
- 도형 8 ⇒ 별 및 현수막 : 포인트가 32개인 별, 도형 채우기(진한 빨강, 그라데이션 – 선형 위쪽), 선 없음,
  도형 효과(반사 – '근접 반사, 터치')
- 도형 9 ⇒ 기본 도형 : 빗면, 도형 채우기(그림 또는 질감 채우기) 기능을 사용하여 그림 3 삽입,
  도형 윤곽선(실선, 색 : 자주, 너비 : 3pt, 겹선 종류 : 단순형, 대시 종류 : 사각 점선),
  도형 효과(그림자 – 바깥쪽 – 오프셋 대각선 오른쪽 아래)
- WordArt 삽입(지원에는 의무와 책임이 필요)
  ⇒ WordArt 스타일('그라데이션 채우기 – 파랑, 강조 1, 반사'), 글꼴(궁서, 30pt, 굵게, 텍스트 그림자)
- 지시사항이 없는 부분은 ≪출력형태≫와 동일하게 작성하시오.

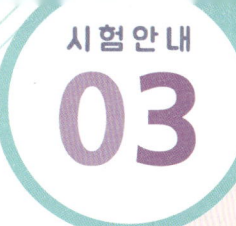

PART 01 DIAT 시험 안내 및 자료 사용 방법

DIAT 자료 사용 방법

- ☑ DIAT 자료 다운로드 방법
- ☑ DIAT 답안 전송 프로그램 사용 방법

1. DIAT 자료 다운로드 방법

① 크롬 브라우저를 실행하여 아카데미소프트(https://aso.co.kr) 홈페이지에 접속합니다.

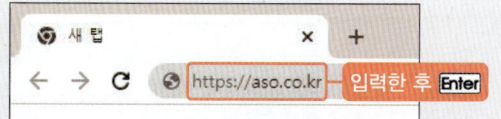

② 왼쪽 상단에 [컴퓨터 자격증 교재]를 클릭합니다.

③ [DIAT 자격증]-[2023 이공자 DIAT 프리젠테이션 파워포인트 2016(상철)] 교재를 클릭합니다.

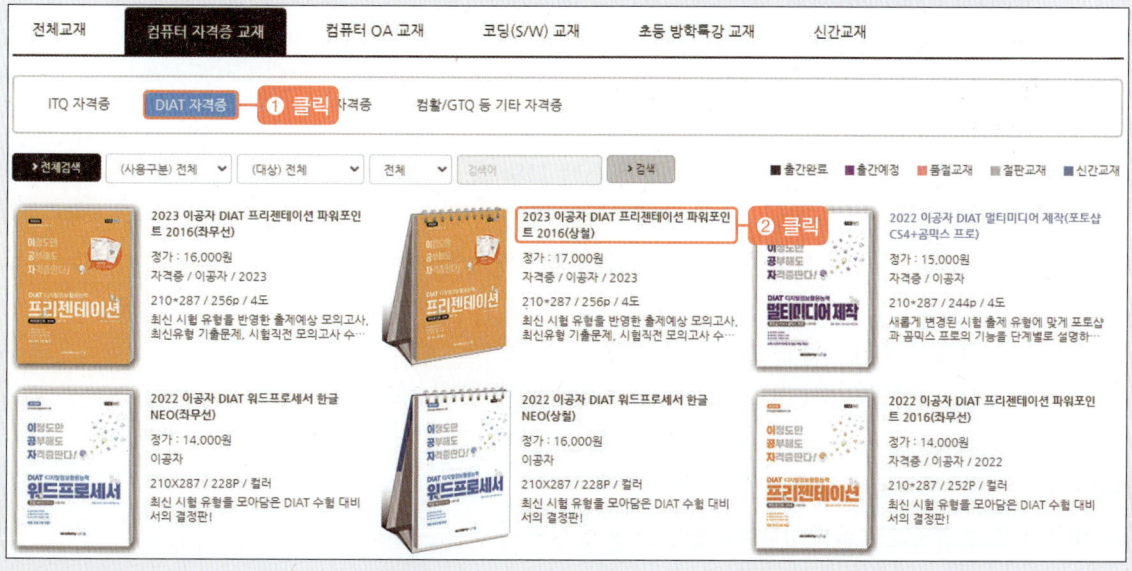

[슬라이드 3] 아래의 작성조건 및 출력형태에 알맞게 세 번째 슬라이드에 작업하시오. (60점)

≪출력형태≫

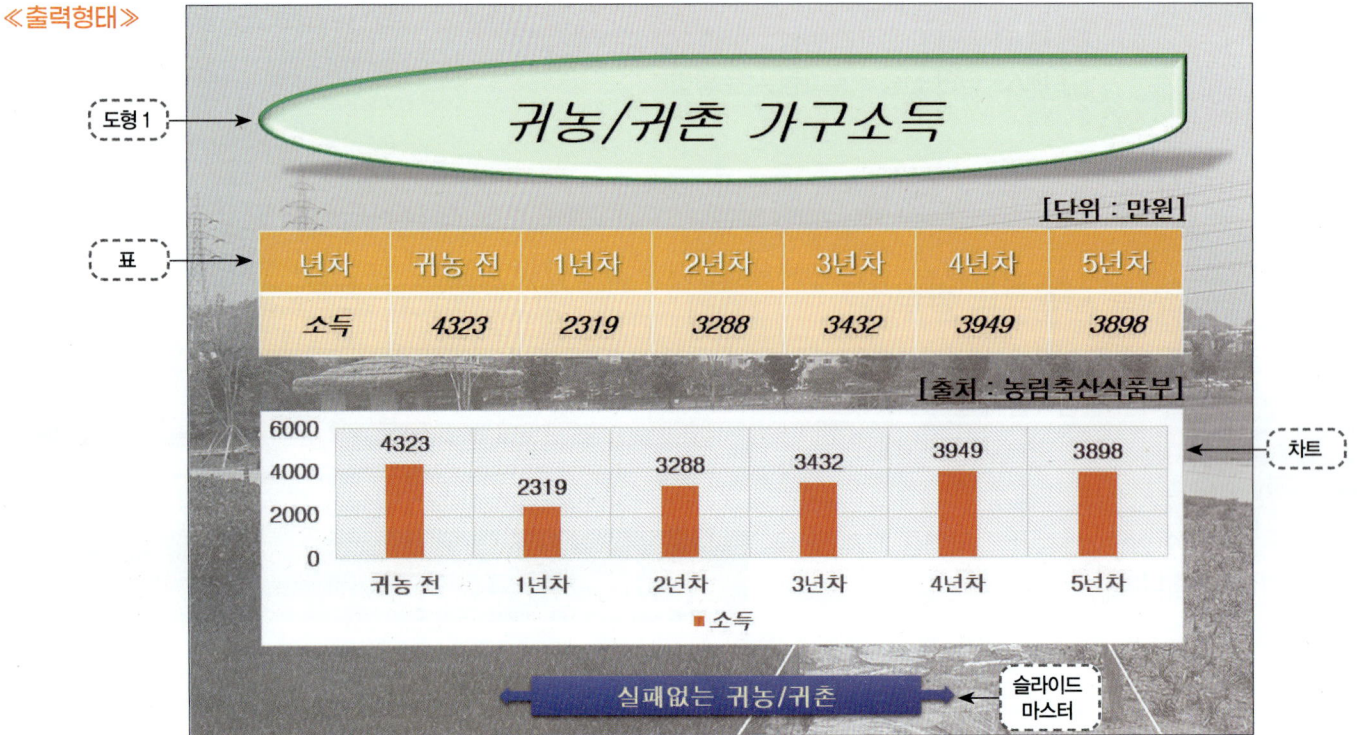

≪작성조건≫

(1) 제목
- ▶ 도형 1 ⇒ 기본 도형 : 눈물 방울, 도형 채우기('녹색, 강조 6, 80% 더 밝게'),
    도형 윤곽선(실선, 색 : 녹색, 너비 : 3pt, 겹선 종류 : 단순형),
    도형 효과(그림자 – 원근감 대각선 오른쪽 위, 입체 효과 – 부드럽게 둥글리기),
    글꼴(굴림체, 36pt, 굵게, 기울임꼴, '검정, 텍스트 1')

(2) 본문 (※ 차트 작성은 반드시 '차트삽입 → 데이터입력 → 차트스타일' 순으로 작성바랍니다.)
- ▶ 텍스트 상자 1([단위 : 만원]) ⇒ 글꼴(돋움, 18pt, 굵게, 밑줄)
- ▶ 표 ⇒ 표 스타일('보통 스타일 2 – 강조 4'),
    가장 위의 행 : 글꼴(돋움, 20pt, 굵게, 텍스트 그림자, 가운데 맞춤),
    나머지 행 : 글꼴(돋움, 18pt, 굵게, 기울임꼴, 가운데 맞춤)
- ▶ 텍스트 상자 2([출처 : 농림축산식품부]) ⇒ 글꼴(돋움, 18pt, 굵게, 밑줄)
- ▶ 차트 ⇒ 세로 막대형 : 묶은 세로 막대형, 차트 스타일(색 변경 – '단색형 – 색 6', 스타일 8),
    축 서식/데이터 레이블 : 글꼴(돋움, 16pt, 굵게),
    범례 서식 : 글꼴(돋움, 16pt, 굵게, 기울임꼴), 데이터는 표 참고
- ▶ 배경 ⇒ 배경 서식(채우기 – 그림 또는 질감 채우기)에서 그림 2 삽입(현재 슬라이드만 적용)
- ▶ 애니메이션 지정 ⇒ 차트 : 나타내기 – 바운드
- ▶ 지시사항이 없는 부분은 ≪출력형태≫와 동일하게 작성하시오.

❹ 화면 아래에 [커뮤니티]-[자료실]을 클릭합니다.

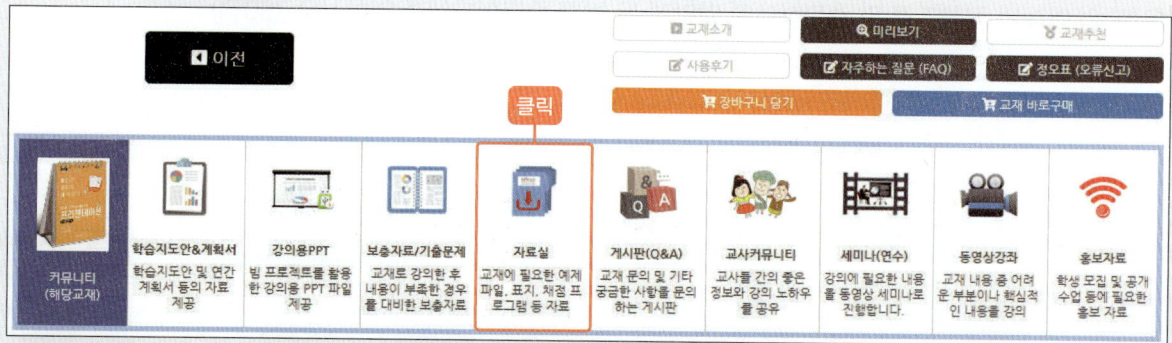

❺ [2023 이공자 DIAT 프리젠테이션 파워포인트 2016(상철)_학습 자료]를 클릭합니다.

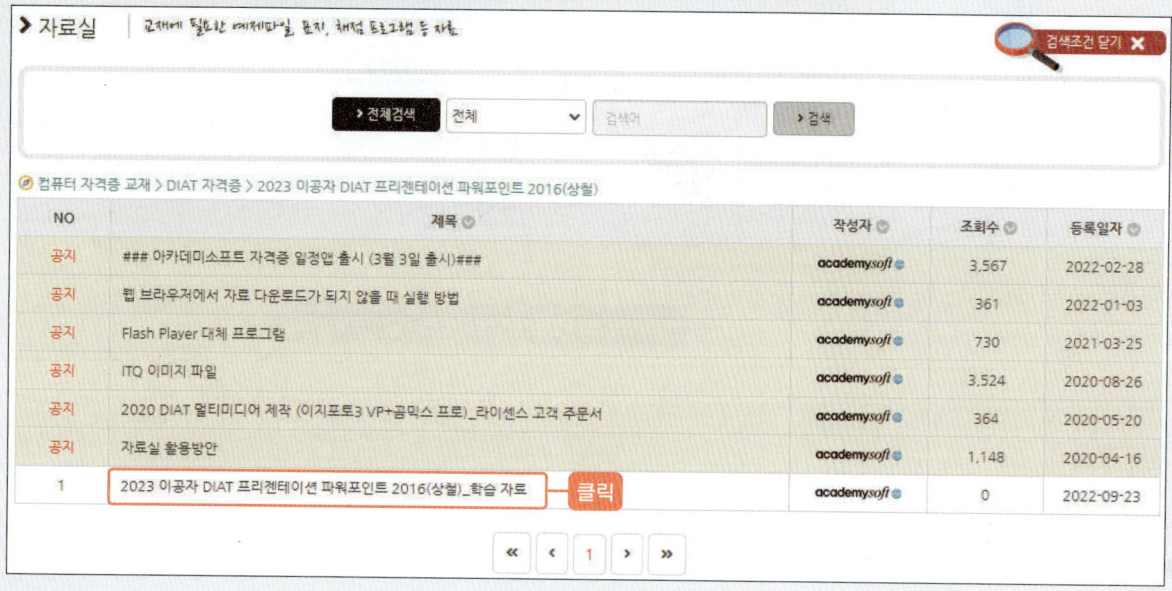

❻ 다운로드 단추를 클릭하여 자료를 다운로드 받으시면 됩니다.

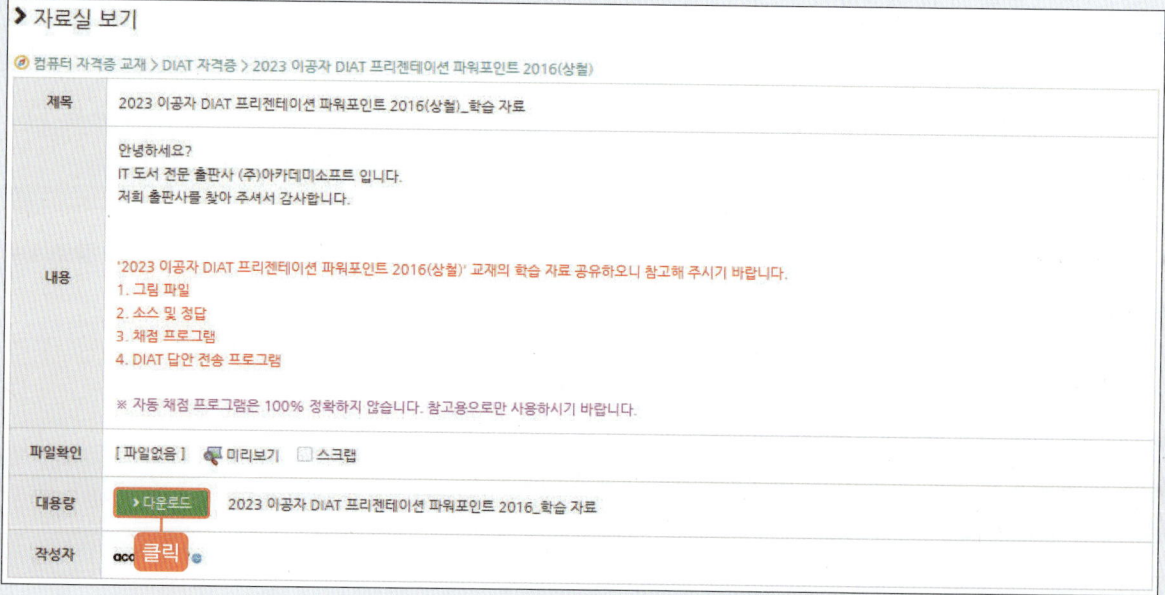

디지털정보활용능력 - 프리젠테이션[파워포인트] (시험시간 : 40분)

[슬라이드 2] 아래의 작성조건 및 출력형태에 알맞게 두 번째 슬라이드에 작업하시오. (50점)

≪출력형태≫

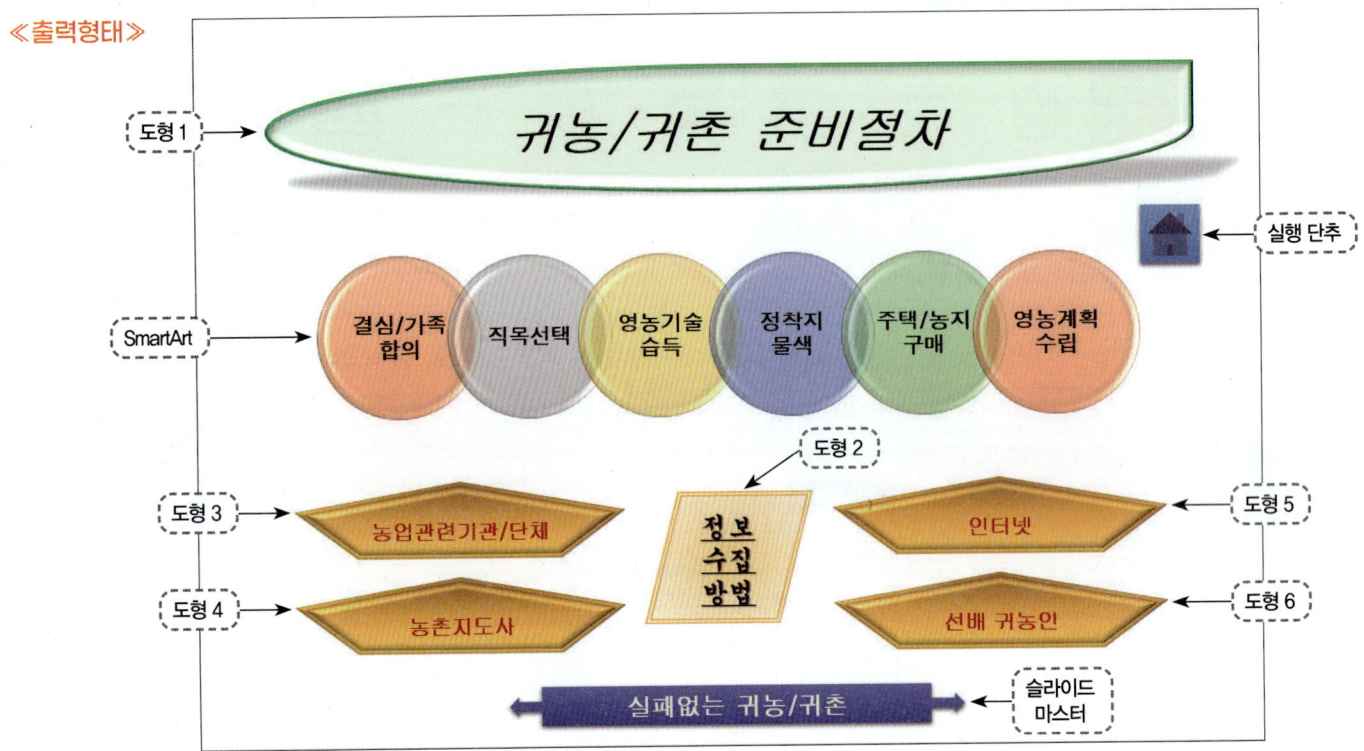

≪작성조건≫

(1) 제목
- ▶ 도형 1 ⇒ 기본 도형 : 눈물 방울, 도형 채우기('녹색, 강조 6, 80% 더 밝게'),
  도형 윤곽선(실선, 색 : 녹색, 너비 : 3pt, 겹선 종류 : 단순형),
  도형 효과(그림자 - 원근감 대각선 오른쪽 위, 입체 효과 - 부드럽게 둥글리기),
  글꼴(굴림체, 36pt, 굵게, 기울임꼴, '검정, 텍스트 1')

(2) 본문
- ▶ 도형 2 ⇒ 순서도 : 데이터, 도형 채우기(주황, 그라데이션 - 가운데에서), 도형 윤곽선(실선, 색 : 주황,
  너비 : 4pt, 겹선 종류 : 이중), 글꼴(궁서, 20pt, 밑줄, 텍스트 그림자, '검정, 텍스트 1')
- ▶ 도형 3~6 ⇒ 기본 도형 : 정오각형, 도형 채우기(주황, 그라데이션 - 선형 아래쪽), 선 없음,
  도형 효과(입체 효과 - 아트 데코), 글꼴(굴림, 16pt, 굵게, 진한 빨강)
- ▶ 실행 단추 ⇒ 실행 단추 : 홈, 하이퍼링크 : 첫째 슬라이드, 도형 스타일('강한 효과 - 파랑, 강조 1')
- ▶ SmartArt 삽입 ⇒ 관계형 : 선형 벤형, 글꼴(돋움, 16pt, 굵게, 가운데 맞춤),
  SmartArt 스타일(색 변경 - '색상형 - 강조색', 3차원 - 경사),
  (반드시 SmartArt 기능을 이용하여 작성할 것)
- ▶ 애니메이션 지정 ⇒ SmartArt : 나타내기 - 올라오기
- ▶ 지시사항이 없는 부분은 ≪출력형태≫와 동일하게 작성하시오.

2. DIAT 답안 전송 프로그램 사용 방법

① 다운받은 'DIAT 답안 전송 프로그램.zip' 파일을 압축 해제한 후 [DIAT 답안 전송 프로그램] 폴더를 더블 클릭합니다. 'KAITCBT_ DEMO' 파일을 더블 클릭하여 실행합니다.

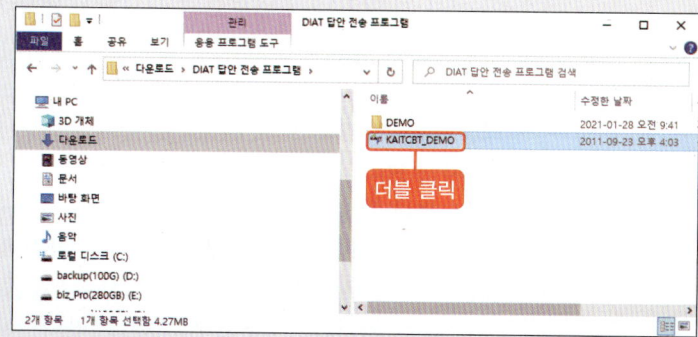

TIP 'KAITCBT_DEMO' 프로그램

'KAITCBT_DEMO' 프로그램은 KAIT에서 배포한 데모 버전의 개인 실습용 프로그램이기 때문에 실제 시험처럼 서버에서 제어가 되지는 않습니다. 실제 시험 환경을 미리 확인하는 차원에서 테스트 하시기 바랍니다.

② 답안 전송 프로그램이 실행되면 '수검번호'에서 목록 단추를 클릭하여 해당 과목을 선택합니다.

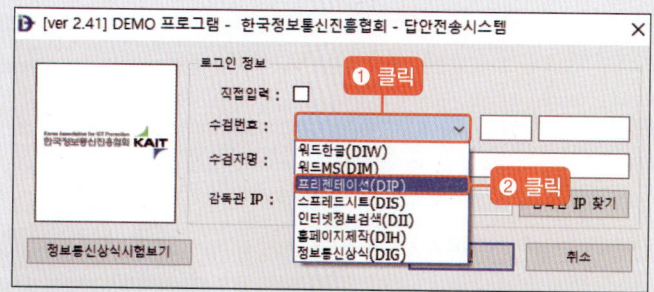

③ 과목 선택이 끝나면 '수검번호' 및 '수검자명'을 입력한 후 〈확인〉 단추를 클릭합니다.

※ 데모용 연습 프로그램이기 때문에 '수검번호' 및 '수검자명'은 본인이 원하는 내용을 입력하세요.

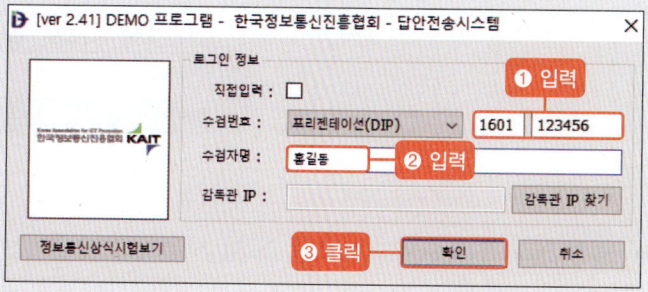

디지털정보활용능력-프리젠테이션[파워포인트] (시험시간 : 40분)

유의사항
- 《작성조건》을 준수하여 반드시 프리젠테이션 슬라이드로 작업합니다.
- 글꼴 및 기타 사항에 대해 별도의 지시사항이 없는 경우, 슬라이드 크기와 전체적인 균형을 고려하여 임의로 작성하되, **도형은 그룹으로 설정하지 않습니다.**
- 모든 슬라이드 크기(A4), 방향(가로), 디자인 테마(Office 테마)로 지정합니다.
  ▶ 슬라이드 크기, 방향 조정 시 '맞춤 확인'으로 지정하여야 합니다.
- 공통적용사항(슬라이드 마스터)
  ▶ 도형 ⇒ 블록 화살표 : 왼쪽/오른쪽 화살표 설명선, 도형 스타일('강한 효과 – 파랑, 강조 5'),
     글꼴(돋움체, 18pt, 굵게, '황금색, 강조 4, 80% 더 밝게')
- 그림 삽입 시 다운로드 한 그림 파일을 반드시 사용하여야 합니다.
- ☐ ⟶ 은 지시사항이므로 작성하지 않습니다.
- 슬라이드에 제시된 글자 및 숫자 오타는 감점처리 됩니다.

[슬라이드 1] 아래의 작성조건 및 출력형태에 알맞게 첫 번째 슬라이드에 작업하시오. (30점)

《작성조건》

- ▶ 도형 1 ⇒ 기본 도형 : 십자형, 도형 채우기(그라데이션 : 미리 설정 – '방사형 그라데이션 – 강조 6', 종류 – 방사형, 방향 – 가운데에서), 도형 윤곽선(실선, 색 : 노랑, 너비 : 3pt, 겹선 종류 : 단순형), 도형 효과(그림자 – 원근감 대각선 오른쪽 위), 글꼴(궁서체, 40pt, 기울임꼴, 텍스트 그림자, 노랑)
- ▶ 도형 2 ⇒ 순서도 : 순차적 액세스 저장소, 도형 채우기('녹색, 강조 6'), 선 없음, 도형 효과(네온 – '녹색, 5 pt, 강조색 6', 반사 – '1/2 반사, 8 pt 오프셋')
- ▶ 도형 3 ⇒ 별 및 현수막 : 이중 물결, 도형 스타일('보통 효과 – 황금색, 강조 4')
- ▶ 그림 삽입 ⇒ 그림 1 삽입, 크기(높이 : 7cm, 너비 : 12cm)
- ▶ 텍스트 상자(100세 시대, 행복한 귀농/귀촌) ⇒ 글꼴(돋움, 24pt, 기울임꼴, 밑줄)
- ▶ 애니메이션 지정 ⇒ 도형 1 : 나타내기 – 밝기 변화
- ▶ 지시사항이 없는 부분은《출력형태》와 동일하게 작성하시오.

❹ 수검자 유의사항이 나오면 내용을 확인한 후 마스터 키 칸을 클릭하고 Enter 키를 누릅니다.

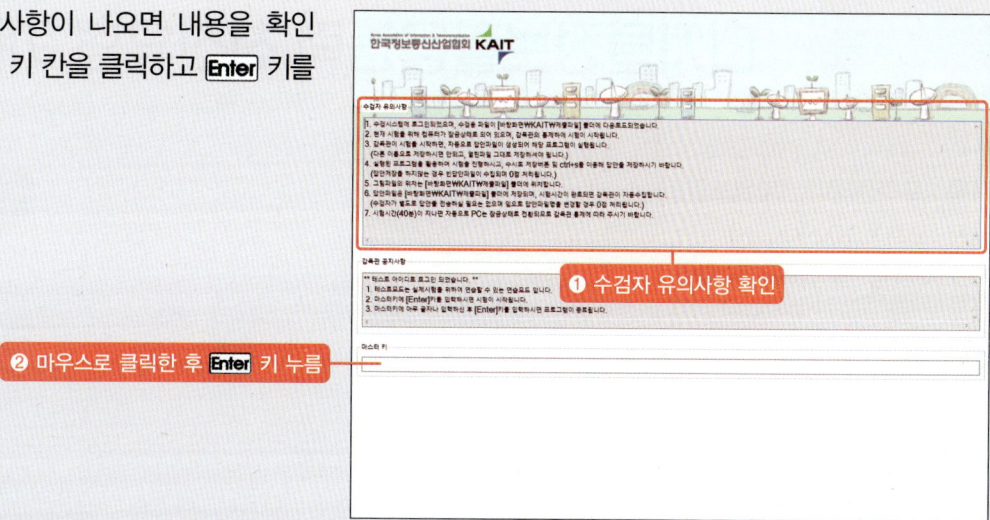

❺ 시험이 시작됨과 동시에 해당 프로그램이 자동으로 실행되면서 답안 파일이 자동으로 열립니다. 자동으로 실행된 답안 파일을 종료한 후 파워포인트 2016을 다시 실행하여 남은 시간을 확인하면서 답안을 작성합니다.

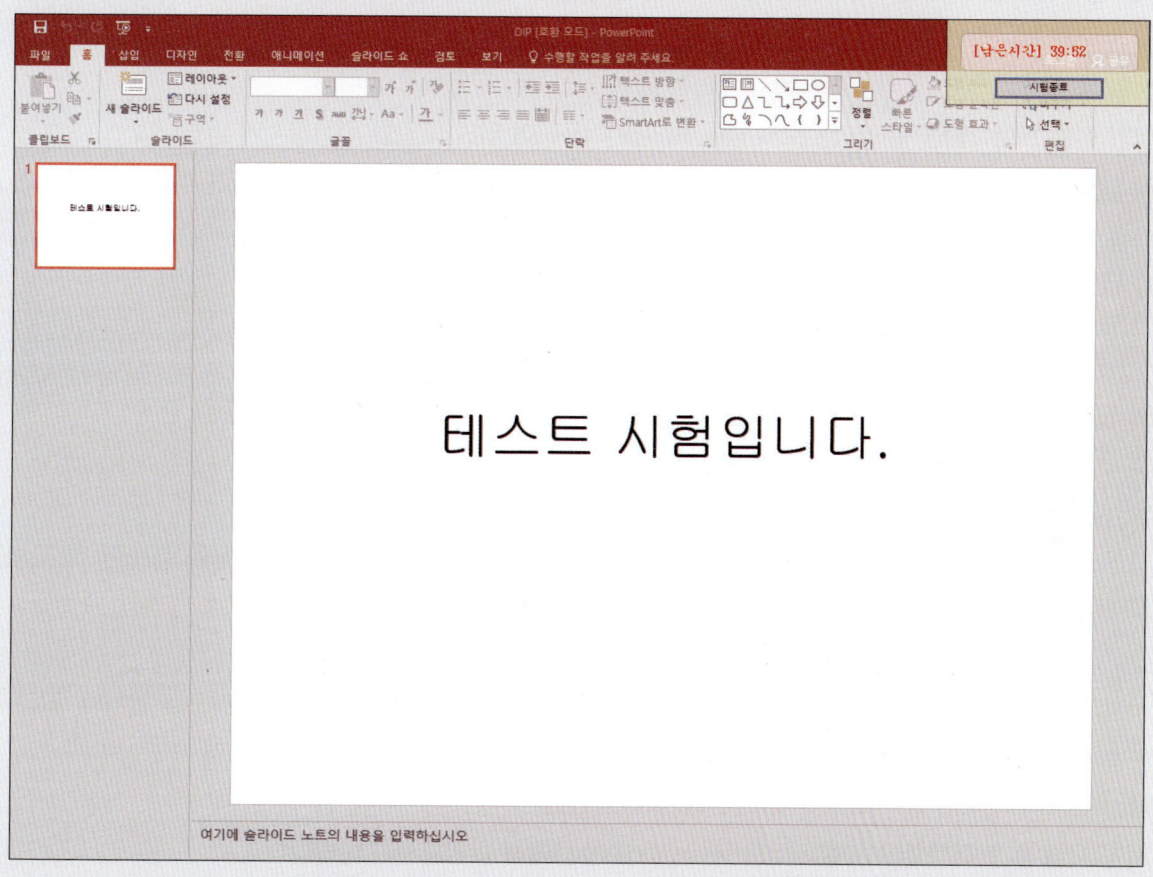

제08회 디지털정보활용능력 최신유형 기출문제

- 시험과목 : 프리젠테이션(파워포인트)
- 시험일자 : 20XX. XX. XX. (X)
- 응시자 기재사항 및 감독위원 확인

MS Office 2016 버전용

수검번호	DIP - XXXX -	감독위원 확인
성 명		

응시자 유의사항

1. 응시자는 신분증을 지참하여야 시험에 응시할 수 있으며, 시험이 종료될 때까지 신분증을 제시하지 못 할 경우 해당 시험은 0점 처리됩니다.
2. 시스템(PC작동여부, 네트워크 상태 등)의 이상여부를 반드시 확인하여야 하며, 시스템 이상이 있을시 감독위원에게 조치를 받으셔야 합니다.
3. 시험 중 부주의 또는 고의로 시스템을 파손한 경우는 응시자 부담으로 합니다.
4. 답안 전송 프로그램을 통해 다운로드 받은 파일을 이용하여 답안 파일을 작성하시기 바랍니다.
5. 작성한 답안 파일은 답안 전송 프로그램을 통하여 전송됩니다. 감독위원의 지시에 따라 주시기 바랍니다.
6. 다음 사항의 경우 실격(0점) 혹은 부정행위 처리됩니다.
   1) 답안 파일을 저장하지 않았거나, 저장한 파일이 손상되었을 경우
   2) 답안 파일을 지정된 폴더(바탕화면 - "KAIT" 폴더)에 저장하지 않았을 경우
      ※ 답안 전송 프로그램 로그인 시 바탕화면에 자동 생성됨
   3) 답안 파일을 다른 보조 기억장치(USB) 혹은 네트워크(메신저, 게시판 등)로 전송할 경우
   4) 휴대용 전화기 등 통신기기를 사용할 경우
7. 슬라이드는 반드시 순서대로 작성해야 하며, 순서가 다를 경우 "0"점 처리 됩니다.
8. 시험지에 제시된 글꼴이 응시 프로그램에 없는 경우, 반드시 감독위원에게 해당 내용을 통보한 뒤 조치를 받아야 합니다.
9. 슬라이드 작성 시 도형의 그룹 설정을 사용하는 경우, 채점에서 감점처리 됩니다.
10. 시험의 완료는 작성이 완료된 답안을 저장하고, 답안 전송이 완료된 상태를 확인한 것으로 합니다. 답안 전송 확인 후 문제지는 감독위원에게 제출한 후 퇴실하여야 합니다.
11. 답안 전송이 완료된 경우에는 수정 또는 정정이 불가능합니다.
12. 시험 시행 후 합격자 발표는 홈페이지(www.ihd.or.kr)에서 확인하시기 바랍니다.
    1) 문제 및 정답 공개 : 20XX. XX. XX. (X)
    2) 합격자 발표 : 20XX. XX. XX. (X)

PART 02

출제유형 완전정복

[슬라이드 4] 아래의 작성조건 및 출력형태에 알맞게 네 번째 슬라이드에 작업하시오. (60점)

《출력형태》

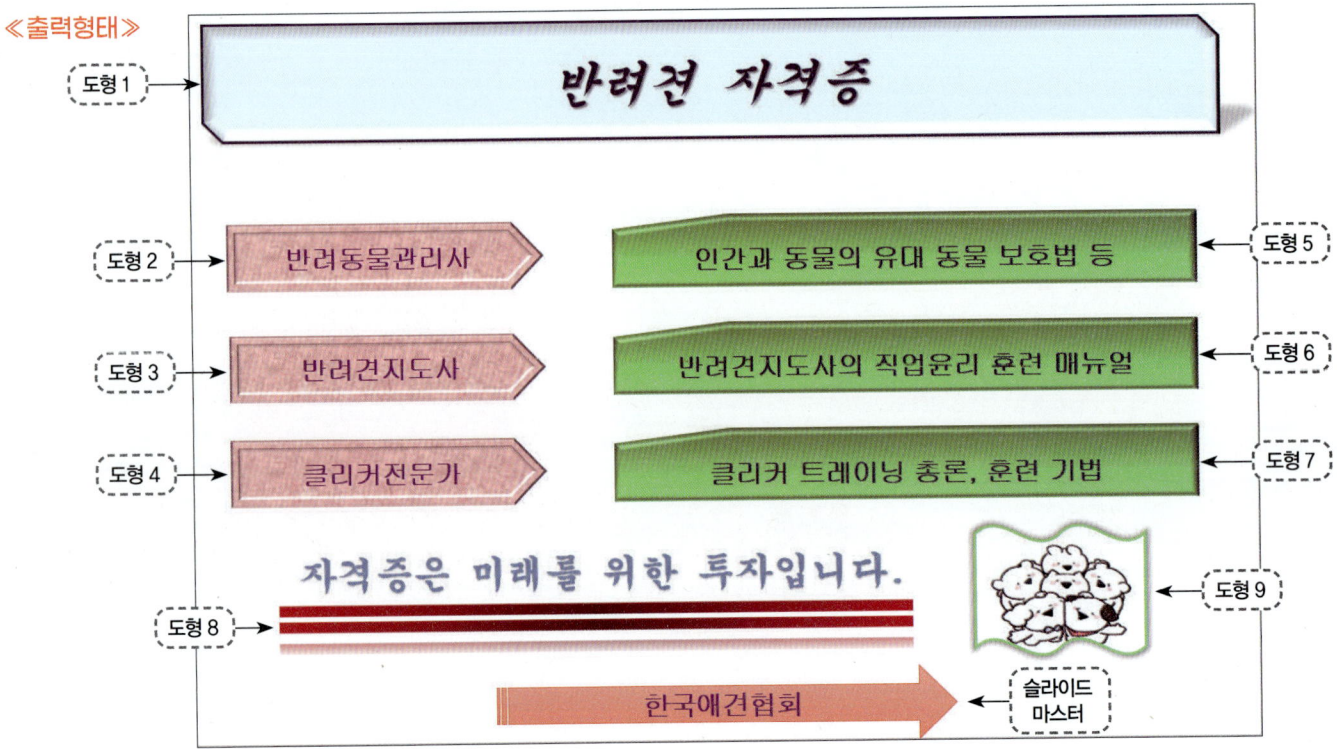

《작성조건》

(1) 제목
- ▶ 도형 1 ⇒ 사각형 : 대각선 방향의 모서리가 잘린 사각형, 도형 채우기('파랑, 강조 1, 80% 더 밝게'),
  도형 윤곽선(실선, 색 : 진한 파랑, 너비 : 2pt, 겹선 종류 : 단순형),
  도형 효과(그림자 – 원근감 대각선 오른쪽 위, 입체 효과 – 부드럽게 둥글리기),
  글꼴(궁서체, 36pt, 기울임꼴, 텍스트 그림자, 진한 파랑)

(2) 본문
- ▶ 도형 2~4 ⇒ 블록 화살표 : 오각형, 도형 채우기(질감 : 분홍 박엽지), 선 없음,
  도형 효과(입체 효과 – 딱딱한 가장자리), 글꼴(굴림, 20pt, 굵게, 자주)
- ▶ 도형 5~7 ⇒ 순서도 : 카드, 도형 채우기(연한 녹색, 그라데이션 – 선형 아래쪽), 선 없음,
  도형 효과(입체 효과 – 둥글게), 글꼴(굴림, 20pt, 굵게, 진한 파랑)
- ▶ 도형 8 ⇒ 수식 도형 : 등호, 도형 채우기(진한 빨강, 그라데이션 – 가운데서), 선 없음,
  도형 효과(반사 – '1/2, 8 pt 오프셋')
- ▶ 도형 9 ⇒ 별 및 현수막 : 이중 물결, 도형 채우기(그림 또는 질감 채우기) 기능을 사용하여 그림 3 삽입,
  도형 윤곽선(실선, 색 : 연한 녹색, 너비 : 2pt, 겹선 종류 : 단순형),
  도형 효과(그림자 – 바깥쪽 – 오프셋 가운데)
- ▶ WordArt 삽입(자격증은 미래를 위한 투자입니다.)
  ⇒ WordArt 스타일('채우기 – 파랑, 강조 1, 그림자'), 글꼴(궁서체, 28pt, 굵게, 텍스트 그림자)
- ▶ 지시사항이 없는 부분은《출력형태》와 동일하게 작성하시오.

출제유형 01 페이지 설정 및 슬라이드 마스터

- ☑ 페이지 설정 후 레이아웃 변경하기
- ☑ 슬라이드 마스터 지정하기

문제 미리보기

소스 파일 : 없음 정답 파일 : 유형01_완성.pptx

● 유의 사항

- 《작성 조건》을 준수하여 반드시 프리젠테이션 슬라이드로 작업합니다.
- 글꼴 및 기타 사항에 대해 별도의 지시사항이 없는 경우, 슬라이드 크기와 전체적인 균형을 고려하여 임의로 작성하되, 도형은 그룹으로 설정하지 않습니다.
- 모든 슬라이드 크기(A4), 방향(가로), 디자인 테마(Office 테마)로 지정합니다.
  ▶ 슬라이드 크기, 방향 조정 시 '맞춤 확인'으로 지정하여야 합니다.
- 공통적용사항(슬라이드 마스터)
  ▶ 도형 ⇒ 기본 도형 : 직각 삼각형, 도형 스타일('보통 효과 – 녹색, 강조 6'), 글꼴(궁서, 16pt, 텍스트 그림자)
- 그림 삽입 시 다운로드 한 그림 파일을 반드시 사용하여야 합니다.
- ┌┈┈┐→ 은 지시사항이므로 작성하지 않습니다.
- 슬라이드에 제시된 글자 및 숫자 오타는 감점처리 됩니다.

【슬라이드1】 아래의 작성조건 및 출력 형태에 알맞게 첫 번째 슬라이드에 작업하시오. (30점)

● 출력 형태

디지털정보활용능력 - 프리젠테이션[파워포인트] (시험시간 : 40분)

[슬라이드 3] 아래의 작성조건 및 출력형태에 알맞게 세 번째 슬라이드에 작업하시오. (60점)

≪출력형태≫

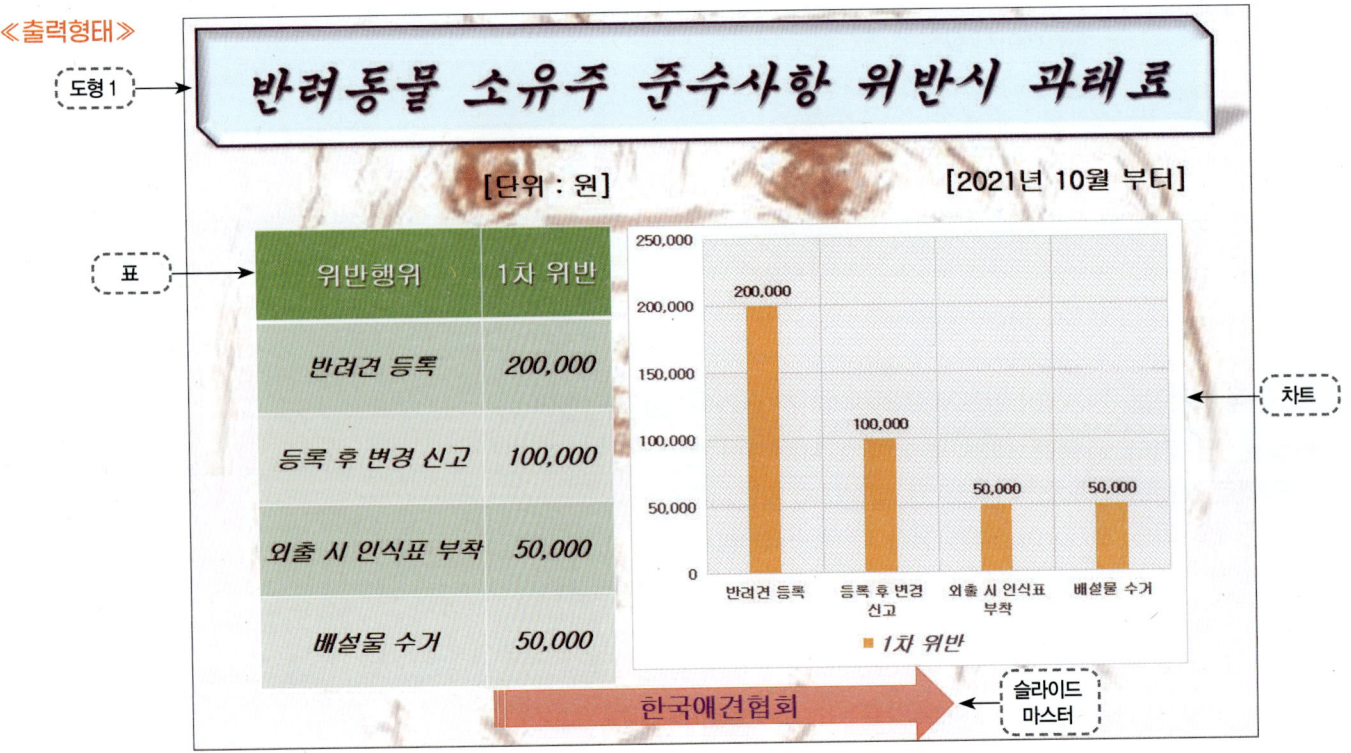

≪작성조건≫

(1) 제목
- ▶ 도형 1 ⇒ 사각형 : 대각선 방향의 모서리가 잘린 사각형, 도형 채우기('파랑, 강조 1, 80% 더 밝게'),
  도형 윤곽선(실선, 색 : 진한 파랑, 너비 : 2pt, 겹선 종류 : 단순형),
  도형 효과(그림자 - 원근감 대각선 오른쪽 위, 입체 효과 - 부드럽게 둥글리기),
  글꼴(궁서체, 36pt, 기울임꼴, 텍스트 그림자, 진한 파랑)

(2) 본문 (※ 차트 작성은 반드시 '차트삽입 → 데이터입력 → 차트스타일' 순으로 작성바랍니다.)
- ▶ 텍스트 상자 1([단위 : 원]) ⇒ 글꼴(굴림, 20pt, 굵게)
- ▶ 표 ⇒ 표 스타일(보통 스타일 2 - 강조 6),
  가장 위의 행 : 글꼴(굴림, 20pt, 굵게, 텍스트 그림자, 가운데 맞춤),
  나머지 행 : 글꼴(굴림, 18pt, 굵게, 기울임꼴, 가운데 맞춤)
- ▶ 텍스트 상자 2([2021년 10월 부터]) ⇒ 글꼴(굴림, 20pt, 굵게)
- ▶ 차트 ⇒ 세로 막대형 : 묶은 세로 막대형, 차트 스타일(색 변경 - '단색형 - 색 8', 스타일 8),
  축 서식/데이터 레이블 서식 : 글꼴(굴림, 11pt, 굵게),
  범례 서식 : 글꼴(굴림, 16pt, 굵게, 기울임꼴), 데이터는 표 참고
- ▶ 배경 ⇒ 배경 서식(채우기 - 그림 또는 질감 채우기)에서 그림 2 삽입(현재 슬라이드만 적용)
- ▶ 애니메이션 지정 ⇒ 차트 : 나타내기 - 실선 무늬
- ▶ 지시사항이 없는 부분은 ≪출력형태≫와 동일하게 작성하시오.

01 페이지 설정하기

❶ [시작()] 단추를 눌러 [PowerPoint 2016] 프로그램을 클릭하여 실행합니다. 프로그램이 실행되면 `Esc` 키를 눌러 새 프레젠테이션 문서를 만듭니다.

> **TIP 시험장 오피스 프로그램 환경**
>
> 실제 시험장에서는 시험이 시작됨과 동시에 답안 파일(파워포인트 2016)이 자동으로 열립니다. 답안 파일이 자동으로 실행되면 파일명(dip_123456_홍길동.pptx)을 확인합니다.

❷ 슬라이드 크기를 지정하기 위해 [디자인] 탭의 [사용자 지정] 그룹에서 슬라이드 크기(□)-사용자 지정 슬라이드 크기를 클릭합니다.

❸ [슬라이드 크기] 대화상자가 나오면 슬라이드 크기를 A4 용지(210×297mm)로 선택한 후 〈확인〉 단추를 클릭합니다. 이어서, 맞춤 확인을 클릭합니다.

※ 유의 사항의 '디자인 테마(Office 테마) 지정'은 [디자인] 탭의 [테마] 그룹을 보면 기본 값으로 설정되어 있습니다.

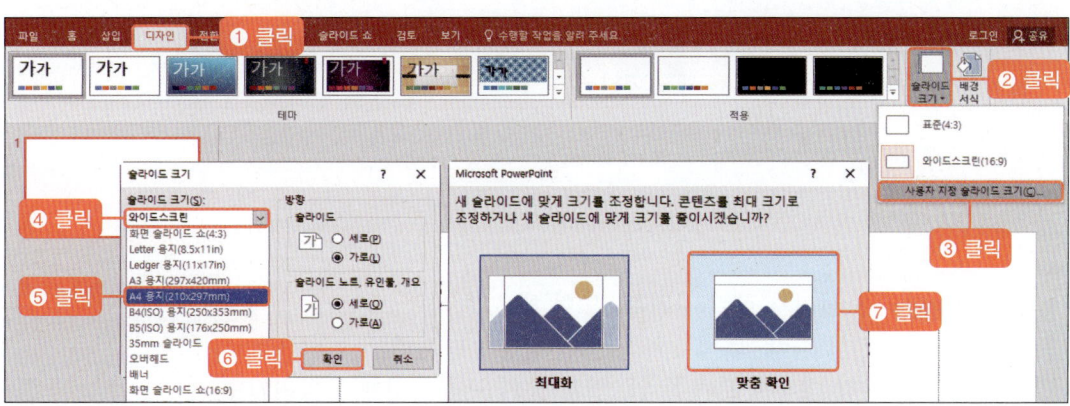

02 레이아웃 변경 및 슬라이드 추가하기

❶ [홈] 탭의 [슬라이드] 그룹에서 [레이아웃(□)]-빈 화면을 클릭합니다.

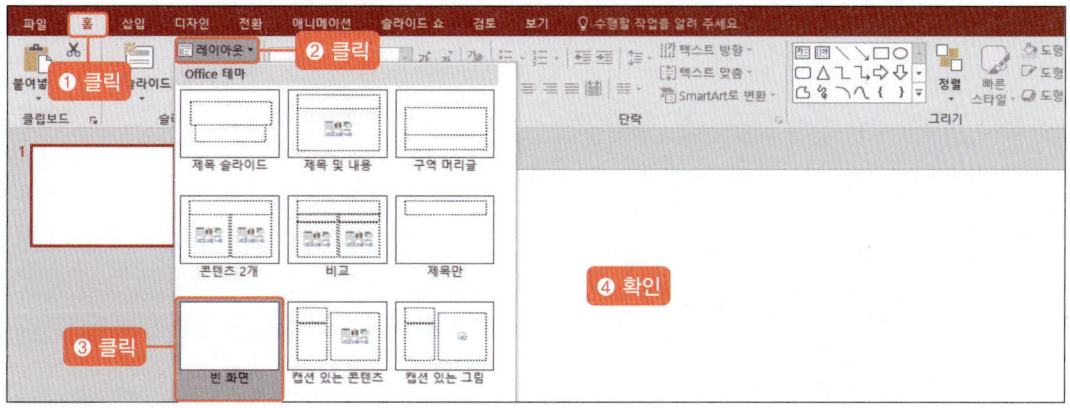

디지털정보활용능력-프리젠테이션[파워포인트] (시험시간 : 40분)

[슬라이드 2] 아래의 작성조건 및 출력형태에 알맞게 두 번째 슬라이드에 작업하시오. (50점)

≪출력형태≫

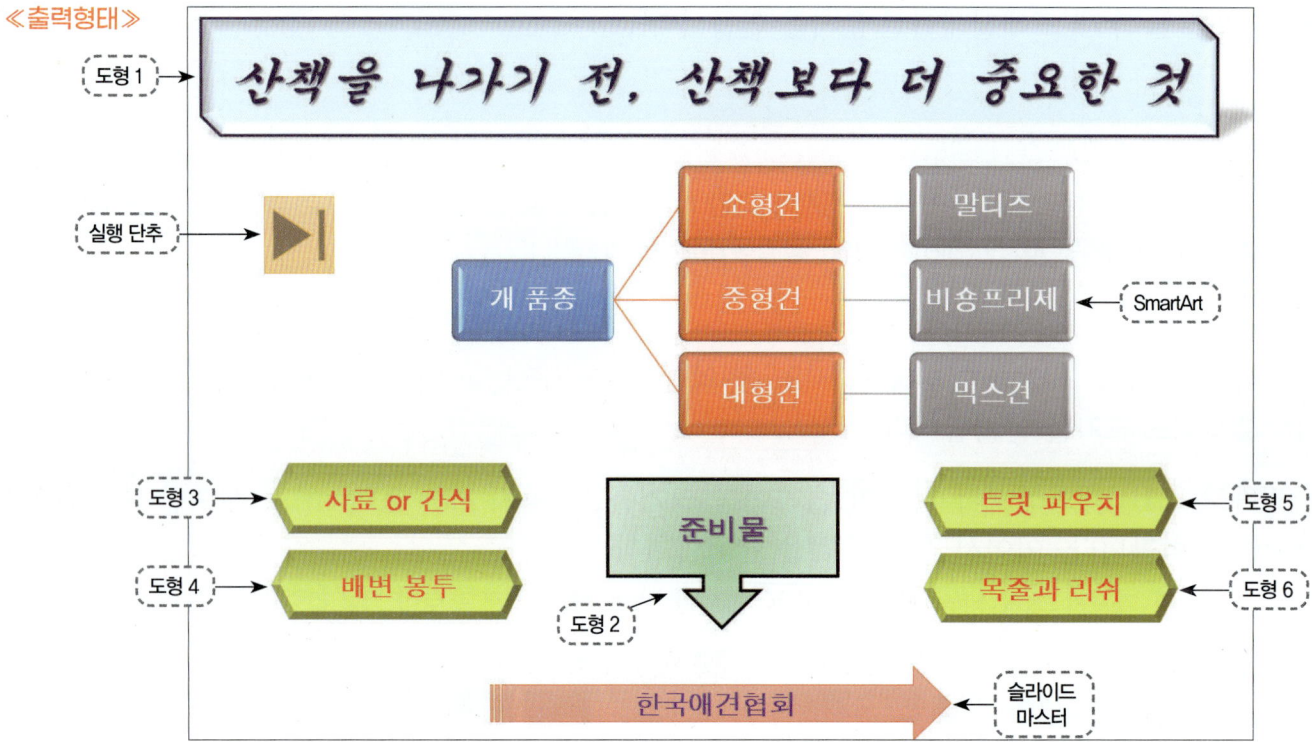

≪작성조건≫

(1) 제목
- ▶ 도형 1 ⇒ 사각형 : 대각선 방향의 모서리가 잘린 사각형, 도형 채우기('파랑, 강조 1, 80% 더 밝게'),
  도형 윤곽선(실선, 색 : 진한 파랑, 너비 : 2pt, 겹선 종류 : 단순형),
  도형 효과(그림자 – 원근감 대각선 오른쪽 위, 입체 효과 – 부드럽게 둥글리기),
  글꼴(궁서체, 36pt, 기울임꼴, 텍스트 그림자, 진한 파랑)

(2) 본문
- ▶ 도형 2 ⇒ 블록 화살표 : 아래쪽 화살표 설명선, 도형 채우기('녹색, 강조 6', 그라데이션 – 가운데에서),
  도형 윤곽선(실선, 색 : '검정, 텍스트 1', 너비 : 2pt, 겹선 종류 : 단순형),
  글꼴(돋움체, 22pt, 굵게, 텍스트 그림자, 자주)
- ▶ 도형 3~6 ⇒ 기본 도형 : 육각형, 도형 채우기(노랑, 그라데이션 – 선형 아래쪽), 선 없음,
  도형 효과(입체 효과 – 각지게), 글꼴(돋움, 20pt, 굵게, 빨강)
- ▶ 실행 단추 ⇒ 실행 단추 : 끝, 하이퍼링크 : 마지막 슬라이드, 도형 스타일('미세 효과 – 황금색, 강조 4')
- ▶ SmartArt 삽입 ⇒ 계층 구조형 : 가로 계층 구조형, 글꼴(돋움, 20pt, 굵게, 가운데 맞춤),
  SmartArt 스타일(색 변경 – '색상형 – 강조색', 3차원 – 경사),
  (반드시 SmartArt 기능을 이용하여 작성할 것)
- ▶ 애니메이션 지정 ⇒ SmartArt : 나타내기 – 확대/축소
- ▶ 지시사항이 없는 부분은 ≪출력형태≫와 동일하게 작성하시오.

❷ 슬라이드를 추가하기 위해 슬라이드 미리보기 창에서 첫 번째 슬라이드를 클릭한 후 Enter 키를 세 번 눌러 총 4개의 슬라이드를 만듭니다.

▲ 총 4개의 슬라이드 화면

03 슬라이드 마스터 작성하기

❶ [보기] 탭의 [마스터 보기] 그룹에서 슬라이드 마스터(▭)를 클릭합니다.

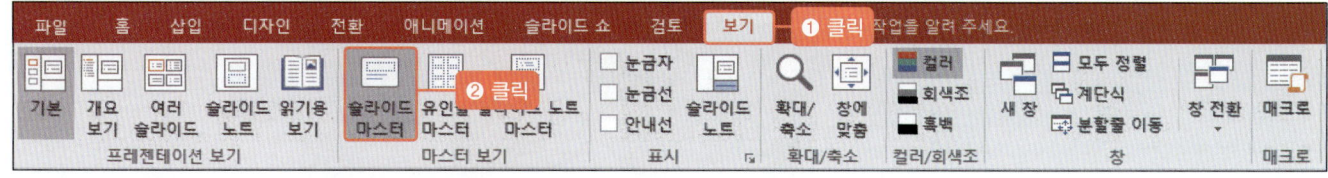

❷ 모든 슬라이드에 슬라이드 마스터를 적용하기 위해 왼쪽 마스터 미리보기 창에서 목록 맨 위에 있는 [Office 테마 슬라이드 마스터: 슬라이드 1-4에서 사용]을 클릭합니다.

※ 마스터 미리보기 창의 스크롤바를 맨 위쪽으로 드래그합니다.

❸ 이어서, [삽입] 탭의 [일러스트레이션] 그룹에서 [도형(▭)]-기본 도형-직각 삼각형(◺)을 클릭합니다.

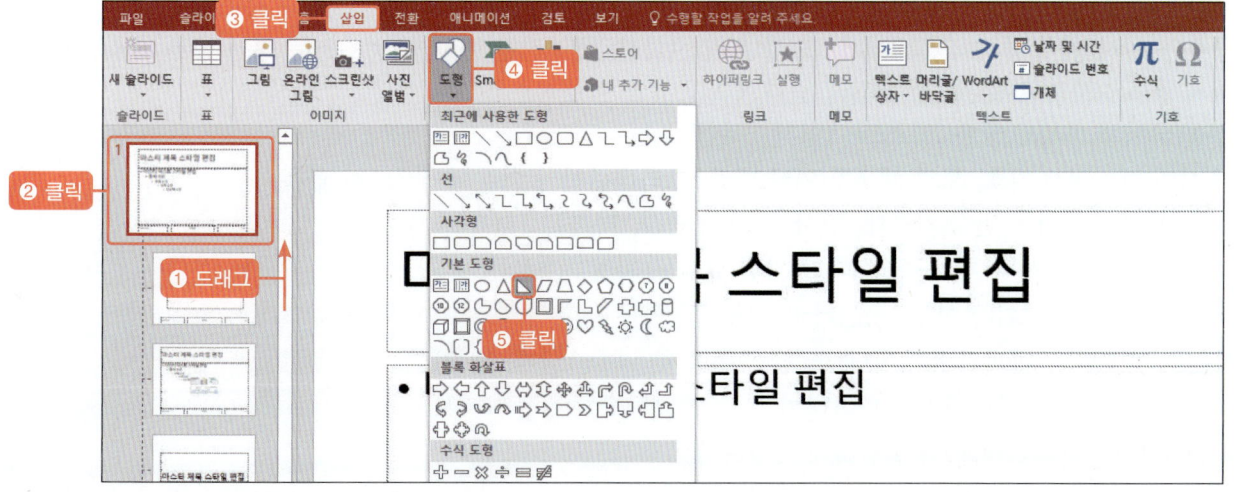

디지털정보활용능력-프리젠테이션[파워포인트] (시험시간 : 40분)

유의사항
- 《작성조건》을 준수하여 반드시 프리젠테이션 슬라이드로 작업합니다.
- 글꼴 및 기타 사항에 대해 별도의 지시사항이 없는 경우, 슬라이드 크기와 전체적인 균형을 고려하여 임의로 작성하되, **도형은 그룹으로 설정하지 않습니다.**
- 모든 슬라이드 크기(A4), 방향(가로), 디자인 테마(Office 테마)로 지정합니다.
  ▶ 슬라이드 크기, 방향 조정 시 '맞춤 확인'으로 지정하여야 합니다.
- 공통적용사항(슬라이드 마스터)
  ▶ 도형 ⇒ 블록 화살표 : 줄무늬가 있는 오른쪽 화살표, 도형 스타일('미세 효과 – 주황, 강조 2'), 글꼴(돋움, 20pt, 굵게, 자주)
- 그림 삽입 시 다운로드 한 그림 파일을 반드시 사용하여야 합니다.
- ⬜ ➡ 은 지시사항이므로 작성하지 않습니다.
- 슬라이드에 제시된 글자 및 숫자 오타는 감점처리 됩니다.

[슬라이드 1] 아래의 작성조건 및 출력형태에 알맞게 첫 번째 슬라이드에 작업하시오. (30점)

《출력형태》

《작성조건》

▶ 도형 1 ⇒ 기본 도형 : 정오각형, 도형 채우기(그라데이션 : 미리 설정 – '방사형 그라데이션 – 강조 5', 종류 – 방사형, 방향 – 가운데에서), 도형 윤곽선(실선, 색 : 진한 파랑, 너비 : 3pt, 겹선 종류 : 단순형, 대시 종류 : 사각 점선), 도형 효과(그림자 – 원근감 – 아래쪽), 글꼴(궁서체, 44pt, 굵게, 텍스트 그림자, 노랑)
▶ 도형 2 ⇒ 수식 도형 : 덧셈 기호, 도형 채우기(연한 파랑, 그라데이션 – 가운데에서), 선 없음, 도형 효과(그림자 – 안쪽 가운데, 반사 – '근접 반사, 터치')
▶ 도형 3 ⇒ 수식 도형 : 나눗셈 기호, 도형 스타일('강한 효과 – 파랑, 강조 1')
▶ 그림 삽입 ⇒ 그림 1 삽입, 크기(높이 : 7cm, 너비 : 11cm)
▶ 텍스트 상자(쉽게 따라하는 반려견 트레이닝) ⇒ 글꼴(돋움체, 28pt, 굵게, 밑줄)
▶ 애니메이션 지정 ⇒ 도형 1 : 나타내기 – 닦아내기
▶ 지시사항이 없는 부분은《출력형태》와 동일하게 작성하시오.

④ 마우스 포인터가 ┼ 모양으로 변경되면 아래 그림처럼 드래그 하여 도형을 삽입합니다. 이어서, 조절점(○)을 드래그 하여 ≪출력 형태≫와 같이 크기를 조절한 후 위치를 변경합니다.

   ※ 슬라이드 마스터에 삽입되는 도형의 크기와 위치는 ≪출력 형태≫를 참고하여 작업해야 합니다.

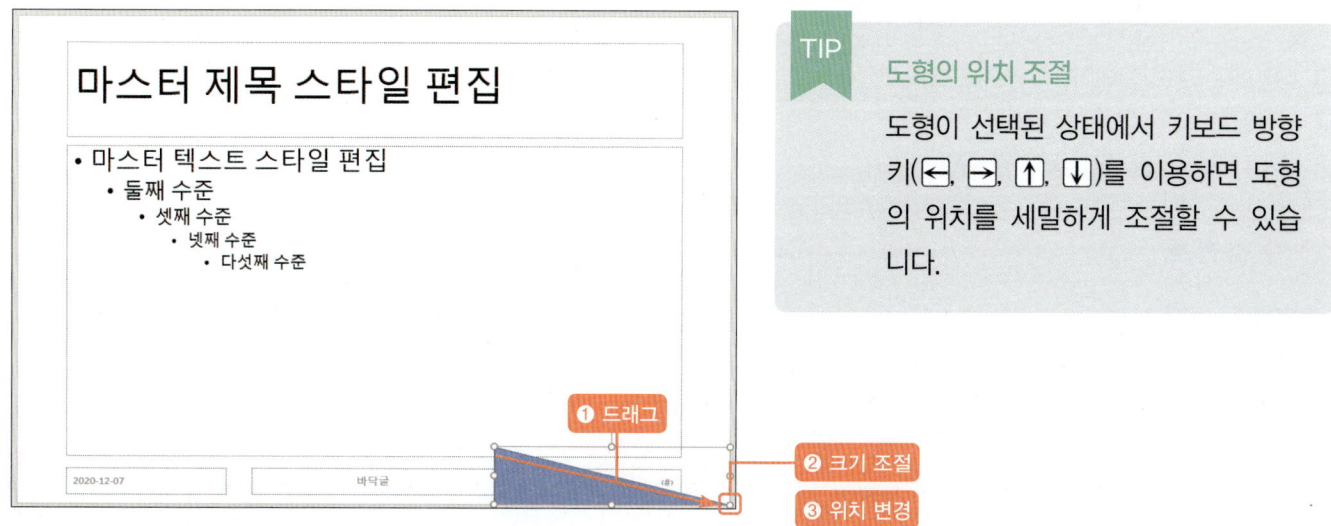

⑤ 도형이 선택된 상태에서 CABOHYDRATE를 입력한 후 Esc 키를 누릅니다.

   ※ 슬라이드 마스터 도형에 영문 텍스트를 입력하는 문제가 가끔씩 출제됩니다.
   ※ 만약 도형 선택이 해제되었을 경우에는 직각 삼각형 도형을 다시 클릭하여 선택한 후 작업합니다.

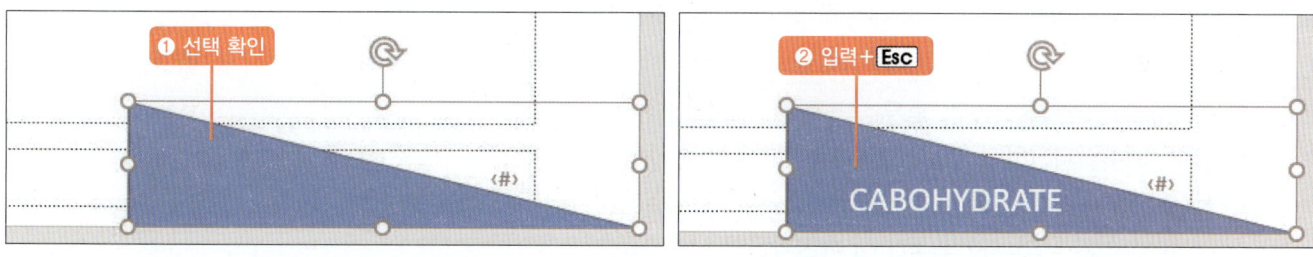

⑥ 도형의 스타일을 변경하기 위해 [그리기 도구]-[서식] 탭의 [도형 스타일] 그룹에서 자세히(▼) 단추를 클릭한 후 보통 효과 - 녹색, 강조 6(가나다)을 선택합니다.

   ※ 슬라이드 마스터 도형에 '도형 스타일', '질감' 채우기가 자주 출제됩니다.

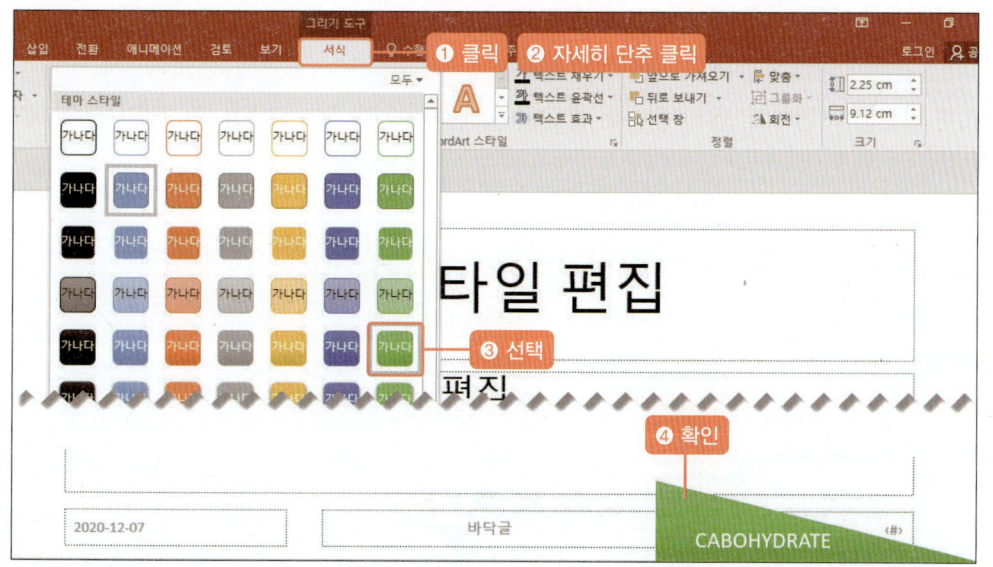

제 07 회 디지털정보활용능력 최신유형 기출문제

- ✓ 시험과목 : 프리젠테이션(파워포인트)
- ✓ 시험일자 : 20XX. XX. XX. (X)
- ✓ 응시자 기재사항 및 감독위원 확인

MS Office 2016 버전용

수검번호	DIP - XXXX -	감독위원 확인
성 명		

응시자 유의사항

1. 응시자는 신분증을 지참하여야 시험에 응시할 수 있으며, 시험이 종료될 때까지 신분증을 제시하지 못 할 경우 해당 시험은 0점 처리됩니다.
2. 시스템(PC작동여부, 네트워크 상태 등)의 이상여부를 반드시 확인하여야 하며, 시스템 이상이 있을시 감독위원에게 조치를 받으셔야 합니다.
3. 시험 중 부주의 또는 고의로 시스템을 파손한 경우는 응시자 부담으로 합니다.
4. 답안 전송 프로그램을 통해 다운로드 받은 파일을 이용하여 답안 파일을 작성하시기 바랍니다.
5. 작성한 답안 파일은 답안 전송 프로그램을 통하여 전송됩니다. 감독위원의 지시에 따라 주시기 바랍니다.
6. 다음 사항의 경우 실격(0점) 혹은 부정행위 처리됩니다.
    1) 답안 파일을 저장하지 않았거나, 저장한 파일이 손상되었을 경우
    2) 답안 파일을 지정된 폴더(바탕화면 – "KAIT" 폴더)에 저장하지 않았을 경우
        ※ 답안 전송 프로그램 로그인 시 바탕화면에 자동 생성됨
    3) 답안 파일을 다른 보조 기억장치(USB) 혹은 네트워크(메신저, 게시판 등)로 전송할 경우
    4) 휴대용 전화기 등 통신기기를 사용할 경우
7. 슬라이드는 반드시 순서대로 작성해야 하며, 순서가 다를 경우 "0"점 처리 됩니다.
8. 시험지에 제시된 글꼴이 응시 프로그램에 없는 경우, 반드시 감독위원에게 해당 내용을 통보한 뒤 조치를 받아야 합니다.
9. 슬라이드 작성 시 도형의 그룹 설정을 사용하는 경우, 채점에서 감점처리 됩니다.
10. 시험의 완료는 작성이 완료된 답안을 저장하고, 답안 전송이 완료된 상태를 확인한 것으로 합니다. 답안 전송 확인 후 문제지는 감독위원에게 제출한 후 퇴실하여야 합니다.
11. 답안 전송이 완료된 경우에는 수정 또는 정정이 불가능합니다.
12. 시험 시행 후 합격자 발표는 홈페이지(www.ihd.or.kr)에서 확인하시기 바랍니다.
    1) 문제 및 정답 공개 : 20XX. XX. XX. (X)
    2) 합격자 발표 : 20XX. XX. XX. (X)

❼ 이어서, [그리기 도구]-[서식] 탭의 [정렬] 그룹에서 [회전( )]-좌우 대칭( )을 클릭합니다.

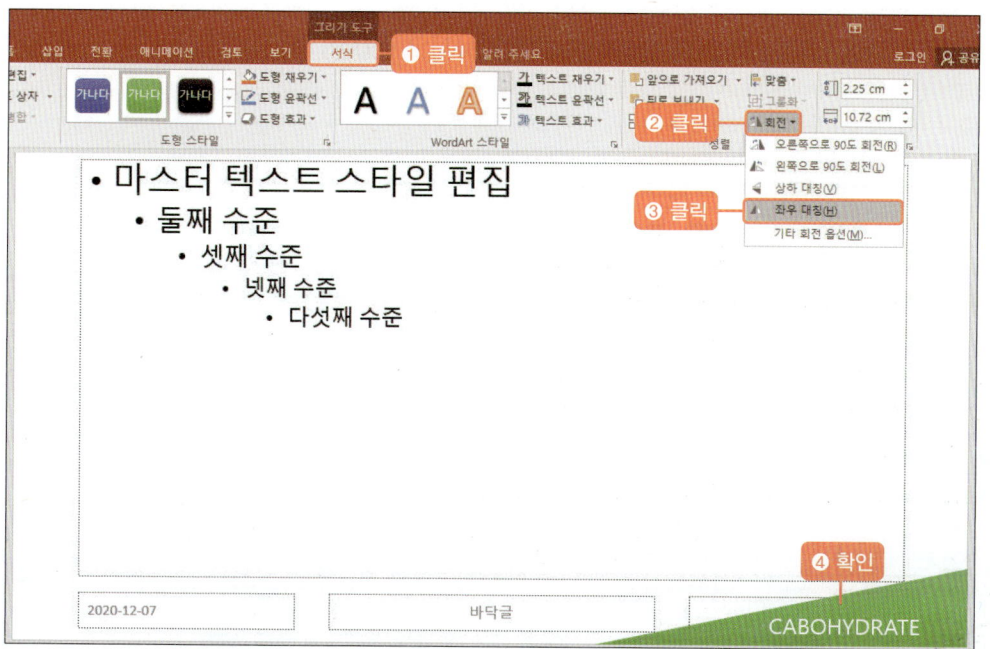

❽ 글꼴 서식을 변경하기 위해 [홈] 탭의 [글꼴] 그룹에서 글꼴(궁서), 글꼴 크기(16pt), 텍스트 그림자(S)를 지정합니다.

※ 글꼴 서식을 변경할 때는 도형(텍스트가 없는 부분)을 클릭하거나, 도형 안쪽의 내용을 드래그 하여 블록으로 지정한 후 작업합니다.

※ 글꼴 입력 칸을 클릭한 후 찾고자 하는 글꼴을 직접 입력(궁서)하면 좀 더 빠르게 찾을 수 있습니다.

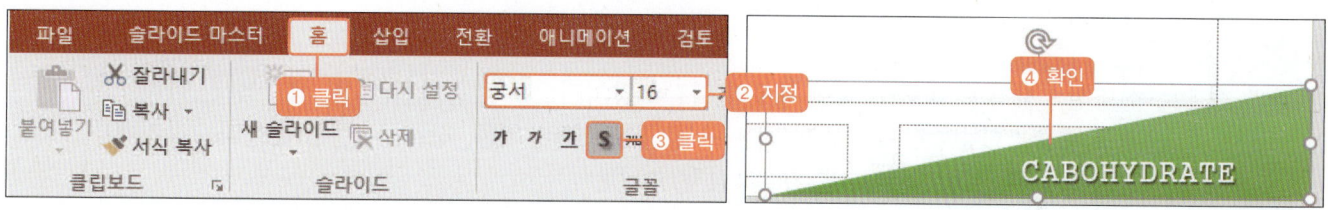

TIP 텍스트가 두 줄로 나오는 경우

글꼴 서식을 변경한 후 입력된 텍스트가 두 줄로 바뀌는 이유는 글꼴의 크기에 비해 도형이 작기 때문입니다. 이런 경우에는 도형의 가운데 조절점(○)을 드래그 하여 도형의 크기(너비)를 조절합니다.

▲ 너비 조절 전   ▲ 너비 조절 후

디지털정보활용능력 – 프리젠테이션[파워포인트] (시험시간 : 40분)

[슬라이드 4] 아래의 작성조건 및 출력형태에 알맞게 네 번째 슬라이드에 작업하시오. (60점)

≪출력형태≫

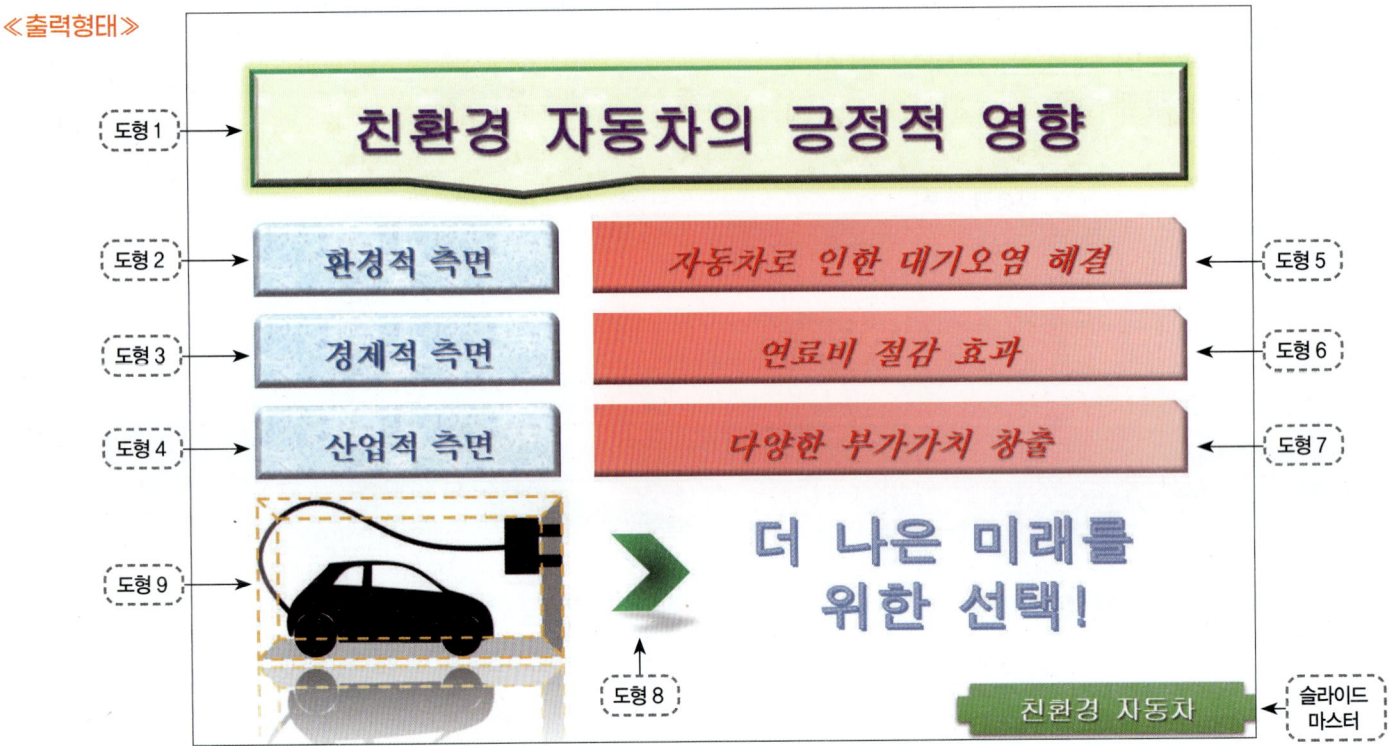

≪작성조건≫

(1) 제목
- 도형 1 ⇒ 설명선 : 사각형 설명선, 도형 채우기(질감 : 양피지), 도형 윤곽선(실선, 색 : 녹색, 너비 : 3pt, 겹선 종류 : 단순형), 도형 효과(네온 – '황금색, 11 pt 네온, 강조색 4', 입체 효과 –각지게), 글꼴(굴림체, 40pt, 굵게, 텍스트 그림자, 자주)

(2) 본문
- 도형 2~4 ⇒ 사각형 : 양쪽 모서리가 둥근 사각형, 도형 채우기(질감 : 파랑 박엽지), 선 없음, 도형 효과(입체 효과 – 비스듬하게), 글꼴(바탕, 24pt, 굵게, 텍스트 그림자, 파랑)
- 도형 5~7 ⇒ 사각형 : 한쪽 모서리가 잘린 사각형, 도형 채우기(진한 빨강, 그라데이션 – 왼쪽 위 모서리에서), 선 없음, 도형 효과(그림자 – 안쪽 대각선 오른쪽 아래), 글꼴(바탕체, 24pt, 굵게, 기울임꼴, 텍스트 그림자, 빨강)
- 도형 8 ⇒ 블록 화살표 : 갈매기형 수장, 도형 채우기(녹색, 그라데이션 – 가운데에서), 선 없음, 도형 효과(그림자 – 원근감 대각선 오른쪽 아래)
- 도형 9 ⇒ 기본 도형 : 빗면, 도형 채우기(그림 또는 질감 채우기) 기능을 사용하여 그림 3 삽입, 도형 윤곽선(실선, 색 : 주황, 너비 : 2pt, 겹선 종류 : 단순형, 대시 종류 : 파선), 도형 효과(반사 – '1/2 반사, 4 pt 오프셋')
- WordArt 삽입(더 나은 미래를 위한 선택!)
    ⇒ WordArt 스타일('무늬 채우기 – 파랑, 강조 1, 50%, 진한 그림자 – 강조 1'), 글꼴(돋움체, 40pt, 굵게, 텍스트 그림자)
- 지시사항이 없는 부분은 ≪출력형태≫와 동일하게 작성하시오.

⑨ 슬라이드 마스터에 도형이 완성되면 [슬라이드 마스터] 탭의 [닫기] 그룹에서 마스터 보기 닫기(X)를 클릭합니다.

※ 슬라이드 마스터에서 작성한 도형을 수정하고 싶을 때는 [보기] 탭의 [마스터 보기] 그룹에서 '슬라이드 마스터( )'를 클릭한 후 맨 위쪽 슬라이드([Office 테마 슬라이드 마스터: 슬라이드 1-4에서 사용])를 선택하여 수정합니다.

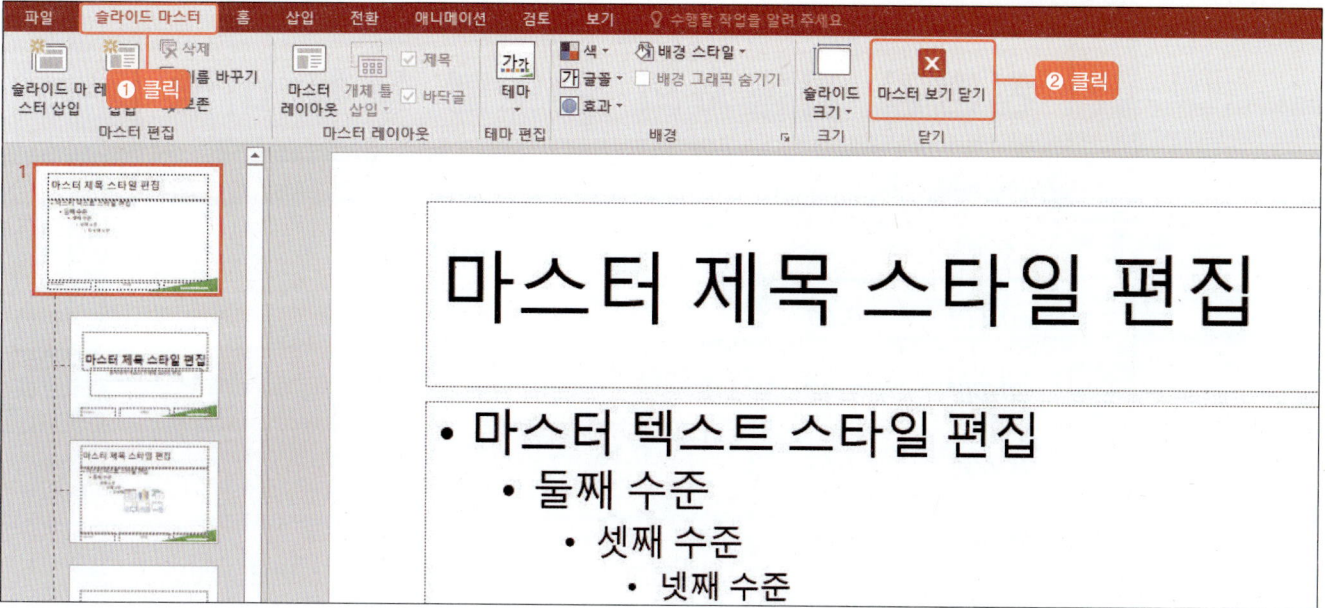

⑩ 모든 슬라이드에 도형이 삽입된 것을 확인한 후 [파일]-[저장](Ctrl+S) 또는 [빠른 실행 도구 모음]에서 저장( )을 클릭합니다.

※ 실제 시험을 볼 때 작업 도중에 수시로(10분에 한 번 정도) 저장을 하는 것이 좋습니다.

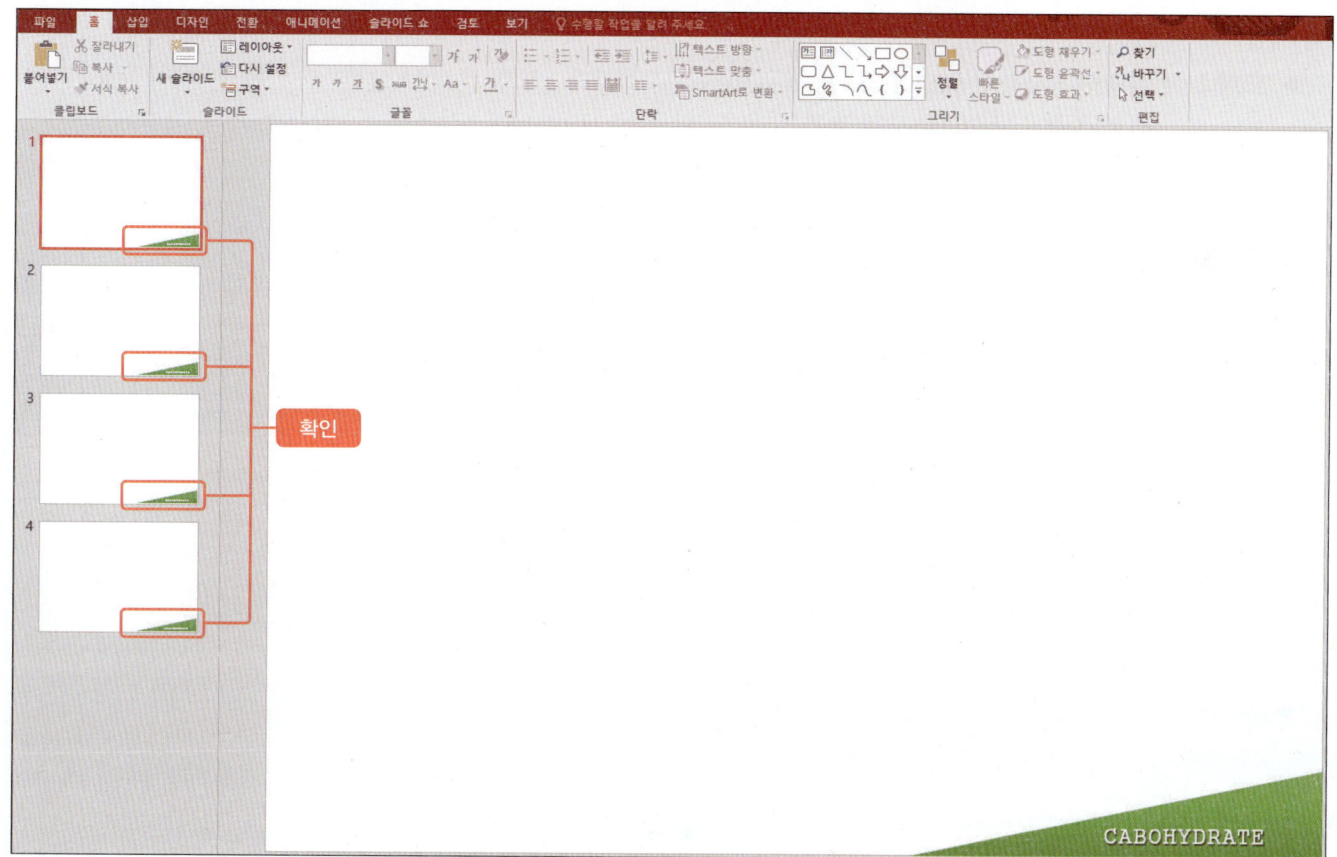

디지털정보활용능력 – 프리젠테이션[파워포인트] (시험시간 : 40분)

[슬라이드 3] 아래의 작성조건 및 출력형태에 알맞게 세 번째 슬라이드에 작업하시오. (60점)

≪출력형태≫

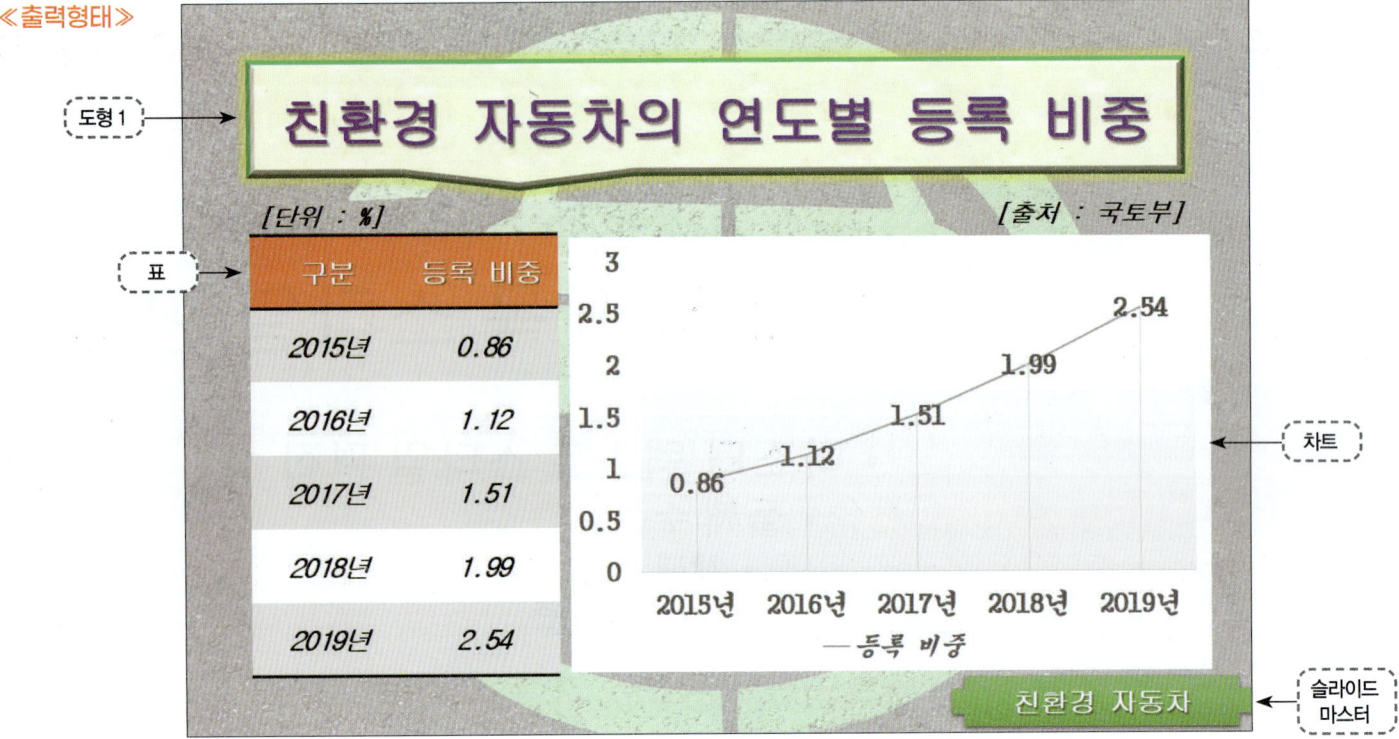

≪작성조건≫

(1) 제목
- 도형 1 ⇒ 설명선 : 사각형 설명선, 도형 채우기(질감 : 양피지), 도형 윤곽선(실선, 색 : 녹색, 너비 : 3pt, 겹선 종류 : 단순형), 도형 효과(네온 – '황금색, 11 pt 네온, 강조색 4', 입체 효과 – 각지게), 글꼴(굴림체, 40pt, 굵게, 텍스트 그림자, 자주)

(2) 본문 (※ 차트 작성은 반드시 '차트삽입 → 데이터입력 → 차트스타일' 순으로 작성바랍니다.)
- 텍스트 상자 1([단위 : %]) ⇒ 글꼴(돋움체, 18pt, 굵게, 기울임꼴)
- 표 ⇒ 표 스타일(보통 스타일 3 – 강조 2),
  가장 위의 행 : 글꼴(굴림체, 20pt, 굵게, 텍스트 그림자, 가운데 맞춤),
  나머지 행 : 글꼴(굴림체, 20pt, 굵게, 기울임꼴, 가운데 맞춤)
- 텍스트 상자 2([출처 : 국토부]) ⇒ 글꼴(돋움체, 18pt, 굵게, 기울임꼴)
- 차트 ⇒ 꺾은선형 : 표식이 있는 꺾은선형, 차트 스타일(색 변경 – '단색형 – 색 7', 스타일 4),
  축 서식/데이터 레이블 : 글꼴(궁서체, 20pt, 굵게),
  범례 서식 : 글꼴(궁서체, 18pt, 굵게, 기울임꼴), 데이터는 표 참고
- 배경 ⇒ 배경 서식(채우기 – 그림 또는 질감 채우기)에서 그림 2 삽입(현재 슬라이드만 적용)
- 애니메이션 지정 ⇒ 차트 : 나타내기 – 밝기 변화
- 지시사항이 없는 부분은 ≪출력형태≫와 동일하게 작성하시오.

페이지 설정 및 슬라이드 마스터

01 아래의 작성조건 및 출력 형태에 알맞게 작업하시오.

* 소스 파일 : 없음   * 정답 파일 : 정복01_완성01.pptx

● 출력 형태

● 작성 조건

- 모든 슬라이드 크기(A4), 방향(가로), 디자인 테마(Office 테마)로 지정합니다. ← [디자인]-[사용자 지정]-[슬라이드 크기]-[사용자 지정 슬라이드 크기]
  ▶ 슬라이드 크기, 방향 조정 시 '맞춤 확인'으로 지정하여야 합니다.
- 공통적용사항(슬라이드 마스터) ← [보기]-[마스터 보기]-[슬라이드 마스터]
  ▶ 도형 ⇒ 기본 도형 : 육각형, 도형 채우기(진한 빨강), 선 없음, 도형 효과(입체 효과 – 십자형으로), 글꼴(돋움, 24pt, 굵게)
    - [그리기 도구]-[서식]-[도형 스타일]-[도형 채우기]
    - [그리기 도구]-[서식]-[도형 스타일]-[도형 윤곽선]
    - [그리기 도구]-[서식]-[도형 스타일]-[도형 효과]
    - 도형 테두리 클릭→[홈]-[글꼴]
  - [삽입]-[일러스트레이션]-[도형]

02 아래의 작성조건 및 출력 형태에 알맞게 작업하시오.

* 소스 파일 : 없음   * 정답 파일 : 정복01_완성02.pptx

● 출력 형태

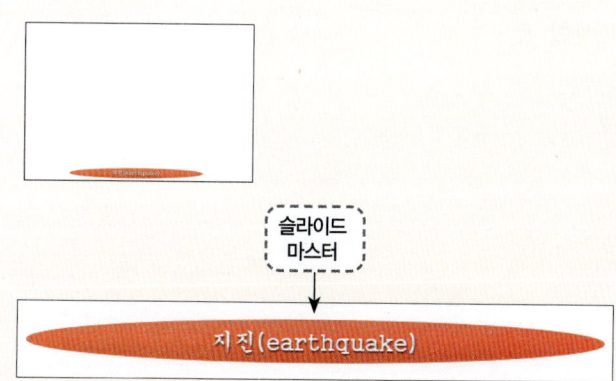

● 작성 조건

- 모든 슬라이드 크기(A4), 방향(가로), 디자인 테마(Office 테마)로 지정합니다.
  ▶ 슬라이드 크기, 방향 조정 시 '맞춤 확인'으로 지정하여야 합니다.
- 공통적용사항(슬라이드 마스터)
  ▶ 도형 ⇒ 기본 도형 : 타원, 도형 스타일('보통 효과 – 주황, 강조 2'), 글꼴(궁서, 18pt, 텍스트 그림자)

[슬라이드 2] 아래의 작성조건 및 출력형태에 알맞게 두 번째 슬라이드에 작업하시오. (50점)

≪출력형태≫

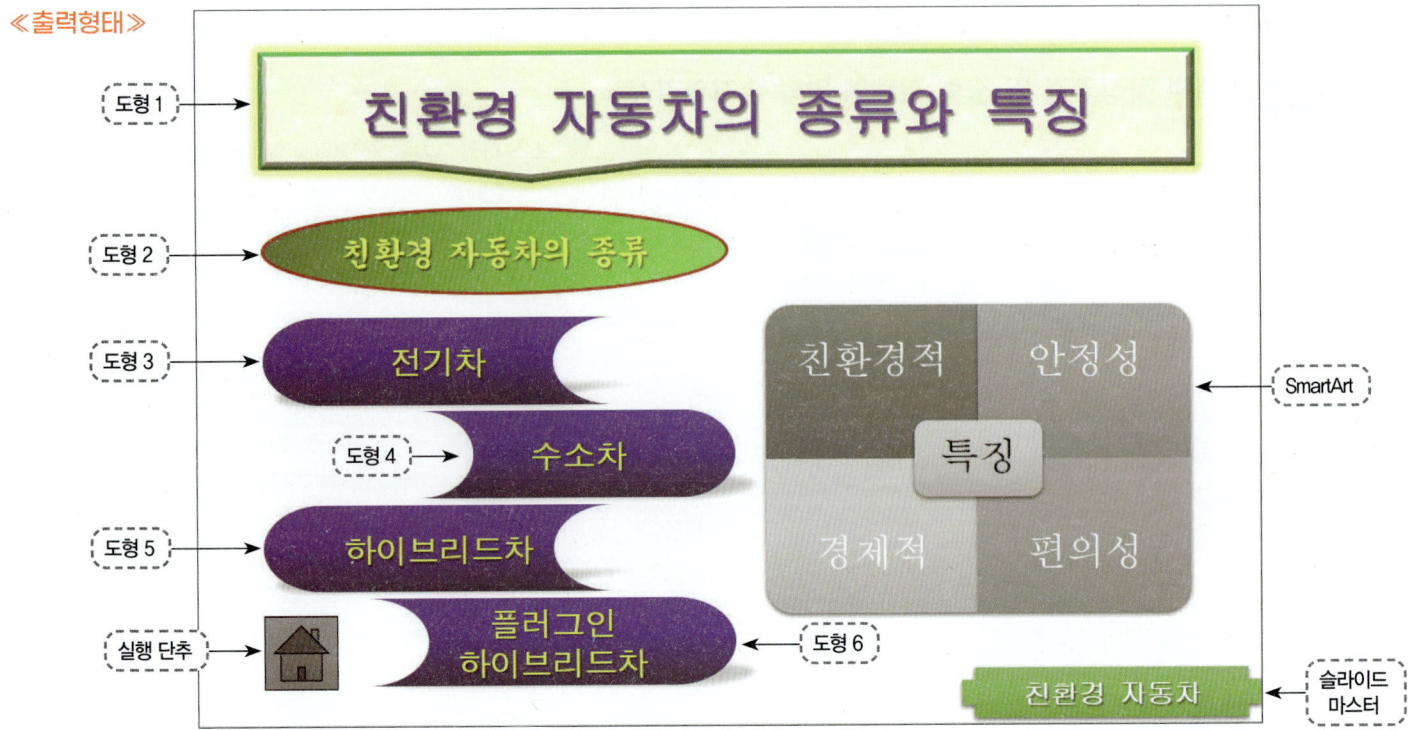

≪작성조건≫

(1) 제목
- 도형 1 ⇒ 설명선 : 사각형 설명선, 도형 채우기(질감 : 양피지), 도형 윤곽선(실선, 색 : 녹색, 너비 : 3pt, 겹선 종류 : 단순형), 도형 효과(네온 – '황금색, 11 pt 네온, 강조색 4', 입체 효과 – 각지게), 글꼴(굴림체, 40pt, 굵게, 텍스트 그림자, 자주)

(2) 본문
- 도형 2 ⇒ 기본 도형 : 타원, 도형 채우기(연한 녹색, 그라데이션 – 선형 오른쪽), 선 색(실선, 색 : 진한 빨강), 선 스타일(너비 : 2pt, 겹선 종류 : 단순형), 글꼴(궁서, 24pt, 굵게, 노랑)
- 도형 3~6 ⇒ 순서도 : 저장 데이터, 도형 채우기(자주, 그라데이션 – 선형 위쪽), 선 없음, 도형 효과(그림자 – 원근감 대각선 오른쪽 위), 글꼴(돋움, 24pt, 굵게, 텍스트 그림자, 노랑)
- 실행 단추 ⇒ 실행 단추 : 홈, 하이퍼링크 : 첫째 슬라이드, 도형 스타일('미세 효과 – 검정, 어둡게 1')
- SmartArt 삽입 ⇒ 행렬형 : 제목 있는 행렬형, 글꼴(바탕체, 28pt, 가운데 맞춤), SmartArt 스타일(색 변경 – '그라데이션 반복 – 강조 3', 강한 효과), (반드시 SmartArt 기능을 이용하여 작성할 것)
- 애니메이션 지정 ⇒ SmartArt : 나타내기 – 닦아내기
- 지시사항이 없는 부분은 ≪출력형태≫와 동일하게 작성하시오.

출제유형 완전정복 — 페이지 설정 및 슬라이드 마스터

03 아래의 작성조건 및 출력 형태에 알맞게 작업하시오. * 소스 파일 : 없음 * 정답 파일 : 정복01_완성03.pptx

● 출력 형태

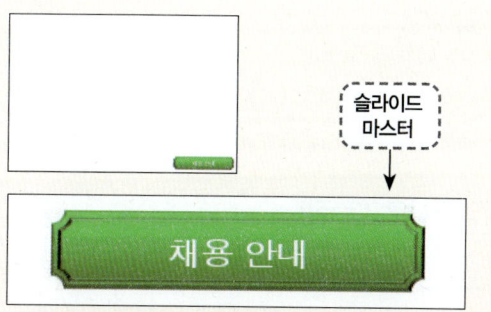

※ ≪출력 형태≫를 참고하여 '밝은 그라데이션' 또는 '어두운 그라데이션'에서 선택합니다.

● 작성 조건
- 모든 슬라이드 크기(A4), 방향(가로), 디자인 테마(Office 테마)로 지정합니다.
  ▶ 슬라이드 크기, 방향 조정 시 '맞춤 확인'으로 지정하여야 합니다.
- 공통적용사항(슬라이드 마스터)
  ▶ 도형 ⇒ 기본 도형 : 배지, 도형 채우기(녹색, 그라데이션 – 선형 위쪽), 선 없음, 도형 효과(입체 효과 – 급경사), 글꼴(돋움, 18pt, 굵게)

[그리기 도구]-[서식]-[도형 스타일]-[도형 채우기]-[그라데이션]

04 아래의 작성조건 및 출력 형태에 알맞게 작업하시오. * 소스 파일 : 없음 * 정답 파일 : 정복01_완성04.pptx

● 출력 형태

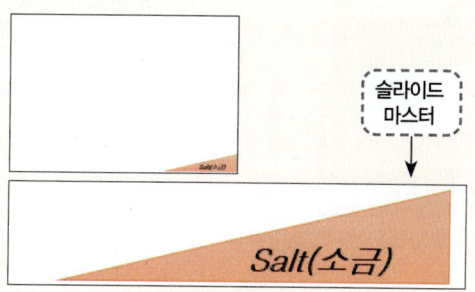

● 작성 조건
- 모든 슬라이드 크기(A4), 방향(가로), 디자인 테마(Office 테마)로 지정합니다.
  ▶ 슬라이드 크기, 방향 조정 시 '맞춤 확인'으로 지정하여야 합니다.
- 공통적용사항(슬라이드 마스터)
  ▶ 도형 ⇒ 기본 도형 : 직각 삼각형, 도형 스타일 ('미세 효과 – 주황, 강조 2'), 글꼴(돋움, 20pt, 굵게, 기울임꼴)

05 아래의 작성조건 및 출력 형태에 알맞게 작업하시오. * 소스 파일 : 없음 * 정답 파일 : 정복01_완성05.pptx

● 출력 형태

● 작성 조건
- 모든 슬라이드 크기(A4), 방향(가로), 디자인 테마(Office 테마)로 지정합니다.
  ▶ 슬라이드 크기, 방향 조정 시 '맞춤 확인'으로 지정하여야 합니다.
- 공통적용사항(슬라이드 마스터)
  ▶ 도형 ⇒ 기본 도형 : 사다리꼴, 도형 채우기(자주, 그라데이션 – 가운데에서), 선 없음, 도형 효과(그림자 – 바깥쪽 – 오프셋 위쪽), 글꼴(궁서, 20pt, 밑줄)

디지털정보활용능력-프리젠테이션[파워포인트] (시험시간 : 40분)

유의사항
- 《작성조건》을 준수하여 반드시 프리젠테이션 슬라이드로 작업합니다.
- 글꼴 및 기타 사항에 대해 별도의 지시사항이 없는 경우, 슬라이드 크기와 전체적인 균형을 고려하여 임의로 작성하되, **도형은 그룹으로 설정하지 않습니다.**
- 모든 슬라이드 크기(A4), 방향(가로), 디자인 테마(Office 테마)로 지정합니다.
  ▶ 슬라이드 크기, 방향 조정 시 '맞춤 확인'으로 지정하여야 합니다.
- 공통적용사항(슬라이드 마스터)
  ▶ 도형 ⇒ 기본 도형 : 십자형, 도형 스타일('강한 효과 - 녹색, 강조 6'), 글꼴(굴림체, 20pt, 굵게, 텍스트 그림자)
- 그림 삽입 시 다운로드 한 그림 파일을 반드시 사용하여야 합니다.
- ⬚ → 은 지시사항이므로 작성하지 않습니다.
- 슬라이드에 제시된 글자 및 숫자 오타는 감점처리 됩니다.

[슬라이드 1] 아래의 작성조건 및 출력형태에 알맞게 첫 번째 슬라이드에 작업하시오. (30점)

《출력형태》

《작성조건》

▶ 도형 1 ⇒ 별 및 현수막 : 가로로 말린 두루마리 모양, 도형 채우기(그라데이션 : 미리 설정 - '방사형 그라데이션 - 강조 2', 종류 - 선형, 방향 - 선형 아래쪽), 도형 윤곽선(실선, 색 : 빨강, 너비 : 3pt, 겹선 종류 : 단순형), 도형 효과(네온 - '파랑, 11 pt 네온, 강조색 1'), 글꼴(바탕, 44pt, 굵게, 텍스트 그림자, 연한 파랑)
▶ 도형 2 ⇒ 기본 도형 : 번개, 도형 채우기(주황), 선 없음, 도형 효과(그림자 - 바깥쪽 - 오프셋 아래쪽, 반사 - '근접 반사, 8 pt 오프셋')
▶ 도형 3 ⇒ 별 및 현수막 : 폭발 2, 도형 스타일('미세 효과 - 황금색, 강조 4')
▶ 그림 삽입 ⇒ 그림 1 삽입, 크기(높이 : 8cm, 너비 : 8cm)
▶ 텍스트 상자(환경피해를 줄일 수 있는 자동차) ⇒ 글꼴(굴림, 28pt, 굵게, 밑줄)
▶ 애니메이션 지정 ⇒ 도형 1 : 나타내기 - 실선 무늬
▶ 지시사항이 없는 부분은 《출력형태》와 동일하게 작성하시오.

출제유형 02

[슬라이드1] 제목 도형

☑ 도형을 작성한 후 도형 서식 지정하기
☑ 도형에 글자를 입력한 후 글꼴 서식 변경하기

문제 미리보기

소스 파일 : 유형02_문제.pptx   정답 파일 : 유형02_완성.pptx

【슬라이드1】 아래의 작성조건 및 출력 형태에 알맞게 첫 번째 슬라이드에 작업하시오.   (30점)

● 출력 형태

● 작성 조건

▶ 도형 1 ⇒ 수식 도형 : 나눗셈 기호, 도형 채우기(그라데이션 : 미리 설정 – '가운데 그라데이션 – 강조 5', 종류 – 선형, 방향 – 선형 위쪽), 도형 윤곽선(실선, 색 : '흰색, 배경 1', 너비 : 3pt, 겹선 종류 : 단순형), 도형 효과(그림자 – '바깥쪽 – 오프셋 가운데'), 글꼴(돋움, 45pt, 굵게, 텍스트 그림자, 노랑)

▶ 도형 2 ⇒ 블록 화살표 : 굽은 화살표, 도형 스타일('보통 효과 – 황금색, 강조 4')
▶ 도형 3 ⇒ 기본 도형 : 하트, 도형 채우기(빨강), 선 없음, 도형 효과(입체 효과 – 각지게)
▶ 그림 삽입 ⇒ 그림 1 삽입, 크기(높이 : 5cm, 너비 : 7cm)
▶ 텍스트 상자(우리 몸에 꼭 필요한 에너지원) ⇒ 글꼴(궁서, 28pt, 굵게)
▶ 애니메이션 지정 ⇒ 도형 1 : 나타내기 – 바둑판 무늬
▶ 지시사항이 없는 부분은 ≪출력 형태≫와 동일하게 작성하시오.

※ 출제유형 02는 ≪작성 조건≫ 중에서 파란색으로 표시된 내용만 작업합니다.

제06회 디지털정보활용능력 최신유형 기출문제

- ✓ 시험과목 : 프리젠테이션(파워포인트)
- ✓ 시험일자 : 20XX. XX. XX. (X)
- ✓ 응시자 기재사항 및 감독위원 확인

MS Office 2016 버전용

수검번호	DIP - XXXX -	감독위원 확인
성 명		

응시자 유의사항

1. 응시자는 신분증을 지참하여야 시험에 응시할 수 있으며, 시험이 종료될 때까지 신분증을 제시하지 못 할 경우 해당 시험은 0점 처리됩니다.
2. 시스템(PC작동여부, 네트워크 상태 등)의 이상여부를 반드시 확인하여야 하며, 시스템 이상이 있을시 감독위원에게 조치를 받으셔야 합니다.
3. 시험 중 부주의 또는 고의로 시스템을 파손한 경우는 응시자 부담으로 합니다.
4. 답안 전송 프로그램을 통해 다운로드 받은 파일을 이용하여 답안 파일을 작성하시기 바랍니다.
5. 작성한 답안 파일은 답안 전송 프로그램을 통하여 전송됩니다. 감독위원의 지시에 따라 주시기 바랍니다.
6. 다음 사항의 경우 실격(0점) 혹은 부정행위 처리됩니다.
   1) 답안 파일을 저장하지 않았거나, 저장한 파일이 손상되었을 경우
   2) 답안 파일을 지정된 폴더(바탕화면 – "KAIT" 폴더)에 저장하지 않았을 경우
      ※ 답안 전송 프로그램 로그인 시 바탕화면에 자동 생성됨
   3) 답안 파일을 다른 보조 기억장치(USB) 혹은 네트워크(메신저, 게시판 등)로 전송할 경우
   4) 휴대용 전화기 등 통신기기를 사용할 경우
7. 슬라이드는 반드시 순서대로 작성해야 하며, 순서가 다를 경우 "0"점 처리 됩니다.
8. 시험지에 제시된 글꼴이 응시 프로그램에 없는 경우, 반드시 감독위원에게 해당 내용을 통보한 뒤 조치를 받아야 합니다.
9. 슬라이드 작성 시 도형의 그룹 설정을 사용하는 경우, 채점에서 감점처리 됩니다.
10. 시험의 완료는 작성이 완료된 답안을 저장하고, 답안 전송이 완료된 상태를 확인한 것으로 합니다. 답안 전송 확인 후 문제지는 감독위원에게 제출한 후 퇴실하여야 합니다.
11. 답안 전송이 완료된 경우에는 수정 또는 정정이 불가능합니다.
12. 시험 시행 후 합격자 발표는 홈페이지(www.ihd.or.kr)에서 확인하시기 바랍니다.
    1) 문제 및 정답 공개 : 20XX. XX. XX. (X)
    2) 합격자 발표 : 20XX. XX. XX. (X)

한국정보통신진흥협회 KAIT

01 도형 1 작성하기

1. 첫 번째 슬라이드를 선택한 후 [삽입] 탭의 [일러스트레이션] 그룹에서 [도형( )]-수식 도형-나눗셈 기호( )를 클릭합니다.

   ※ 학습을 위해 필요한 출제유형 완전정복 파일은 [소스 및 정답] 폴더에서 불러와 작업합니다.

2. 마우스 포인터가 ✛ 모양으로 변경되면 드래그 하여 도형을 삽입합니다. 이어서, 조절점( )을 드래그 하여 ≪출력 형태≫와 같이 크기를 조절한 후 위치를 변경합니다.

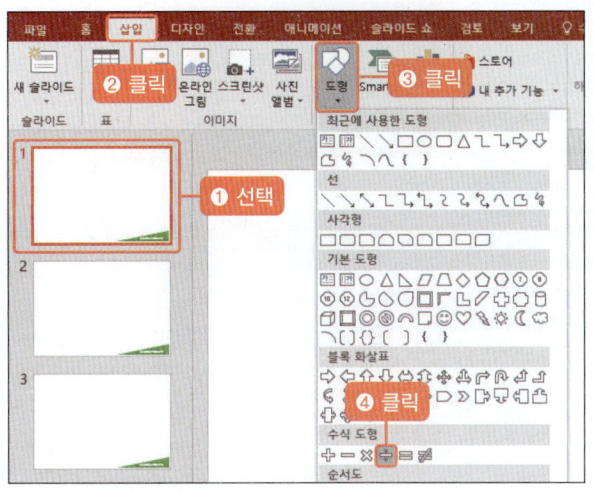
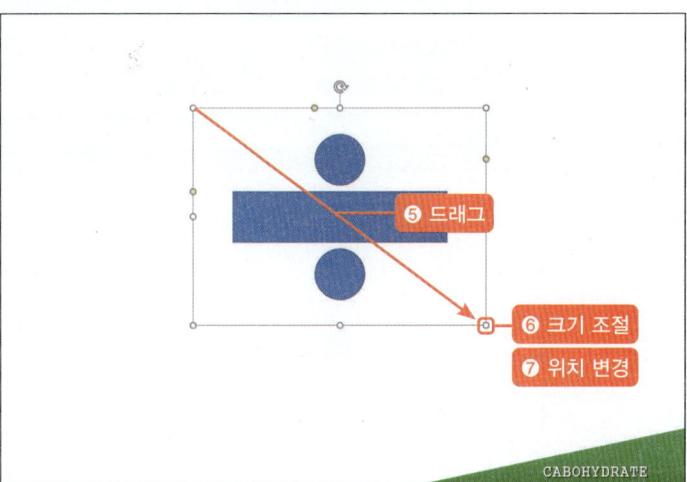

3. 도형이 선택된 상태에서 **탄수화물**을 입력한 후 Esc 키를 누릅니다. 이어서, 도형의 왼쪽 노란색 조절점( )을 위쪽으로 드래그 하여 두께를 조절합니다.

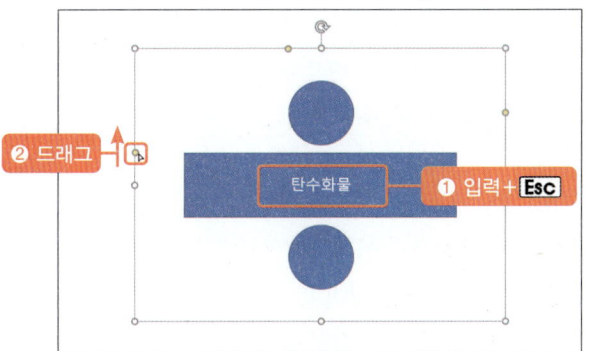
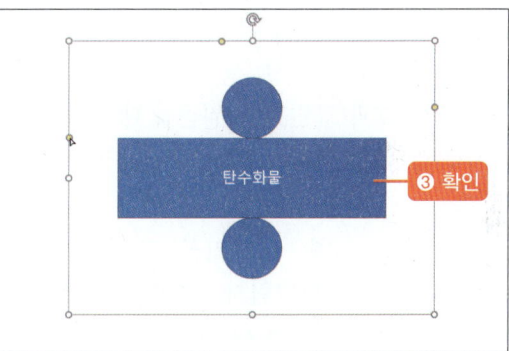

4. 도형의 위쪽 노란색 조절점( )을 오른쪽으로 드래그 하여 원 모양의 크기를 조절합니다.

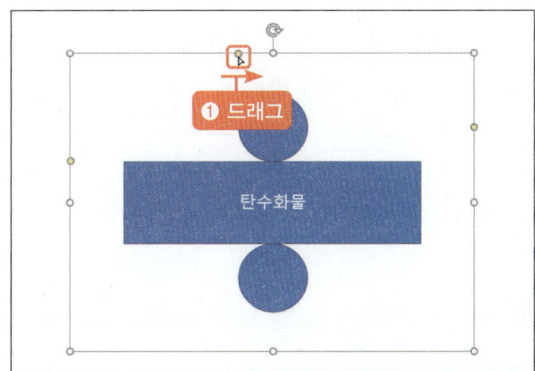
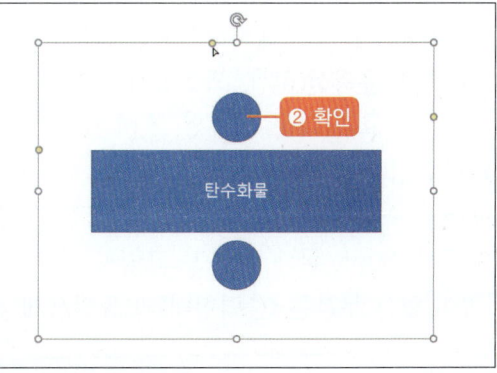

[슬라이드 4] 아래의 작성조건 및 출력형태에 알맞게 네 번째 슬라이드에 작업하시오. (60점)

≪출력형태≫

≪작성조건≫

(1) 제목
- 도형 1 ⇒ 블록 화살표 : 갈매기형 수장, 도형 채우기(질감 : 흰색 대리석),
  도형 윤곽선(실선, 색 : '녹색, 강조 6', 너비 : 3pt, 겹선 종류 : 단순형),
  도형 효과(그림자 – 원근감 대각선 오른쪽 위, 입체 효과 – 아트 데코),
  글꼴(궁서, 42pt, 텍스트 그림자, 자주)

(2) 본문
- 도형 2~4 ⇒ 기본 도형 : 사다리꼴, 도형 채우기(질감 : 녹색 대리석), 선 없음,
  도형 효과(그림자 – 바깥쪽 – 오프셋 아래쪽), 글꼴(돋움, 20pt, 굵게, 노랑)
- 도형 5~7 ⇒ 기본 도형 : 평행 사변형, 도형 채우기(자주, 그라데이션 – 가운데에서), 선 없음,
  도형 효과(입체 효과 – 급경사), 글꼴(돋움, 20pt, 굵게, 자주)
- 도형 8 ⇒ 수식 도형 : 곱셈 기호, 도형 채우기(진한 빨강, 그라데이션 – 선형 아래쪽), 선 없음,
  도형 효과(반사 – '근접 반사, 터치')
- 도형 9 ⇒ 순서도 : 저장 데이터, 도형 채우기(그림 또는 질감 채우기) 기능을 사용하여 그림 3 삽입,
  도형 윤곽선(실선, 색 : 진한 빨강, 너비 : 3pt, 겹선 종류 : 단순형),
  도형 효과(네온 – '주황, 8 pt 네온, 강조색 2')
- WordArt 삽입(기술 혁신! 삶의 질 향상)
  ⇒ WordArt 스타일('채우기 – 흰색, 윤곽선 – 강조 2, 진한 그림자 – 강조 2'),
  글꼴(궁서, 30pt, 굵게, 텍스트 그림자)
- 지시사항이 없는 부분은 ≪출력형태≫와 동일하게 작성하시오.

❺ 도형의 오른쪽 노란색 조절점(◉)을 아래쪽으로 드래그 하여 원 모양의 간격을 조절합니다.

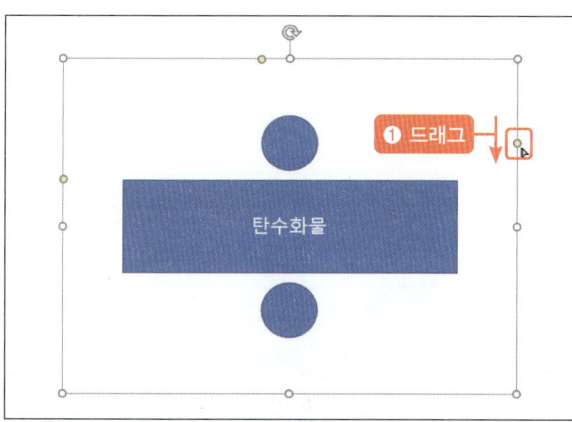
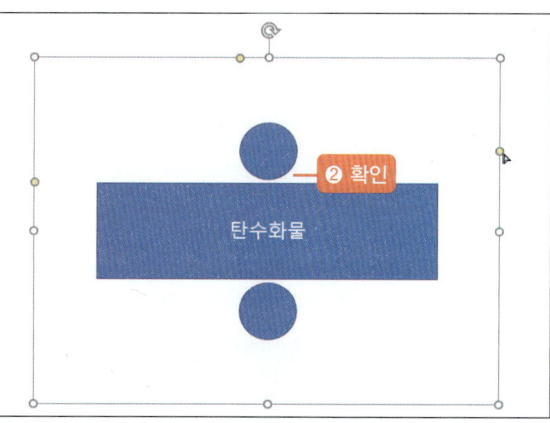

❻ 도형에 그라데이션을 채우기 위해 도형 위에서 마우스 오른쪽 단추를 눌러 바로 가기 메뉴가 나오면 [도형 서식]을 클릭합니다.

※ 텍스트가 입력된 도형은 글자가 없는 부분 위에서 마우스 오른쪽 단추를 눌러 바로 가기 메뉴를 실행합니다.

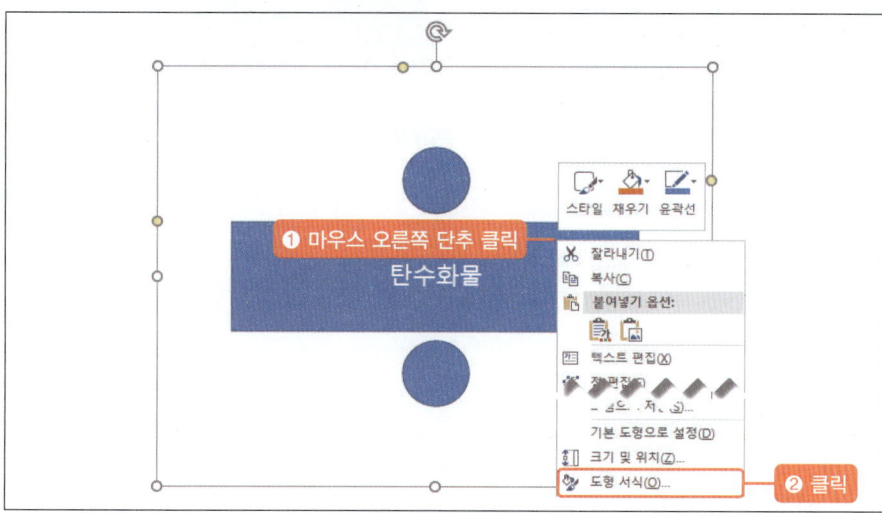

❼ 오른쪽에 [도형 서식] 창이 나오면 채우기-그라데이션 채우기를 선택합니다. 이어서 그라데이션 미리 설정(가운데 그라데이션 – 강조 5), 종류(선형), 방향(선형 위쪽)을 각각 지정합니다.

▲ 그라데이션 적용

디지털정보활용능력 - 프리젠테이션[파워포인트] (시험시간 : 40분)

[슬라이드 3] 아래의 작성조건 및 출력형태에 알맞게 세 번째 슬라이드에 작업하시오. (60점)

≪출력형태≫

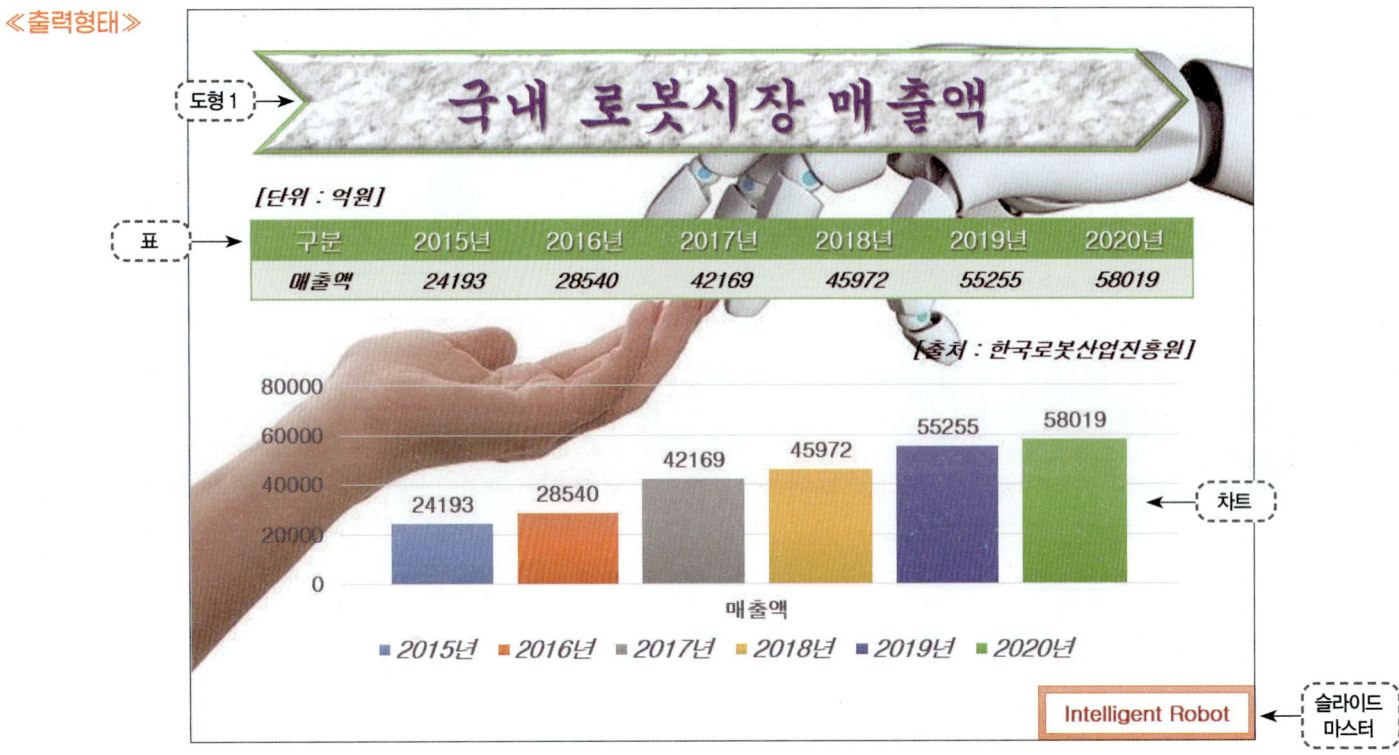

≪작성조건≫

(1) 제목
- ▶ 도형 1 ⇒ 블록 화살표 : 갈매기형 수장, 도형 채우기(질감 : 흰색 대리석),
  도형 윤곽선(실선, 색 : '녹색, 강조 6', 너비 : 3pt, 겹선 종류 : 단순형),
  도형 효과(그림자 - 원근감 대각선 오른쪽 위, 입체 효과 - 아트 데코),
  글꼴(궁서, 42pt, 텍스트 그림자, 자주)

(2) 본문 (※ 차트 작성은 반드시 '차트삽입 → 데이터입력 → 차트스타일' 순으로 작성바랍니다.)
- ▶ 텍스트 상자 1([단위 : 억원]) ⇒ 글꼴(돋움, 16pt, 굵게, 기울임꼴)
- ▶ 표 ⇒ 표 스타일(보통 스타일 1 - 강조 6),
  가장 위의 행 : 글꼴(굴림, 18pt, 굵게, 텍스트 그림자, 가운데 맞춤),
  나머지 행 : 글꼴(굴림, 16pt, 굵게, 기울임꼴, 가운데 맞춤)
- ▶ 텍스트 상자 2([출처 : 한국로봇산업진흥원]) ⇒ 글꼴(돋움, 16pt, 굵게, 기울임꼴)
- ▶ 차트 ⇒ 세로 막대형 : 묶은 세로 막대형, 차트 스타일(색 변경 - '색상형 - 색 1', 스타일 6),
  축 서식/데이터 레이블 서식 : 글꼴(돋움, 16pt, 굵게),
  범례 서식 : 글꼴(돋움, 18pt, 굵게, 기울임꼴), 데이터는 표 참고
- ▶ 배경 ⇒ 배경 서식(채우기 - 그림 또는 질감 채우기)에서 그림 2 삽입(현재 슬라이드만 적용)
- ▶ 애니메이션 지정 ⇒ 차트 : 나타내기 - 블라인드
- ▶ 지시사항이 없는 부분은 ≪출력형태≫와 동일하게 작성하시오.

⑧ 오른쪽 [도형 서식] 창에서 가장 하단의 **선**을 클릭하여 **실선**을 확인한 후 **색**(　)을 **흰색, 배경 1**로 변경합니다. 이어서, **너비(3pt), 겹선 종류(단순형)**을 각각 지정한 후 작업 창을 종료(　)합니다.

※ 《작성조건》에서 겹선 종류를 '단순형(━━)'으로 지정하라는 문제가 나오면 겹선 종류의 기본 값이 '단순형'이기 때문에 별도의 변경 없이 다음 작업을 진행해도 됩니다.

TIP 선 확인

도형의 선을 '흰색, 배경1'로 지정하였기 때문에 슬라이드 배경과 겹쳐 선이 없는 것처럼 보이지만 실제로 선이 있는 상태입니다.

⑨ [그리기 도구]-[서식] 탭의 [도형 스타일] 그룹에서 [도형 효과]-[그림자]-바깥쪽-오프셋 가운데를 클릭합니다.

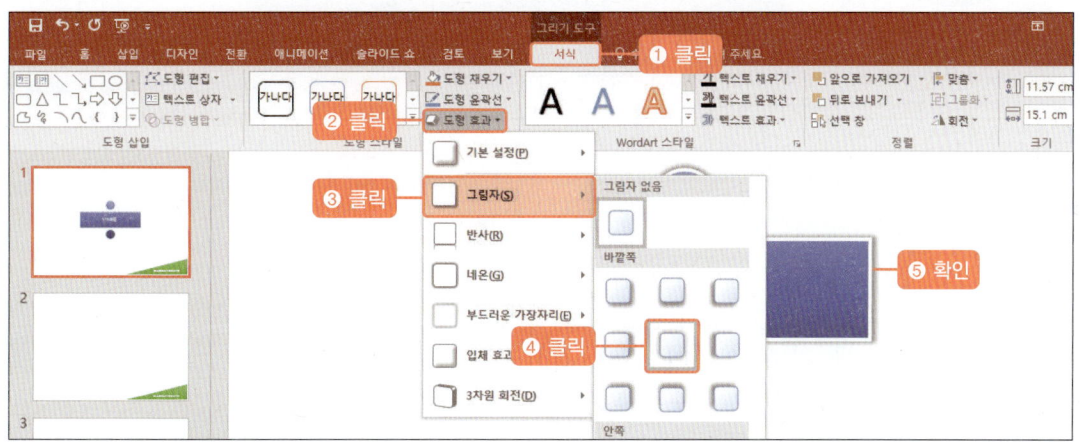

⑩ 글꼴 서식을 변경하기 위해 [홈] 탭의 [글꼴] 그룹에서 **글꼴(돋움), 글꼴 크기(45pt), 굵게(　), 텍스트 그림자(　), 글꼴 색(노랑)**을 지정합니다.

※ 글꼴 서식을 변경할 때는 도형의 테두리를 클릭하거나, 내용을 드래그 하여 블록으로 지정한 후 작업합니다.

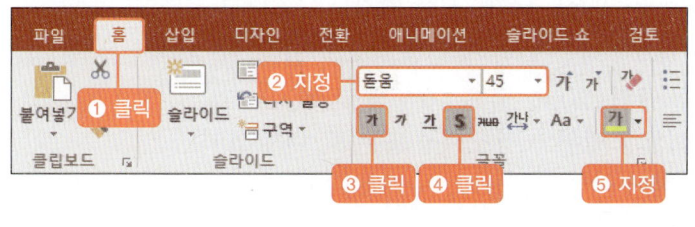 

⑪ [파일]-[저장](Ctrl+S) 또는 [빠른 실행 도구 모음]에서 **저장**(　)을 클릭합니다.

※ 실제 시험을 볼 때 작업 도중에 수시로(10분에 한 번 정도) 저장을 하는 것이 좋습니다.

[슬라이드 2] 아래의 작성조건 및 출력형태에 알맞게 두 번째 슬라이드에 작업하시오. (50점)

≪출력형태≫

≪작성조건≫

(1) 제목
- 도형 1 ⇒ 블록 화살표 : 갈매기형 수장, 도형 채우기(질감 : 흰색 대리석),
  도형 윤곽선(실선, 색 : '녹색, 강조 6', 너비 : 3pt, 겹선 종류 : 단순형),
  도형 효과(그림자 – 원근감 대각선 오른쪽 위, 입체 효과 – 아트 데코),
  글꼴(궁서, 42pt, 텍스트 그림자, 자주)

(2) 본문
- 도형 2 ⇒ 기본 도형 : 타원, 도형 채우기(연한 녹색, 그라데이션 – 가운데에서),
  도형 윤곽선(실선, 색 : 녹색, 너비 : 4pt, 겹선 종류 : 단순형), 글꼴(바탕, 24pt, 굵게, 노랑)
- 도형 3~6 ⇒ 순서도 : 수동 입력, 도형 채우기(자주, 그라데이션 – 선형 오른쪽), 선 없음,
  도형 효과(입체 효과 – 급경사), 글꼴(돋움, 22pt, 굵게, 진한 빨강)
- 실행 단추 ⇒ 실행 단추 : 앞으로 또는 다음, 하이퍼링크 : 다음 슬라이드, 도형 스타일('강한 효과 – 녹색, 강조 6')
- SmartArt 삽입 ⇒ 목록형 : 세로 곡선 목록형, 글꼴(굴림, 20pt, 굵게, 가운데 맞춤),
  SmartArt 스타일(색 변경 – '색상형 범위 – 강조색 4 또는 5', 미세 효과),
  (반드시 SmartArt 기능을 이용하여 작성할 것)
- 애니메이션 지정 ⇒ SmartArt : 나타내기 – 닦아내기
- 지시사항이 없는 부분은 ≪출력형태≫와 동일하게 작성하시오.

[슬라이드1] 제목 도형

01 아래의 작성조건 및 출력 형태에 알맞게 작업하시오.

* 소스 파일 : 정복02_문제01.pptx   * 정답 파일 : 정복02_완성01.pptx

● 출력 형태

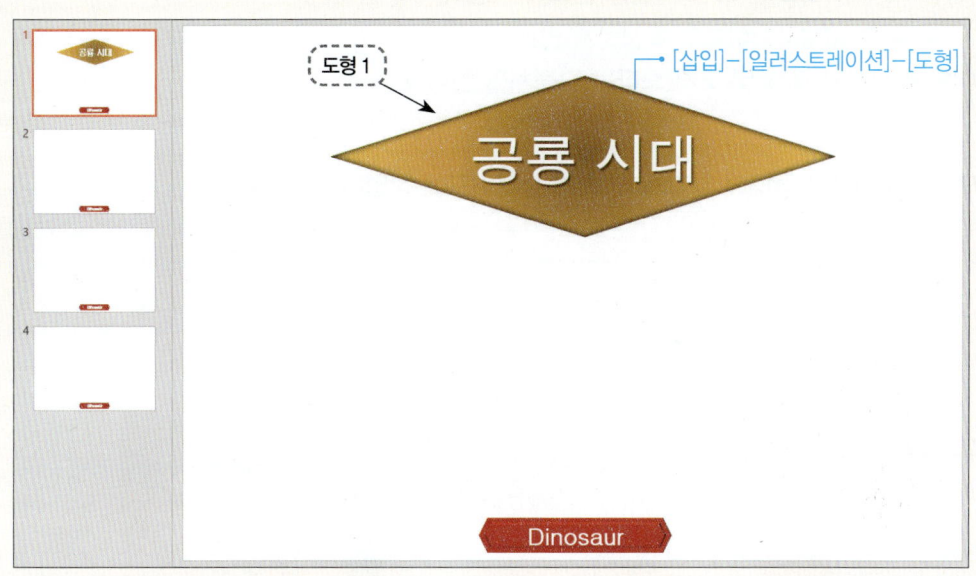

● 작성 조건
- ▶ 도형 1 ⇒ 기본 도형 : 다이아몬드, 도형 채우기(주황, 그라데이션 – 가운데에서), 선 없음, 도형 효과(그림자 – 안쪽 가운데), 글꼴(돋움, 54pt, 굵게, 텍스트 그림자)

02 아래의 작성조건 및 출력 형태에 알맞게 작업하시오.

* 소스 파일 : 없음   * 정답 파일 : 정복02_완성02.pptx

● 출력 형태

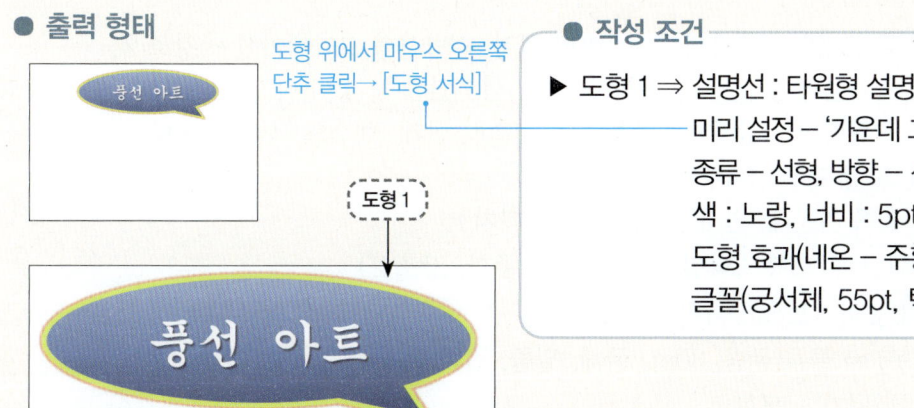

● 작성 조건
- ▶ 도형 1 ⇒ 설명선 : 타원형 설명선, 도형 채우기(그라데이션 : 미리 설정 – '가운데 그라데이션 – 강조 1', 종류 – 선형, 방향 – 선형 위쪽), 도형 윤곽선(실선, 색 : 노랑, 너비 : 5pt, 겹선 종류 : 단순형), 도형 효과(네온 – 주황, 5 pt 네온, 강조색 2), 글꼴(궁서체, 55pt, 텍스트 그림자)

디지털정보활용능력-프리젠테이션[파워포인트] (시험시간 : 40분)

유의사항
- 《작성조건》을 준수하여 반드시 프리젠테이션 슬라이드로 작업합니다.
- 글꼴 및 기타 사항에 대해 별도의 지시사항이 없는 경우, 슬라이드 크기와 전체적인 균형을 고려하여 임의로 작성하되, **도형은 그룹으로 설정하지 않습니다.**
- 모든 슬라이드 크기(A4), 방향(가로), 디자인 테마(Office 테마)로 지정합니다.
  ▶ 슬라이드 크기, 방향 조정 시 '맞춤 확인'으로 지정하여야 합니다.
- 공통적용사항(슬라이드 마스터)
  ▶ 도형 ⇒ 기본 도형 : 액자, 도형 스타일('미세 효과 – 주황, 강조 2'),
     글꼴(굴림, 16pt, 굵게, 진한 빨강)
- 그림 삽입 시 다운로드 한 그림 파일을 반드시 사용하여야 합니다.
- ⟶ 은 지시사항이므로 작성하지 않습니다.
- 슬라이드에 제시된 글자 및 숫자 오타는 감점처리 됩니다.

[슬라이드 1] 아래의 작성조건 및 출력형태에 알맞게 첫 번째 슬라이드에 작업하시오. (30점)

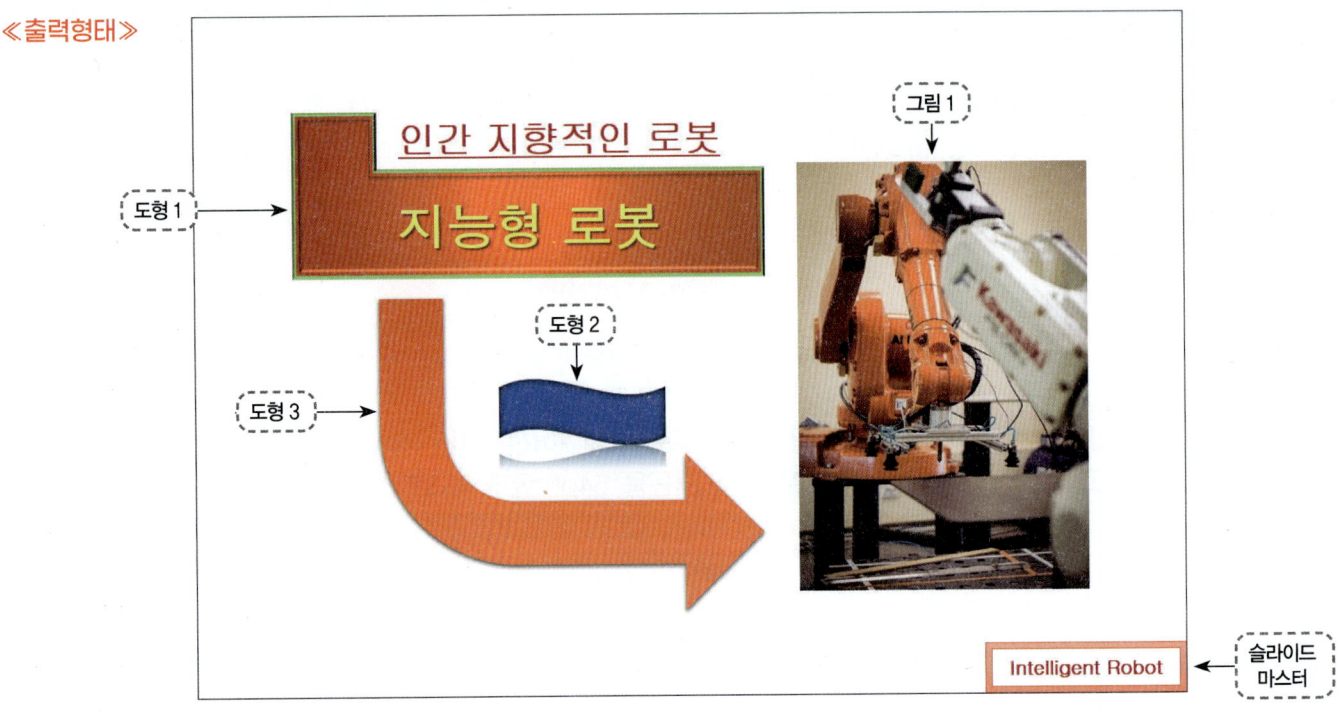

≪작성조건≫

▶ 도형 1 ⇒ 기본 도형 : L 도형, 도형 채우기(그라데이션 : 미리 설정 – '방사형 그라데이션 – 강조 2',
   종류 – 방사형, 방향 – 가운데에서), 도형 윤곽선(실선, 색 : 연한 녹색, 너비 : 3pt, 겹선 종류 : 단순형),
   도형 효과(입체 효과 – 딱딱한 가장자리), 글꼴(돋움, 40pt, 굵게, 텍스트 그림자, 노랑)
▶ 도형 2 ⇒ 별 및 현수막 : 물결, 도형 채우기(파랑), 선 없음,
   도형 효과(그림자 – 안쪽 가운데, 반사 – '근접 반사, 터치')
▶ 도형 3 ⇒ 블록 화살표 : 굽은 화살표, 도형 스타일('강한 효과 – 주황, 강조 2')
▶ 그림 삽입 ⇒ 그림 1 삽입, 크기(높이 : 12cm, 너비 : 8cm)
▶ 텍스트 상자(인간 지향적인 로봇) ⇒ 글꼴(굴림, 30pt, 굵게, 밑줄, 진한 빨강)
▶ 애니메이션 지정 ⇒ 도형 1 : 나타내기 – 도형
▶ 지시사항이 없는 부분은《출력형태》와 동일하게 작성하시오.

[슬라이드1] 제목 도형

03 아래의 작성조건 및 출력 형태에 알맞게 작업하시오.

* 소스 파일 : 없음   * 정답 파일 : 정복02_완성03.pptx

● 출력 형태

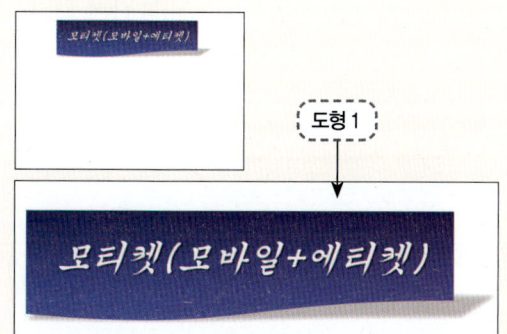

● 작성 조건

▶ 도형 1 ⇒ 순서도 : 문서, 도형 채우기(파랑, 그라데이션 – 선형 아래쪽), 선 없음, 도형 효과(그림자 – 원근감 대각선 오른쪽 위), 글꼴(궁서, 40pt, 기울임꼴, 텍스트 그림자)

04 아래의 작성조건 및 출력 형태에 알맞게 작업하시오.

* 소스 파일 : 없음   * 정답 파일 : 정복02_완성04.pptx

● 출력 형태

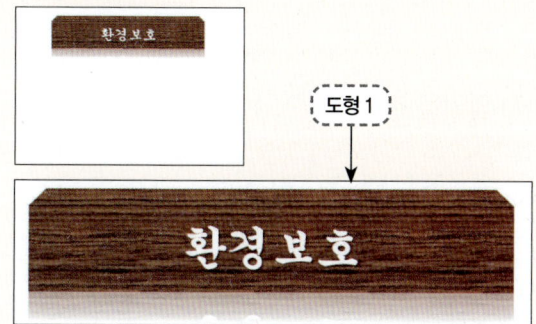

● 작성 조건

▶ 도형 1 ⇒ 사각형 : 양쪽 모서리가 잘린 사각형, 도형 채우기(질감 : 일반 목재), 선 없음, 도형 효과(반사 – '근접 반사, 터치'), 글꼴(궁서체, 48pt, 굵게, 텍스트 그림자)

05 아래의 작성조건 및 출력 형태에 알맞게 작업하시오.

* 소스 파일 : 없음   * 정답 파일 : 정복02_완성05.pptx

● 출력 형태

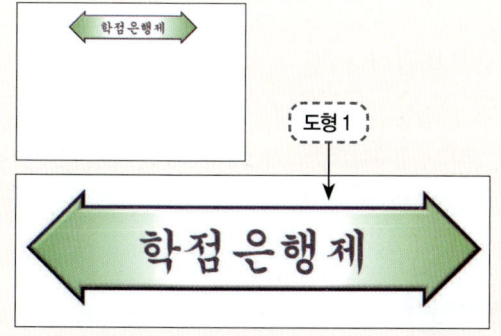

● 작성 조건

▶ 도형 1 ⇒ 블록 화살표 : 왼쪽/오른쪽 화살표, 도형 채우기(그라데이션 : 미리설정 – '위쪽 스포트라이트 – 강조 6', 종류 – 방사형, 방향 – 가운데에서), 도형 윤곽선(실선, 색 : 진한 파랑, 너비 : 3pt, 겹선 종류 : 단순형), 도형 효과(입체 효과 – 비스듬하게), 글꼴(궁서, 46pt, '청회색, 텍스트 2')

제05회 디지털정보활용능력 최신유형 기출문제

- ☑ 시험과목 : 프리젠테이션(파워포인트)
- ☑ 시험일자 : 20XX. XX. XX. (X)
- ☑ 응시자 기재사항 및 감독위원 확인

MS Office 2016 버전용

수검번호	DIP - XXXX -	감독위원 확인
성 명		

응시자 유의사항

1. 응시자는 신분증을 지참하여야 시험에 응시할 수 있으며, 시험이 종료될 때까지 신분증을 제시하지 못 할 경우 해당 시험은 0점 처리됩니다.
2. 시스템(PC작동여부, 네트워크 상태 등)의 이상여부를 반드시 확인하여야 하며, 시스템 이상이 있을시 감독위원에게 조치를 받으셔야 합니다.
3. 시험 중 부주의 또는 고의로 시스템을 파손한 경우는 응시자 부담으로 합니다.
4. 답안 전송 프로그램을 통해 다운로드 받은 파일을 이용하여 답안 파일을 작성하시기 바랍니다.
5. 작성한 답안 파일은 답안 전송 프로그램을 통하여 전송됩니다. 감독위원의 지시에 따라 주시기 바랍니다.
6. 다음 사항의 경우 실격(0점) 혹은 부정행위 처리됩니다.
    1) 답안 파일을 저장하지 않았거나, 저장한 파일이 손상되었을 경우
    2) 답안 파일을 지정된 폴더(바탕화면 – "KAIT" 폴더)에 저장하지 않았을 경우
        ※ 답안 전송 프로그램 로그인 시 바탕화면에 자동 생성됨
    3) 답안 파일을 다른 보조 기억장치(USB) 혹은 네트워크(메신저, 게시판 등)로 전송할 경우
    4) 휴대용 전화기 등 통신기기를 사용할 경우
7. 슬라이드는 반드시 순서대로 작성해야 하며, 순서가 다를 경우 "0"점 처리 됩니다.
8. 시험지에 제시된 글꼴이 응시 프로그램에 없는 경우, 반드시 감독위원에게 해당 내용을 통보한 뒤 조치를 받아야 합니다.
9. 슬라이드 작성 시 도형의 그룹 설정을 사용하는 경우, 채점에서 감점처리 됩니다.
10. 시험의 완료는 작성이 완료된 답안을 저장하고, 답안 전송이 완료된 상태를 확인한 것으로 합니다. 답안 전송 확인 후 문제지는 감독위원에게 제출한 후 퇴실하여야 합니다.
11. 답안 전송이 완료된 경우에는 수정 또는 정정이 불가능합니다.
12. 시험 시행 후 합격자 발표는 홈페이지(www.ihd.or.kr)에서 확인하시기 바랍니다.
    1) 문제 및 정답 공개 : 20XX. XX. XX. (X)
    2) 합격자 발표 : 20XX. XX. XX. (X)

출제유형 03

[슬라이드1] 본문 도형

☑ 도형을 회전하기
☑ 도형에 입체 효과 적용하기

문제 미리보기

소스 파일 : 유형03_문제.pptx   정답 파일 : 유형03_완성.pptx

【슬라이드1】 아래의 작성조건 및 출력 형태에 알맞게 첫 번째 슬라이드에 작업하시오.   (30점)

● 출력 형태

● 작성 조건

▶ 도형 1 ⇒ 수식 도형 : 나눗셈 기호, 도형 채우기(그라데이션 : 미리 설정 – '가운데 그라데이션 – 강조 5', 종류 – 선형, 방향 – 선형 위쪽), 도형 윤곽선(실선, 색 : '흰색, 배경 1', 너비 : 3pt, 겹선 종류 : 단순형), 도형 효과(그림자 – '바깥쪽 – 오프셋 가운데'), 글꼴(돋움, 45pt, 굵게, 텍스트 그림자, 노랑)
▶ 도형 2 ⇒ 블록 화살표 : 굽은 화살표, 도형 스타일('보통 효과 – 황금색, 강조 4')
▶ 도형 3 ⇒ 기본 도형 : 하트, 도형 채우기(빨강), 선 없음, 도형 효과(입체 효과 – 각지게)
▶ 그림 삽입 ⇒ 그림 1 삽입, 크기(높이 : 5cm, 너비 : 7cm)
▶ 텍스트 상자(우리 몸에 꼭 필요한 에너지원) ⇒ 글꼴(궁서, 28pt, 굵게)
▶ 애니메이션 지정 ⇒ 도형 1 : 나타내기 – 바둑판 무늬
▶ 지시사항이 없는 부분은 ≪출력 형태≫와 동일하게 작성하시오.

※ 출제유형 03은 ≪작성 조건≫ 중에서 파란색으로 표시된 내용만 작업합니다.

[슬라이드 4] 아래의 작성조건 및 출력형태에 알맞게 네 번째 슬라이드에 작업하시오. (60점)

≪출력형태≫

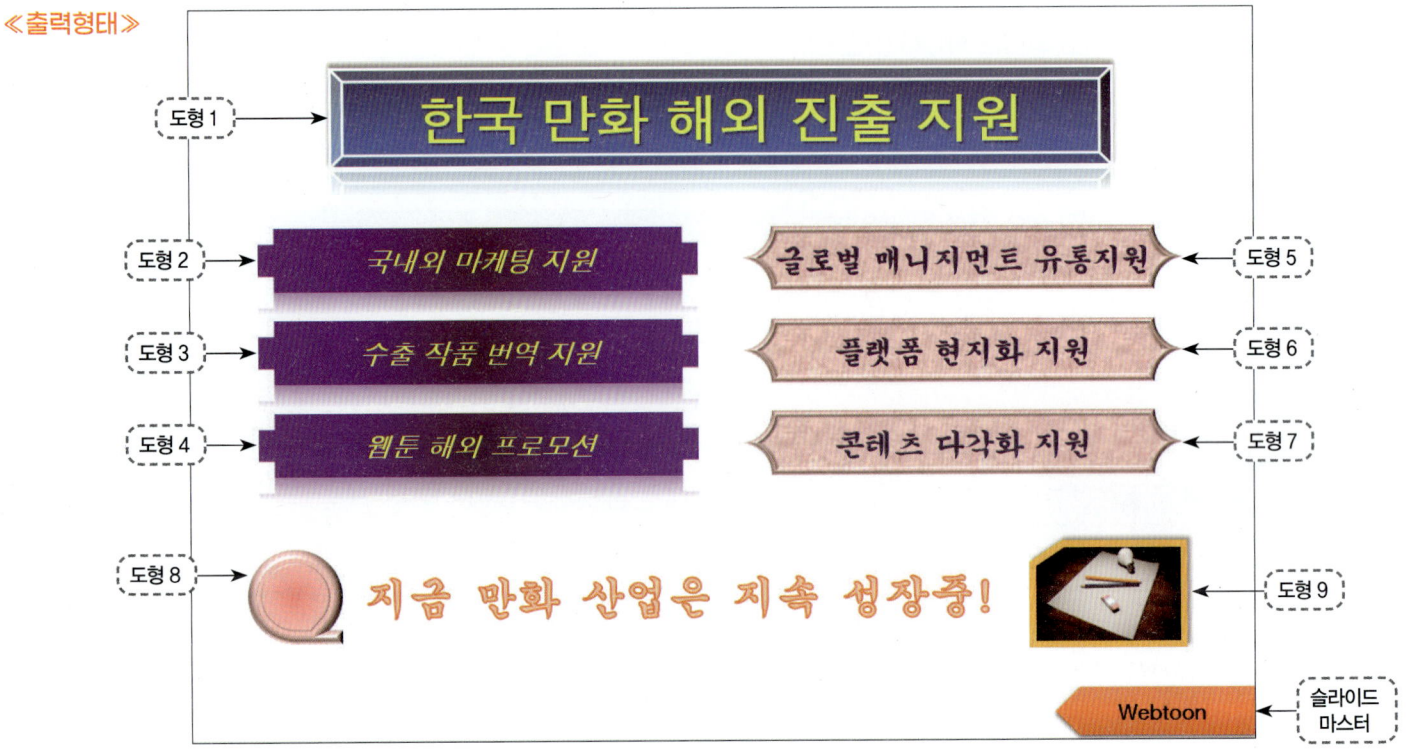

≪작성조건≫

(1) 제목
- 도형 1 ⇒ 기본 도형 : 빗면, 도형 채우기(파랑, 그라데이션 – 선형 위쪽), 도형 윤곽선(실선, 색 : '흰색, 배경 1', 너비 : 2pt, 겹선 종류 : 단순형), 도형 효과(그림자 – 바깥쪽 – 오프셋 위쪽, 반사 – '근접 반사, 터치'), 글꼴(돋움, 40pt, 굵게, 텍스트 그림자, 노랑)

(2) 본문
- 도형 2~4 ⇒ 기본 도형 : 십자형, 도형 채우기(자주, 그라데이션 – 가운데에서), 선 없음, 도형 효과(반사 – '근접 반사, 터치'), 글꼴(돋움, 20pt, 굵게, 기울임꼴, 노랑)
- 도형 5~7 ⇒ 기본 도형 : 배지, 도형 채우기(질감 : 분홍 박엽지), 선 없음, 도형 효과(입체 효과 – 낮은 수준의 경사), 글꼴(궁서, 22pt, 굵게, 진한 파랑)
- 도형 8 ⇒ 순서도 : 순차적 액세스 저장소, 도형 채우기(진한 빨강, 그라데이션 – 가운데에서), 선 없음, 도형 효과(입체 효과 – 디벗)
- 도형 9 ⇒ 순서도 : 카드, 도형 채우기(그림 또는 질감 채우기) 기능을 사용하여 그림 3 삽입, 도형 윤곽선(실선, 색 : 주황, 너비 : 5pt, 겹선 종류 : 단순형), 도형 효과(그림자 – 원근감 대각선 오른쪽 위)
- WordArt 삽입(지금 만화 산업은 지속 성장중!)
  ⇒ WordArt 스타일('채우기 – 주황, 강조 2, 윤곽선 – 강조 2'), 글꼴(궁서, 32pt, 굵게)
- 지시사항이 없는 부분은 ≪출력형태≫와 동일하게 작성하시오.

01 도형 2 작성하기

1. 첫 번째 슬라이드를 선택한 후 [삽입] 탭의 [일러스트레이션] 그룹에서 [도형(▢)]-블록 화살표-굽은 화살표(↱)를 클릭합니다.

2. 마우스 포인터가 ✛ 모양으로 변경되면 드래그 하여 도형을 삽입합니다. 이어서, 조절점(○)을 드래그 하여 ≪출력 형태≫와 같이 크기를 조절한 후 위치를 변경합니다.

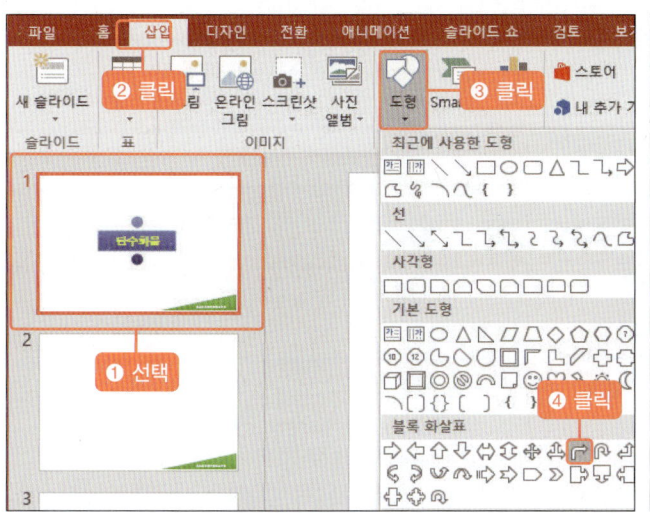
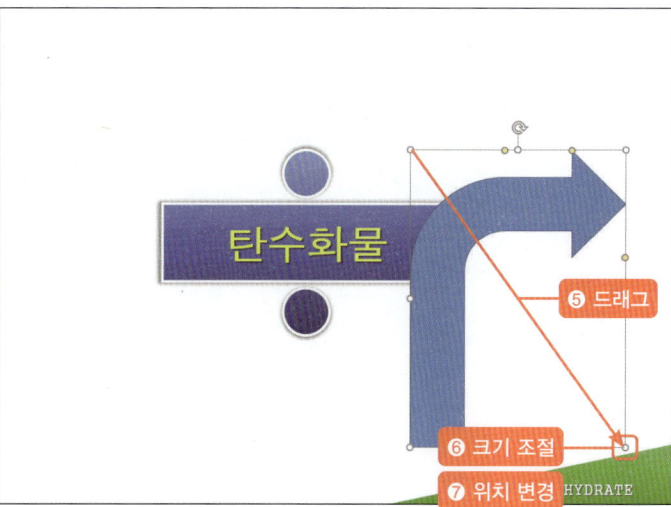

3. 도형을 회전하기 위해 [그리기 도구]-[서식] 탭의 [정렬] 그룹에서 [회전(▲)]-왼쪽으로 90도 회전(▲)을 클릭합니다. 이어서, [회전(▲)]-좌우 대칭(▲)을 클릭합니다.

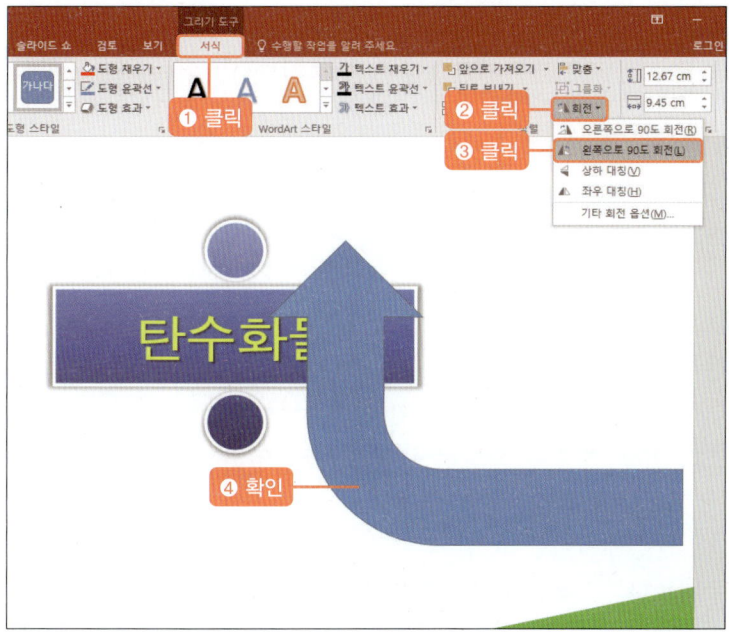
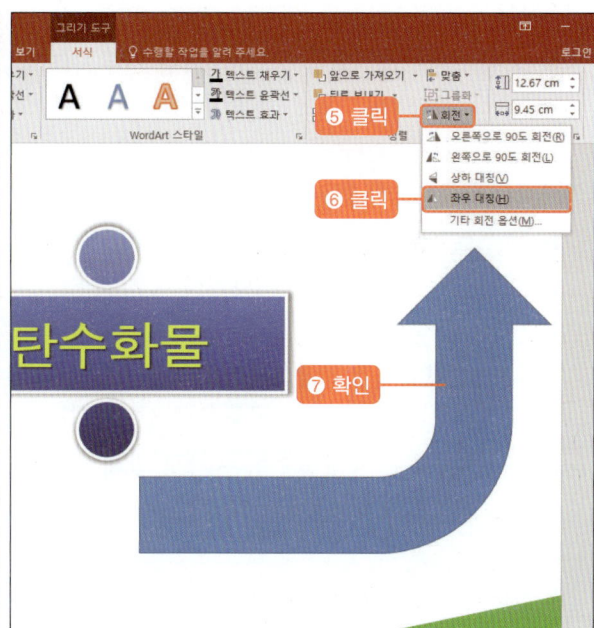

디지털정보활용능력 - 프리젠테이션[파워포인트] (시험시간 : 40분)

[슬라이드 3] 아래의 작성조건 및 출력형태에 알맞게 세 번째 슬라이드에 작업하시오. (60점)

≪출력형태≫

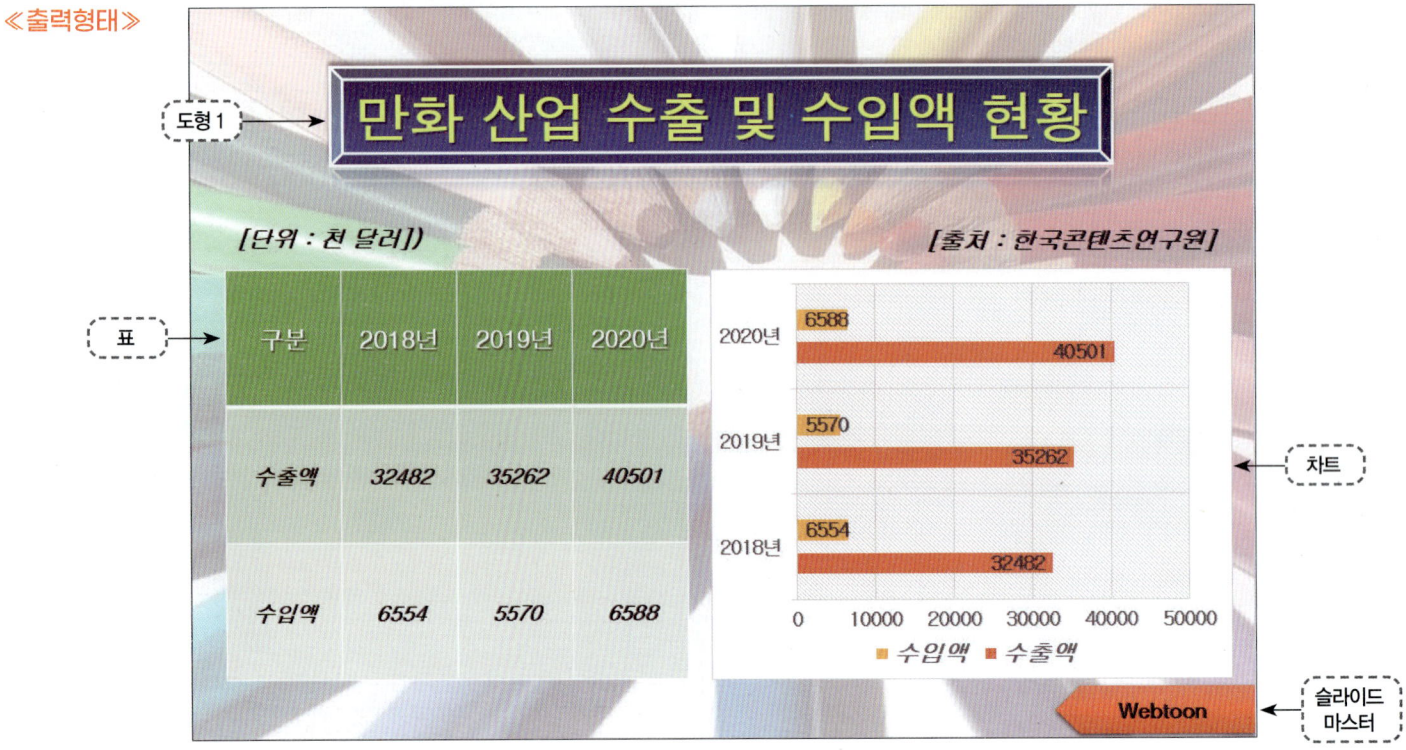

≪작성조건≫

(1) 제목
▶ 도형 1 ⇒ 기본 도형 : 빗면, 도형 채우기(파랑, 그라데이션 – 선형 위쪽), 도형 윤곽선(실선, 색 : '흰색, 배경 1', 너비 : 2pt, 겹선 종류 : 단순형), 도형 효과(그림자 – 바깥쪽 – 오프셋 위쪽, 반사 – '근접 반사, 터치'), 글꼴(돋움, 40pt, 굵게, 텍스트 그림자, 노랑)

(2) 본문 (※ 차트 작성은 반드시 '차트삽입 → 데이터입력 → 차트스타일' 순으로 작성바랍니다.)
▶ 텍스트 상자 1([단위 : 천 달러]) ⇒ 글꼴(굴림, 18pt, 굵게, 기울임꼴)
▶ 표 ⇒ 표 스타일(보통 스타일 2 – 강조 6),
   가장 위의 행 : 글꼴(돋움, 18pt, 굵게, 텍스트 그림자, 가운데 맞춤),
   나머지 행 : 글꼴(돋움, 16pt, 굵게, 기울임꼴, 가운데 맞춤)
▶ 텍스트 상자 2([출처 : 한국콘텐츠연구원]) ⇒ 글꼴(굴림, 18pt, 굵게, 기울임꼴)
▶ 차트 ⇒ 가로 막대형 : 묶은 가로 막대형, 차트 스타일(색 변경 – '색상형 – 색 3', 스타일 6),
   축 서식/데이터 레이블 서식 : 글꼴(굴림, 14pt, 굵게),
   범례 서식 : 글꼴(굴림, 18pt, 굵게, 기울임꼴), 데이터는 표 참고
▶ 배경 ⇒ 배경 서식(채우기 – 그림 또는 질감 채우기)에서 그림 2 삽입(현재 슬라이드만 적용)
▶ 애니메이션 지정 ⇒ 차트 : 나타내기 – 닦아내기
▶ 지시사항이 없는 부분은 ≪출력형태≫와 동일하게 작성하시오.

④ 도형 회전이 완료되면 도형의 위쪽 노란색 조절점(○)을 오른쪽으로 드래그 하여 두께를 조절합니다. 이어서, 왼쪽 노란색 조절점(○)을 아래쪽으로 드래그 하여 두께를 조절합니다.

※ ≪출력 형태≫를 참고하여 작업합니다.

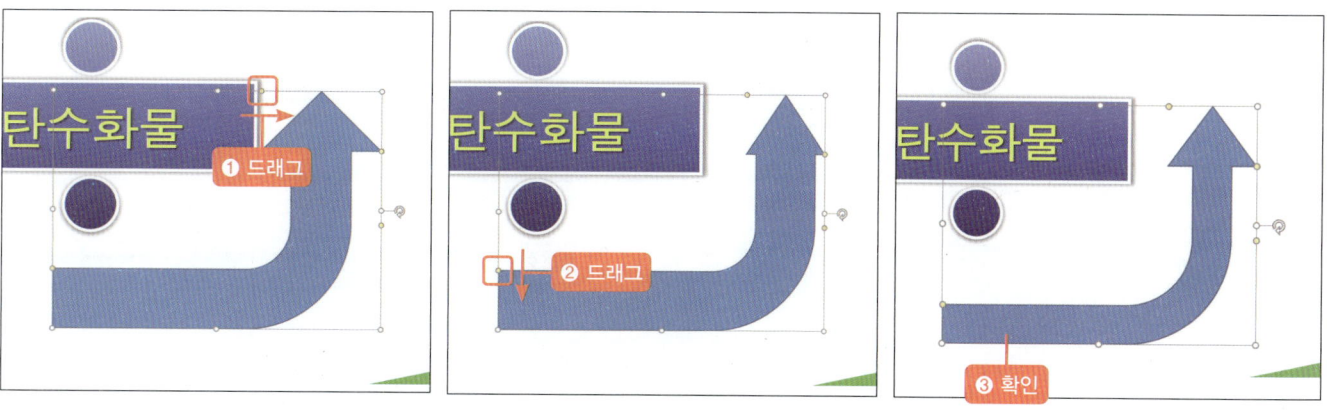

⑤ 조절점(○)을 드래그 하여 ≪출력 형태≫와 같이 크기를 조절한 후 위치를 변경합니다.

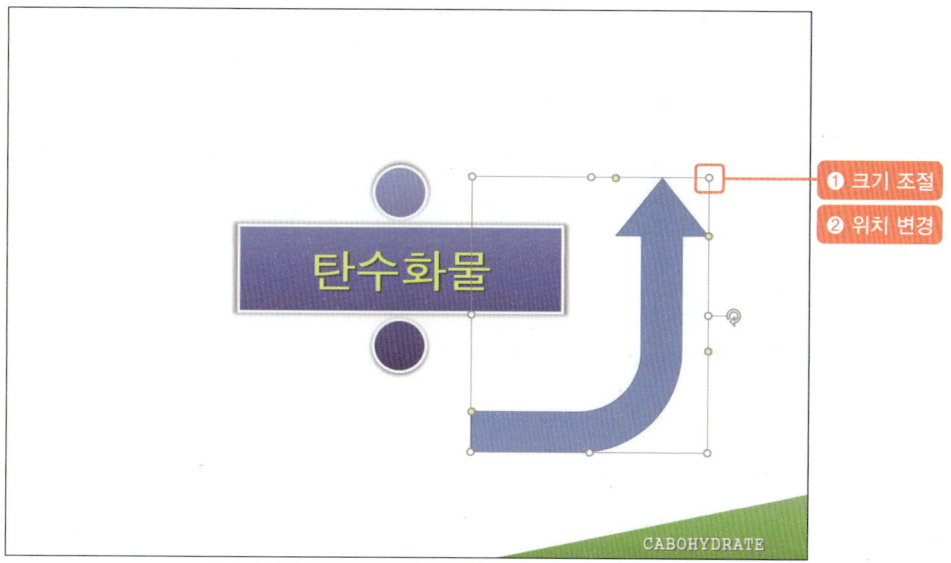

⑥ [그리기 도구]-[서식] 탭의 [도형 스타일] 그룹에서 자세히(▽) 단추를 클릭한 후 보통 효과 – 황금색, 강조 4( )를 선택합니다.

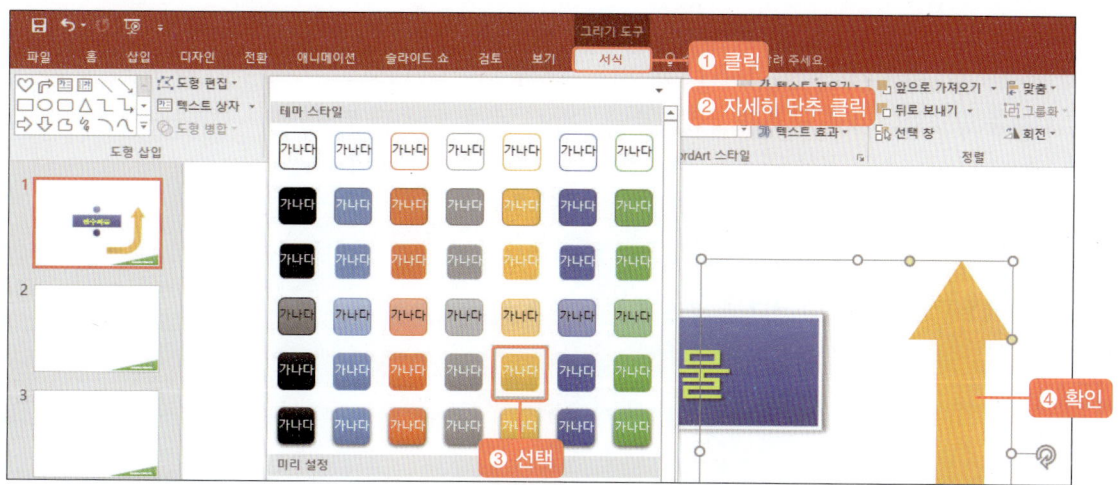

디지털정보활용능력 – 프리젠테이션[파워포인트] (시험시간 : 40분)

[슬라이드 2] 아래의 작성조건 및 출력형태에 알맞게 두 번째 슬라이드에 작업하시오. (50점)

≪출력형태≫

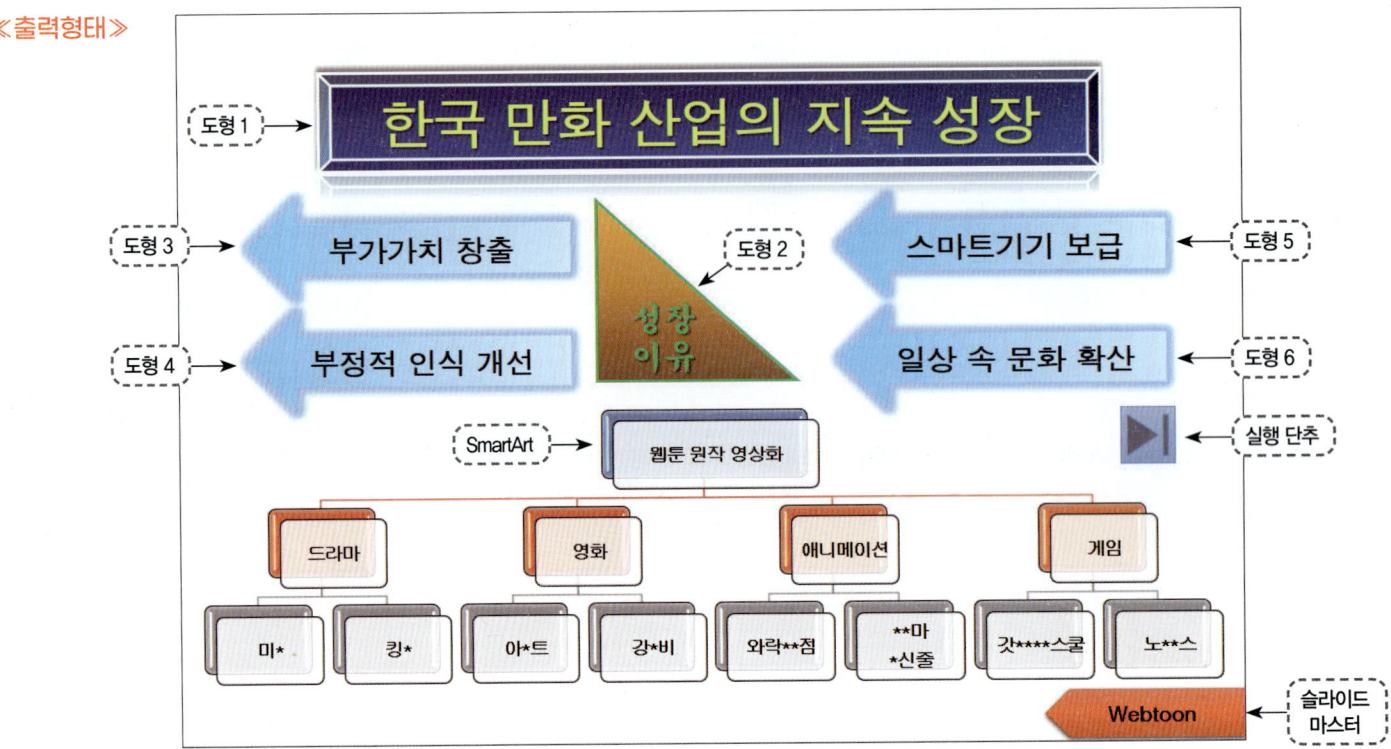

≪작성조건≫

(1) 제목
- ▶ 도형 1 ⇒ 기본 도형 : 빗면, 도형 채우기(파랑, 그라데이션 – 선형 위쪽), 도형 윤곽선(실선, 색 : '흰색, 배경 1', 너비 : 2pt, 겹선 종류 : 단순형), 도형 효과(그림자 – 바깥쪽 – 오프셋 위쪽, 반사 – '근접 반사, 터치'), 글꼴(돋움, 40pt, 굵게, 텍스트 그림자, 노랑)

(2) 본문
- ▶ 도형 2 ⇒ 기본 도형 : 직각 삼각형, 도형 채우기(주황, 그라데이션 – 선형 위쪽), 도형 윤곽선(실선, 색 : 녹색, 너비 : 2pt, 겹선 종류 : 단순형), 글꼴(궁서, 24pt, 굵게, 텍스트 그림자, 녹색)
- ▶ 도형 3~6 ⇒ 블록 화살표 : 왼쪽 화살표, 도형 채우기(연한 파랑, 그라데이션 – 선형 오른쪽), 선 없음, 도형 효과(네온 – '파랑, 11 pt 네온, 강조색 1'), 글꼴(돋움, 22pt, 굵게, '검정, 텍스트 1')
- ▶ 실행 단추 ⇒ 실행 단추 : 끝, 하이퍼링크 : 마지막 슬라이드, 도형 스타일('미세 효과 – 파랑, 강조 1')
- ▶ SmartArt 삽입 ⇒ 계층 구조형 : 계층 구조형, 글꼴(굴림, 13pt, 굵게, 가운데 맞춤), SmartArt 스타일(색 변경 – '색상형 – 강조색', 3차원 – 만화), (반드시 SmartArt 기능을 이용하여 작성할 것)
- ▶ 애니메이션 지정 ⇒ SmartArt : 나타내기 – 내밀기
- ▶ 지시사항이 없는 부분은 ≪출력형태≫와 동일하게 작성하시오.

02 도형 3 작성하기

❶ [삽입] 탭의 [일러스트레이션] 그룹에서 [도형( )]-기본 도형-하트( )를 클릭합니다.

❷ 마우스 포인터가 ┼ 모양으로 변경되면 드래그 하여 도형을 삽입합니다. 이어서, 조절점( )을 드래그 하여 ≪출력 형태≫와 같이 크기를 조절한 후 위치를 변경합니다.

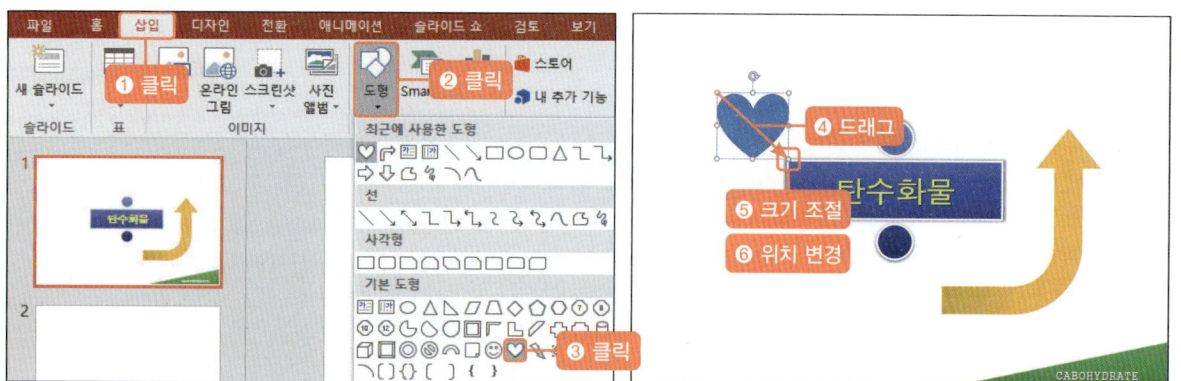

❸ [그리기 도구]-[서식] 탭의 [도형 스타일] 그룹에서 [도형 채우기]-빨강을 클릭합니다. 이어서, [도형 윤곽선]-윤곽선 없음을 클릭합니다.

※ 시험에서는 '윤곽선 없음'이 '선 없음'으로 표시되어 출제됩니다.

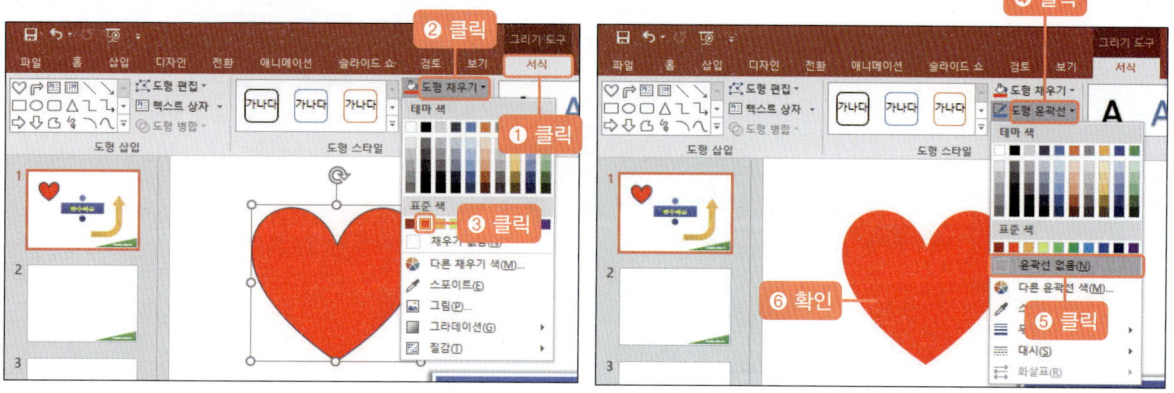

❹ 입체 효과를 적용하기 위해 [그리기 도구]-[서식] 탭의 [도형 스타일] 그룹에서 [도형 효과]-[입체 효과]-각지게를 클릭합니다.

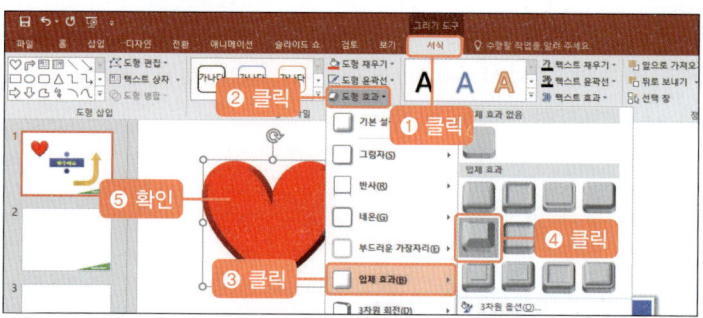

❺ [파일]-[저장](Ctrl + S) 또는 [빠른 실행 도구 모음]에서 저장( )을 클릭합니다.

※ 실제 시험을 볼 때 작업 도중에 수시로(10분에 한 번 정도) 저장을 하는 것이 좋습니다.

디지털정보활용능력-프리젠테이션[파워포인트] (시험시간 : 40분)

유의사항
- 《작성조건》을 준수하여 반드시 프리젠테이션 슬라이드로 작업합니다.
- 글꼴 및 기타 사항에 대해 별도의 지시사항이 없는 경우, 슬라이드 크기와 전체적인 균형을 고려하여 임의로 작성하되, **도형은 그룹으로 설정하지 않습니다.**
- 모든 슬라이드 크기(A4), 방향(가로), 디자인 테마(Office 테마)로 지정합니다.
  ▶ 슬라이드 크기, 방향 조정 시 '맞춤 확인'으로 지정하여야 합니다.
- 공통적용사항(슬라이드 마스터)
  ▶ 도형 ⇒ 블록 화살표 : 오각형, 도형 스타일('강한 효과 – 주황, 강조 2'), 글꼴(돋움, 16pt, 굵게, '검정, 텍스트 1')
- 그림 삽입 시 다운로드 한 그림 파일을 반드시 사용하여야 합니다.
- ⬚ ⟶ 은 지시사항이므로 작성하지 않습니다.
- 슬라이드에 제시된 글자 및 숫자 오타는 감점처리 됩니다.

[슬라이드 1] 아래의 작성조건 및 출력형태에 알맞게 첫 번째 슬라이드에 작업하시오. (30점)

《출력형태》

《작성조건》

▶ 도형 1 ⇒ 별 및 현수막 : 이중 물결, 도형 채우기(그라데이션 : 미리 설정 – '가운데 그라데이션 – 강조 6', 종류 – 선형, 방향 – 선형 아래쪽), 도형 윤곽선(실선, 색 : 녹색, 너비 : 3pt, 겹선 종류 : 단순형), 도형 효과(네온 – '녹색, 11 pt 네온, 강조색 6'), 글꼴(궁서, 50pt, 굵게, 텍스트 그림자, 노랑)
▶ 도형 2 ⇒ 별 및 현수막 : 포인트가 12개인 별, 도형 채우기(진한 빨강), 선 없음, 도형 효과(그림자 – 안쪽 가운데, 반사 – '1/2 반사, 터치')
▶ 도형 3 ⇒ 순서도 : 다중 문서, 도형 스타일('미세 효과 – 황금색, 강조 4')
▶ 그림 삽입 ⇒ 그림 1 삽입, 크기(높이 : 8cm, 너비 : 12cm)
▶ 텍스트 상자(웹(web)+카툰(cartoon)=웹툰) ⇒ 글꼴(굴림, 24pt, 굵게, 녹색)
▶ 애니메이션 지정 ⇒ 도형 1 : 나타내기 – 날아오기
▶ 지시사항이 없는 부분은 《출력형태》와 동일하게 작성하시오.

출제유형 완전정복

[슬라이드1] 본문 도형

01 아래의 작성조건 및 출력 형태에 알맞게 작업하시오.

* 소스 파일 : 정복03_문제01.pptx * 정답 파일 : 정복03_완성01.pptx

● 출력 형태

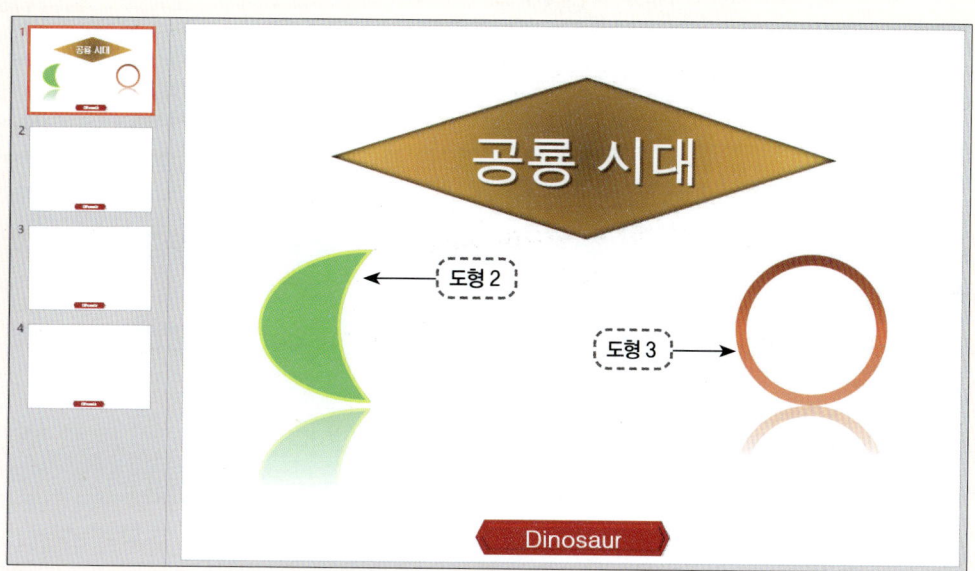

● 작성 조건

▶ 도형 2 ⇒ 기본 도형 : 달, 도형 채우기(연한 녹색), 도형 윤곽선(실선, 색 : 노랑, 너비 : 3pt, 겹선 종류 : 단순형), 도형 효과(반사 – '1/2 반사, 터치')
▶ 도형 3 ⇒ 기본 도형 : 도넛, 도형 채우기(그라데이션 : 미리설정 – '가운데 그라데이션 – 강조 2', 종류 – 선형, 방향 – 선형 아래쪽), 선 없음, 도형 효과(반사 – '근접 반사, 터치')

02 아래의 작성조건 및 출력 형태에 알맞게 작업하시오.

* 소스 파일 : 없음 * 정답 파일 : 정복03_완성02.pptx

● 출력 형태

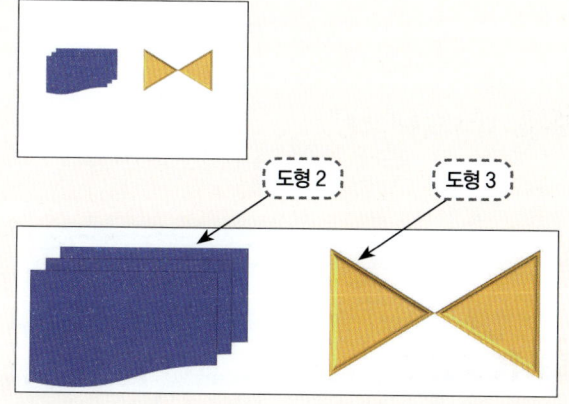

● 작성 조건

▶ 도형 2 ⇒ 순서도 : 다중 문서, 도형 스타일 ('색 채우기 – 파랑, 강조 5')
▶ 도형 3 ⇒ 순서도 : 대조, 도형 채우기 ('황금색, 강조 4'), 선 없음, 도형 효과(입체 효과 – 아트 데코)

[그리기 도구]–[서식]–[도형 스타일]–자세히 단추

제04회 디지털정보활용능력 최신유형 기출문제

- ☑ 시험과목 : 프리젠테이션(파워포인트)
- ☑ 시험일자 : 20XX. XX. XX. (X)
- ☑ 응시자 기재사항 및 감독위원 확인

MS Office 2016 버전용

수검번호	DIP - XXXX -	감독위원 확인
성 명		

응시자 유의사항

1. 응시자는 신분증을 지참하여야 시험에 응시할 수 있으며, 시험이 종료될 때까지 신분증을 제시하지 못 할 경우 해당 시험은 0점 처리됩니다.
2. 시스템(PC작동여부, 네트워크 상태 등)의 이상여부를 반드시 확인하여야 하며, 시스템 이상이 있을시 감독위원에게 조치를 받으셔야 합니다.
3. 시험 중 부주의 또는 고의로 시스템을 파손한 경우는 응시자 부담으로 합니다.
4. 답안 전송 프로그램을 통해 다운로드 받은 파일을 이용하여 답안 파일을 작성하시기 바랍니다.
5. 작성한 답안 파일은 답안 전송 프로그램을 통하여 전송됩니다. 감독위원의 지시에 따라 주시기 바랍니다.
6. 다음 사항의 경우 실격(0점) 혹은 부정행위 처리됩니다.
    1) 답안 파일을 저장하지 않았거나, 저장한 파일이 손상되었을 경우
    2) 답안 파일을 지정된 폴더(바탕화면 – "KAIT" 폴더)에 저장하지 않았을 경우
        ※ 답안 전송 프로그램 로그인 시 바탕화면에 자동 생성됨
    3) 답안 파일을 다른 보조 기억장치(USB) 혹은 네트워크(메신저, 게시판 등)로 전송할 경우
    4) 휴대용 전화기 등 통신기기를 사용할 경우
7. 슬라이드는 반드시 순서대로 작성해야 하며, 순서가 다를 경우 "0"점 처리 됩니다.
8. 시험지에 제시된 글꼴이 응시 프로그램에 없는 경우, 반드시 감독위원에게 해당 내용을 통보한 뒤 조치를 받아야 합니다.
9. 슬라이드 작성 시 도형의 그룹 설정을 사용하는 경우, 채점에서 감점처리 됩니다.
10. 시험의 완료는 작성이 완료된 답안을 저장하고, 답안 전송이 완료된 상태를 확인한 것으로 합니다. 답안 전송 확인 후 문제지는 감독위원에게 제출한 후 퇴실하여야 합니다.
11. 답안 전송이 완료된 경우에는 수정 또는 정정이 불가능합니다.
12. 시험 시행 후 합격자 발표는 홈페이지(www.ihd.or.kr)에서 확인하시기 바랍니다.
    1) 문제 및 정답 공개 : 20XX. XX. XX. (X)
    2) 합격자 발표 : 20XX. XX. XX. (X)

출제유형 완전정복 [슬라이드1] 본문 도형

03 아래의 작성조건 및 출력 형태에 알맞게 작업하시오.

* 소스 파일 : 없음　* 정답 파일 : 정복03_완성03.pptx

● 출력 형태

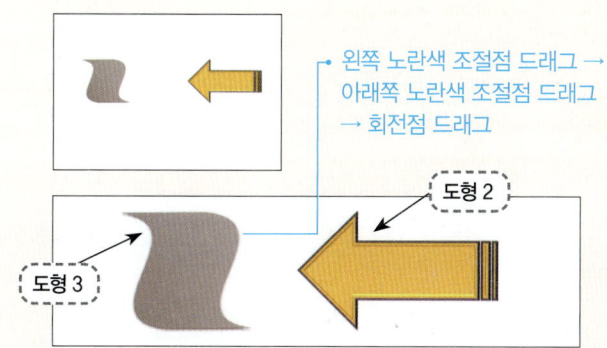

왼쪽 노란색 조절점 드래그 →
아래쪽 노란색 조절점 드래그
→ 회전점 드래그

● 작성 조건

▶ 도형 2 ⇒ 블록 화살표 : 줄무늬가 있는 오른쪽 화살표, 도형 채우기(주황), 도형 윤곽선(실선, 색 : '청회색, 텍스트 2', 너비 : 3pt, 겹선 종류 : 단순형), 도형 효과(입체 효과 – 딱딱한 가장자리)
▶ 도형 3 ⇒ 별 및 현수막 : 물결, 도형 스타일 ('강한 효과 – 회색–50%, 강조 3')

04 아래의 작성조건 및 출력 형태에 알맞게 작업하시오.

* 소스 파일 : 없음　* 정답 파일 : 정복03_완성04.pptx

● 출력 형태

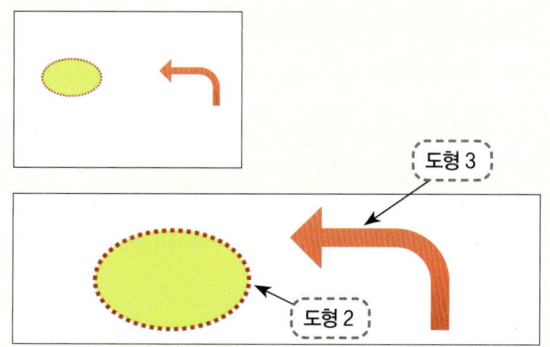

● 작성 조건

▶ 도형 2 ⇒ 기본 도형 : 타원, 도형 채우기(노랑), 도형 윤곽선(실선, 색 : 진한 빨강, 너비 : 5pt, 겹선 종류 : 단순형, 대시 종류 : 둥근 점선)
▶ 도형 3 ⇒ 블록 화살표 : 굽은 화살표, 도형 스타일('보통 효과 – 주황, 강조 2')

도형 위에서 마우스 오른쪽 단추 클릭 → [도형 서식]

05 아래의 작성조건 및 출력 형태에 알맞게 작업하시오.

* 소스 파일 : 없음　* 정답 파일 : 정복03_완성05.pptx

● 출력 형태

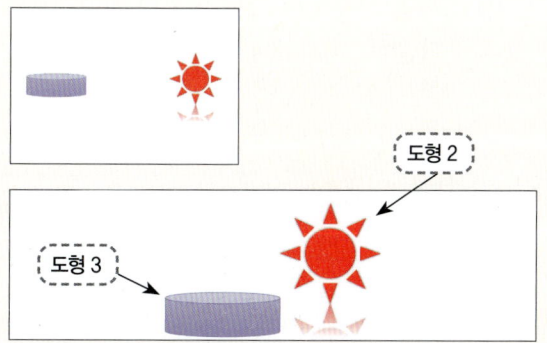

● 작성 조건

▶ 도형 2 ⇒ 기본 도형 : 해, 도형 채우기(빨강), 선 없음, 도형 효과(그림자 – '바깥쪽 – 오프셋 가운데', 반사 – '근접 반사, 터치')
▶ 도형 3 ⇒ 기본 도형 : 원통, 도형 스타일('미세 효과 – 파랑, 강조 5')

디지털정보활용능력 – 프리젠테이션[파워포인트] (시험시간 : 40분)

[슬라이드 4] 아래의 작성조건 및 출력형태에 알맞게 네 번째 슬라이드에 작업하시오. (60점)

≪출력형태≫

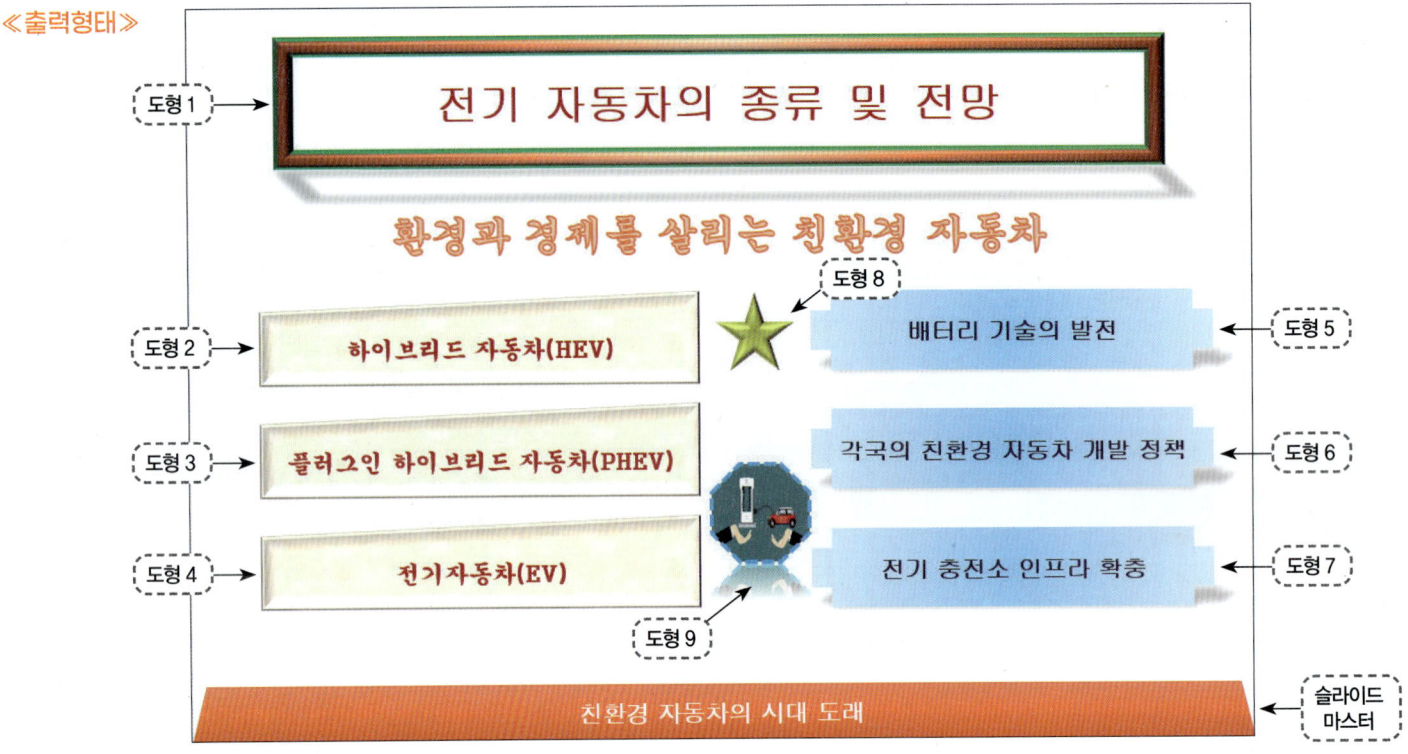

≪작성조건≫

(1) 제목
- ▶ 도형 1 ⇒ 기본 도형 : 액자, 도형 채우기(그라데이션 : 미리 설정 – '아래쪽 스프라이트 – 강조 2', 종류 – 방사형, 방향 – 가운데에서), 도형 윤곽선(실선, 색 : 녹색, 너비 : 3pt, 겹선 종류 : 단순형), 도형 효과(그림자 – 원근감 대각선 오른쪽 아래, 입체 효과 – 디벗), 글꼴(굴림체, 32pt, 굵게, 진한 빨강)

(2) 본문
- ▶ 도형 2~4 ⇒ 순서도 : 수동 입력, 도형 채우기(질감 : 양피지), 선 없음, 도형 효과(입체 효과 – 부드럽게 둥글리기), 글꼴(궁서, 18pt, 굵게, 진한 빨강)
- ▶ 도형 5~7 ⇒ 기본 도형 : 십자형, 도형 채우기(연한 파랑, 그라데이션 – 가운데에서), 선 없음, 도형 효과(그림자 – 원근감 대각선 오른쪽 위), 글꼴(굴림, 18pt, 굵게, 진한 파랑)
- ▶ 도형 8 ⇒ 별 및 현수막 : 포인트가 5개인 별, 도형 채우기(노랑, 그라데이션 – 가운데에서), 선 없음, 도형 효과(입체 효과 – 둥글게)
- ▶ 도형 9 ⇒ 기본 도형 : 팔각형, 도형 채우기(그림 또는 질감 채우기) 기능을 사용하여 그림 3 삽입, 도형 윤곽선(실선, 색 : 연한 파랑, 너비 : 3pt, 겹선 종류 : 단순형, 대시 종류 : 사각 점선), 도형 효과(반사 – '근접 반사, 터치')
- ▶ WordArt 삽입(환경과 경제를 살리는 친환경 자동차)
  ⇒ WordArt 스타일('채우기 – 주황, 강조 2, 윤곽선 – 강조 2'), 글꼴(궁서, 30pt, 굵게)
- ▶ 지시사항이 없는 부분은 ≪출력형태≫와 동일하게 작성하시오.

출제유형 04

[슬라이드1] 그림 및 텍스트 상자

☑ 그림을 삽입한 후 크기 지정하기
☑ 텍스트 상자를 삽입하기

문제 미리보기

소스 파일 : 유형04_문제.pptx   정답 파일 : 유형04_완성.pptx

【슬라이드1】 아래의 작성조건 및 출력 형태에 알맞게 첫 번째 슬라이드에 작업하시오.   (30점)

● 출력 형태

● 작성 조건

▶ 도형 1 ⇒ 수식 도형 : 나눗셈 기호, 도형 채우기(그라데이션 : 미리 설정 – '가운데 그라데이션 – 강조 5', 종류 – 선형, 방향 – 선형 위쪽), 도형 윤곽선(실선, 색 : '흰색, 배경 1', 너비 : 3pt, 겹선 종류 : 단순형), 도형 효과(그림자 – '바깥쪽 – 오프셋 가운데'), 글꼴(돋움, 45pt, 굵게, 텍스트 그림자, 노랑)
▶ 도형 2 ⇒ 블록 화살표 : 굽은 화살표, 도형 스타일('보통 효과 – 황금색, 강조 4')
▶ 도형 3 ⇒ 기본 도형 : 하트, 도형 채우기(빨강), 선 없음, 도형 효과(입체 효과 – 각지게)
▶ 그림 삽입 ⇒ 그림 1 삽입, 크기(높이 : 5cm, 너비 : 7cm)
▶ 텍스트 상자(우리 몸에 꼭 필요한 에너지원) ⇒ 글꼴(궁서, 28pt, 굵게)
▶ 애니메이션 지정 ⇒ 도형 1 : 나타내기 – 바둑판 무늬
▶ 지시사항이 없는 부분은 ≪출력 형태≫와 동일하게 작성하시오.

※ 출제유형 04는 ≪작성 조건≫ 중에서 파란색으로 표시된 내용만 작업합니다.

[슬라이드 3] 아래의 작성조건 및 출력형태에 알맞게 세 번째 슬라이드에 작업하시오. (60점)

≪출력형태≫

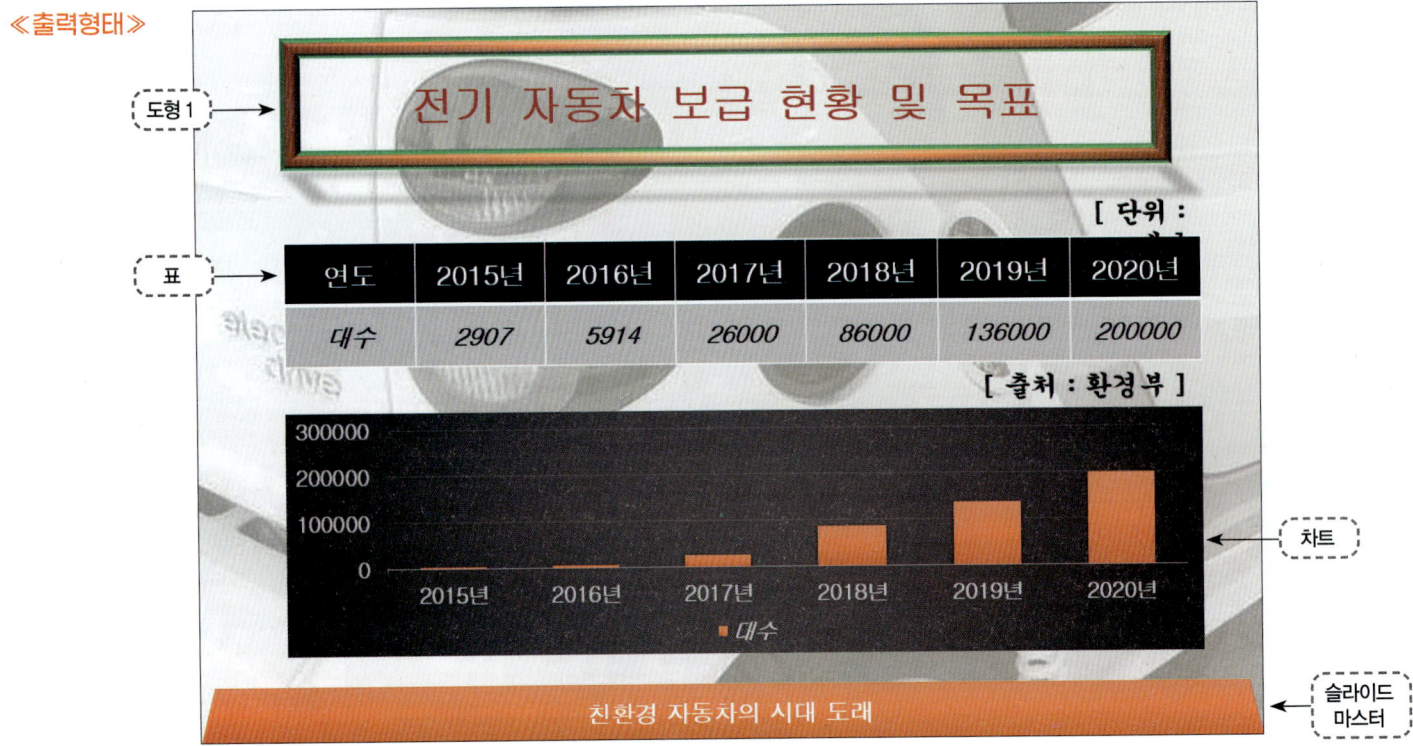

≪작성조건≫

(1) 제목
- ▶ 도형 1 ⇒ 기본 도형 : 액자, 도형 채우기(그라데이션 : 미리 설정 – '아래쪽 스프라이트 – 강조 2', 종류 – 방사형, 방향 – 가운데에서), 도형 윤곽선(실선, 색 : 녹색, 너비 : 3pt, 겹선 종류 : 단순형), 도형 효과(그림자 – 원근감 대각선 오른쪽 아래, 입체 효과 – 디벗), 글꼴(굴림체, 32pt, 굵게, 진한 빨강)

(2) 본문 (※ 차트 작성은 반드시 '차트삽입 → 데이터입력 → 차트스타일' 순으로 작성바랍니다.)
- ▶ 텍스트 상자 1([단위 : 대]) ⇒ 글꼴(궁서, 20pt, 굵게)
- ▶ 표 ⇒ 표 스타일(보통 스타일 2),
  가장 위의 행 : 글꼴(돋움, 20pt, 굵게, 가운데 맞춤),
  나머지 행 : 글꼴(돋움, 18pt, 굵게, 기울임꼴, 가운데 맞춤)
- ▶ 텍스트 상자 2([출처 : 환경부]) ⇒ 글꼴(궁서, 20pt, 굵게)
- ▶ 차트 ⇒ 세로 막대형 : 묶은 세로 막대형, 차트 스타일(색 변경 – '단색형 – 색 6', 스타일 8),
  축 서식/데이터 레이블 : 글꼴(굴림, 16pt, 굵게),
  범례 서식 : 글꼴(굴림, 16pt, 굵게, 기울임꼴), 데이터는 표 참고
- ▶ 배경 ⇒ 배경 서식(채우기 – 그림 또는 질감 채우기)에서 그림 2 삽입(현재 슬라이드만 적용)
- ▶ 애니메이션 지정 ⇒ 차트 : 나타내기 – 올라오기
- ▶ 지시사항이 없는 부분은 ≪출력형태≫와 동일하게 작성하시오.

01 그림 삽입하기

❶ 첫 번째 슬라이드를 선택한 후 그림을 삽입하기 위해 [삽입] 탭의 [이미지] 그룹에서 그림(🖼)을 클릭합니다.

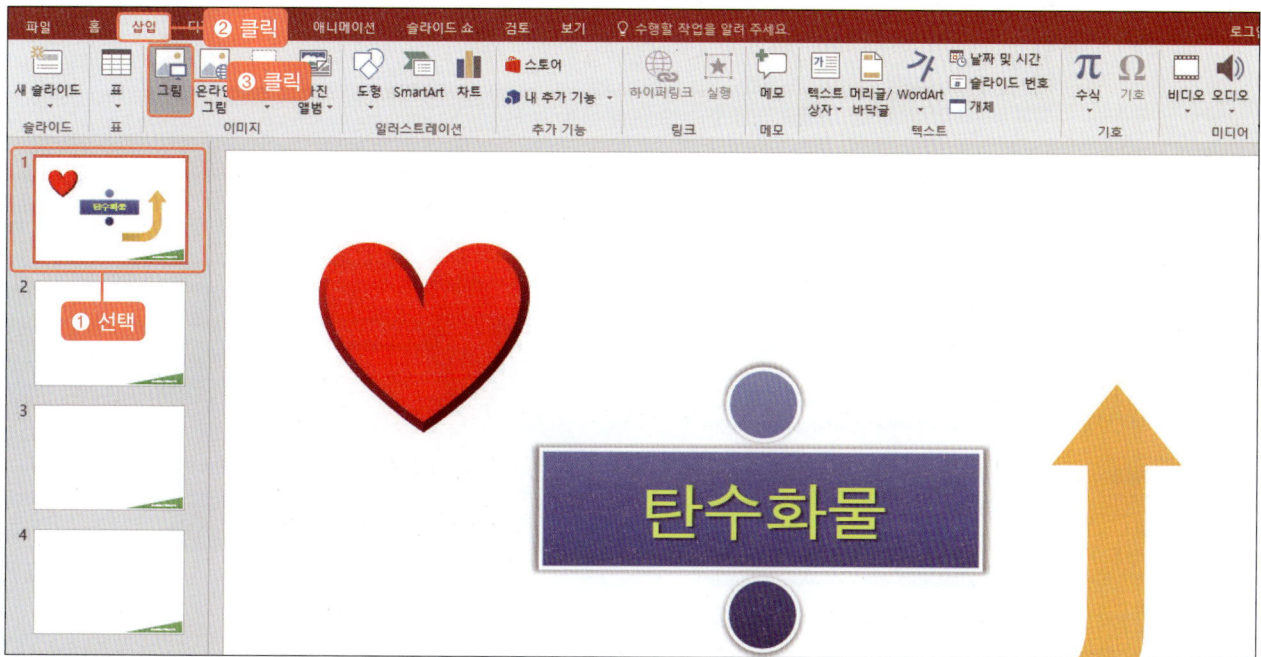

❷ [그림 삽입] 대화상자가 나오면 [그림 파일]-[출제유형 완전정복]-[출제유형 04]-그림 1을 선택한 후 〈삽입〉 단추를 클릭합니다.

> **TIP** 시험 유의 사항
> 실제 시험에서는 바탕 화면의 [KAIT]-[제출파일] 폴더에 있는 그림을 이용해야 합니다.

디지털정보활용능력 – 프리젠테이션[파워포인트] (시험시간 : 40분)

[슬라이드 2] 아래의 작성조건 및 출력형태에 알맞게 두 번째 슬라이드에 작업하시오. (50점)

≪출력형태≫

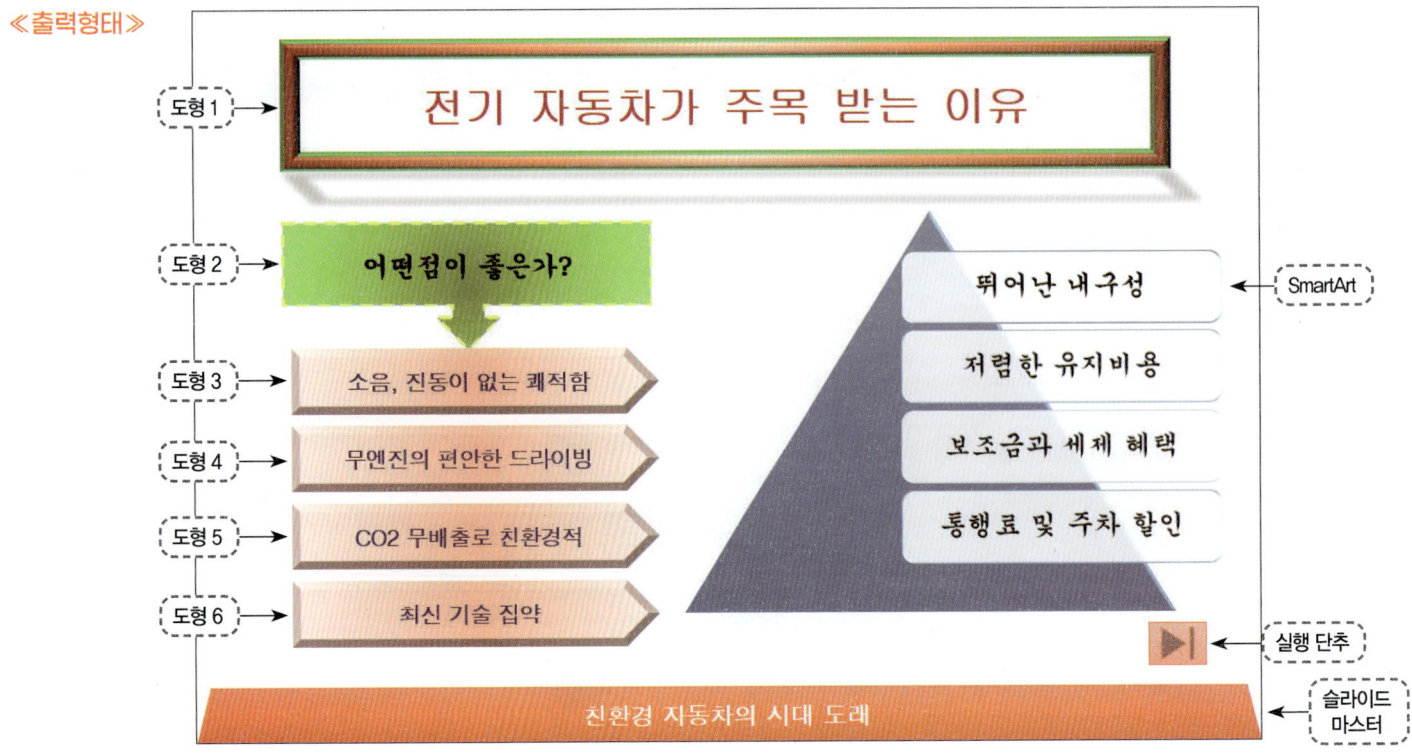

≪작성조건≫

(1) 제목
- ▶ 도형 1 ⇒ 기본 도형 : 액자, 도형 채우기(그라데이션 : 미리 설정 – '아래쪽 스프라이트 – 강조 2', 종류 – 방사형, 방향 – 가운데에서), 도형 윤곽선(실선, 색 : 녹색, 너비 : 3pt, 겹선 종류 : 단순형), 도형 효과(그림자 – 원근감 대각선 오른쪽 아래, 입체 효과 – 디벗), 글꼴(굴림체, 32pt, 굵게, 진한 빨강)

(2) 본문
- ▶ 도형 2 ⇒ 블록 화살표 : 아래쪽 화살표 설명선, 도형 채우기(연한 녹색, 그라데이션 – 가운데에서), 도형 윤곽선(실선, 색 : 노랑, 너비 : 2pt, 겹선 종류 : 단순형, 대시 종류 : 파선), 글꼴(궁서, 20pt, 굵게, '검정, 텍스트 1')
- ▶ 도형 3~6 ⇒ 블록 화살표 : 오각형, 도형 채우기('주황, 강조 2', 그라데이션 – 가운데에서), 선 없음, 도형 효과(입체 효과 – 각지게), 글꼴(돋움, 16pt, 굵게, 진한 파랑)
- ▶ 실행 단추 ⇒ 실행 단추 : 끝, 하이퍼링크 : 마지막 슬라이드, 도형 스타일('미세 효과 – 주황, 강조 2')
- ▶ SmartArt 삽입 ⇒ 피라미드형 : 피라미드 목록형, 글꼴(궁서, 20pt, 가운데 맞춤), SmartArt 스타일(3차원 – 광택 처리, 그라데이션 반복 – 강조 1), (반드시 SmartArt 기능을 이용하여 작성할 것)
- ▶ 애니메이션 지정 ⇒ SmartArt : 나타내기 – 밝기 변화
- ▶ 지시사항이 없는 부분은 ≪출력형태≫와 동일하게 작성하시오.

❸ 삽입된 그림 위에서 마우스 오른쪽 단추를 눌러 바로 가기 메뉴가 나오면 [크기 및 위치]를 클릭합니다.

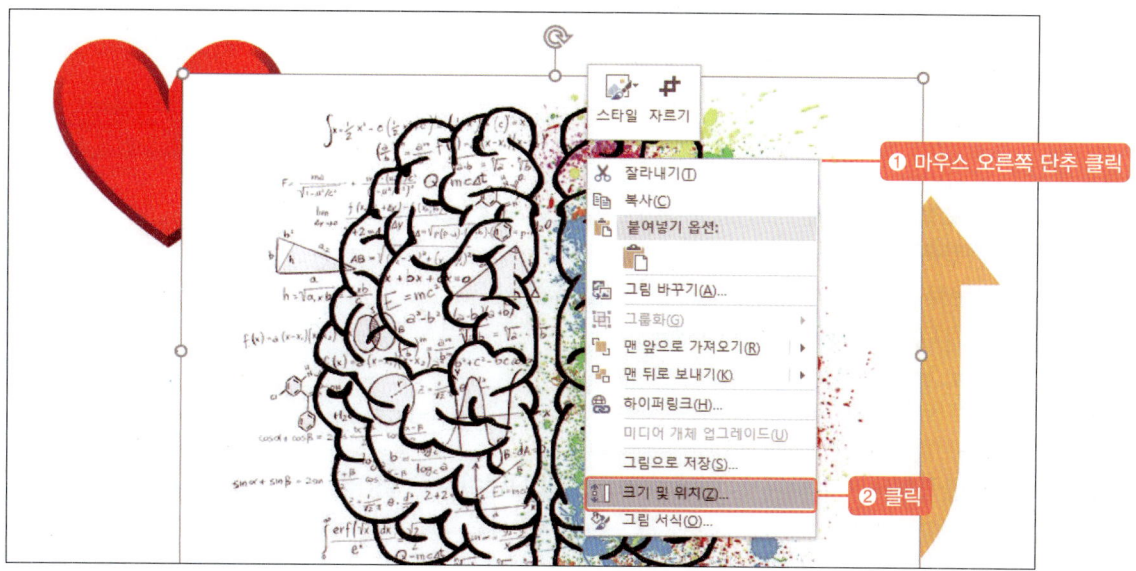

❹ 오른쪽에 [그림 서식] 창이 나오면 '가로 세로 비율 고정' 항목의 체크를 해제합니다. 이어서, 높이(5), 너비(7)을 입력한 후 작업 창을 종료(X)합니다.

❺ 그림의 크기가 변경된 것을 확인한 후 ≪출력 형태≫를 참고하여 위치를 변경합니다.

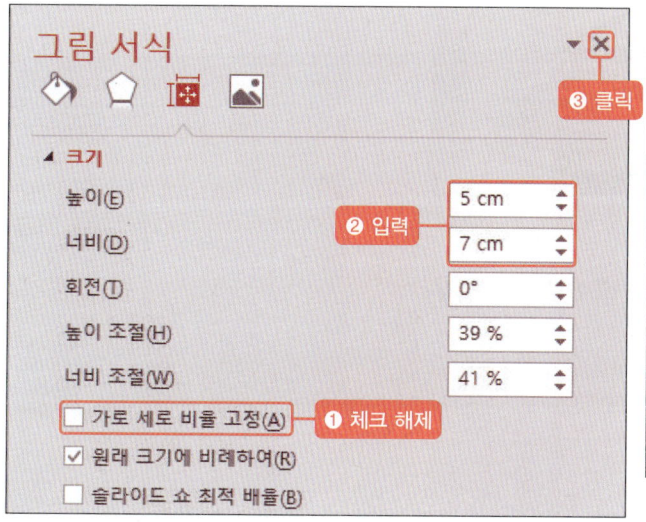

| TIP | 그림 크기 변경하기 |

파워포인트 2016에서 그림을 삽입하게 되면 기본적으로 비율이 고정되어 있기 때문에 출제되는 그림의 크기 (5cm, 7cm)를 지정하기 위해서는 반드시 '가로 세로 비율 고정' 항목의 체크를 해제해야 합니다. 또한 그림의 크기를 입력하여 변경한 후에는 더이상 조절점(○)을 이용하여 그림의 크기를 조절하지 않습니다.

디지털정보활용능력-프리젠테이션[파워포인트] (시험시간 : 40분)

유의사항
- 《작성조건》을 준수하여 반드시 프리젠테이션 슬라이드로 작업합니다.
- 글꼴 및 기타 사항에 대해 별도의 지시사항이 없는 경우, 슬라이드 크기와 전체적인 균형을 고려하여 임의로 작성하되, **도형은 그룹으로 설정하지 않습니다.**
- 모든 슬라이드 크기(A4), 방향(가로), 디자인 테마(Office 테마)로 지정합니다.
  ▶ 슬라이드 크기, 방향 조정 시 '맞춤 확인'으로 지정하여야 합니다.
- 공통적용사항(슬라이드 마스터)
  ▶ 도형 ⇒ 기본 도형 : 사다리꼴, 도형 스타일('보통 효과 – 주황, 강조 2'),
     글꼴(돋움, 18pt, 굵게, '흰색, 배경 1')
- 그림 삽입 시 다운로드 한 그림 파일을 반드시 사용하여야 합니다.
- ⬜ ➝ 은 지시사항이므로 작성하지 않습니다.
- 슬라이드에 제시된 글자 및 숫자 오타는 감점처리 됩니다.

[슬라이드 1] 아래의 작성조건 및 출력형태에 알맞게 첫 번째 슬라이드에 작업하시오. (30점)

《출력형태》

《작성조건》

▶ 도형 1 ⇒ 기본 도형 : 모서리가 접힌 도형, 도형 채우기(그라데이션 : 미리 설정 – '아래쪽 스포트라이트 – 강조 5', 종류 – 방사형, 방향 – 가운데에서), 도형 윤곽선(실선, 색 : 주황, 너비 : 2pt, 겹선 종류 : 단순형), 도형 효과(그림자 – 바깥쪽 – 오프셋 아래쪽), 글꼴(궁서, 40pt, 굵게, 텍스트 그림자, 주황)
▶ 도형 2 ⇒ 기본 도형 : 하트, 도형 채우기(연한 파랑), 선 없음,
   도형 효과(그림자 – 안쪽 아래쪽, 반사 – '근접 반사, 터치')
▶ 도형 3 ⇒ 기본 도형 : 해, 도형 스타일('미세 효과 – 주황, 강조 2')
▶ 그림 삽입 ⇒ 그림 1 삽입, 크기(높이 : 6cm, 너비 : 12cm)
▶ 텍스트 상자(전기에너지로 움직이는 자동차) ⇒ 글꼴(궁서, 24pt, 굵게, 기울임꼴, 진한 파랑)
▶ 애니메이션 지정 ⇒ 도형 1 : 나타내기 – 도형
▶ 지시사항이 없는 부분은 《출력형태》와 동일하게 작성하시오.

02 텍스트 상자 삽입하기

❶ [삽입] 탭의 [텍스트] 그룹에서 가로 텍스트 상자 그리기(📝)를 클릭합니다. 이어서, 마우스 포인터가 ↓ 모양으로 변경되면 텍스트를 입력할 위치를 클릭한 후 우리 몸에 꼭 필요한 에너지원을 입력합니다.

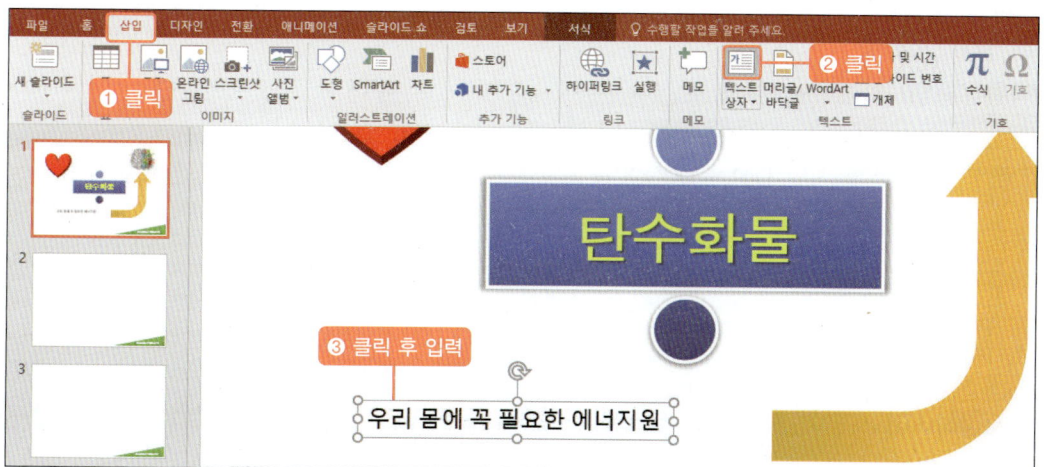

❷ 텍스트 상자의 테두리를 클릭한 후 [홈] 탭의 [글꼴] 그룹에서 글꼴(궁서), 글꼴 크기(28pt), 굵게(가)를 지정합니다. 이어서, ≪출력 형태≫를 참고하여 텍스트 상자의 위치를 그림과 같이 변경합니다.

※ 마우스로 텍스트 상자의 테두리를 누른 상태(✥)에서 드래그하여 위치를 이동시킵니다.

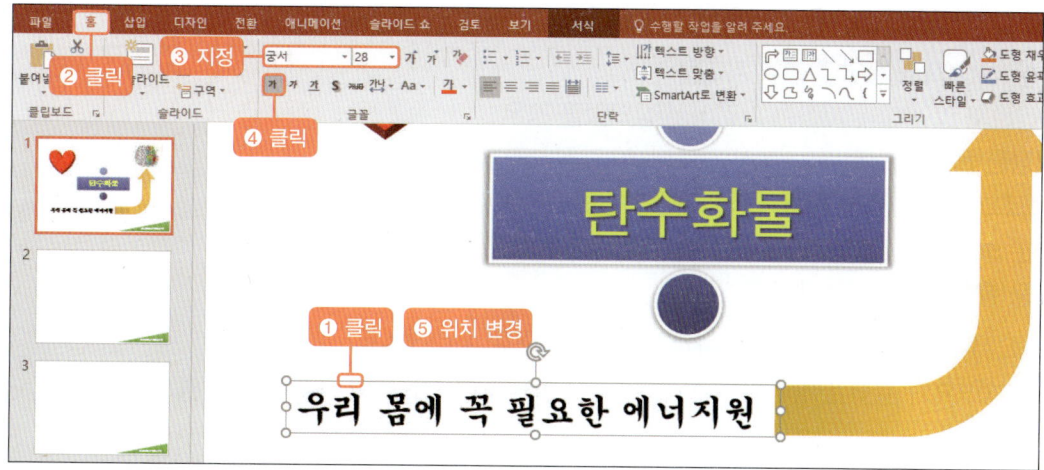

TIP
텍스트 상자 글꼴 서식 변경하기
① 내용을 입력한 후 Esc 키를 누르거나 텍스트 상자의 테두리를 클릭
② 텍스트 상자 안의 내용을 드래그 하여 블록으로 지정

❸ [파일]-[저장](Ctrl+S) 또는 [빠른 실행 도구 모음]에서 저장(💾)을 클릭합니다.

※ 실제 시험을 볼 때 작업 도중에 수시로(10분에 한 번 정도) 저장을 하는 것이 좋습니다.

제03회 디지털정보활용능력 최신유형 기출문제

- 시험과목 : 프리젠테이션(파워포인트)
- 시험일자 : 20XX. XX. XX. (X)
- 응시자 기재사항 및 감독위원 확인

MS Office 2016 버전용

수 검 번 호	DIP - XXXX -	감독위원 확인
성 명		

응시자 유의사항

1. 응시자는 신분증을 지참하여야 시험에 응시할 수 있으며, 시험이 종료될 때까지 신분증을 제시하지 못 할 경우 해당 시험은 0점 처리됩니다.
2. 시스템(PC작동여부, 네트워크 상태 등)의 이상여부를 반드시 확인하여야 하며, 시스템 이상이 있을시 감독위원에게 조치를 받으셔야 합니다.
3. 시험 중 부주의 또는 고의로 시스템을 파손한 경우는 응시자 부담으로 합니다.
4. 답안 전송 프로그램을 통해 다운로드 받은 파일을 이용하여 답안 파일을 작성하시기 바랍니다.
5. 작성한 답안 파일은 답안 전송 프로그램을 통하여 전송됩니다. 감독위원의 지시에 따라 주시기 바랍니다.
6. 다음 사항의 경우 실격(0점) 혹은 부정행위 처리됩니다.
    1) 답안 파일을 저장하지 않았거나, 저장한 파일이 손상되었을 경우
    2) 답안 파일을 지정된 폴더(바탕화면 – "KAIT" 폴더)에 저장하지 않았을 경우
       ※ 답안 전송 프로그램 로그인 시 바탕화면에 자동 생성됨
    3) 답안 파일을 다른 보조 기억장치(USB) 혹은 네트워크(메신저, 게시판 등)로 전송할 경우
    4) 휴대용 전화기 등 통신기기를 사용할 경우
7. 슬라이드는 반드시 순서대로 작성해야 하며, 순서가 다를 경우 "0"점 처리 됩니다.
8. 시험지에 제시된 글꼴이 응시 프로그램에 없는 경우, 반드시 감독위원에게 해당 내용을 통보한 뒤 조치를 받아야 합니다.
9. 슬라이드 작성 시 도형의 그룹 설정을 사용하는 경우, 채점에서 감점처리 됩니다.
10. 시험의 완료는 작성이 완료된 답안을 저장하고, 답안 전송이 완료된 상태를 확인한 것으로 합니다. 답안 전송 확인 후 문제지는 감독위원에게 제출한 후 퇴실하여야 합니다.
11. 답안 전송이 완료된 경우에는 수정 또는 정정이 불가능합니다.
12. 시험 시행 후 합격자 발표는 홈페이지(www.ihd.or.kr)에서 확인하시기 바랍니다.
    1) 문제 및 정답 공개 : 20XX. XX. XX. (X)
    2) 합격자 발표 : 20XX. XX. XX. (X)

[슬라이드1] 그림 및 텍스트 상자

01 아래의 작성조건 및 출력 형태에 알맞게 작업하시오.

* 소스 파일 : 정복04_문제01.pptx * 정답 파일 : 정복04_완성01.pptx

● 출력 형태

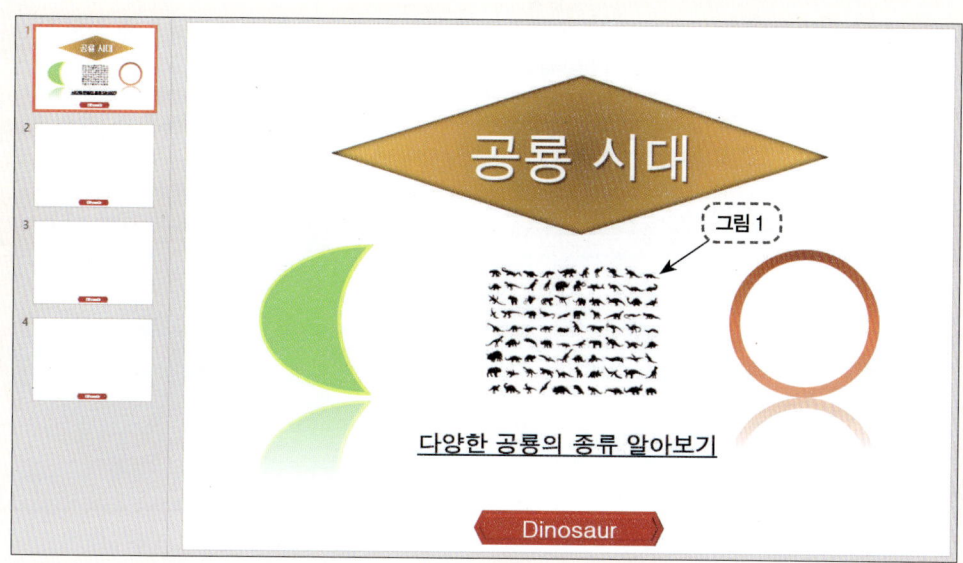

● 작성 조건

▶ 그림 삽입 ⇒ 그림 1 삽입, 크기(높이 : 5cm, 너비 : 6.5cm)
  [삽입]-[이미지]-[그림]
  그림 위에서 마우스 오른쪽 단추 클릭 → [크기 및 위치]
  → 가로 세로 비율 고정 해제 후 크기 변경
▶ 텍스트 상자(다양한 공룡의 종류 알아보기) ⇒ 글꼴(돋움, 24pt, 굵게, 밑줄)
  [삽입]-[텍스트]-[가로 텍스트 상자 그리기]

02 아래의 작성조건 및 출력 형태에 알맞게 작업하시오.

* 소스 파일 : 없음 * 정답 파일 : 정복04_완성02.pptx

● 출력 형태

● 작성 조건

▶ 그림 삽입 ⇒ 그림 1 삽입, 크기(높이 : 4.5cm, 너비 : 6cm)
▶ 텍스트 상자(밀가루와 부재료를 혼합) ⇒ 글꼴(굴림, 24pt, 굵게, 밑줄)

디지털정보활용능력 – 프리젠테이션[파워포인트] (시험시간 : 40분)

[슬라이드 4] 아래의 작성조건 및 출력형태에 알맞게 네 번째 슬라이드에 작업하시오. (60점)

≪출력형태≫

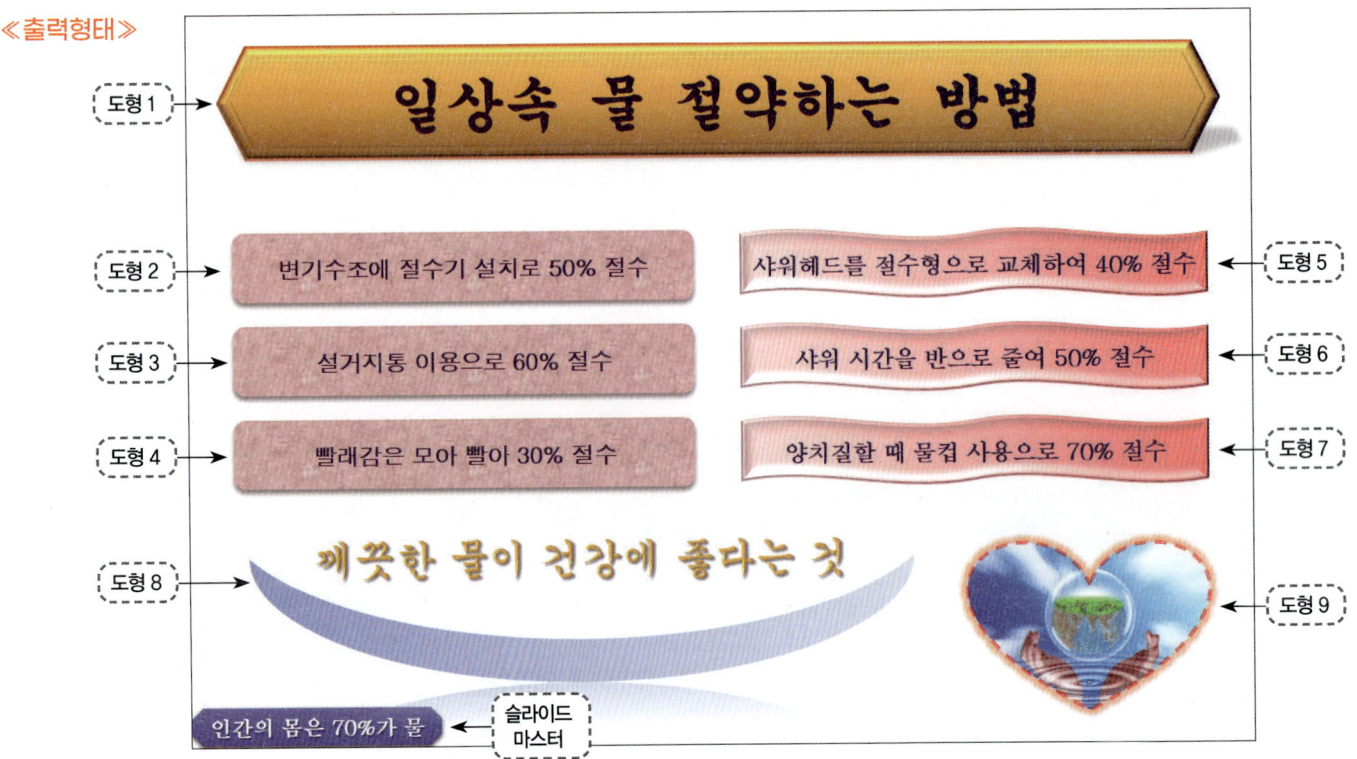

≪작성조건≫

(1) 제목
- 도형 1 ⇒ 기본 도형 : 육각형, 도형 채우기(주황, 그라데이션 – 선형 위쪽), 도형 윤곽선(실선, 색 : '주황, 강조 2', 너비 : 2pt, 겹선 종류 : 단순형), 도형 효과(그림자 – 원근감 대각선 오른쪽 위, 입체 효과 – 디벗), 글꼴(궁서체, 42pt, 굵게, 진한 파랑)

(2) 본문
- 도형 2~4 ⇒ 사각형 : 모서리가 둥근 직사각형, 도형 채우기(질감 : 분홍 박엽지), 선 없음, 도형 효과(그림자 – 바깥쪽 – 오프셋 아래쪽), 글꼴(돋움, 17pt, 굵게, 진한 파랑)
- 도형 5~7 ⇒ 별 및 현수막 : 이중 물결, 도형 채우기(빨강, 그라데이션 – 선형 왼쪽), 선 없음, 도형 효과(입체 효과 – 부드럽게 둥글리기), 글꼴(바탕, 17pt, 굵게, 진한 파랑)
- 도형 8 ⇒ 기본 도형 : 달, 도형 채우기(파랑, 그라데이션 – 선형 아래쪽), 선 없음, 도형 효과(반사 – '근접 반사, 터치')
- 도형 9 ⇒ 기본 도형 : 하트, 도형 채우기(그림 또는 질감 채우기) 기능을 사용하여 그림 3 삽입, 도형 윤곽선(실선, 색 : 빨강, 너비 : 2pt, 겹선 종류 : 이중, 대시 종류 : 파선), 도형 효과(네온 – '주황, 8 pt 네온, 강조색 2')
- WordArt 삽입(깨끗한 물이 건강에 좋다는 것)
  ⇒ WordArt 스타일('채우기 – 황금색, 강조 4, 부드러운 입체'), 글꼴(궁서, 30pt, 굵게, 텍스트 그림자)
- 지시사항이 없는 부분은 ≪출력형태≫와 동일하게 작성하시오.

[슬라이드1] 그림 및 텍스트 상자

03 아래의 작성조건 및 출력 형태에 알맞게 작업하시오.

* 소스 파일 : 없음   * 정답 파일 : 정복04_완성03.pptx

● 출력 형태

● 작성 조건
▶ 그림 삽입 ⇒ 그림 1 삽입,
　　　　　　크기(높이 : 8cm, 너비 : 8cm)
▶ 텍스트 상자(2021 KBO 리그 올스타전) ⇒
　글꼴(궁서, 28pt, 굵게)

04 아래의 작성조건 및 출력 형태에 알맞게 작업하시오.

* 소스 파일 : 없음   * 정답 파일 : 정복04_완성04.pptx

● 출력 형태

● 작성 조건
▶ 그림 삽입 ⇒ 그림 1 삽입,
　　　　　　크기(높이 : 6cm, 너비 : 8cm)
▶ 텍스트 상자(6개 이상의 공장 입주, 아파트형 공장) ⇒
　글꼴(돋움, 22pt, 굵게, 기울임꼴)

05 아래의 작성조건 및 출력 형태에 알맞게 작업하시오.

* 소스 파일 : 없음   * 정답 파일 : 정복04_완성05.pptx

● 출력 형태

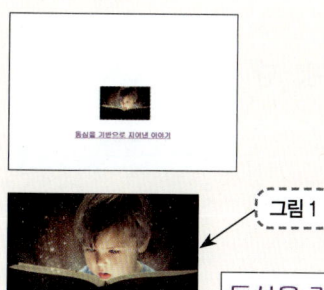

● 작성 조건
▶ 그림 삽입 ⇒ 그림 1 삽입,
　　　　　　크기(높이 : 4cm, 너비 : 6cm)
▶ 텍스트 상자(동심을 기반으로 지어낸 이야기) ⇒
　글꼴(굴림, 24pt, 굵게, 밑줄, 자주)

디지털정보활용능력 - 프리젠테이션[파워포인트] (시험시간 : 40분)

[슬라이드 3] 아래의 작성조건 및 출력형태에 알맞게 세 번째 슬라이드에 작업하시오. (60점)

≪출력형태≫

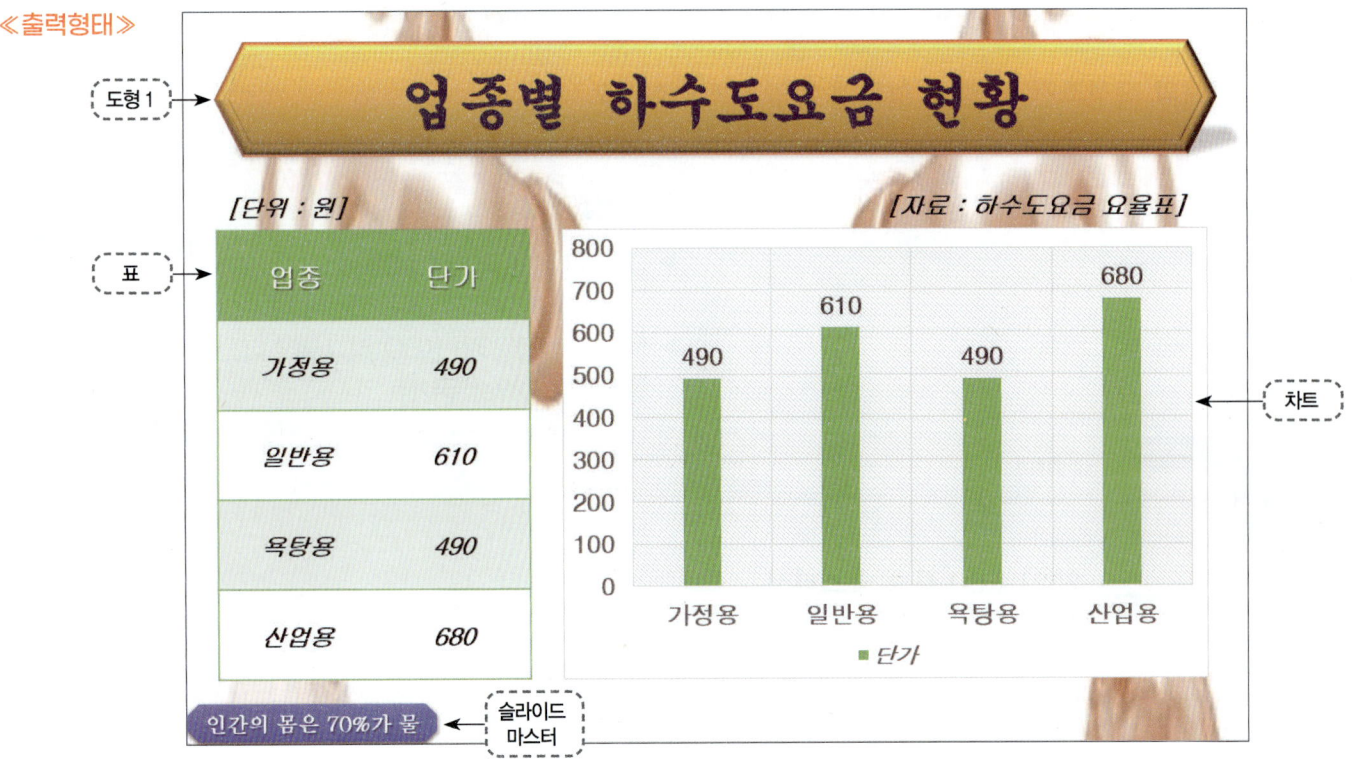

≪작성조건≫

(1) 제목
- ▶ 도형 1 ⇒ 기본 도형 : 육각형, 도형 채우기(주황, 그라데이션 - 선형 위쪽), 도형 윤곽선(실선, 색 : '주황, 강조 2', 너비 : 2pt, 겹선 종류 : 단순형), 도형 효과(그림자 - 원근감 대각선 오른쪽 위, 입체 효과 - 디벗), 글꼴(궁서체, 42pt, 굵게, 진한 파랑)

(2) 본문 (※ 차트 작성은 반드시 '차트삽입 → 데이터입력 → 차트스타일' 순으로 작성바랍니다.)
- ▶ 텍스트 상자 1([단위 : 원]) ⇒ 글꼴(굴림, 18pt, 굵게, 기울임꼴)
- ▶ 표 ⇒ 표 스타일('보통 스타일 1 - 강조 6'),
  가장 위의 행 : 글꼴(굴림, 20pt, 굵게, 텍스트 그림자, 가운데 맞춤),
  나머지 행 : 글꼴(굴림, 18pt, 굵게, 기울임꼴, 가운데 맞춤)
- ▶ 텍스트 상자 2([자료 : 하수도요금 요율표]) ⇒ 글꼴(굴림, 18pt, 굵게, 기울임꼴)
- ▶ 차트 ⇒ 세로 막대형 : 묶은 세로 막대형, 차트 스타일(색 변경 - '단색형 - 색 10', 스타일 8),
  축 서식/데이터 레이블 : 글꼴(돋움, 18pt, 굵게),
  범례 서식 : 글꼴(돋움, 16pt, 굵게, 기울임꼴), 데이터는 표 참고
- ▶ 배경 ⇒ 배경 서식(채우기 - 그림 또는 질감 채우기)에서 그림 2 삽입(현재 슬라이드만 적용)
- ▶ 애니메이션 지정 ⇒ 차트 : 나타내기 - 닦아내기
- ▶ 지시사항이 없는 부분은 ≪출력형태≫와 동일하게 작성하시오.

출제유형 05

PART 02 출제유형 완전정복

[슬라이드1] 애니메이션

☑ 애니메이션 지정하기

문제 미리보기

소스 파일 : 유형05_문제.pptx   정답 파일 : 유형05_완성.pptx

【슬라이드1】 아래의 작성조건 및 출력 형태에 알맞게 첫 번째 슬라이드에 작업하시오.   (30점)

● 출력 형태

● 작성 조건

- ▶ 도형 1 ⇒ 수식 도형 : 나눗셈 기호, 도형 채우기(그라데이션 : 미리 설정 – '가운데 그라데이션 – 강조 5', 종류 – 선형, 방향 – 선형 위쪽), 도형 윤곽선(실선, 색 : '흰색, 배경 1', 너비 : 3pt, 겹선 종류 : 단순형), 도형 효과(그림자 – '바깥쪽 – 오프셋 가운데'), 글꼴(돋움, 45pt, 굵게, 텍스트 그림자, 노랑)
- ▶ 도형 2 ⇒ 블록 화살표 : 굽은 화살표, 도형 스타일('보통 효과 – 황금색, 강조 4')
- ▶ 도형 3 ⇒ 기본 도형 : 하트, 도형 채우기(빨강), 선 없음, 도형 효과(입체 효과 – 각지게)
- ▶ 그림 삽입 ⇒ 그림 1 삽입, 크기(높이 : 5cm, 너비 : 7cm)
- ▶ 텍스트 상자(우리 몸에 꼭 필요한 에너지원) ⇒ 글꼴(궁서, 28pt, 굵게)
- ▶ 애니메이션 지정 ⇒ 도형 1 : 나타내기 – 바둑판 무늬
- ▶ 지시사항이 없는 부분은 《출력 형태》와 동일하게 작성하시오.

※ 출제유형 05는 《작성 조건》 중에서 파란색으로 표시된 내용만 작업합니다.

디지털정보활용능력 – 프리젠테이션[파워포인트] (시험시간 : 40분)

[슬라이드 2] 아래의 작성조건 및 출력형태에 알맞게 두 번째 슬라이드에 작업하시오. (50점)

≪출력형태≫

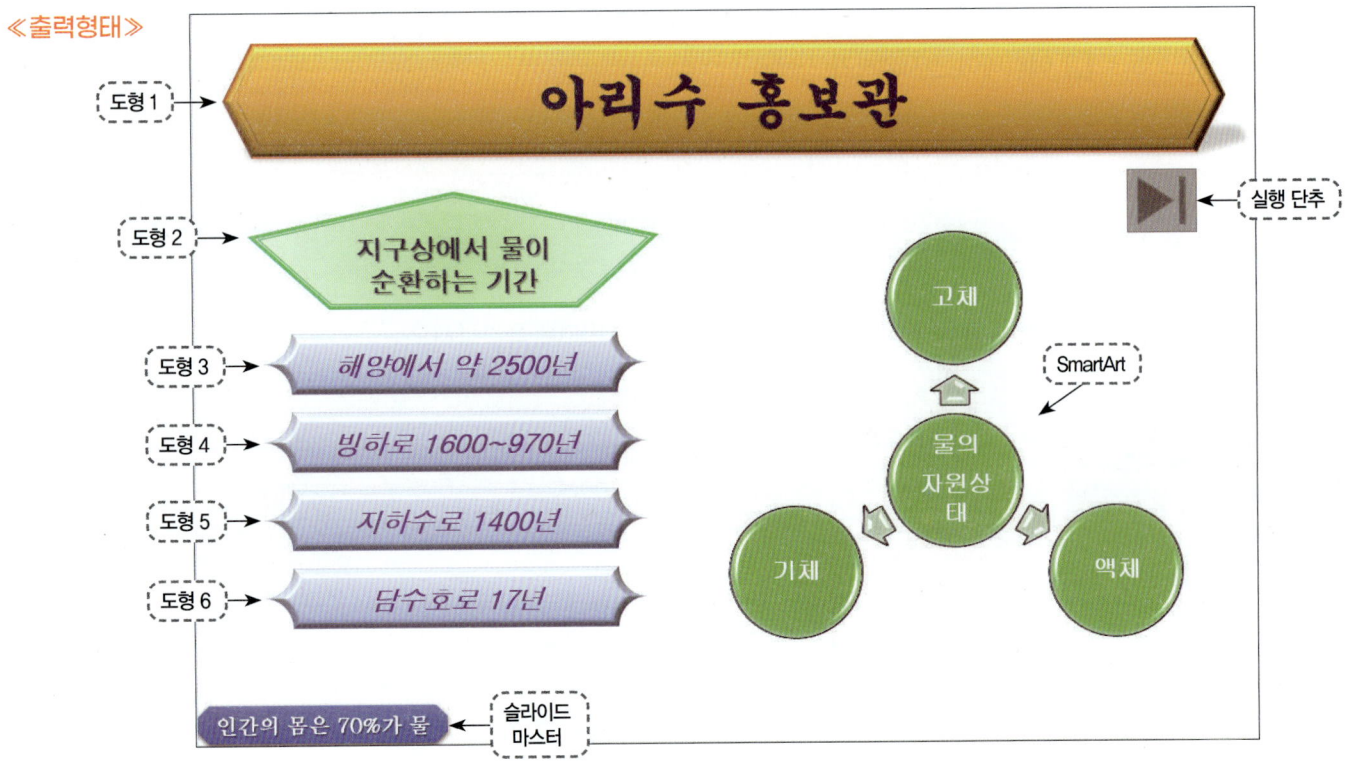

≪작성조건≫

(1) 제목
   ▶ 도형 1 ⇒ 기본 도형 : 육각형, 도형 채우기(주황, 그라데이션 – 선형 위쪽), 도형 윤곽선(실선, 색 : '주황, 강조 2',
        너비 : 2pt, 겹선 종류 : 단순형), 도형 효과(그림자 – 원근감 대각선 오른쪽 위, 입체 효과 – 디벗),
        글꼴(궁서체, 42pt, 굵게, 진한 파랑)

(2) 본문
   ▶ 도형 2 ⇒ 기본 도형 : 정오각형, 도형 채우기(연한 녹색, 그라데이션 – 가운데에서), 도형 윤곽선(실선, 색 : 녹색,
        너비 : 4pt, 겹선 종류 : 굵고 얇음), 글꼴(돋움, 20pt, 굵게, 텍스트 그림자, 진한 파랑)
   ▶ 도형 3~6 ⇒ 기본 도형 : 배지, 도형 채우기('파랑, 강조 5', 그라데이션 – 선형 위쪽), 선 없음,
        도형 효과(입체 효과 – 비스듬하게), 글꼴(돋움, 20pt, 굵게, 기울임꼴, 자주)
   ▶ 실행 단추 ⇒ 실행 단추 : 끝, 하이퍼링크 : 마지막 슬라이드, 도형 스타일('색 채우기 – 회색-50%, 강조 3')
   ▶ SmartArt 삽입 ⇒ 주기형 : 분기 방사형, 글꼴(굴림, 18pt, 굵게, 가운데 맞춤),
        SmartArt 스타일(색 변경 – '색 채우기 – 강조 6', 3차원 – 만화),
        (반드시 SmartArt 기능을 이용하여 작성할 것)
   ▶ 애니메이션 지정 ⇒ SmartArt : 나타내기 – 회전
   ▶ 지시사항이 없는 부분은 ≪출력형태≫와 동일하게 작성하시오.

01 애니메이션 지정하기

① 애니메이션을 지정하기 위해 첫 번째 슬라이드를 선택한 후 도형 1을 클릭합니다.

② [애니메이션] 탭의 [애니메이션] 그룹에서 자세히(▼) 단추를 클릭한 후 아래쪽에 [추가 나타내기 효과]를 선택합니다.

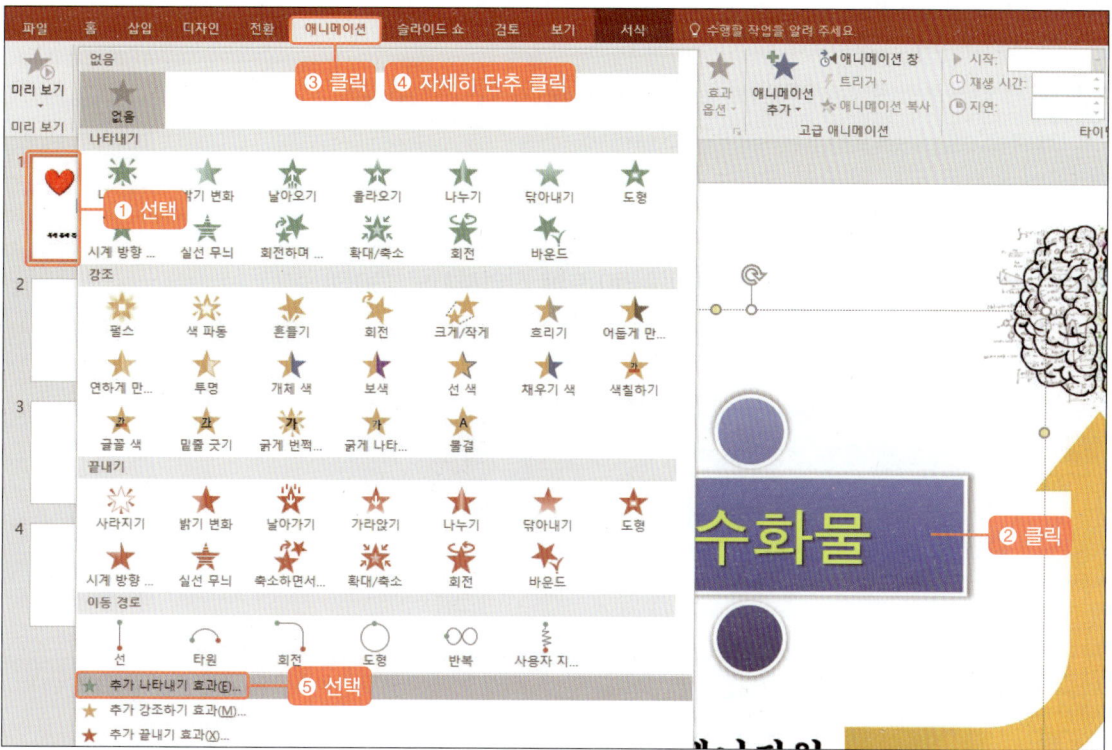

③ [나타내기 효과 변경] 대화상자가 나오면 기본 효과-바둑판 무늬를 선택한 후 〈확인〉 단추를 클릭합니다.

디지털정보활용능력-프리젠테이션[파워포인트] (시험시간 : 40분)

유의사항
- 《작성조건》을 준수하여 반드시 프리젠테이션 슬라이드로 작업합니다.
- 글꼴 및 기타 사항에 대해 별도의 지시사항이 없는 경우, 슬라이드 크기와 전체적인 균형을 고려하여 임의로 작성하되, **도형은 그룹으로 설정하지 않습니다.**
- 모든 슬라이드 크기(A4), 방향(가로), 디자인 테마(Office 테마)로 지정합니다.
  ▶ 슬라이드 크기, 방향 조정 시 '맞춤 확인'으로 지정하여야 합니다.
- 공통적용사항(슬라이드 마스터)
  ▶ 도형 ⇒ 기본 도형 : 팔각형, 도형 스타일('강한 효과 – 파랑, 강조 5'), 글꼴(바탕, 16pt, 굵게, 텍스트 그림자)
- 그림 삽입 시 다운로드 한 그림 파일을 반드시 사용하여야 합니다.
- ┌─────┐→ 은 지시사항이므로 작성하지 않습니다.
- 슬라이드에 제시된 글자 및 숫자 오타는 감점처리 됩니다.

[슬라이드 1] 아래의 작성조건 및 출력형태에 알맞게 첫 번째 슬라이드에 작업하시오. (30점)

≪출력형태≫

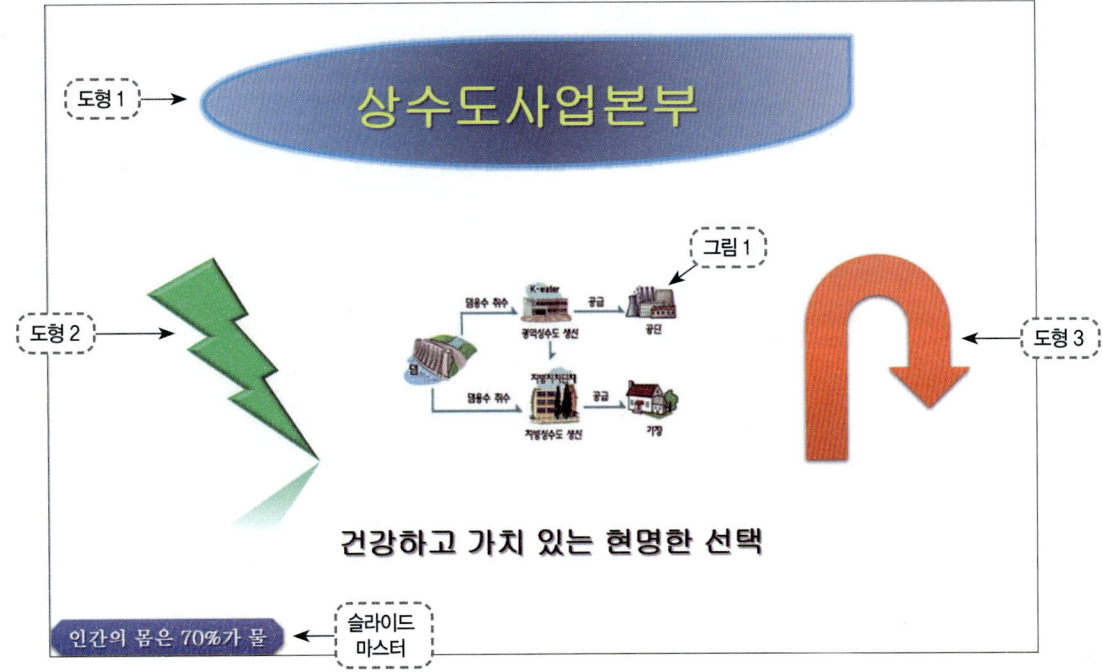

≪작성조건≫

▶ 도형 1 ⇒ 기본 도형 : 눈물 방울, 도형 채우기(그라데이션 : 미리 설정 – '가운데 그라데이션 – 강조 1', 종류 – 방사형, 방향 – 가운데에서), 도형 윤곽선(실선, 색 : 연한 파랑, 너비 : 3pt, 겹선 종류 : 단순형), 도형 효과(네온 – '파랑, 5 pt 네온, 강조색 1'), 글꼴(굴림, 40pt, 굵게, 텍스트 그림자, 노랑)

▶ 도형 2 ⇒ 기본 도형 : 번개, 도형 채우기(녹색), 선 없음, 도형 효과(반사 – '근접 반사, 터치', 입체 효과 – 둥글게)

▶ 도형 3 ⇒ 블록 화살표 : U자형 화살표, 도형 스타일('강한 효과 – 주황, 강조 2')

▶ 그림 삽입 ⇒ 그림 1 삽입, 크기(높이 : 5cm, 너비 : 9cm)

▶ 텍스트 상자(건강하고 가치 있는 현명한 선택) ⇒ 글꼴(굴림, 24pt, 굵게, 텍스트 그림자)

▶ 애니메이션 지정 ⇒ 도형 1 : 나타내기 – 닦아내기

▶ 지시사항이 없는 부분은 《출력형태》와 동일하게 작성하시오.

④ 다음 그림과 같이 애니메이션이 적용된 것을 확인합니다.

※ 애니메이션이 적용된 것을 확인하기 위해서는 [애니메이션] 탭이 선택되어 있어야 합니다.

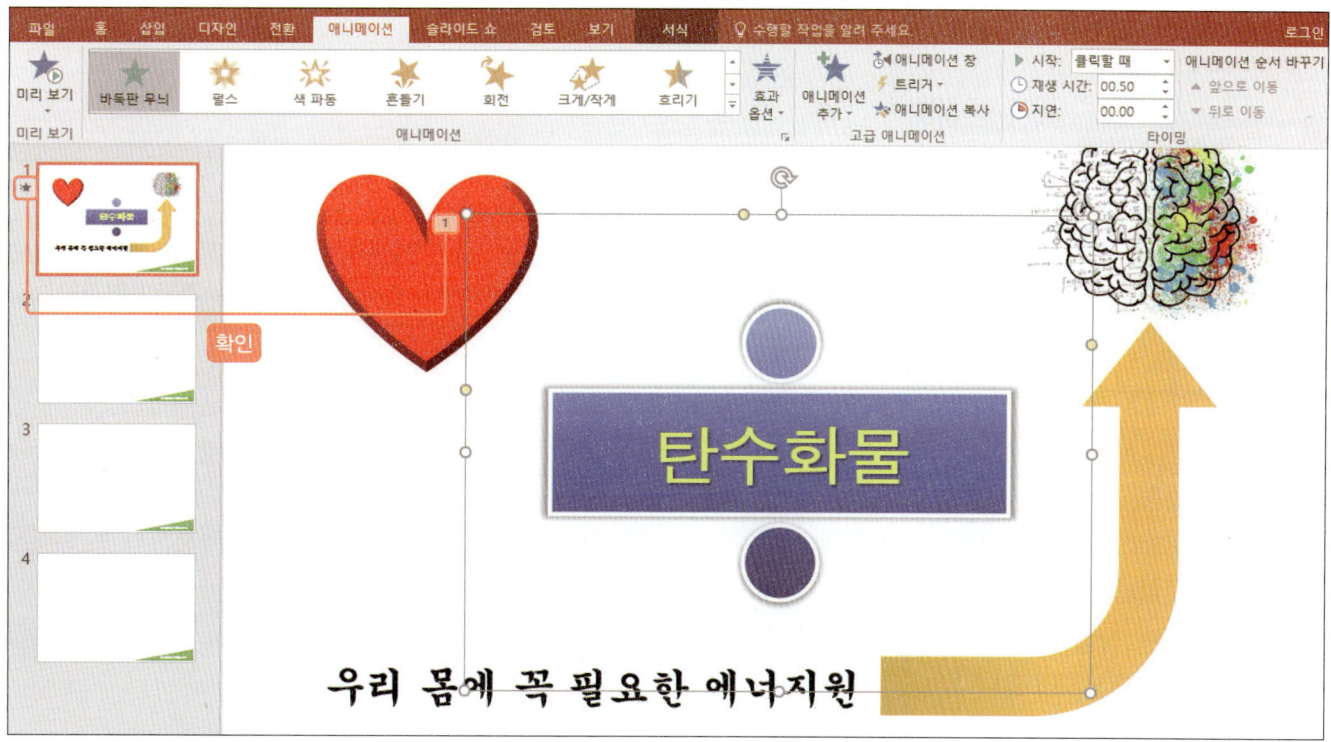

⑤ [파일]-[저장](Ctrl+S) 또는 [빠른 실행 도구 모음]에서 저장(🖬)을 클릭합니다.

※ 실제 시험을 볼 때 작업 도중에 수시로(10분에 한 번 정도) 저장을 하는 것이 좋습니다.

> **TIP 애니메이션**
>
> - F5 키를 눌러 슬라이드 쇼가 진행되면 마우스를 클릭하거나, Enter 키를 눌러 지정된 애니메이션을 확인할 수 있습니다
> - 애니메이션을 잘못 지정했을 경우에는 [애니메이션] 탭의 [애니메이션] 그룹에서 자세히(▼) 단추를 클릭하여 애니메이션 효과를 다시 선택합니다.

> **TIP 시험 유의 사항**
>
> 시험에서는 [슬라이드1], [슬라이드2], [슬라이드3]에 각각 애니메이션을 적용하는 문제가 출제됩니다.
> 《작성조건》에 따라 '도형, 그림, SmartArt, 차트' 등에 애니메이션을 적용하는 문제가 나오며 '날아오기, 바둑판 무늬, 블라인드, 다이아몬드형' 등의 애니메이션이 자주 출제됩니다.

디지털정보활용능력 최신유형 기출문제

- ☑ 시험과목 : 프리젠테이션(파워포인트)
- ☑ 시험일자 : 20XX. XX. XX. (X)
- ☑ 응시자 기재사항 및 감독위원 확인

MS Office 2016 버전용

수검번호	DIP - XXXX -	감독위원 확인
성 명		

응시자 유의사항

1. 응시자는 신분증을 지참하여야 시험에 응시할 수 있으며, 시험이 종료될 때까지 신분증을 제시하지 못 할 경우 해당 시험은 0점 처리됩니다.
2. 시스템(PC작동여부, 네트워크 상태 등)의 이상여부를 반드시 확인하여야 하며, 시스템 이상이 있을시 감독위원에게 조치를 받으셔야 합니다.
3. 시험 중 부주의 또는 고의로 시스템을 파손한 경우는 응시자 부담으로 합니다.
4. 답안 전송 프로그램을 통해 다운로드 받은 파일을 이용하여 답안 파일을 작성하시기 바랍니다.
5. 작성한 답안 파일은 답안 전송 프로그램을 통하여 전송됩니다. 감독위원의 지시에 따라 주시기 바랍니다.
6. 다음 사항의 경우 실격(0점) 혹은 부정행위 처리됩니다.
    1) 답안 파일을 저장하지 않았거나, 저장한 파일이 손상되었을 경우
    2) 답안 파일을 지정된 폴더(바탕화면 – "KAIT" 폴더)에 저장하지 않았을 경우
        ※ 답안 전송 프로그램 로그인 시 바탕화면에 자동 생성됨
    3) 답안 파일을 다른 보조 기억장치(USB) 혹은 네트워크(메신저, 게시판 등)로 전송할 경우
    4) 휴대용 전화기 등 통신기기를 사용할 경우
7. 슬라이드는 반드시 순서대로 작성해야 하며, 순서가 다를 경우 "0"점 처리 됩니다.
8. 시험지에 제시된 글꼴이 응시 프로그램에 없는 경우, 반드시 감독위원에게 해당 내용을 통보한 뒤 조치를 받아야 합니다.
9. 슬라이드 작성 시 도형의 그룹 설정을 사용하는 경우, 채점에서 감점처리 됩니다.
10. 시험의 완료는 작성이 완료된 답안을 저장하고, 답안 전송이 완료된 상태를 확인한 것으로 합니다. 답안 전송 확인 후 문제지는 감독위원에게 제출한 후 퇴실하여야 합니다.
11. 답안 전송이 완료된 경우에는 수정 또는 정정이 불가능합니다.
12. 시험 시행 후 합격자 발표는 홈페이지(www.ihd.or.kr)에서 확인하시기 바랍니다.
    1) 문제 및 정답 공개 : 20XX. XX. XX. (X)
    2) 합격자 발표 : 20XX. XX. XX. (X)

[슬라이드1] 애니메이션

01 아래의 작성조건 및 출력 형태에 알맞게 작업하시오.

* 소스 파일 : 정복05_문제01.pptx   * 정답 파일 : 정복05_완성01.pptx

● 출력 형태

● 작성 조건

▶ 애니메이션 지정 ⇒ 도형 1 : 나타내기 – 바둑판 무늬 → 도형 1 클릭 → [애니메이션]–[애니메이션]–자세히 단추

02 아래의 작성조건 및 출력 형태에 알맞게 작업하시오.

* 소스 파일 : 정복05_문제02.pptx   * 정답 파일 : 정복05_완성02.pptx

● 출력 형태

● 작성 조건

▶ 애니메이션 지정
 ⇒ 그림 1 : 나타내기 – 블라인드

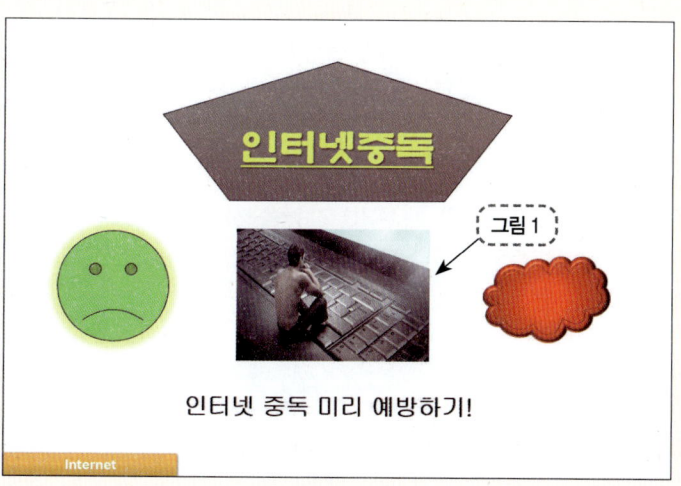

[슬라이드 4] 아래의 작성조건 및 출력형태에 알맞게 네 번째 슬라이드에 작업하시오. (60점)

≪출력형태≫

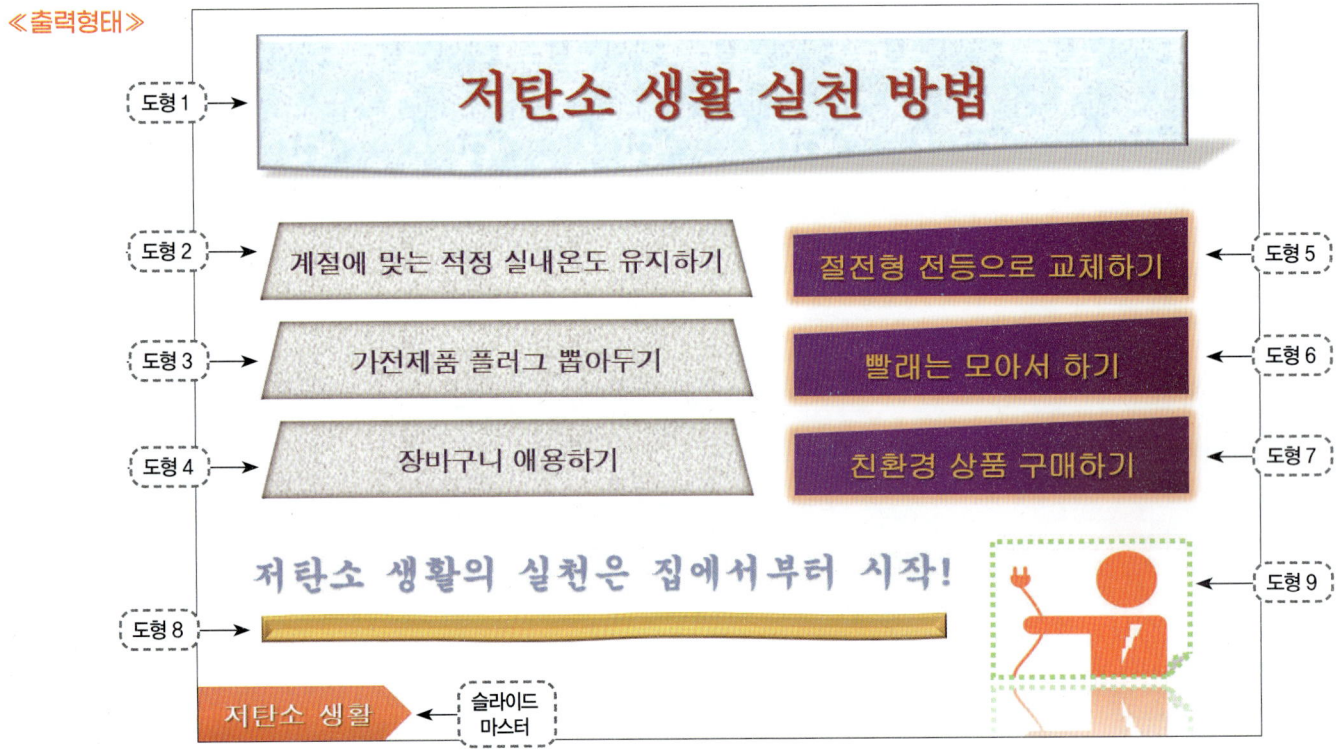

≪작성조건≫

(1) 제목
- 도형 1 ⇒ 순서도 : 문서, 도형 채우기(질감 : 파랑 박엽지), 도형 윤곽선(실선, 색 : '파랑, 강조 1', 너비 : 3pt, 겹선 종류 : 단순형), 도형 효과(그림자 – 원근감 대각선 오른쪽 위, 입체 효과 – 둥글게), 글꼴(바탕, 40pt, 굵게, 텍스트 그림자, 진한 빨강)

(2) 본문
- 도형 2~4 ⇒ 기본 도형 : 사다리꼴, 도형 채우기(질감 : 신문 용지), 선 없음, 도형 효과(그림자 – 안쪽 가운데), 글꼴(돋움, 20pt, 굵게, 진한 파랑)
- 도형 5~7 ⇒ 순서도 : 수동 입력, 도형 채우기(자주, 그라데이션 – 오른쪽 아래 모서리에서), 선 없음, 도형 효과(네온 – '주황, 11 pt 네온, 강조색 2'), 글꼴(굴림, 22pt, 굵게, 텍스트 그림자, 주황)
- 도형 8 ⇒ 별 및 현수막 : 이중 물결, 도형 채우기(주황, 그라데이션 – 선형 위쪽), 선 없음, 도형 효과(입체 효과 – 부드럽게 둥글리기)
- 도형 9 ⇒ 기본 도형 : 모서리가 접힌 도형, 도형 채우기(그림 또는 질감 채우기) 기능을 사용하여 그림 3 삽입, 도형 윤곽선(실선, 색 : 연한 녹색, 너비 : 4pt, 겹선 종류 : 단순형, 대시 종류 : 둥근 점선), 도형 효과(반사 – '1/2 반사, 4 pt 오프셋')
- WordArt 삽입(저탄소 생활의 실천은 집에서부터 시작!)
  ⇒ WordArt 스타일('채우기 – 파랑, 강조 1, 그림자'), 글꼴(궁서체, 28pt, 굵게, 텍스트 그림자)
- 지시사항이 없는 부분은 ≪출력형태≫와 동일하게 작성하시오.

출제유형 06

[슬라이드2] 소제목 도형

☑ 도형을 삽입한 후 서식 지정하기
☑ 도형을 다른 슬라이드에 복사하기

문제 미리보기

소스 파일 : 유형06_문제.pptx   정답 파일 : 유형06_완성.pptx

【슬라이드2】 아래의 작성조건 및 출력 형태에 알맞게 두 번째 슬라이드에 작업하시오. (50점)

● 출력 형태

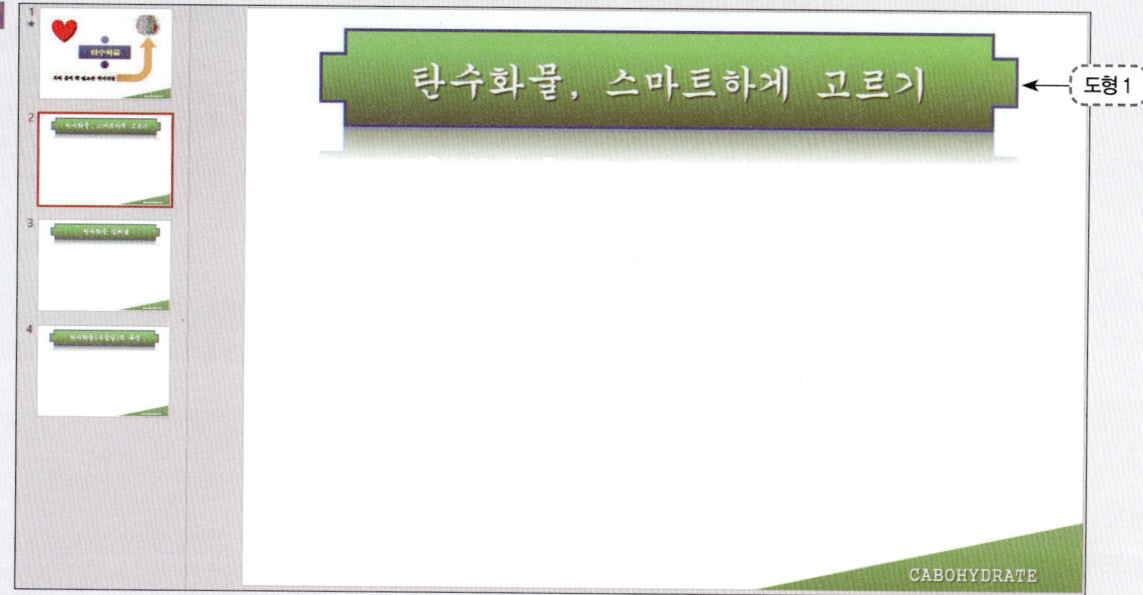

● 작성 조건

(1) 제목
▶ 도형 1 ⇒ 기본 도형 : 십자형, 도형 채우기(연한 녹색, 그라데이션 – 선형 위쪽), 도형 윤곽선(실선, 색 : 파랑, 너비 : 3pt, 겹선 종류 : 단순형), 도형 효과(반사 – '근접 반사, 터치'), 글꼴(궁서체, 36pt, 텍스트 그림자)

(2) 본문
▶ 도형 2 ⇒ 기본 도형 : 타원, 도형 채우기(녹색), 도형 윤곽선(실선, 색 : 진한 빨강, 너비 : 3pt, 겹선 종류 : 단순형, 대시 종류 : 사각 점선), 도형 효과(그림자 – 원근감 대각선 오른쪽 위), 글꼴(돋움체, 24pt)
▶ 도형 3~6 ⇒ 기본 도형 : 액자, 도형 채우기(빨강, 그라데이션 – 선형 위쪽), 도형 윤곽선(실선, 색 : 주황, 너비 : 1pt, 겹선 종류 : 단순형), 도형 효과(그림자 – '바깥쪽 – 오프셋 가운데'), 글꼴(돋움, 20pt, 굵게, 진한 파랑)
▶ SmartArt 삽입 ⇒ 계층 구조형 : 조직도형, 글꼴(굴림, 20pt, 굵게, 가운데 맞춤), SmartArt 스타일(색 변경 – '색상형 – 강조색', 3차원 – 만화), (반드시 SmartArt 기능을 이용하여 작성할 것)
▶ 실행 단추 ⇒ 실행 단추 : 끝, 하이퍼링크 : 마지막 슬라이드, 도형 스타일('강한 효과 – 주황, 강조 2')
▶ 애니메이션 지정 ⇒ SmartArt : 나타내기 – 블라인드
▶ 지시사항이 없는 부분은 ≪출력 형태≫와 동일하게 작성하시오.

※ 출제유형 06은 ≪작성 조건≫ 중에서 파란색으로 표시된 내용만 작업합니다.

[슬라이드 3] 아래의 작성조건 및 출력형태에 알맞게 세 번째 슬라이드에 작업하시오. (60점)

≪출력형태≫

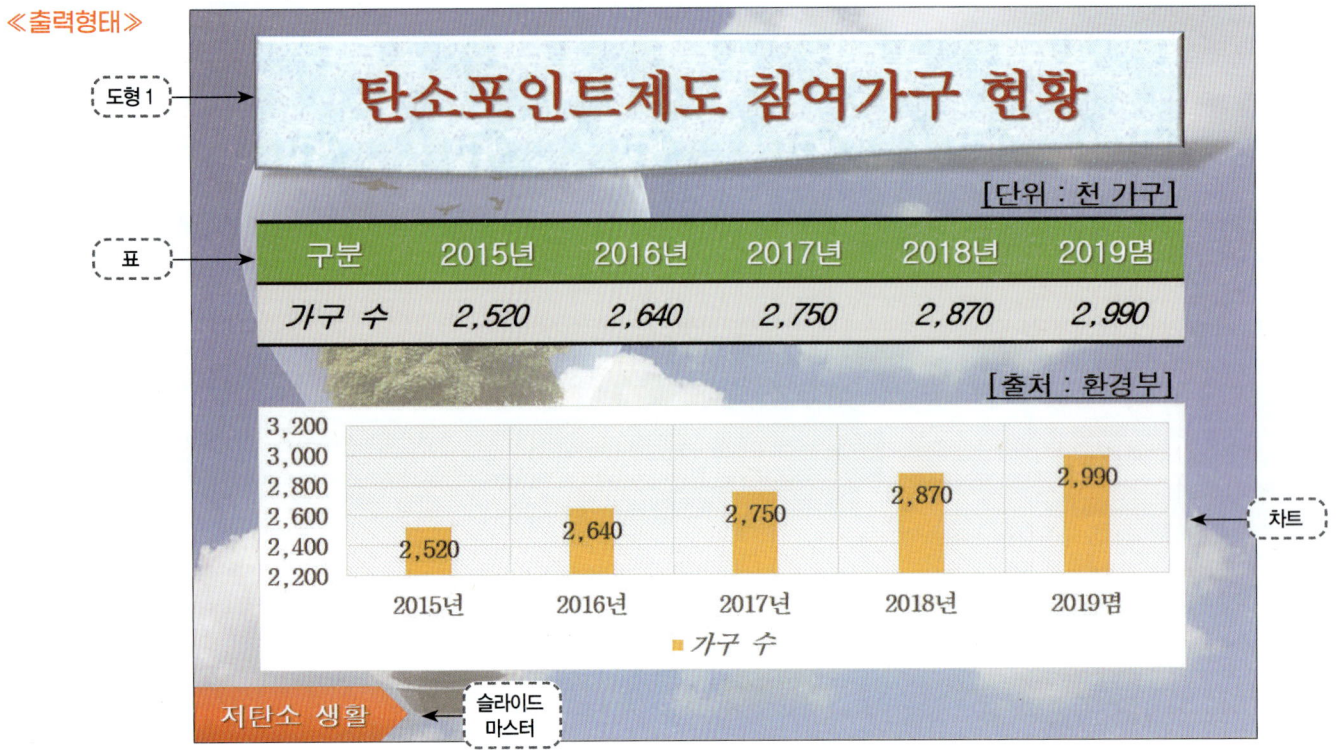

≪작성조건≫

(1) 제목
- ▶ 도형 1 ⇒ 순서도 : 문서, 도형 채우기(질감 : 파랑 박엽지), 도형 윤곽선(실선, 색 : '파랑, 강조 1', 너비 : 3pt, 겹선 종류 : 단순형), 도형 효과(그림자 – 원근감 대각선 오른쪽 위, 입체 효과 – 둥글게), 글꼴(바탕, 40pt, 굵게, 텍스트 그림자, 진한 빨강)

(2) 본문 (※ 차트 작성은 반드시 '차트삽입 → 데이터입력 → 차트스타일' 순으로 작성바랍니다.)
- ▶ 텍스트 상자 1([단위 : 천 가구]) ⇒ 글꼴(돋움, 20pt, 굵게, 밑줄)
- ▶ 표 ⇒ 표 스타일('보통 스타일 3 – 강조 6'),
  가장 위의 행 : 글꼴(굴림, 22pt, 굵게, 텍스트 그림자, 가운데 맞춤),
  나머지 행 : 글꼴(굴림체, 22pt, 굵게, 기울임꼴, 가운데 맞춤)
- ▶ 텍스트 상자 2([출처 : 환경부]) ⇒ 글꼴(돋움, 20pt, 굵게, 밑줄)
- ▶ 차트 ⇒ 세로 막대형 : 묶은 세로 막대형, 차트 스타일(색 변경 – '단색형 – 색 8', 스타일 7),
  축 서식/데이터 레이블 : 글꼴(바탕체, 18pt, 굵게),
  범례 서식 : 글꼴(바탕체, 18pt, 굵게, 기울임꼴), 데이터는 표 참고
- ▶ 배경 ⇒ 배경 서식(채우기 – 그림 또는 질감 채우기)에서 그림 2 삽입(현재 슬라이드만 적용)
- ▶ 애니메이션 지정 ⇒ 차트 : 나타내기 – 날아오기
- ▶ 지시사항이 없는 부분은 ≪출력형태≫와 동일하게 작성하시오.

01 도형 1 작성하기

❶ 두 번째 슬라이드를 선택한 후 [삽입] 탭의 [일러스트레이션] 그룹에서 [도형( )]-기본 도형-십자형( )을 클릭합니다.

❷ 마우스 포인터가 ╋ 모양으로 변경되면 드래그 하여 도형을 삽입합니다. 이어서, 조절점( )을 드래그 하여 ≪출력 형태≫와 같이 크기를 조절한 후 위치를 변경합니다.

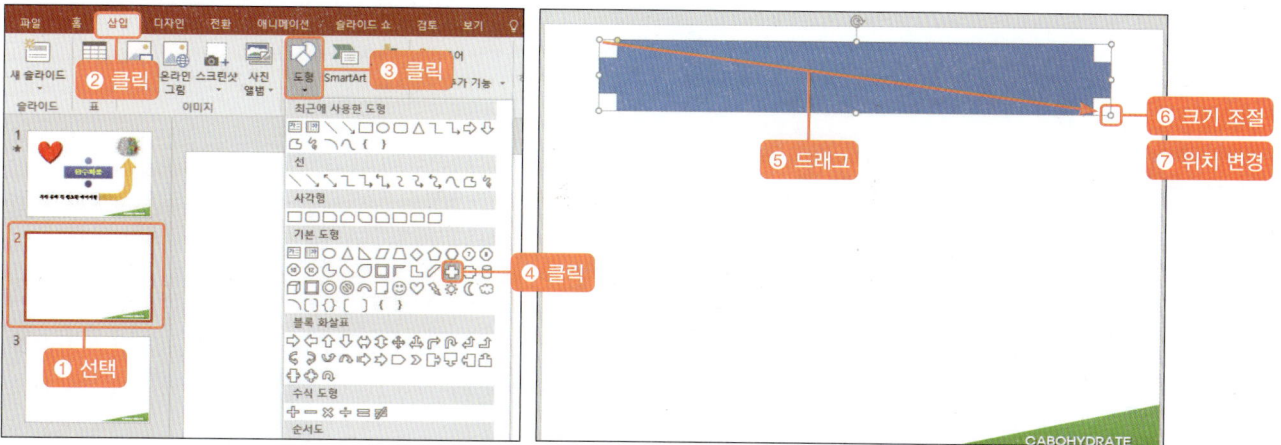

❸ 도형이 선택된 상태에서 탄수화물, 스마트하게 고르기를 입력한 후 Esc 키를 누릅니다.

❹ [그리기 도구]-[서식] 탭의 [도형 스타일] 그룹에서 [도형 채우기]-연한 녹색을 클릭합니다.

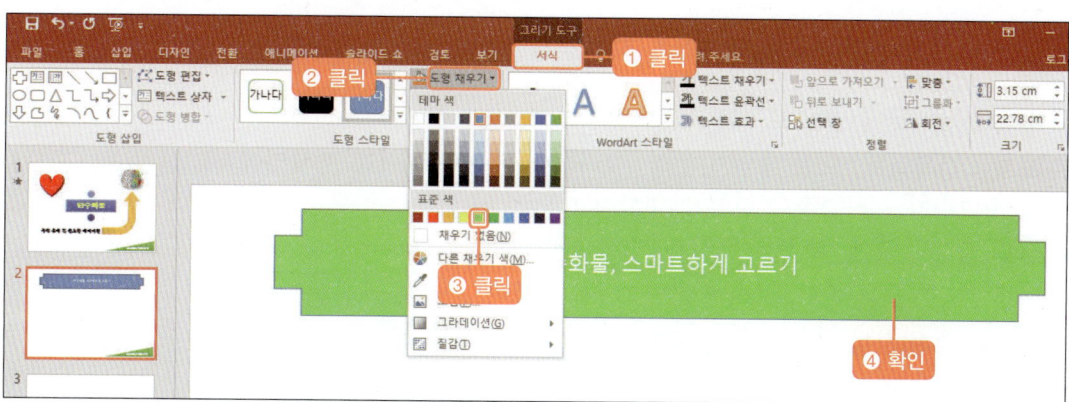

디지털정보활용능력 – 프리젠테이션[파워포인트] (시험시간 : 40분)

[슬라이드 2] 아래의 작성조건 및 출력형태에 알맞게 두 번째 슬라이드에 작업하시오. (50점)

≪출력형태≫

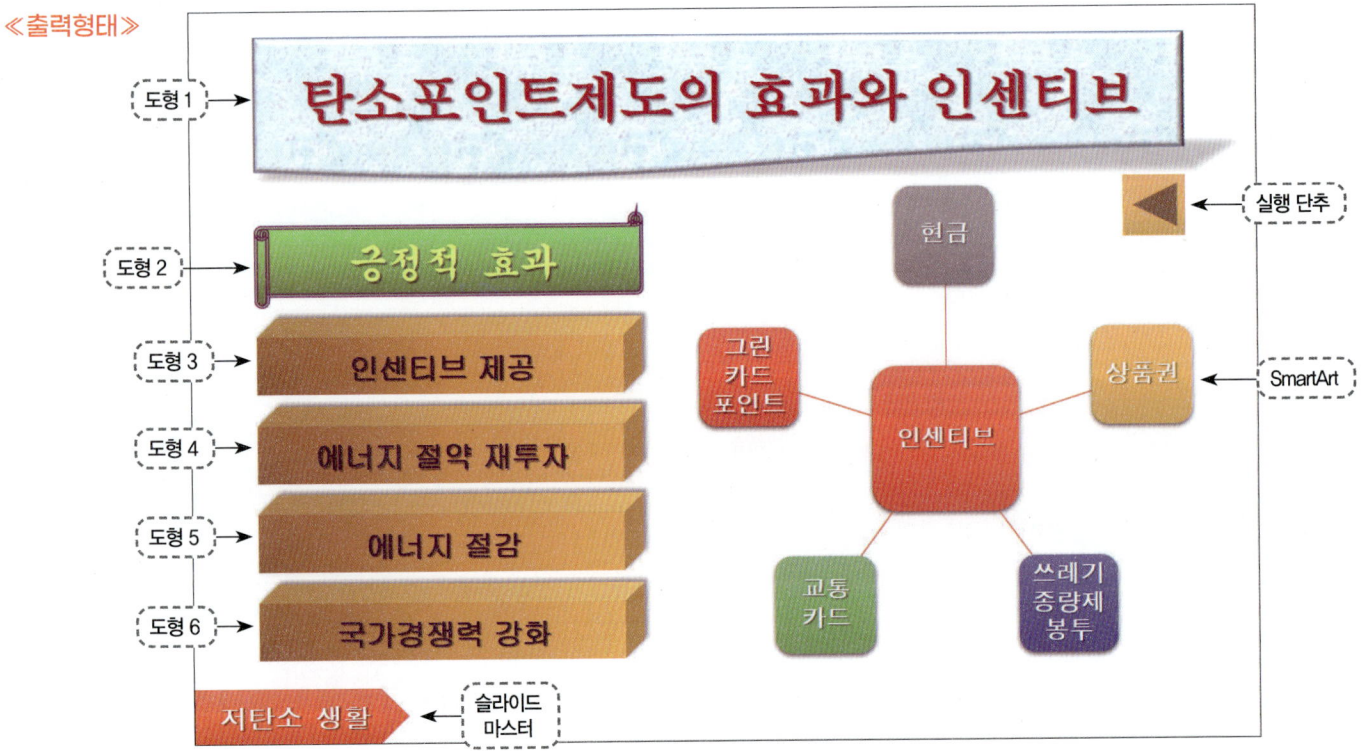

≪작성조건≫

(1) 제목
- ▶ 도형 1 ⇒ 순서도 : 문서, 도형 채우기(질감 : 파랑 박엽지), 도형 윤곽선(실선, 색 : '파랑, 강조 1', 너비 : 3pt, 겹선 종류 : 단순형), 도형 효과(그림자 – 원근감 대각선 오른쪽 위, 입체 효과 – 둥글게), 글꼴(바탕, 40pt, 굵게, 텍스트 그림자, 진한 빨강)

(2) 본문
- ▶ 도형 2 ⇒ 별 및 현수막 : 가로로 말린 두루마리 모양, 도형 채우기(연한 녹색, 그라데이션 – 선형 위쪽), 도형 윤곽선(실선, 색 : 자주, 너비 : 3pt, 겹선 종류 : 이중), 글꼴(궁서체, 28pt, 굵게, 텍스트 그림자, 노랑)
- ▶ 도형 3~6 ⇒ 기본 도형 : 정육면체, 도형 채우기(주황, 그라데이션 – 왼쪽 아래 모서리에서), 선 없음, 도형 효과(그림자 – 바깥쪽 – 오프셋 대각선 오른쪽 위), 글꼴(굴림, 22pt, 굵게, 텍스트 그림자, 진한 파랑)
- ▶ 실행 단추 ⇒ 실행 단추 : 뒤로 또는 이전, 하이퍼링크 : 이전 슬라이드, 도형 스타일('보통 효과 – 황금색, 강조 4')
- ▶ SmartArt 삽입 ⇒ 주기형 : 방사형 클러스터형, 글꼴(돋움체, 18pt, 가운데 맞춤), SmartArt 스타일(색 변경 – '색상형 – 강조색', 강한 효과), (반드시 SmartArt 기능을 이용하여 작성할 것)
- ▶ 애니메이션 지정 ⇒ SmartArt : 나타내기 – 올라오기
- ▶ 지시사항이 없는 부분은 ≪출력형태≫와 동일하게 작성하시오.

❺ 도형에 그라데이션을 적용하기 위해 [그리기 도구]-[서식] 탭의 [도형 스타일] 그룹에서 [도형 채우기]-[그라데이션]-어두운 그라데이션-선형 위쪽을 클릭합니다.

※ ≪출력 형태≫를 참고하여 '밝은 그라데이션' 또는 '어두운 그라데이션'에서 선택합니다.

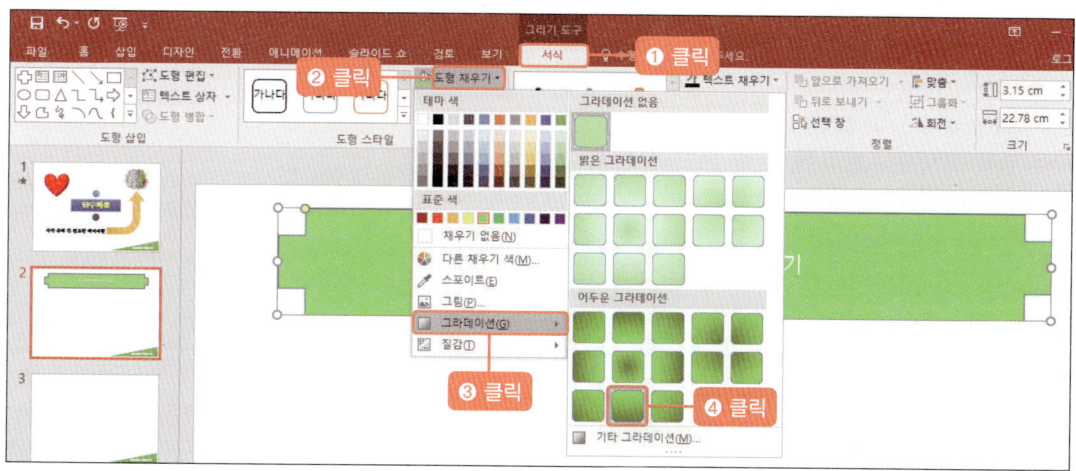

❻ 그림과 같이 도형에 그라데이션이 적용된 것을 확인합니다.

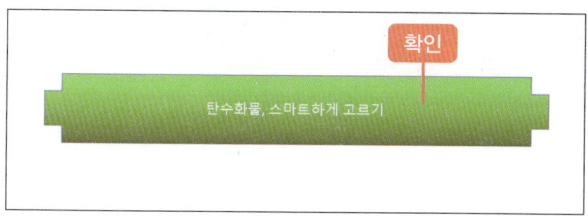

TIP 도형 채우기를 이용한 그라데이션

[그리기 도구]-[서식] 탭의 [도형 스타일] 그룹에서 [도형 채우기]-'그라데이션'을 이용하는 방법으로 '밝은 그라데이션'과 '어두운 그라데이션' 두 종류가 있습니다. 문제지의 ≪출력 형태≫를 보고 해당하는 그라데이션을 선택합니다.

TIP 기본 설정 색을 이용한 그라데이션

오른쪽 [도형 서식] 작업 창에서 [채우기]-[그라데이션 채우기]-'그라데이션 미리 설정'을 이용하는 방법이 있습니다.

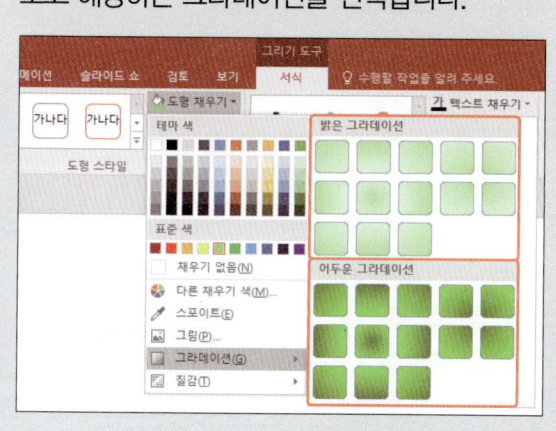

디지털정보활용능력-프리젠테이션[파워포인트] (시험시간 : 40분)

유의사항
- 《작성조건》을 준수하여 반드시 프리젠테이션 슬라이드로 작업합니다.
- 글꼴 및 기타 사항에 대해 별도의 지시사항이 없는 경우, 슬라이드 크기와 전체적인 균형을 고려하여 임의로 작성하되, **도형은 그룹으로 설정하지 않습니다.**
- 모든 슬라이드 크기(A4), 방향(가로), 디자인 테마(Office 테마)로 지정합니다.
  ▶ 슬라이드 크기, 방향 조정 시 '맞춤 확인'으로 지정하여야 합니다.
- 공통적용사항(슬라이드 마스터)
  ▶ 도형 ⇒ 블록 화살표 : 오각형, 도형 스타일('보통 효과 – 주황, 강조 2'), 글꼴(돋움체, 20pt, 굵게, 텍스트 그림자)
- 그림 삽입 시 다운로드 한 그림 파일을 반드시 사용하여야 합니다.
- ⬜⟶ 은 지시사항이므로 작성하지 않습니다.
- 슬라이드에 제시된 글자 및 숫자 오타는 감점처리 됩니다.

[슬라이드 1] 아래의 작성조건 및 출력형태에 알맞게 첫 번째 슬라이드에 작업하시오. (30점)

≪출력형태≫

≪작성조건≫

▶ 도형 1 ⇒ 순서도 : 종속 처리, 도형 채우기(그라데이션 : 미리 설정 – '아래쪽 스포트라이트 – 강조 5', 종류 – 방사형, 방향 – 왼쪽 위 모서리에서), 도형 윤곽선(실선, 색 : 자주, 너비 : 3pt, 겹선 종류 : 단순형), 도형 효과(입체 효과 – 리블렛), 글꼴(굴림체, 48pt, 굵게, 텍스트 그림자, 노랑)

▶ 도형 2 ⇒ 기본 도형 : 해, 도형 채우기('주황, 강조 2'), 선 없음, 도형 효과(그림자 – 안쪽 오른쪽, 반사 – '근접 반사, 터치')

▶ 도형 3 ⇒ 기본 도형 : 웃는 얼굴, 도형 스타일('색 윤곽선 – 주황, 강조 2')

▶ 그림 삽입 ⇒ 그림 1 삽입, 크기(높이 : 8cm, 너비 : 8㎝)

▶ 텍스트 상자(범국민 온실가스 감축 실천 프로그램)⇒ 글꼴(궁서체, 28pt, 굵게, 밑줄, 녹색)

▶ 애니메이션 지정 ⇒ 도형 1 : 나타내기 – 나누기

▶ 지시사항이 없는 부분은《출력형태》와 동일하게 작성하시오.

❼ 윤곽선 서식을 변경하기 위해 도형의 텍스트가 없는 부분 위에서 마우스 오른쪽 단추를 눌러 바로 가기 메뉴가 나오면 [도형 서식]을 클릭합니다.

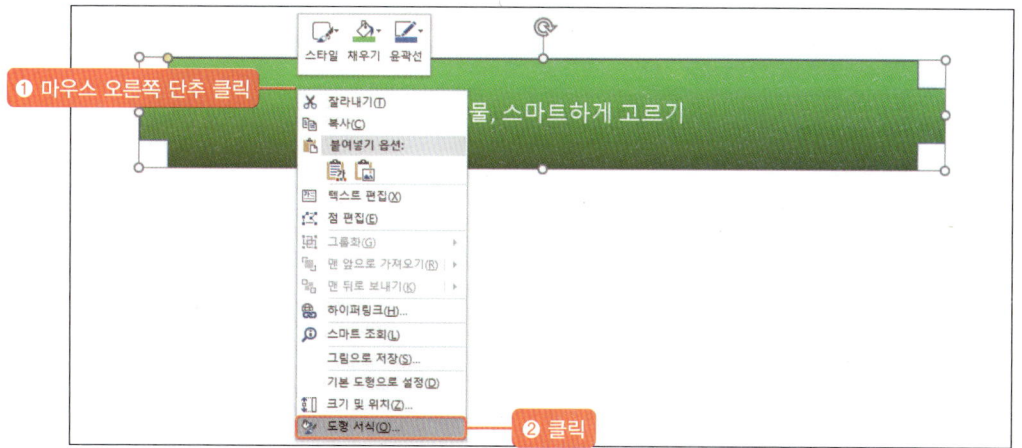

❽ 오른쪽에 [도형 서식] 창이 나오면 작업창 아래 선을 클릭하여 실선을 확인한 후 색( )을 클릭하여 파랑으로 변경합니다. 이어서, 너비(3pt), 겹선 종류(단순형)를 각각 선택한 후 작업 창을 종료( )합니다.

※ ≪작성조건≫에서 겹선 종류를 '단순형( )'으로 지정하라는 문제가 나오면 겹선 종류의 기본 값이 '단순형'이기 때문에 별도의 변경 없이 다음 작업을 진행해도 됩니다.

> **TIP** 도형 윤곽선
>
> 도형의 윤곽선 너비는 기본 값이 '1pt'입니다. 윤곽선을 변경하는 문제가 출제되면 [도형 서식] 작업 창에서 '선 색' 및 '선 스타일' 변경을 한 번에 작업하는 것이 편리합니다.

❾ 그림과 같이 도형의 윤곽선 서식이 변경된 것을 확인합니다.

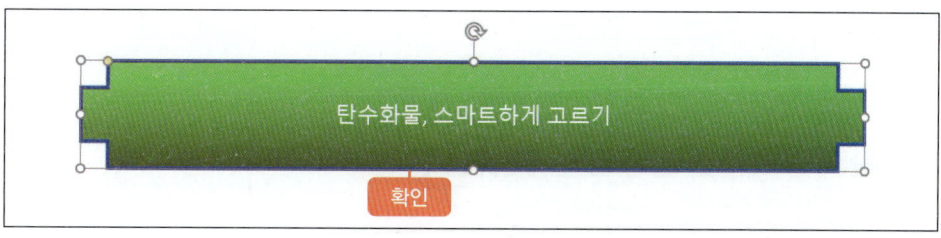

제01회 디지털정보활용능력 최신유형 기출문제

- ☑ 시험과목 : 프리젠테이션(파워포인트)
- ☑ 시험일자 : 20XX. XX. XX. (X)
- ☑ 응시자 기재사항 및 감독위원 확인

MS Office 2016 버전용

수 검 번 호	DIP – XXXX –	감독위원 확인
성 명		

응시자 유의사항

1. 응시자는 신분증을 지참하여야 시험에 응시할 수 있으며, 시험이 종료될 때까지 신분증을 제시하지 못 할 경우 해당 시험은 0점 처리됩니다.
2. 시스템(PC작동여부, 네트워크 상태 등)의 이상여부를 반드시 확인하여야 하며, 시스템 이상이 있을시 감독위원에게 조치를 받으셔야 합니다.
3. 시험 중 부주의 또는 고의로 시스템을 파손한 경우는 응시자 부담으로 합니다.
4. 답안 전송 프로그램을 통해 다운로드 받은 파일을 이용하여 답안 파일을 작성하시기 바랍니다.
5. 작성한 답안 파일은 답안 전송 프로그램을 통하여 전송됩니다. 감독위원의 지시에 따라 주시기 바랍니다.
6. 다음 사항의 경우 실격(0점) 혹은 부정행위 처리됩니다.
   1) 답안 파일을 저장하지 않았거나, 저장한 파일이 손상되었을 경우
   2) 답안 파일을 지정된 폴더(바탕화면 – "KAIT" 폴더)에 저장하지 않았을 경우
      ※ 답안 전송 프로그램 로그인 시 바탕화면에 자동 생성됨
   3) 답안 파일을 다른 보조 기억장치(USB) 혹은 네트워크(메신저, 게시판 등)로 전송할 경우
   4) 휴대용 전화기 등 통신기기를 사용할 경우
7. 슬라이드는 반드시 순서대로 작성해야 하며, 순서가 다를 경우 "0"점 처리 됩니다.
8. 시험지에 제시된 글꼴이 응시 프로그램에 없는 경우, 반드시 감독위원에게 해당 내용을 통보한 뒤 조치를 받아야 합니다.
9. 슬라이드 작성 시 도형의 그룹 설정을 사용하는 경우, 채점에서 감점처리 됩니다.
10. 시험의 완료는 작성이 완료된 답안을 저장하고, 답안 전송이 완료된 상태를 확인한 것으로 합니다. 답안 전송 확인 후 문제지는 감독위원에게 제출한 후 퇴실하여야 합니다.
11. 답안 전송이 완료된 경우에는 수정 또는 정정이 불가능합니다.
12. 시험 시행 후 합격자 발표는 홈페이지(www.ihd.or.kr)에서 확인하시기 바랍니다.
    1) 문제 및 정답 공개 : 20XX. XX. XX. (X)
    2) 합격자 발표 : 20XX. XX. XX. (X)

한국정보통신진흥협회 KAIT

⑩ 도형 효과를 적용하기 위해 [그리기 도구]-[서식] 탭의 [도형 스타일] 그룹에서 [도형 효과]-[반사]-근접 반사, 터치를 클릭합니다.

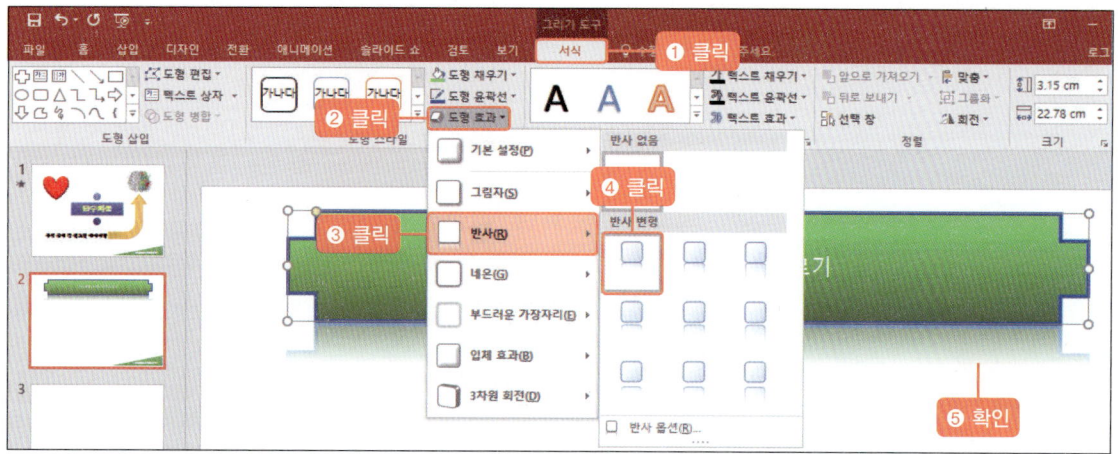

⑪ 글꼴 서식을 변경하기 위해 [홈] 탭의 [글꼴] 그룹에서 글꼴(궁서체), 글꼴 크기(36pt), 텍스트 그림자(S)를 지정합니다.

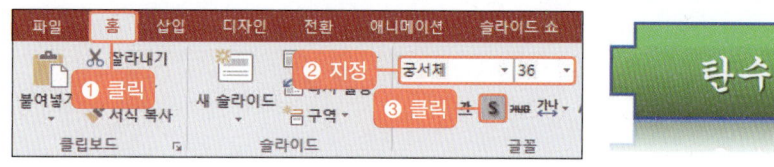

02 도형 1 복사하기

❶ 도형의 테두리 위에서 마우스 오른쪽 단추를 눌러 바로 가기 메뉴가 나오면 [복사]를 클릭합니다.
   ※ 복사 바로 가기 키 : Ctrl + C

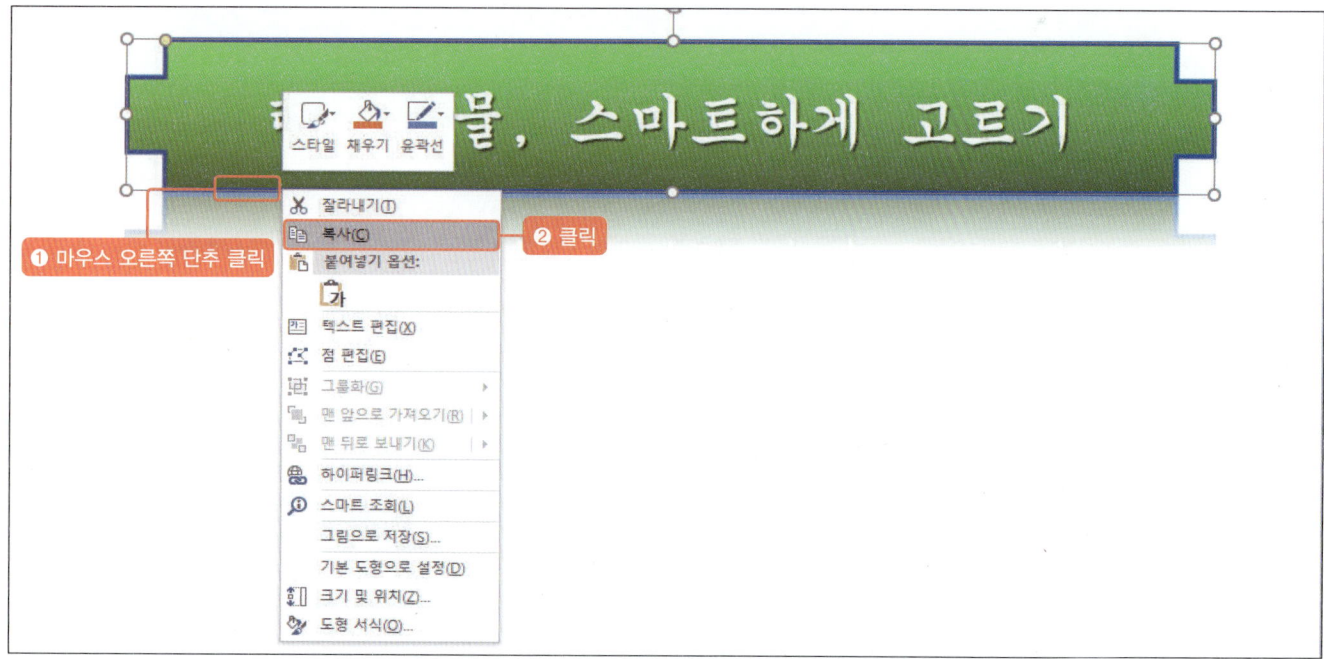

PART 04

최신유형 기출문제

❷ 왼쪽 슬라이드 미리보기 창에서 세 번째 슬라이드를 선택한 후 빈 슬라이드 위에서 마우스 오른쪽 단추를 눌러 바로 가기 메뉴가 나오면 [붙여넣기 옵션: 대상 테마 사용(📋)]을 클릭합니다.

※ 붙여넣기 바로 가기 키 : Ctrl + V

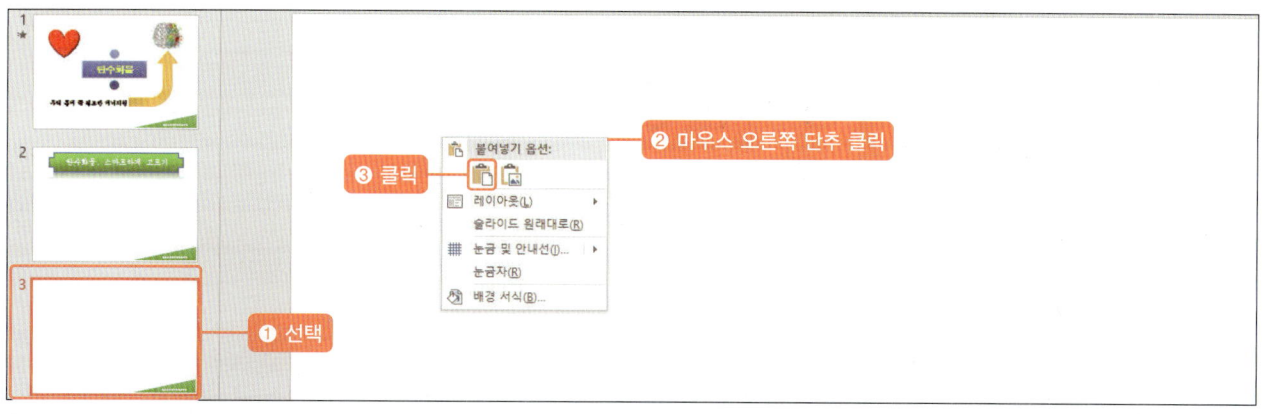

❸ 세 번째 슬라이드에 도형이 복사되면 도형 안의 텍스트를 드래그 하여 블록으로 지정한 후 **탄수화물 섭취율**을 입력합니다.

※ 텍스트가 블록으로 지정된 상태에서 내용을 입력하면 기존의 내용이 삭제되면서 동시에 새로운 내용이 입력됩니다.

※ 세 번째 슬라이드의 제목 내용은 문제지 [슬라이드3]의 ≪출력 형태≫를 참고하여 입력합니다.

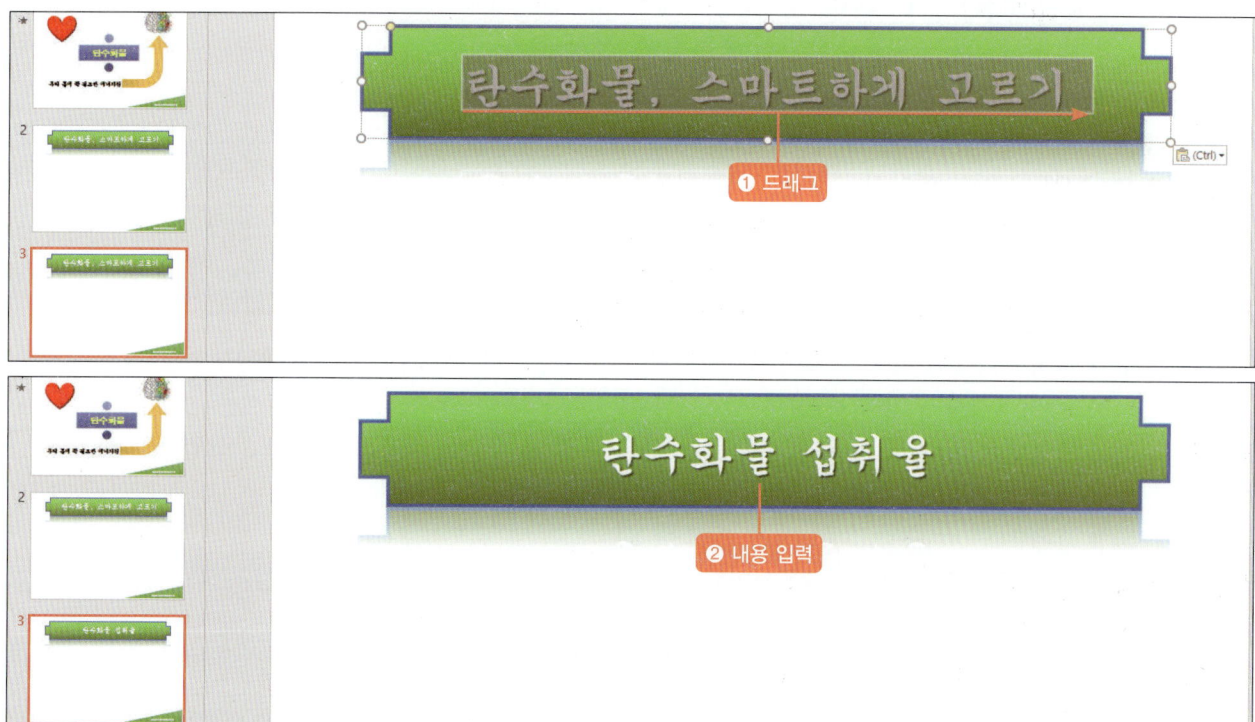

디지털정보활용능력 – 프리젠테이션[파워포인트] (시험시간 : 40분)

[슬라이드 4] 아래의 작성조건 및 출력형태에 알맞게 네 번째 슬라이드에 작업하시오. (60점)

≪출력형태≫

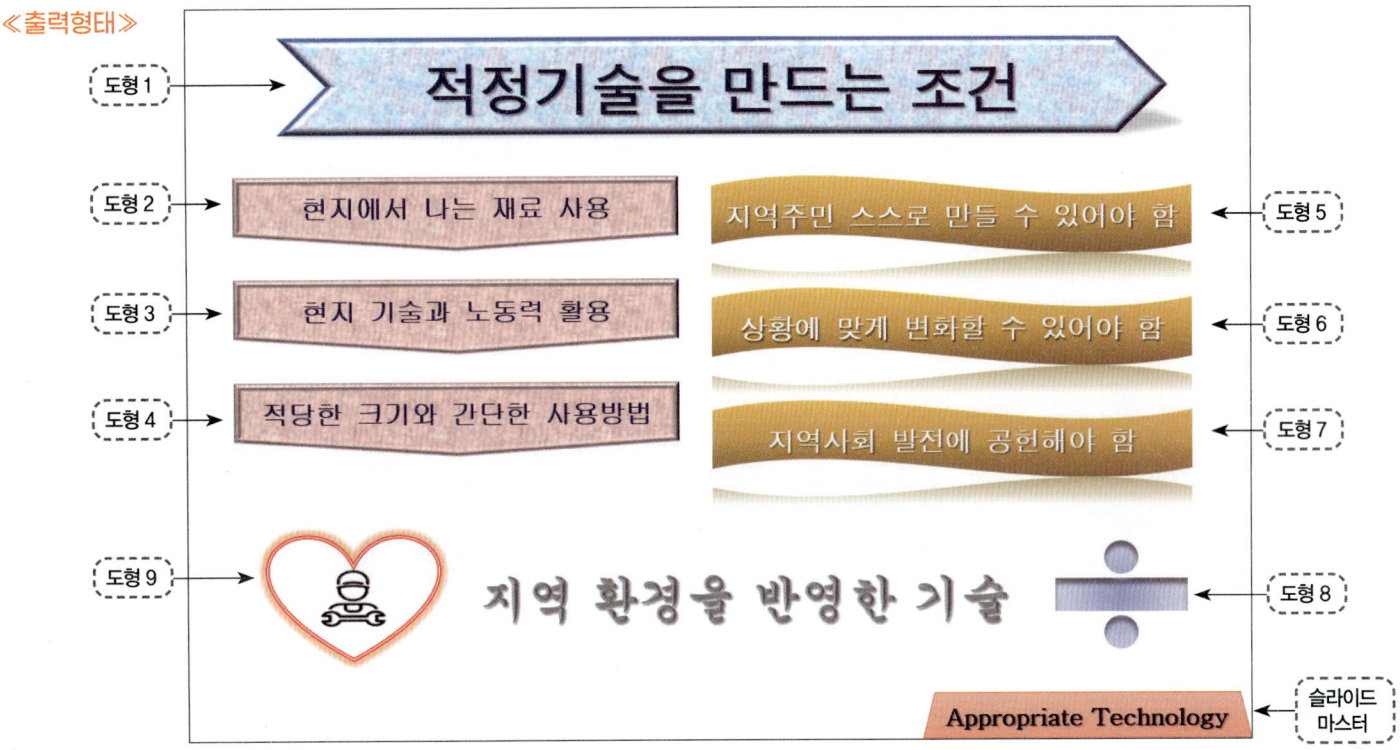

≪작성조건≫

(1) 제목
- 도형 1 ⇒ 블록 화살표 : 갈매기형 수장, 도형 채우기(질감 : 꽃다발),
  도형 윤곽선(실선, 색 : '파랑, 강조 5', 너비 : 3pt, 겹선 종류 : 단순형),
  도형 효과(그림자 – 원근감 대각선 오른쪽 위, 입체 효과 – 비스듬하게),
  글꼴(돋움, 42pt, 굵게, 텍스트 그림자, 진한 파랑)

(2) 본문
- 도형 2~4 ⇒ 순서도 : 다른 페이지 연결선, 도형 채우기(질감 : 분홍 박엽지), 선 없음,
  도형 효과(입체 효과 – 낮은 수준의 경사), 글꼴(굴림체, 20pt, 굵게, 진한 파랑)
- 도형 5~7 ⇒ 별 및 현수막 : 물결, 도형 채우기('황금색, 강조 4', 그라데이션 – 선형 위쪽), 선 없음,
  도형 효과(반사 – '근접 반사, 터치'), 글꼴(돋움체, 20pt, 굵게, 텍스트 그림자)
- 도형 8 ⇒ 수식 도형 : 나눗셈 기호, 도형 채우기('파랑, 강조 5', 그라데이션 – 가운데에서), 선 없음,
  도형 효과(그림자 – 안쪽 위쪽)
- 도형 9 ⇒ 기본 도형 : 하트, 도형 채우기(그림 또는 질감 채우기) 기능을 사용하여 그림 3 삽입,
  도형 윤곽선(실선, 색 : 빨강, 너비 : 3pt, 겹선 종류 : 이중),
  도형 효과(네온 – '주황, 8 pt 네온, 강조색 2')
- WordArt 삽입(지역 환경을 반영한 기술) ⇒ WordArt 스타일('채우기 – 회색–50%, 강조 3, 선명한 입체'),
  글꼴(궁서, 36pt, 굵게, 텍스트 그림자)
- 지시사항이 없는 부분은 ≪출력형태≫와 동일하게 작성하시오.

④ 똑같은 방법으로 왼쪽 슬라이드 미리보기 창에서 네 번째 슬라이드를 선택한 후 빈 슬라이드 위에서 마우스 오른쪽 단추를 눌러 바로 가기 메뉴가 나오면 [붙여넣기 옵션: 대상 테마 사용(📋)]을 클릭합니다.

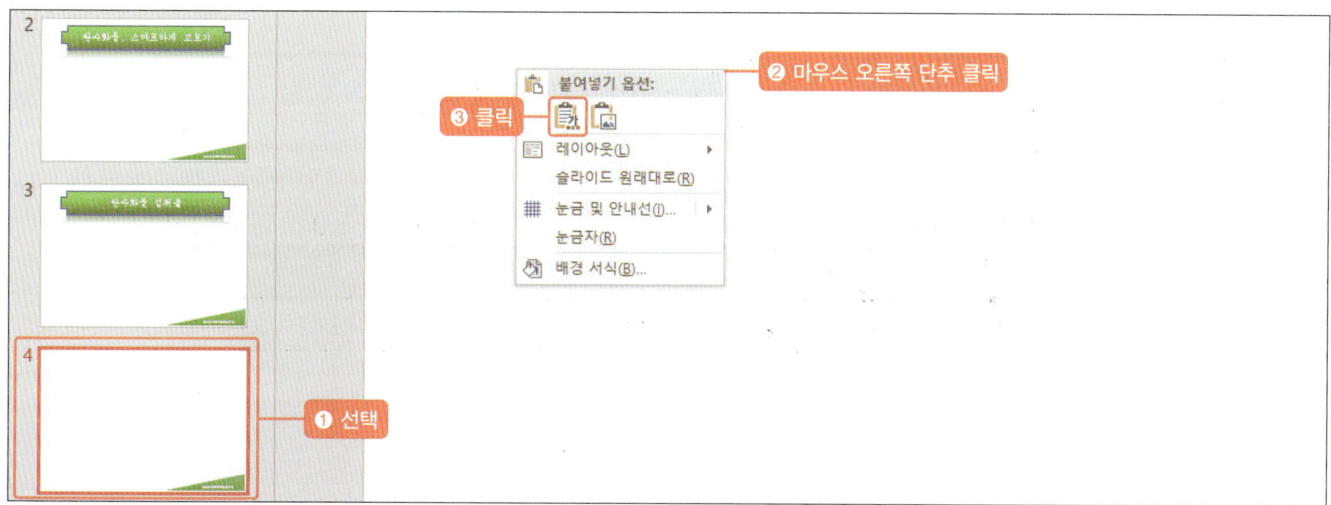

⑤ 복사된 도형 안의 텍스트를 드래그 하여 블록으로 지정한 후 탄수화물(복합당)의 특징을 입력합니다.
※ 네 번째 슬라이드의 제목 내용은 문제지 [슬라이드4]의 ≪출력 형태≫를 참고하여 입력합니다.

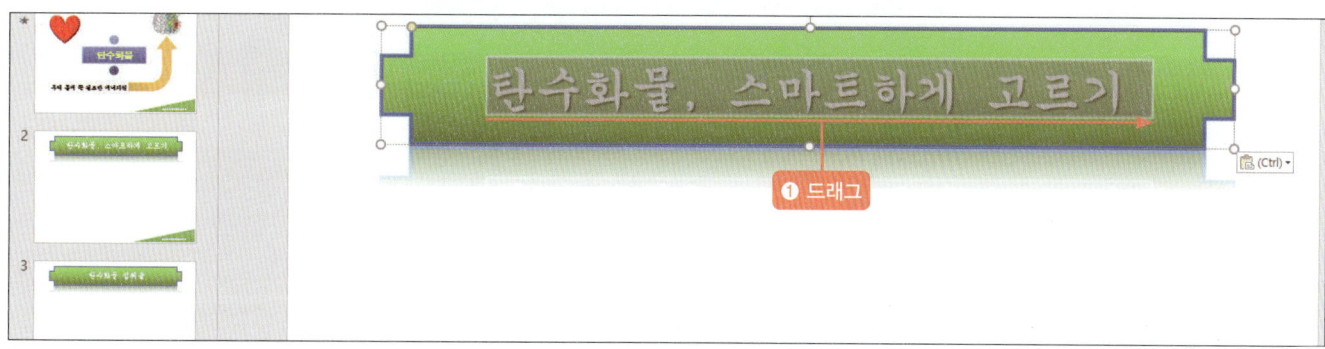

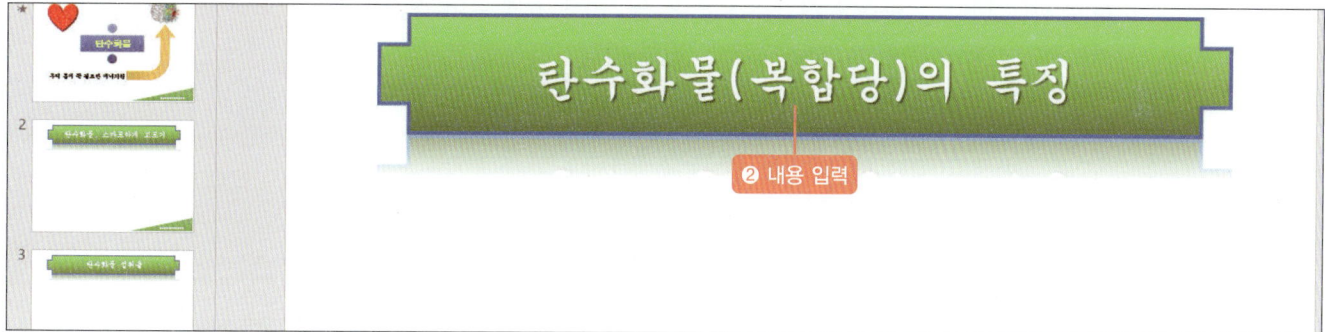

⑥ 모든 작업이 완료되면 파일을 저장합니다.

> **TIP** 복사 및 붙여넣기
> - '복사' 기능은 개체를 임시 저장 공간에 복사하는 기능으로 '붙여넣기' 기능과 함께 사용합니다.
> - '붙여넣기' 기능은 '복사' 또는 '잘라내기' 기능과 함께 쓰이는 기능으로 임시 저장 공간에 잠시 복사했던 내용을 원하는 곳에 붙여넣을 수 있습니다.

디지털정보활용능력 – 프리젠테이션[파워포인트] (시험시간 : 40분)

[슬라이드 3] 아래의 작성조건 및 출력형태에 알맞게 세 번째 슬라이드에 작업하시오. (60점)

≪출력형태≫

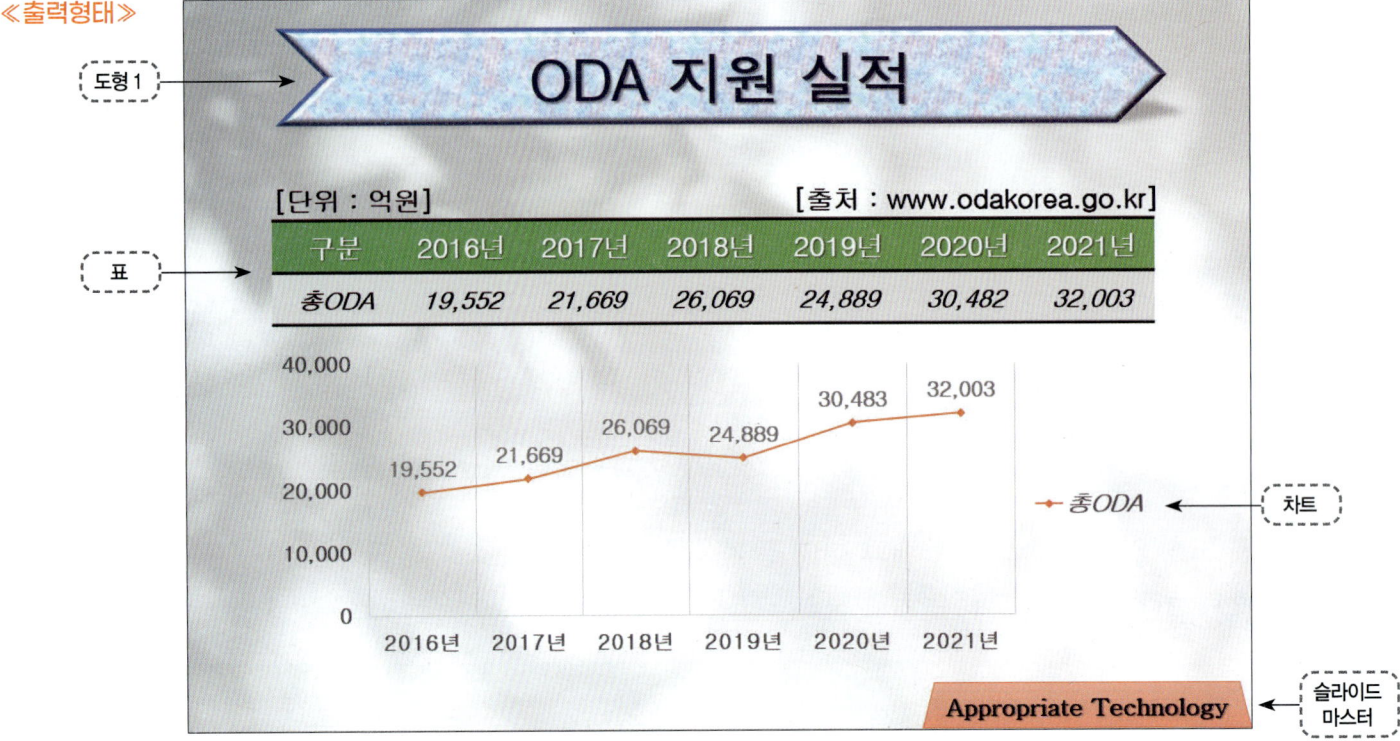

≪작성조건≫

(1) 제목
- ▶ 도형 1 ⇒ 블록 화살표 : 갈매기형 수장, 도형 채우기(질감 : 꽃다발),
  도형 윤곽선(실선, 색 : '파랑, 강조 5', 너비 : 3pt, 겹선 종류 : 단순형),
  도형 효과(그림자 – 원근감 대각선 오른쪽 위, 입체 효과 – 비스듬하게),
  글꼴(돋움, 42pt, 굵게, 텍스트 그림자, 진한 파랑)

(2) 본문 (※ 차트 작성은 반드시 '차트삽입 → 데이터입력 → 차트스타일' 순으로 작성바랍니다.)
- ▶ 텍스트 상자 1([단위 : 억원]) ⇒ 글꼴(굴림, 20pt, 굵게)
- ▶ 표 ⇒ 표 스타일(보통 스타일 3 – 강조 6),
  가장 위의 행 : 글꼴(돋움, 20pt, 굵게, 텍스트 그림자, 가운데 맞춤),
  나머지 행 : 글꼴(돋움, 18pt, 굵게, 기울임꼴, 가운데 맞춤)
- ▶ 텍스트 상자 2([출처 : www.odakorea.go.kr]) ⇒ 글꼴(굴림, 20pt, 굵게)
- ▶ 차트 ⇒ 꺾은선형 : 표식이 있는 꺾은선형, 차트 스타일(색 변경 – '단색형 – 색 6', 스타일 13),
  축 서식/데이터 레이블 서식 : 글꼴(굴림, 16pt, 굵게),
  범례 서식 : 글꼴(굴림, 18pt, 굵게, 기울임꼴), 데이터는 표 참고
- ▶ 배경 ⇒ 배경 서식(채우기 – 그림 또는 질감 채우기)에서 그림 2 삽입(현재 슬라이드만 적용)
- ▶ 애니메이션 지정 ⇒ 차트 : 나타내기 – 흩어 뿌리기
- ▶ 지시사항이 없는 부분은 ≪출력형태≫와 동일하게 작성하시오.

[슬라이드2] 소제목 도형

01 아래의 작성조건 및 출력 형태에 알맞게 작업하시오.

＊ 소스 파일 : 정복06_문제01.pptx　＊ 정답 파일 : 정복06_완성01.pptx

● 출력 형태

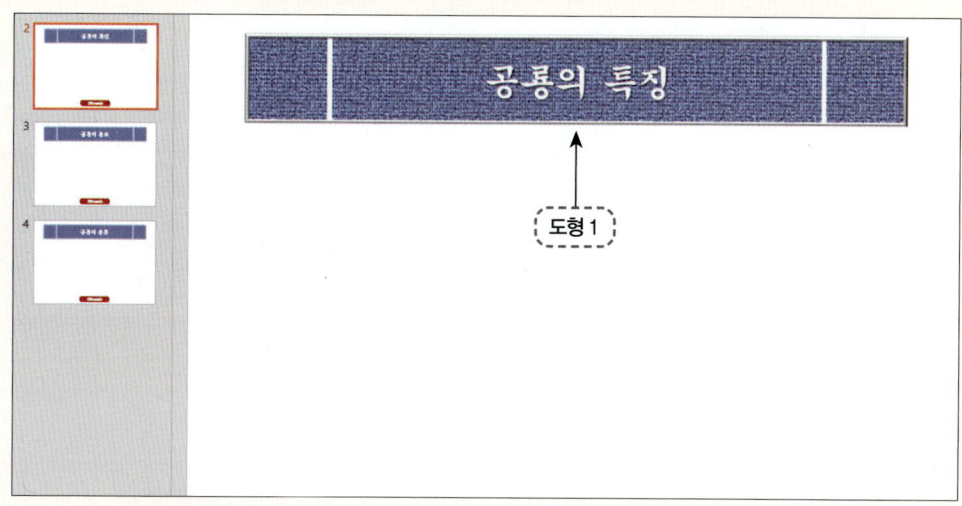

- [슬라이드3~4]에 각각 도형을 복사한 후 내용 변경
- [슬라이드3] 내용 : 공룡의 분포 / [슬라이드4] 내용 : 공룡의 분류

  └ '작성 조건'을 참고하여 [슬라이드2]에 도형 1 작성 → Ctrl+C(복사) → [슬라이드3] 클릭
  → Ctrl+V(붙여넣기) → 도형 안쪽 텍스트 드래그 후 내용 수정 → [슬라이드4]도 붙여넣기 후 내용 수정

● 작성 조건

▶ 도형 1 ⇒ 순서도 : 종속 처리, 도형 채우기(질감 : 데님), 도형 윤곽선(실선, 색 : '흰색, 배경 1',
　너비 : 5pt, 겹선 종류 : 단순형), 도형 효과(입체 효과 – 낮은 수준의 경사),
　글꼴(궁서, 36pt, 굵게, 텍스트 그림자)

02 아래의 작성조건 및 출력 형태에 알맞게 작업하시오.

＊ 소스 파일 : 없음　＊ 정답 파일 : 정복06_완성02.pptx

● 출력 형태

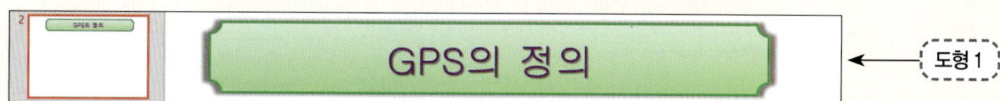

- [슬라이드3~4]에 각각 도형을 복사한 후 내용 변경
- [슬라이드3] 내용 : 관제탑의 관제량 / [슬라이드4] 내용 : GPS의 역할

● 작성 조건

▶ 도형 1 ⇒ 기본 도형 : 배지, 도형 채우기(연한 녹색, 그라데이션 – 선형 위쪽),
　도형 윤곽선(실선, 색 : 녹색, 너비 : 2pt, 겹선 종류 : 단순형),
　도형 효과(그림자 – '바깥쪽 – 오프셋 가운데'), 글꼴(굴림, 40pt, 텍스트 그림자, 자주)

디지털정보활용능력 - 프리젠테이션[파워포인트] (시험시간 : 40분)

[슬라이드 2] 아래의 작성조건 및 출력형태에 알맞게 두 번째 슬라이드에 작업하시오. (50점)

≪출력형태≫

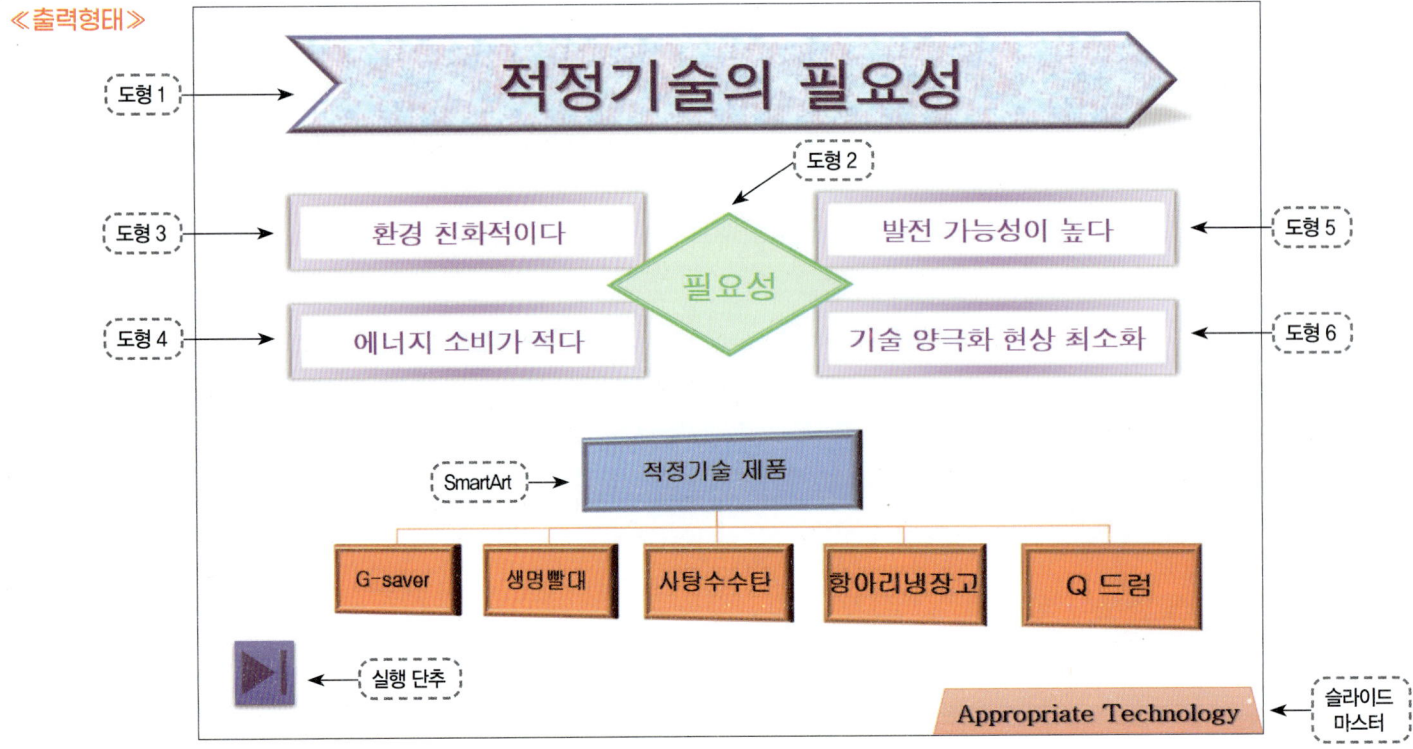

≪작성조건≫

(1) 제목
- ▶ 도형 1 ⇒ 블록 화살표 : 갈매기형 수장, 도형 채우기(질감 : 꽃다발),
  도형 윤곽선(실선, 색 : '파랑, 강조 5', 너비 : 3pt, 겹선 종류 : 단순형),
  도형 효과(그림자 – 원근감 대각선 오른쪽 위, 입체 효과 – 비스듬하게),
  글꼴(돋움, 42pt, 굵게, 텍스트 그림자, 진한 파랑)

(2) 본문
- ▶ 도형 2 ⇒ 순서도 : 판단, 도형 채우기('녹색, 강조 6, 80% 더 밝게'),
  도형 윤곽선(실선, 색 : 녹색, 너비 : 4pt, 겹선 종류 : 굵고 얇음),
  글꼴(돋움, 24pt, 굵게, 녹색)
- ▶ 도형 3~6 ⇒ 기본 도형 : 액자, 도형 채우기(자주, 그라데이션 – 가운데에서), 선 없음,
  도형 효과(그림자 – '바깥쪽 – 오프셋 가운데'), 글꼴(돋움, 20pt, 굵게, 자주)
- ▶ 실행 단추 ⇒ 실행 단추 : 끝, 하이퍼링크 : 마지막 슬라이드,
  도형 스타일('강한 효과 – 파랑, 강조 5')
- ▶ SmartArt 삽입 ⇒ 계층 구조형 : 조직도형, 글꼴(굴림, 20pt, 굵게, 가운데 맞춤),
  SmartArt 스타일(색 변경 – '색상형 – 강조색', 3차원 – 금속),
  (반드시 SmartArt 기능을 이용하여 작성할 것)
- ▶ 애니메이션 지정 ⇒ SmartArt : 나타내기 – 날아오기
- ▶ 지시사항이 없는 부분은 ≪출력형태≫와 동일하게 작성하시오.

[슬라이드2] 소제목 도형

03 아래의 작성조건 및 출력 형태에 알맞게 작업하시오.

* 소스 파일 : 없음   * 정답 파일 : 정복06_완성03.pptx

● 출력 형태

← 도형1

- [슬라이드3~4]에 각각 도형을 복사한 후 내용 변경
- [슬라이드3] 내용 : 폭력 사건 추이 / [슬라이드4] 내용 : 예방 및 치료

● 작성 조건

▶ 도형 1 ⇒ 기본 도형 : 원통, 도형 채우기(빨강, 그라데이션 – 가운데에서), 도형 윤곽선(실선, 색 : 진한 빨강,
너비 : 4pt, 겹선 종류 : 단순형), 도형 효과(반사 – 근접 반사, 터치), 글꼴(돋움, 38pt, 굵게)

04 아래의 작성조건 및 출력 형태에 알맞게 작업하시오.

* 소스 파일 : 없음   * 정답 파일 : 정복06_완성04.pptx

● 출력 형태

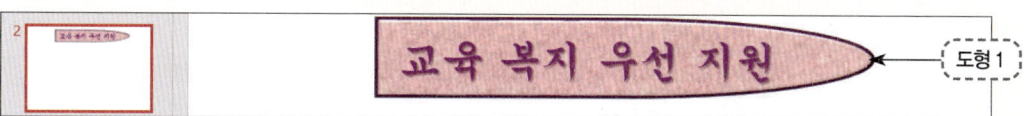
← 도형1

- [슬라이드3~4]에 각각 도형을 복사한 후 내용 변경
- [슬라이드3] 내용 : 기부 현황 / [슬라이드4] 내용 : 재능 기부의 좋은 점

● 작성 조건

▶ 도형 1 ⇒ 순서도 : 지연, 도형 채우기(질감 : 분홍 박엽지), 도형 윤곽선(실선, 색 : 진한 파랑, 너비 : 3pt,
겹선 종류 : 단순형), 도형 효과(입체 효과 – 둥글게), 글꼴(궁서, 40pt, 텍스트 그림자, 자주)

05 아래의 작성조건 및 출력 형태에 알맞게 작업하시오.

* 소스 파일 : 없음   * 정답 파일 : 정복06_완성05.pptx

● 출력 형태

← 도형1

- [슬라이드3~4]에 각각 도형을 복사한 후 내용 변경
- [슬라이드3] 내용 : 인터넷 이용자 현황 / [슬라이드4] 내용 : 디지털 혁명과 4차 산업 혁명

● 작성 조건

▶ 도형 1 ⇒ 순서도 : 카드, 도형 채우기(연한 파랑, 그라데이션 – 가운데에서), 도형 윤곽선(실선, 색 : 파랑,
너비 : 3pt, 겹선 종류 : 단순형), 도형 효과(그림자 – '바깥쪽 – 오프셋 아래쪽', 입체 효과 – 비스듬하게),
글꼴(돋움체, 40pt, 텍스트 그림자)

디지털정보활용능력-프리젠테이션[파워포인트] (시험시간 : 40분)

유의사항
- 《작성조건》을 준수하여 반드시 프리젠테이션 슬라이드로 작업합니다.
- 글꼴 및 기타 사항에 대해 별도의 지시사항이 없는 경우, 슬라이드 크기와 전체적인 균형을 고려하여 임의로 작성하되, **도형은 그룹으로 설정하지 않습니다.**
- 모든 슬라이드 크기(A4), 방향(가로), 디자인 테마(Office 테마)로 지정합니다.
  ▶ 슬라이드 크기, 방향 조정 시 '맞춤 확인'으로 지정하여야 합니다.
- 공통적용사항(슬라이드 마스터)
  ▶ 도형 ⇒ 기본 도형 : 사다리꼴, 도형 스타일('미세 효과 – 주황, 강조 2'),
     글꼴(바탕, 18pt, 굵게, 텍스트 그림자)
- 그림 삽입 시 다운로드 한 그림 파일을 반드시 사용하여야 합니다.
- ☐→ 은 지시사항이므로 작성하지 않습니다.
- 슬라이드에 제시된 글자 및 숫자 오타는 감점처리 됩니다.

[슬라이드 1] 아래의 작성조건 및 출력형태에 알맞게 첫 번째 슬라이드에 작업하시오. (30점)

≪출력형태≫

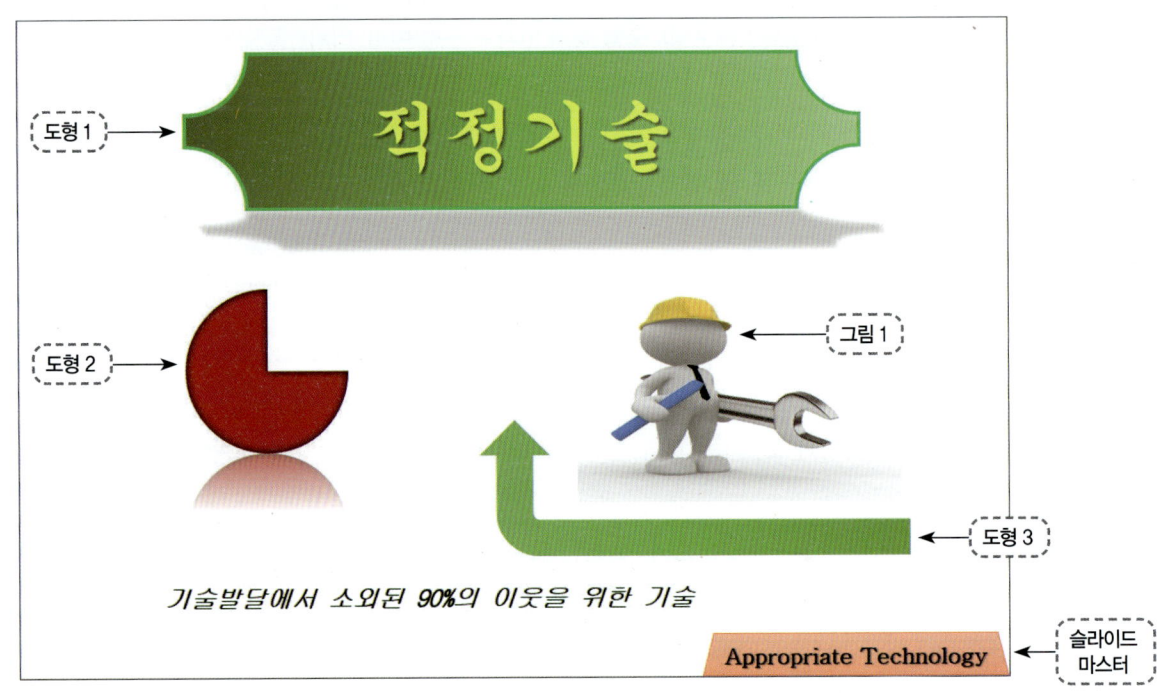

≪작성조건≫

▶ 도형 1 ⇒ 기본 도형 : 배지, 도형 채우기(그라데이션 : 미리 설정 – '가운데 그라데이션 – 강조 6',
  종류 – 선형, 방향 – 선형 오른쪽), 도형 윤곽선(실선, 색 : 녹색, 너비 : 3pt, 겹선 종류 : 단순형),
  도형 효과(그림자 – 원근감 대각선 오른쪽 아래),
  글꼴(궁서, 60pt, 텍스트 그림자, 노랑)

▶ 도형 2 ⇒ 기본 도형 : 원형, 도형 채우기(진한 빨강), 선 없음,
  도형 효과(그림자 – 안쪽 가운데, 반사 – '근접 반사, 터치')

▶ 도형 3 ⇒ 블록 화살표 : 굽은 화살표, 도형 스타일('보통 효과 – 녹색, 강조 6')

▶ 그림 삽입 ⇒ 그림 1 삽입, 크기(높이 : 6cm, 너비 : 9cm)

▶ 텍스트 상자(기술발달에서 소외된 90%의 이웃을 위한 기술) ⇒ 글꼴(굴림체, 20pt, 굵게, 기울임꼴)

▶ 애니메이션 지정 ⇒ 도형 1 : 나타내기 – 확대/축소

▶ 지시사항이 없는 부분은 《출력형태》와 동일하게 작성하시오.

[슬라이드2] 소제목 도형

06 아래의 작성조건 및 출력 형태에 알맞게 작업하시오.

* 소스 파일 : 없음   * 정답 파일 : 정복06_완성06.pptx

● 출력 형태

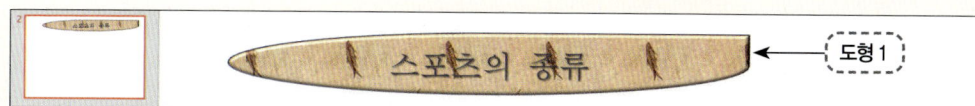

- [슬라이드3~4]에 각각 도형을 복사한 후 내용 변경
- [슬라이드3] 내용 : 대한민국 순위 / [슬라이드4] 내용 : 스포츠 관람시 주의할 점

● 작성 조건

▶ 도형 1 ⇒ 기본 도형 : 눈물 방울, 도형 채우기(질감 : 물고기 화석), 도형 윤곽선(실선, 색 : 진한 파랑, 너비 : 1pt, 겹선 종류 : 단순형), 도형 효과(입체 효과 – 둥글게), 글꼴(바탕체, 38pt, 텍스트 그림자, '청회색, 텍스트 2')

07 아래의 작성조건 및 출력 형태에 알맞게 작업하시오.

* 소스 파일 : 없음   * 정답 파일 : 정복06_완성07.pptx

● 출력 형태

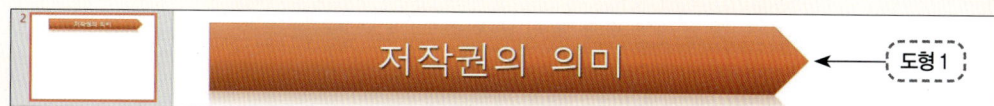

- [슬라이드3~4]에 각각 도형을 복사한 후 내용 변경
- [슬라이드3] 내용 : 국내 저작권 규모 현황 / [슬라이드4] 내용 : 저작권 단속

● 작성 조건

▶ 도형 1 ⇒ 블록 화살표 : 오각형, 도형 채우기(그라데이션 : 미리 설정 – '가운데 그라데이션 – 강조 2', 종류 – 선형, 방향 – 선형 위쪽), 도형 윤곽선(실선, 색 : '주황, 강조 2', 너비 : 1pt, 겹선 종류 : 단순형), 도형 효과(반사 – '근접 반사, 터치'), 글꼴(돋움체, 38pt, 텍스트 그림자)

08 아래의 작성조건 및 출력 형태에 알맞게 작업하시오.

* 소스 파일 : 없음   * 정답 파일 : 정복06_완성08.pptx

● 출력 형태

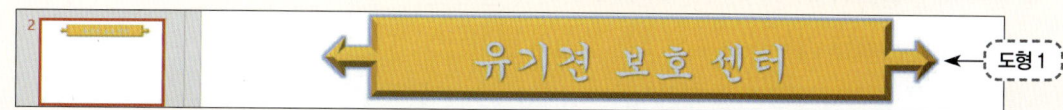

- [슬라이드3~4]에 각각 도형을 복사한 후 내용 변경
- [슬라이드3] 내용 : 유기견 입양 추이 / [슬라이드4] 내용 : 유기견 무료 입양

● 작성 조건

▶ 도형 1 ⇒ 블록 화살표 : 왼쪽/오른쪽 화살표 설명선, 도형 채우기(주황), 선 없음, 도형 효과(네온 – '파랑, 5 pt 네온, 강조색 5', 입체 효과 – 각지게), 글꼴(궁서, 40pt, 텍스트 그림자, '파랑, 강조 5, 80% 더 밝게')

제15회 디지털정보활용능력 출제예상 모의고사

- ☑ 시험과목 : 프리젠테이션(파워포인트)
- ☑ 시험일자 : 20XX. XX. XX. (X)
- ☑ 응시자 기재사항 및 감독위원 확인

MS Office 2016 버전용

수 검 번 호	DIP - XXXX -	감독위원 확인
성 명		

응시자 유의사항

1. 응시자는 신분증을 지참하여야 시험에 응시할 수 있으며, 시험이 종료될 때까지 신분증을 제시하지 못 할 경우 해당 시험은 0점 처리됩니다.
2. 시스템(PC작동여부, 네트워크 상태 등)의 이상여부를 반드시 확인하여야 하며, 시스템 이상이 있을시 감독위원에게 조치를 받으셔야 합니다.
3. 시험 중 부주의 또는 고의로 시스템을 파손한 경우는 응시자 부담으로 합니다.
4. 답안 전송 프로그램을 통해 다운로드 받은 파일을 이용하여 답안 파일을 작성하시기 바랍니다.
5. 작성한 답안 파일은 답안 전송 프로그램을 통하여 전송됩니다. 감독위원의 지시에 따라 주시기 바랍니다.
6. 다음 사항의 경우 실격(0점) 혹은 부정행위 처리됩니다.
    1) 답안 파일을 저장하지 않았거나, 저장한 파일이 손상되었을 경우
    2) 답안 파일을 지정된 폴더(바탕화면 – "KAIT" 폴더)에 저장하지 않았을 경우
        ※ 답안 전송 프로그램 로그인 시 바탕화면에 자동 생성됨
    3) 답안 파일을 다른 보조 기억장치(USB) 혹은 네트워크(메신저, 게시판 등)로 전송할 경우
    4) 휴대용 전화기 등 통신기기를 사용할 경우
7. 슬라이드는 반드시 순서대로 작성해야 하며, 순서가 다를 경우 "0"점 처리 됩니다.
8. 시험지에 제시된 글꼴이 응시 프로그램에 없는 경우, 반드시 감독위원에게 해당 내용을 통보한 뒤 조치를 받아야 합니다.
9. 슬라이드 작성 시 도형의 그룹 설정을 사용하는 경우, 채점에서 감점처리 됩니다.
10. 시험의 완료는 작성이 완료된 답안을 저장하고, 답안 전송이 완료된 상태를 확인한 것으로 합니다. 답안 전송 확인 후 문제지는 감독위원에게 제출한 후 퇴실하여야 합니다.
11. 답안 전송이 완료된 경우에는 수정 또는 정정이 불가능합니다.
12. 시험 시행 후 합격자 발표는 홈페이지(www.ihd.or.kr)에서 확인하시기 바랍니다.
    1) 문제 및 정답 공개 : 20XX. XX. XX. (X)
    2) 합격자 발표 : 20XX. XX. XX. (X)

[슬라이드2] 본문 도형

출제유형 07

☑ 도형을 반듯하게 복사하기
☑ 실행 단추를 삽입하기

문제 미리보기

소스 파일 : 유형07_문제.pptx 정답 파일 : 유형07_완성.pptx

【슬라이드2】 아래의 작성조건 및 출력 형태에 알맞게 두 번째 슬라이드에 작업하시오. (50점)

● 출력 형태

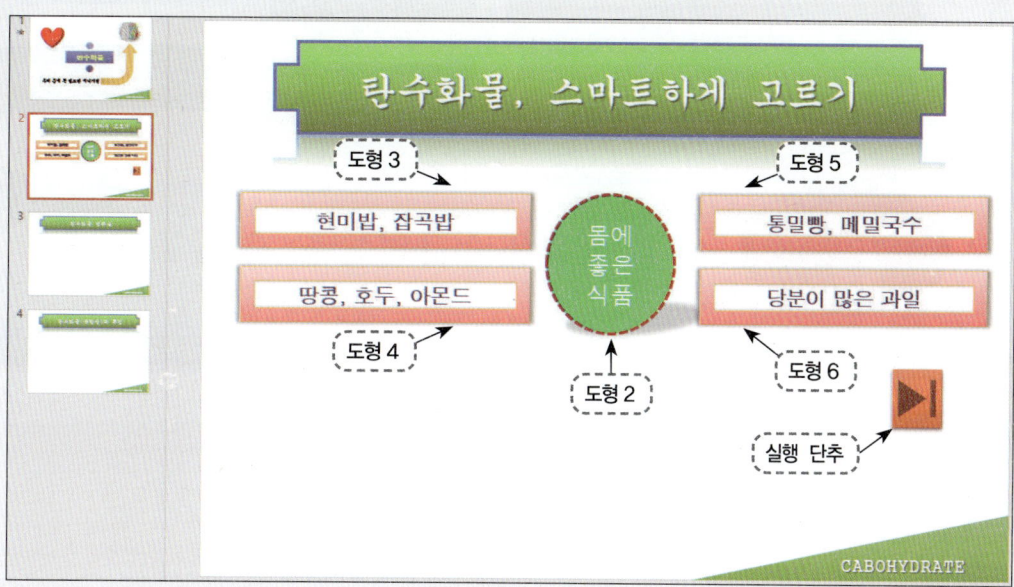

● 작성 조건

(1) 제목

▶ 도형 1 ⇒ 기본 도형 : 십자형, 도형 채우기(연한 녹색, 그라데이션 – 선형 위쪽), 도형 윤곽선(실선, 색 : 파랑, 너비 : 3pt, 겹선 종류 : 단순형), 도형 효과(반사 – '근접 반사, 터치'), 글꼴(궁서체, 36pt, 텍스트 그림자)

(2) 본문

▶ 도형 2 ⇒ 기본 도형 : 타원, 도형 채우기(녹색), 도형 윤곽선(실선, 색 : 진한 빨강, 너비 : 3pt, 겹선 종류 : 단순형, 대시 종류 : 사각 점선), 도형 효과(그림자 – 원근감 대각선 오른쪽 위), 글꼴(돋움체, 24pt)

▶ 도형 3~6 ⇒ 기본 도형 : 액자, 도형 채우기(빨강, 그라데이션 – 선형 위쪽), 도형 윤곽선(실선, 색 : 주황, 너비 : 1pt, 겹선 종류 : 단순형), 도형 효과(그림자 – '바깥쪽 – 오프셋 가운데'), 글꼴(돋움, 20pt, 굵게, 진한 파랑)

▶ SmartArt 삽입 ⇒ 계층 구조형 : 조직도형, 글꼴(굴림, 20pt, 굵게, 가운데 맞춤), SmartArt 스타일(색 변경 – '색상형 – 강조색', 3차원 – 만화), (반드시 SmartArt 기능을 이용하여 작성할 것)

▶ 실행 단추 ⇒ 실행 단추 : 끝, 하이퍼링크 : 마지막 슬라이드, 도형 스타일('강한 효과 – 주황, 강조 2')

▶ 애니메이션 지정 ⇒ SmartArt : 나타내기 – 블라인드

▶ 지시사항이 없는 부분은 ≪출력 형태≫와 동일하게 작성하시오.

※ 출제유형 07은 ≪작성 조건≫ 중에서 파란색으로 표시된 내용만 작업합니다.

디지털정보활용능력 – 프리젠테이션[파워포인트] (시험시간 : 40분)

[슬라이드 4] 아래의 작성조건 및 출력형태에 알맞게 네 번째 슬라이드에 작업하시오. (60점)

≪출력형태≫

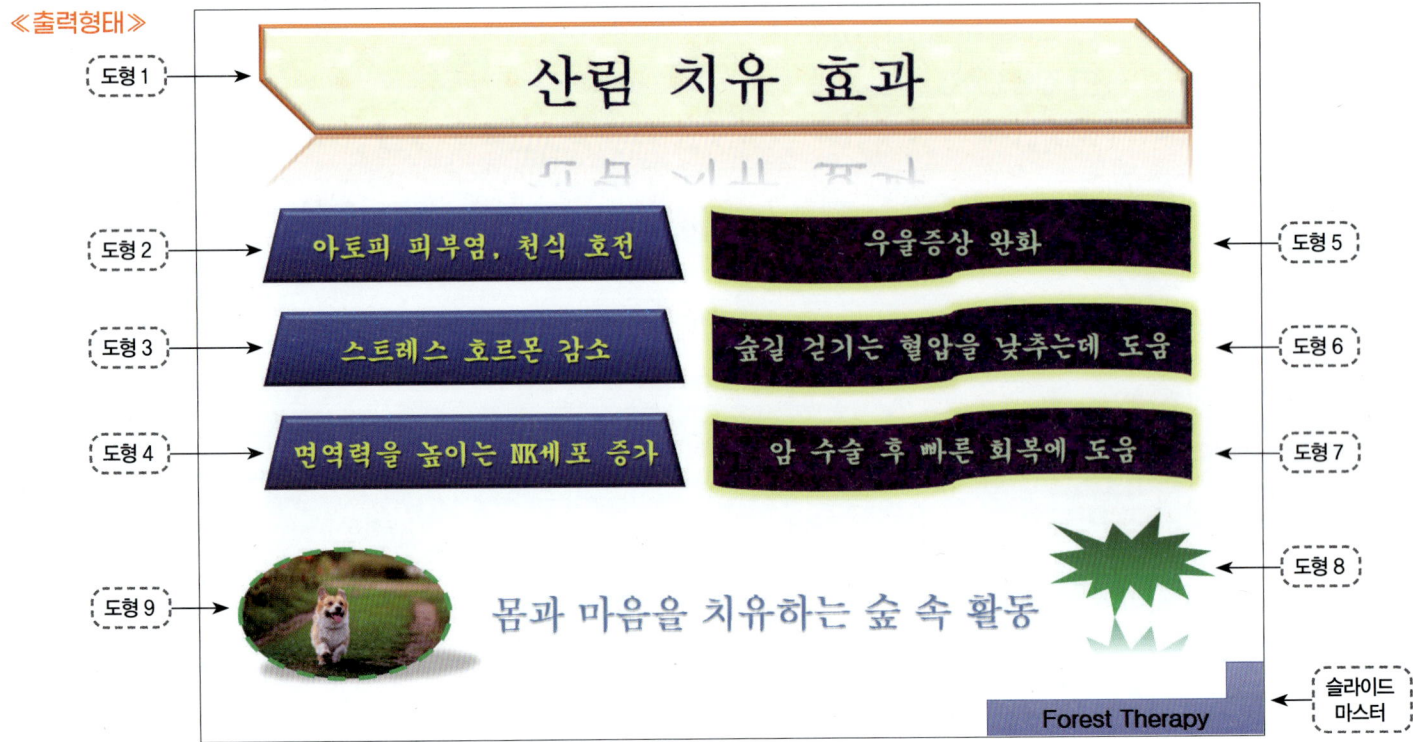

≪작성조건≫

(1) 제목
- ▶ 도형 1 ⇒ 사각형 : 대각선 방향의 모서리가 잘린 사각형, 도형 채우기(질감 : 양피지),
   도형 윤곽선(실선, 색 : '주황, 강조 2', 너비 : 3pt, 겹선 종류 : 단순형),
   도형 효과(반사 – '1/2 반사, 터치', 입체 효과 – 아트 데코),
   글꼴(바탕체, 42pt, 굵게, 진한 파랑)

(2) 본문
- ▶ 도형 2~4 ⇒ 기본 도형 : 사다리꼴, 도형 채우기('파랑, 강조 5', 그라데이션 – 선형 위쪽),
   선 없음, 도형 효과(입체 효과 – 둥글게), 글꼴(궁서체, 20pt, 굵게, 텍스트 그림자, 노랑)
- ▶ 도형 5~7 ⇒ 순서도 : 천공 테이프, 도형 채우기(질감 : 자주 편물), 선 없음,
   도형 효과(네온 – '황금색, 11 pt 네온, 강조색 4'),
   글꼴(궁서체, 20pt, 굵게, 텍스트 그림자, '녹색, 강조 6, 60% 더 밝게')
- ▶ 도형 8 ⇒ 별 및 현수막 : 폭발 1, 도형 채우기(녹색, 그라데이션 – 선형 아래쪽), 선 없음,
   도형 효과(반사 – '근접 반사, 터치')
- ▶ 도형 9 ⇒ 기본 도형 : 타원, 도형 채우기(그림 또는 질감 채우기) 기능을 사용하여 그림 3 삽입,
   도형 윤곽선(실선, 색 : 녹색, 너비 : 3pt, 겹선 종류 : 단순형, 대시 종류 : 파선),
   도형 효과(그림자 – 원근감 대각선 오른쪽 위)
- ▶ WordArt 삽입(몸과 마음을 치유하는 숲 속 활동) ⇒ WordArt 스타일('채우기 – 파랑, 강조 1, 그림자'),
   글꼴(바탕, 28pt, 굵게, 텍스트 그림자)
- ▶ 지시사항이 없는 부분은 ≪출력형태≫와 동일하게 작성하시오.

01 도형 2 작성하기

❶ 두 번째 슬라이드를 선택한 후 [삽입] 탭의 [일러스트레이션] 그룹에서 [도형()]-기본 도형-타원()을 클릭합니다.

❷ 마우스 포인터가 ✛ 모양으로 변경되면 드래그 하여 도형을 삽입합니다. 이어서, 조절점(○)을 드래그 하여 ≪출력 형태≫와 같이 크기를 조절한 후 위치를 변경합니다.

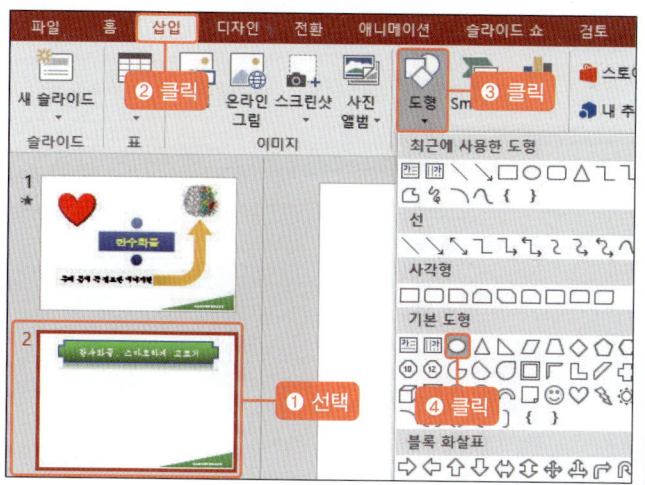
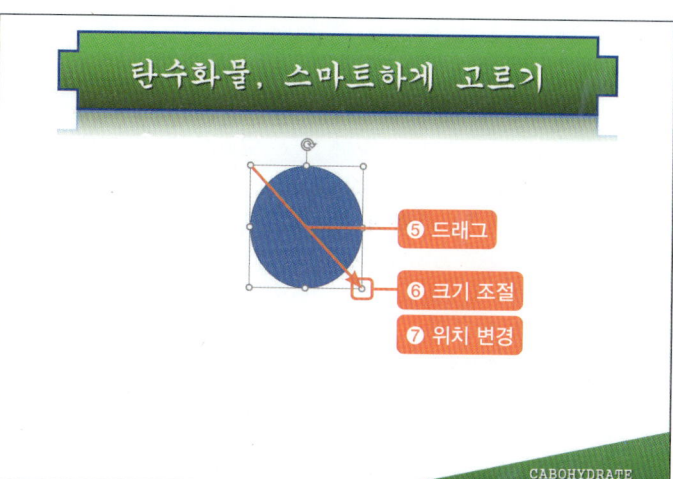

❸ 도형이 선택된 상태에서 **몸에 좋은 식품**을 입력한 후 Esc 키를 누릅니다.

※ Enter 키를 눌러 3줄로 입력합니다.(몸에+Enter, 좋은+Enter, 식품)

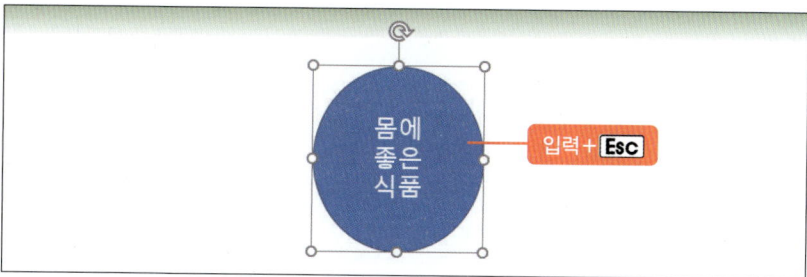

❹ [그리기 도구]-[서식] 탭의 [도형 스타일] 그룹에서 [도형 채우기]-녹색을 클릭합니다.

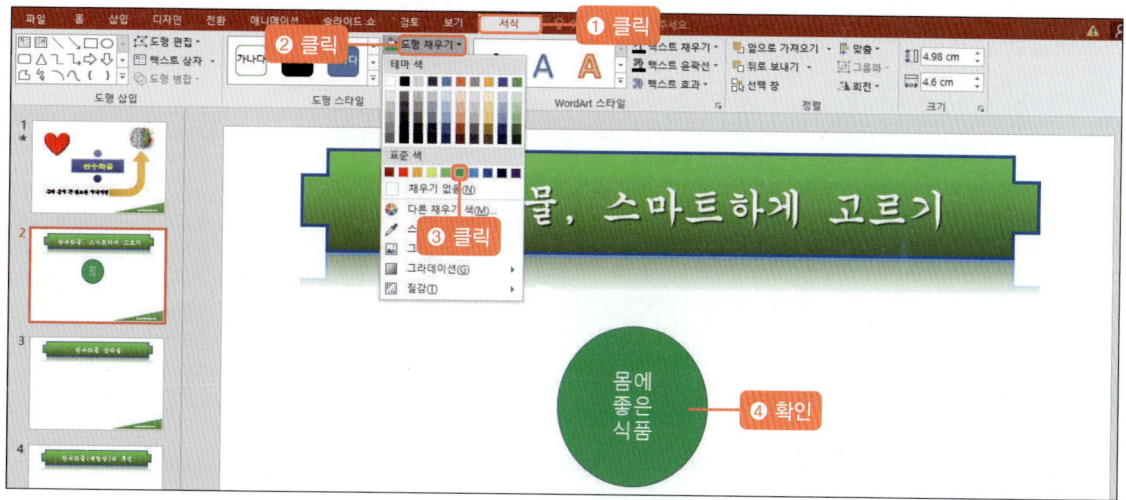

디지털정보활용능력 – 프리젠테이션[파워포인트] (시험시간 : 40분)

[슬라이드 3] 아래의 작성조건 및 출력형태에 알맞게 세 번째 슬라이드에 작업하시오. (60점)

≪출력형태≫

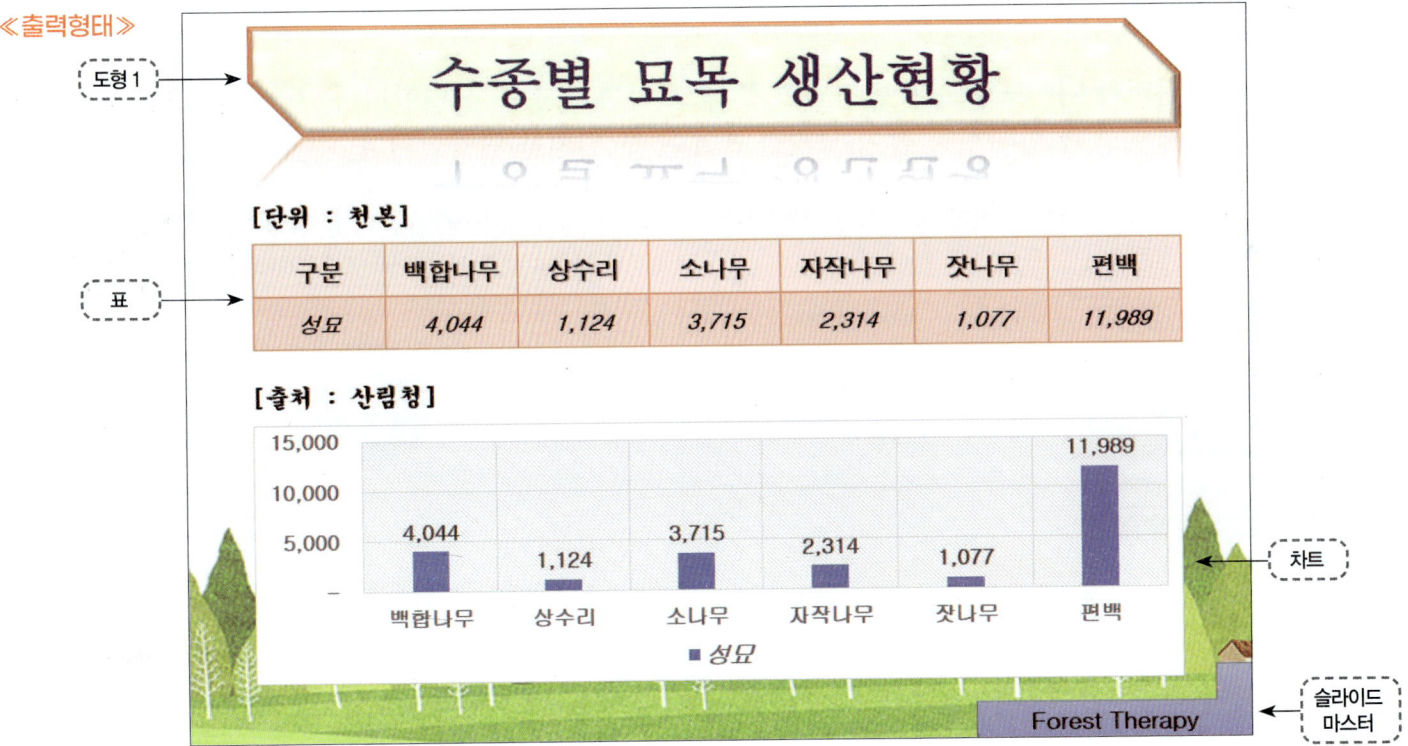

≪작성조건≫

(1) 제목
- ▶ 도형 1 ⇒ 사각형 : 대각선 방향의 모서리가 잘린 사각형, 도형 채우기(질감 : 양피지),
  도형 윤곽선(실선, 색 : '주황, 강조 2', 너비 : 3pt, 겹선 종류 : 단순형),
  도형 효과(반사 – '1/2 반사, 터치', 입체 효과 – 아트 데코),
  글꼴(바탕체, 42pt, 굵게, 진한 파랑)

(2) 본문 (※ 차트 작성은 반드시 '차트삽입 → 데이터입력 → 차트스타일' 순으로 작성바랍니다.)
- ▶ 텍스트 상자 1([단위 : 천본]) ⇒ 글꼴(궁서체, 18pt, 굵게)
- ▶ 표 ⇒ 표 스타일(보통 스타일 4 – 강조 2),
  가장 위의 행 : 글꼴(돋움, 18pt, 굵게, 텍스트 그림자, 가운데 맞춤),
  나머지 행 : 글꼴(돋움, 16pt, 굵게, 기울임꼴, 가운데 맞춤)
- ▶ 텍스트 상자 2([출처 : 산림청]) ⇒ 글꼴(궁서체, 18pt, 굵게)
- ▶ 차트 ⇒ 세로 막대형 : 묶은 세로 막대형, 차트 스타일(색 변경 – '단색형 – 색 9', 스타일 8),
  축 서식/데이터 레이블 서식 : 글꼴(굴림, 16pt, 굵게),
  범례 서식 : 글꼴(굴림, 18pt, 굵게, 기울임꼴), 데이터는 표 참고
- ▶ 배경 ⇒ 배경 서식(채우기 – 그림 또는 질감 채우기)에서 그림 2 삽입(현재 슬라이드만 적용)
- ▶ 애니메이션 지정 ⇒ 차트 : 나타내기 – 회전하며 밝기 변화
- ▶ 지시사항이 없는 부분은 ≪출력형태≫와 동일하게 작성하시오.

> **TIP** 도형 효과-반사
>
> 출제유형 06에서 작업했던 소제목의 도형 효과인 반사 '근접 반사, 터치'는 실제로 눈에 보이지는 않지만 오른쪽 도형 반사('전체 반사, 8 pt 오프셋') 그림처럼 똑같이 반사 크기가 적용됩니다. 그렇기 때문에 다른 도형 작업시 소제목이 클릭되지 않도록 주의해야 합니다.
>
>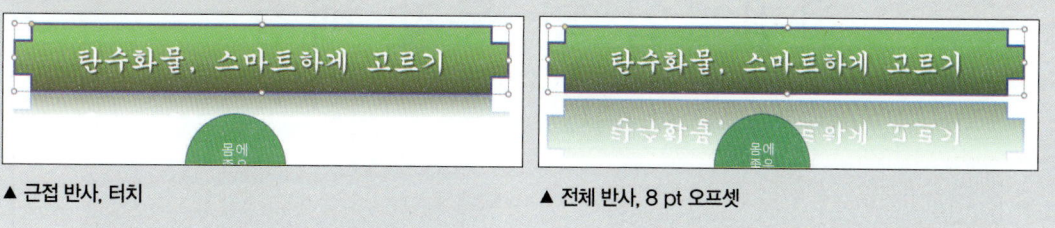
>
> ▲ 근접 반사, 터치 　　　　　　　　　　　▲ 전체 반사, 8 pt 오프셋

❺ 윤곽선 서식을 변경하기 위해 도형 위에서 마우스 오른쪽 단추를 눌러 바로 가기 메뉴가 나오면 [도형 서식]을 클릭합니다.

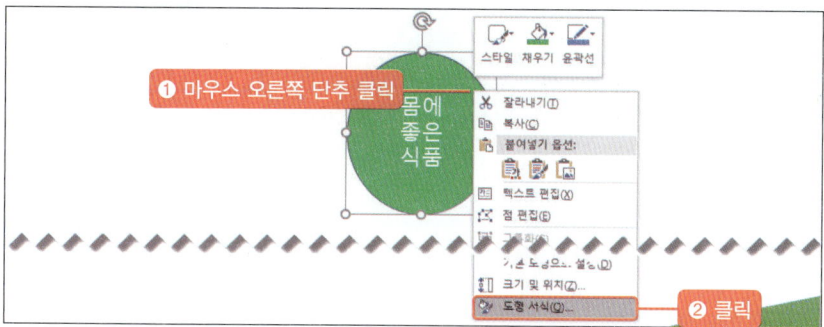

❻ 오른쪽에 [도형 서식] 창이 나오면 작업창 아래 **선**을 클릭하여 **색**( )을 선택한 후 **진한 빨강**을 지정합니다. 이어서, **너비(3pt)**, **겹선 종류(단순형)**, **대시 종류(사각 점선)**를 각각 선택한 후 작업 창을 종료( )합니다.

※ 《작성조건》에서 겹선 종류를 '단순형'으로 지정하라는 문제가 나오면 별도의 변경 없이 다음 작업을 진행해도 됩니다.

❼ 그림과 같이 윤곽선 서식이 변경된 것을 확인합니다.

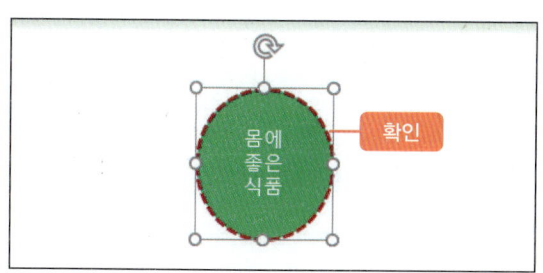

디지털정보활용능력 – 프리젠테이션[파워포인트] (시험시간 : 40분)

[슬라이드 2] 아래의 작성조건 및 출력형태에 알맞게 두 번째 슬라이드에 작업하시오. (50점)

≪출력형태≫

≪작성조건≫

(1) 제목
- ▶ 도형 1 ⇒ 사각형 : 대각선 방향의 모서리가 잘린 사각형, 도형 채우기(질감 : 양피지),
  도형 윤곽선(실선, 색 : '주황, 강조 2', 너비 : 3pt, 겹선 종류 : 단순형),
  도형 효과(반사 – '1/2 반사, 터치', 입체 효과 – 아트 데코),
  글꼴(바탕체, 42pt, 굵게, 진한 파랑)

(2) 본문
- ▶ 도형 2 ⇒ 순서도 : 다른 페이지 연결선, 도형 채우기(녹색, 그라데이션 – 가운데에서),
  도형 윤곽선(실선, 색 : 연한 녹색, 너비 : 5pt, 겹선 종류 : 이중),
  글꼴(궁서, 24pt, 굵게, '검정, 텍스트 1')
- ▶ 도형 3~6 ⇒ 블록 화살표 : 오각형, 도형 채우기(파랑, 그라데이션 – 선형 위쪽), 선 없음,
  도형 효과(입체 효과 – 십자형으로), 글꼴(돋움, 22pt, 굵게, 노랑)
- ▶ 실행 단추 ⇒ 실행 단추 : 끝, 하이퍼링크 : 마지막 슬라이드, 도형 스타일('보통 효과 – 녹색, 강조 6')
- ▶ SmartArt 삽입 ⇒ 관계형 : 선형 벤형, 글꼴(궁서, 20pt, 굵게, 가운데 맞춤),
  SmartArt 스타일(색 변경 – '색상형 범위 – 강조색 5 또는 6', 3차원 – 벽돌),
  (반드시 SmartArt 기능을 이용하여 작성할 것)
- ▶ 애니메이션 지정 ⇒ SmartArt : 나타내기 – 내밀기
- ▶ 지시사항이 없는 부분은 ≪출력형태≫와 동일하게 작성하시오.

❽ [그리기 도구]-[서식] 탭의 [도형 스타일] 그룹에서 [도형 효과]-[그림자]-원근감-원근감 대각선 오른쪽 위를 클릭합니다.

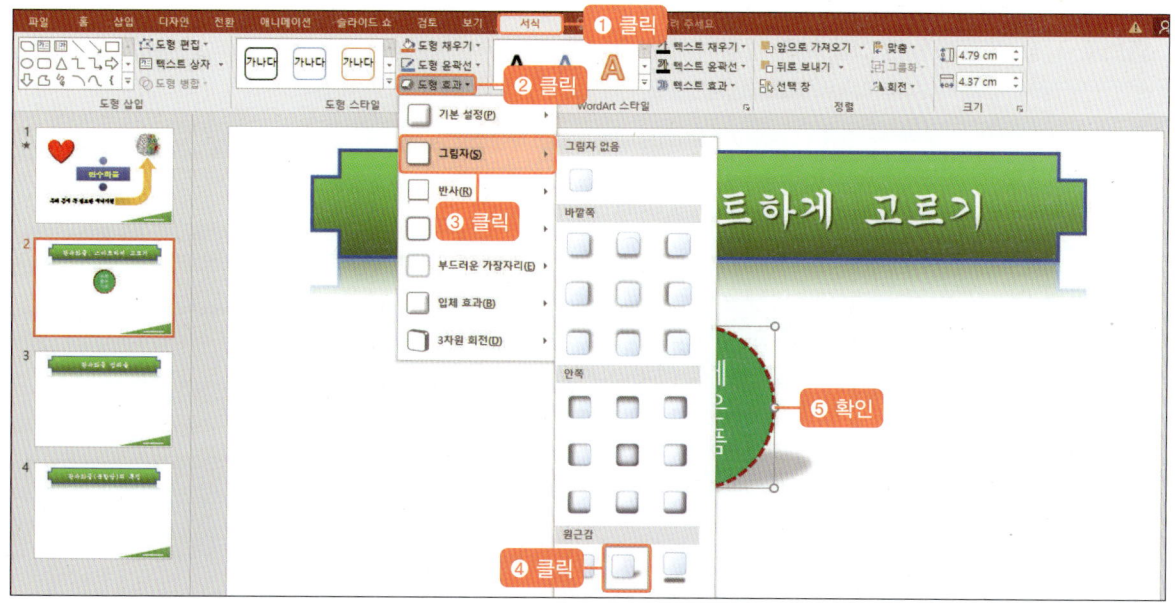

❾ 글꼴 서식을 변경하기 위해 [홈] 탭의 [글꼴] 그룹에서 글꼴(돋움체), 글꼴 크기(24pt)를 지정합니다.

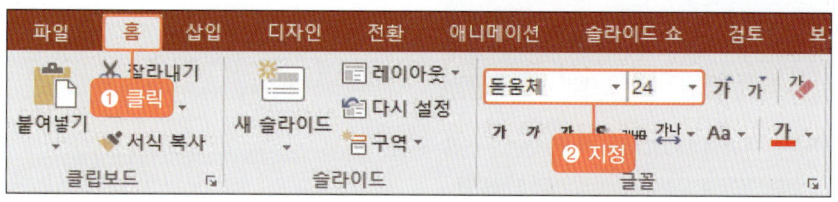 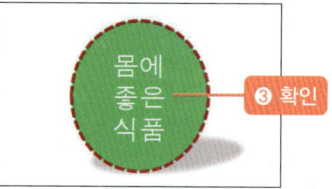

02 도형 3~6 작성하기

❶ [삽입] 탭의 [일러스트레이션] 그룹에서 [도형( )]-기본 도형-액자( )를 클릭합니다.

❷ 마우스 포인터가 ┼ 모양으로 변경되면 드래그 하여 도형을 삽입합니다. 이어서, 조절점( )을 드래그 하여 ≪출력 형태≫와 같이 크기를 조절한 후 위치를 변경합니다.

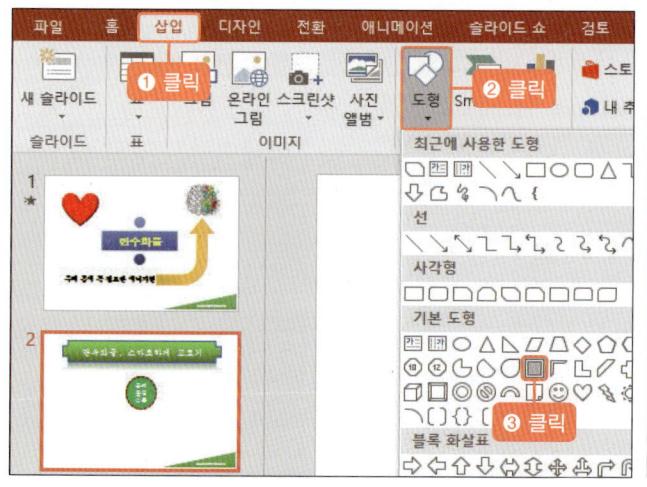 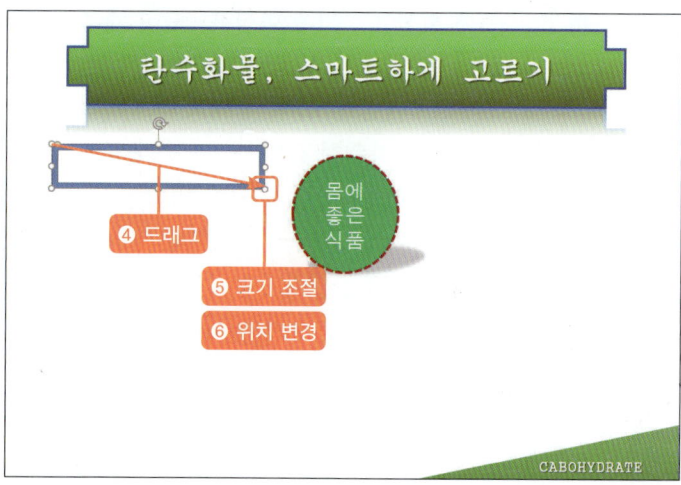

디지털정보활용능력-프리젠테이션[파워포인트] (시험시간 : 40분)

유의사항
- 《작성조건》을 준수하여 반드시 프리젠테이션 슬라이드로 작업합니다.
- 글꼴 및 기타 사항에 대해 별도의 지시사항이 없는 경우, 슬라이드 크기와 전체적인 균형을 고려하여 임의로 작성하되, **도형은 그룹으로 설정하지 않습니다.**
- 모든 슬라이드 크기(A4), 방향(가로), 디자인 테마(Office 테마)로 지정합니다.
  ▶ 슬라이드 크기, 방향 조정 시 '맞춤 확인'으로 지정하여야 합니다.
- 공통적용사항(슬라이드 마스터)
  ▶ 도형 ⇒ 기본 도형 : L 도형, 도형 스타일('미세 효과 – 파랑, 강조 5'), 글꼴(돋움, 18pt, 굵게)
- 그림 삽입 시 다운로드 한 그림 파일을 반드시 사용하여야 합니다.
- ⬚ ⟶ 은 지시사항이므로 작성하지 않습니다.
- 슬라이드에 제시된 글자 및 숫자 오타는 감점처리 됩니다.

[슬라이드 1] 아래의 작성조건 및 출력형태에 알맞게 첫 번째 슬라이드에 작업하시오. (30점)

《출력형태》

《작성조건》

▶ 도형 1 ⇒ 블록 화살표 : 위쪽 화살표, 도형 채우기(질감 : 월넛), 도형 윤곽선(실선, 색 : '주황, 강조 2, 50% 더 어둡게', 너비 : 3pt, 겹선 종류 : 단순형), 도형 효과(입체 효과 – 아트 데코), 글꼴(궁서, 48pt, 텍스트 그림자)

▶ 도형 2 ⇒ 설명선 : 타원형 설명선, 도형 채우기(그라데이션 : 미리 설정 – '가운데 그라데이션 – 강조 6', 종류 – 선형, 방향 – 선형 위쪽), 선 없음, 도형 효과(그림자 – 안쪽 가운데, 반사 – '근접 반사, 터치')

▶ 도형 3 ⇒ 블록 화살표 : 갈매기형 수장, 도형 스타일('강한 효과 – 녹색, 강조 6')

▶ 그림 삽입 ⇒ 그림 1 삽입, 크기(높이 : 7cm, 너비 : 10cm)

▶ 텍스트 상자(숲은 사람의 몸과 마음을 건강하게 한다) ⇒ 글꼴(돋움, 24pt, 굵게, 진한 빨강)

▶ 애니메이션 지정 ⇒ 도형 1 : 나타내기 – 도형

▶ 지시사항이 없는 부분은 《출력형태》와 동일하게 작성하시오.

❸ 도형이 선택된 상태에서 현미밥, 잡곡밥을 입력한 후 Esc 키를 누릅니다. 이어서, 도형 왼쪽 상단의 노란색 조절점(○)을 오른쪽으로 드래그 하여 두께를 조절합니다.

※ 액자 도형을 선택할 때는 도형의 테두리를 선택해야 합니다.

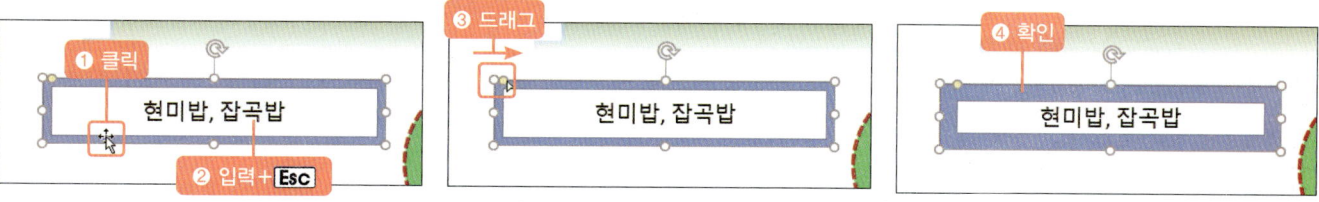

❹ [그리기 도구]-[서식] 탭의 [도형 스타일] 그룹에서 [도형 채우기]-빨강을 클릭합니다.

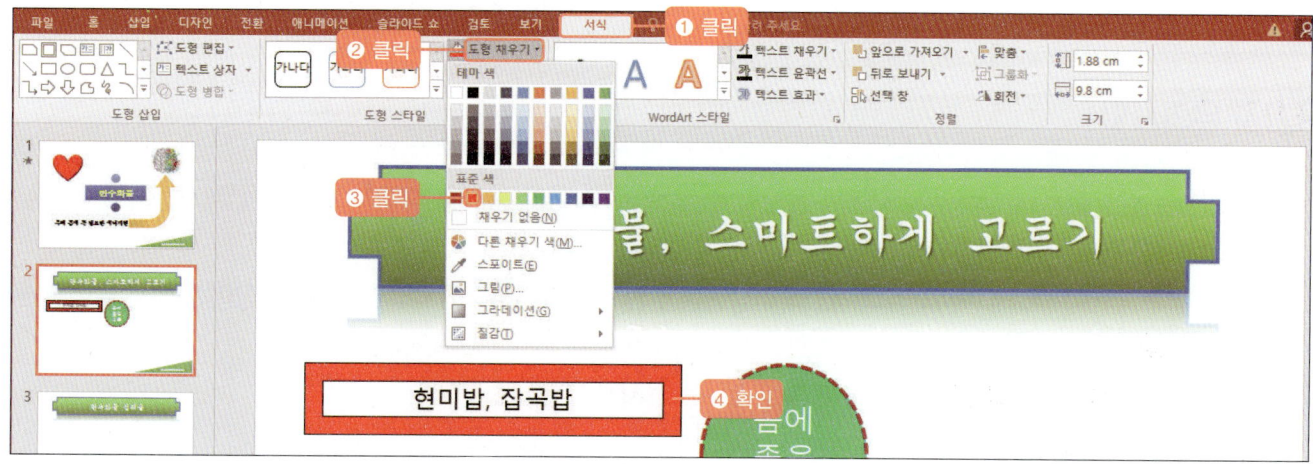

❺ 도형에 그라데이션을 적용하기 위해 [그리기 도구]-[서식] 탭의 [도형 스타일] 그룹에서 [도형 채우기]-[그라데이션]-밝은 그라데이션-선형 위쪽을 클릭합니다.

※ ≪출력 형태≫를 참고하여 '밝은 그라데이션' 또는 '어두운 그라데이션'에서 선택합니다.

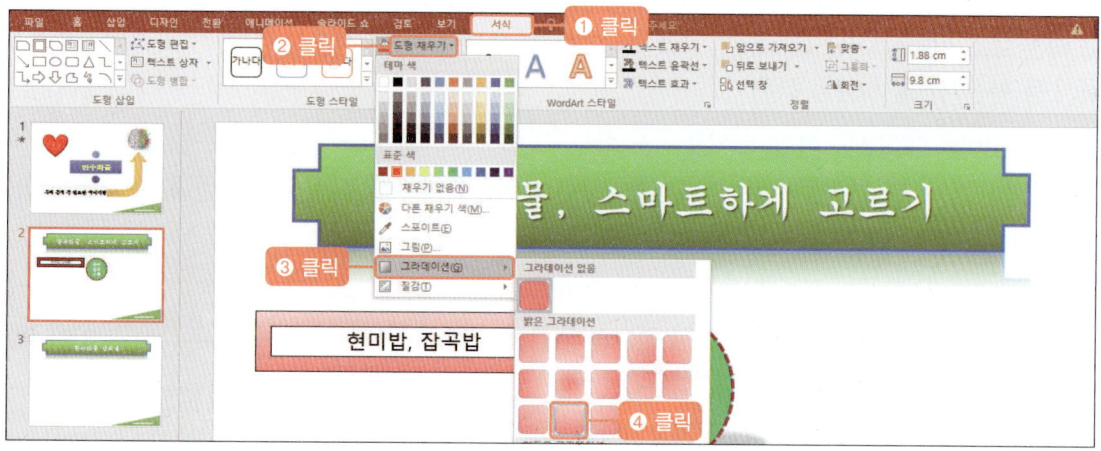

❻ 그림과 같이 도형에 그라데이션이 적용된 것을 확인합니다.

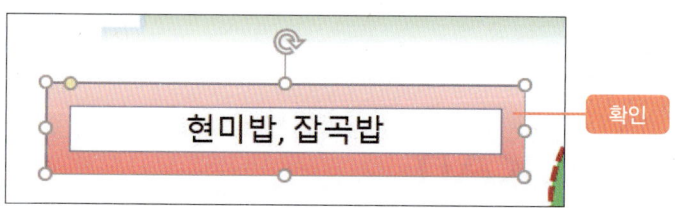

제 14 회 디지털정보활용능력 출제예상 모의고사

- ☑ 시험과목 : 프리젠테이션(파워포인트)
- ☑ 시험일자 : 20XX. XX. XX. (X)
- ☑ 응시자 기재사항 및 감독위원 확인

MS Office 2016 버전용

수검번호	DIP - XXXX -	감독위원 확인
성 명		

응시자 유의사항

1. 응시자는 신분증을 지참하여야 시험에 응시할 수 있으며, 시험이 종료될 때까지 신분증을 제시하지 못 할 경우 해당 시험은 0점 처리됩니다.
2. 시스템(PC작동여부, 네트워크 상태 등)의 이상여부를 반드시 확인하여야 하며, 시스템 이상이 있을시 감독위원에게 조치를 받으셔야 합니다.
3. 시험 중 부주의 또는 고의로 시스템을 파손한 경우는 응시자 부담으로 합니다.
4. 답안 전송 프로그램을 통해 다운로드 받은 파일을 이용하여 답안 파일을 작성하시기 바랍니다.
5. 작성한 답안 파일은 답안 전송 프로그램을 통하여 전송됩니다. 감독위원의 지시에 따라 주시기 바랍니다.
6. 다음 사항의 경우 실격(0점) 혹은 부정행위 처리됩니다.
    1) 답안 파일을 저장하지 않았거나, 저장한 파일이 손상되었을 경우
    2) 답안 파일을 지정된 폴더(바탕화면 – "KAIT" 폴더)에 저장하지 않았을 경우
       ※ 답안 전송 프로그램 로그인 시 바탕화면에 자동 생성됨
    3) 답안 파일을 다른 보조 기억장치(USB) 혹은 네트워크(메신저, 게시판 등)로 전송할 경우
    4) 휴대용 전화기 등 통신기기를 사용할 경우
7. 슬라이드는 반드시 순서대로 작성해야 하며, 순서가 다를 경우 "0"점 처리 됩니다.
8. 시험지에 제시된 글꼴이 응시 프로그램에 없는 경우, 반드시 감독위원에게 해당 내용을 통보한 뒤 조치를 받아야 합니다.
9. 슬라이드 작성 시 도형의 그룹 설정을 사용하는 경우, 채점에서 감점처리 됩니다.
10. 시험의 완료는 작성이 완료된 답안을 저장하고, 답안 전송이 완료된 상태를 확인한 것으로 합니다. 답안 전송 확인 후 문제지는 감독위원에게 제출한 후 퇴실하여야 합니다.
11. 답안 전송이 완료된 경우에는 수정 또는 정정이 불가능합니다.
12. 시험 시행 후 합격자 발표는 홈페이지(www.ihd.or.kr)에서 확인하시기 바랍니다.
    1) 문제 및 정답 공개 : 20XX. XX. XX. (X)
    2) 합격자 발표 : 20XX. XX. XX. (X)

❼ 선 색을 변경하기 위해 [그리기 도구]-[서식] 탭의 [도형 스타일] 그룹에서 [도형 윤곽선]-주황을 클릭합니다.   ※ 윤곽선의 색상만 변경할 때는 리본 메뉴를 이용하면 편리합니다.(실선, 너비 1pt는 기본값)

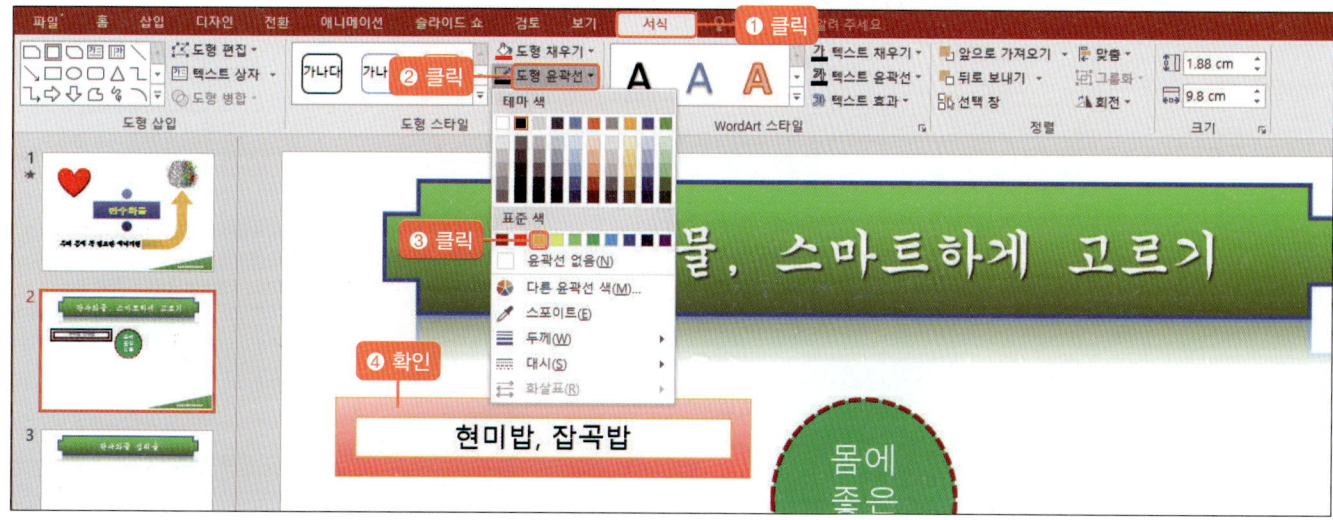

❽ [그리기 도구]-[서식] 탭의 [도형 스타일] 그룹에서 [도형 효과]-[그림자]-바깥쪽-오프셋 가운데를 클릭합니다.

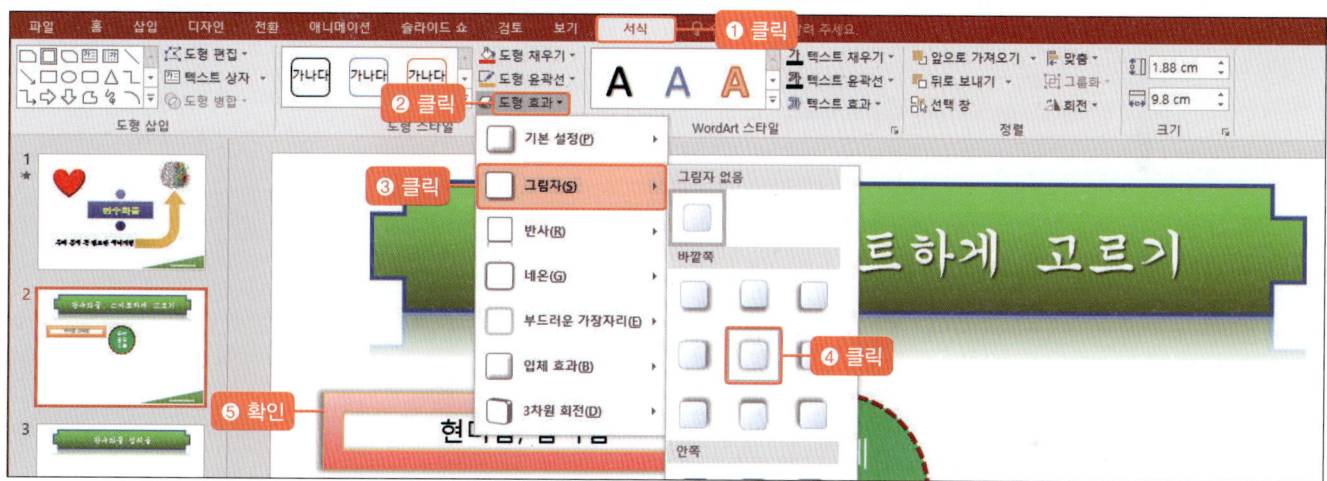

❾ 글꼴 서식을 변경하기 위해 [홈] 탭의 [글꼴] 그룹에서 글꼴(돋움), 글꼴 크기(20pt), 굵게(가), 글꼴 색(진한 파랑)을 지정합니다.

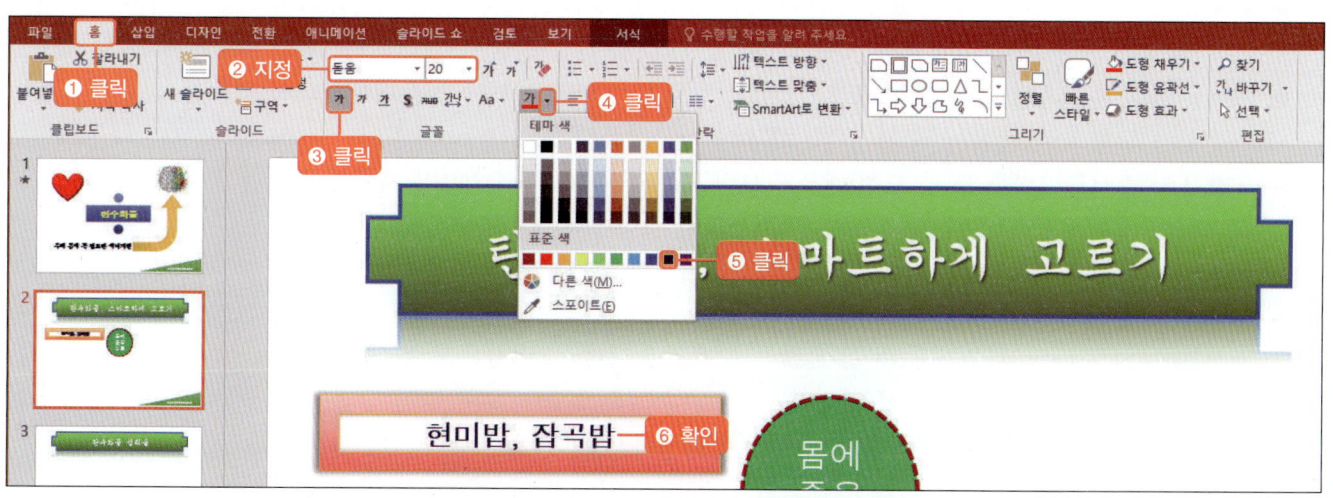

출제유형 07 65 [슬라이드2] 본문 도형

[슬라이드 4] 아래의 작성조건 및 출력형태에 알맞게 네 번째 슬라이드에 작업하시오. (60점)

≪출력형태≫

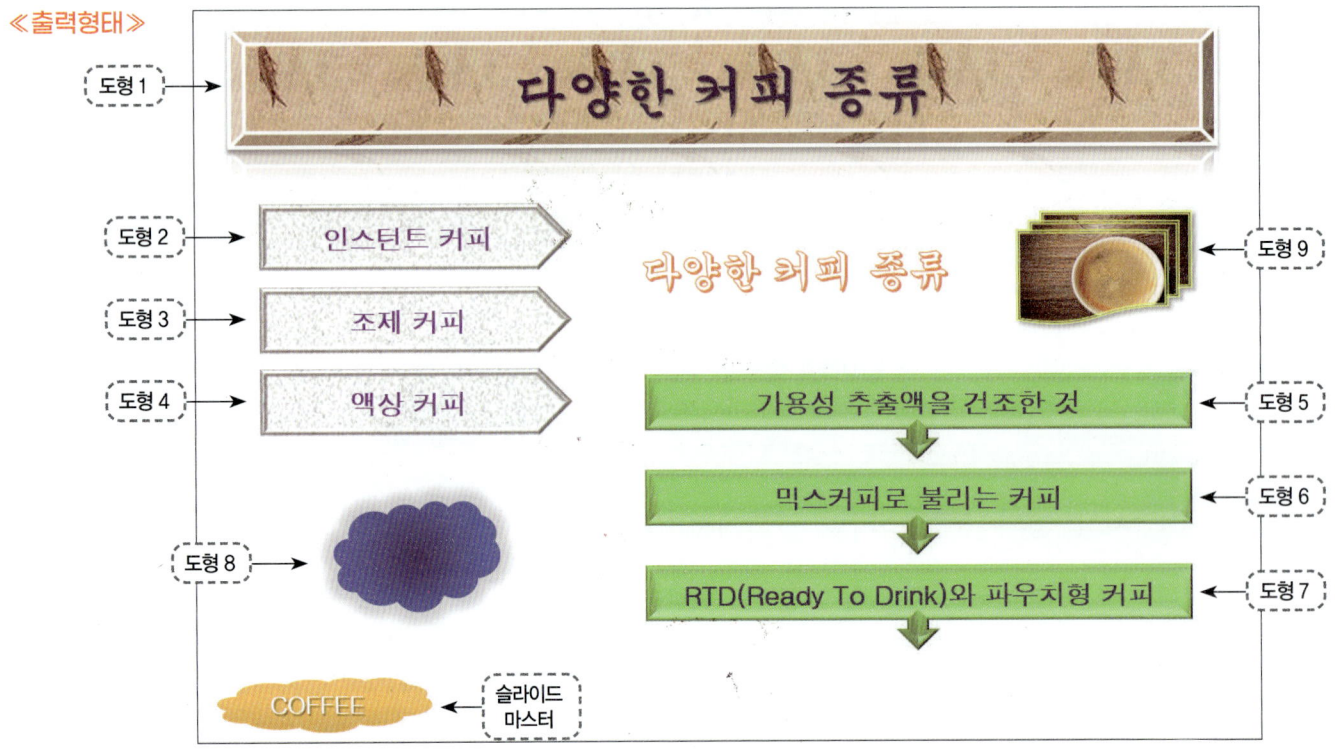

≪작성조건≫

(1) 제목
- 도형 1 ⇒ 기본 도형 : 빗면, 도형 채우기(질감 : 물고기 화석),
  도형 윤곽선(실선, 색 : '흰색, 배경 1', 너비 : 3pt, 겹선 종류 : 단순형),
  도형 효과(그림자 - '바깥쪽 - 오프셋 아래쪽', 반사 - '근접 반사, 터치'),
  글꼴(궁서, 40pt, 텍스트 그림자, 진한 파랑)

(2) 본문
- 도형 2~4 ⇒ 블록 화살표 : 오각형, 도형 채우기(질감 : 신문 용지), 선 없음,
  도형 효과(입체 효과 - 낮은 수준의 경사), 글꼴(돋움, 20pt, 굵게, 자주)
- 도형 5~7 ⇒ 블록 화살표 : 아래쪽 화살표 설명선, 도형 채우기(연한 녹색, 그라데이션 - 선형 위쪽), 선 없음,
  도형 효과(입체 효과 - 부드럽게 둥글리기), 글꼴(돋움, 20pt, 굵게, 진한 파랑)
- 도형 8 ⇒ 기본 도형 : 구름, 도형 채우기('파랑, 강조 5', 그라데이션 - 가운데에서), 선 없음,
  도형 효과(네온 - '회색-50%, 18 pt 네온, 강조색 3')
- 도형 9 ⇒ 순서도 : 다중 문서, 도형 채우기(그림 또는 질감 채우기) 기능을 사용하여 그림 3 삽입,
  도형 윤곽선(실선, 색 : 노랑, 너비 : 3pt, 겹선 종류 : 이중),
  도형 효과(그림자 - '바깥쪽 - 오프셋 대각선 오른쪽 아래')
- WordArt 삽입(다양한 커피 종류)
  ⇒ WordArt 스타일('채우기 - 흰색, 윤곽선 - 강조 2, 진한 그림자 - 강조 2'),
  글꼴(궁서, 30pt, 굵게, 텍스트 그림자)
- 지시사항이 없는 부분은 ≪출력형태≫와 동일하게 작성하시오.

⑩ 도형이 완성되면 [Ctrl]+[Shift] 키를 누른 채 도형의 테두리를 아래쪽으로 드래그 하여 그림과 같이 복사합니다.

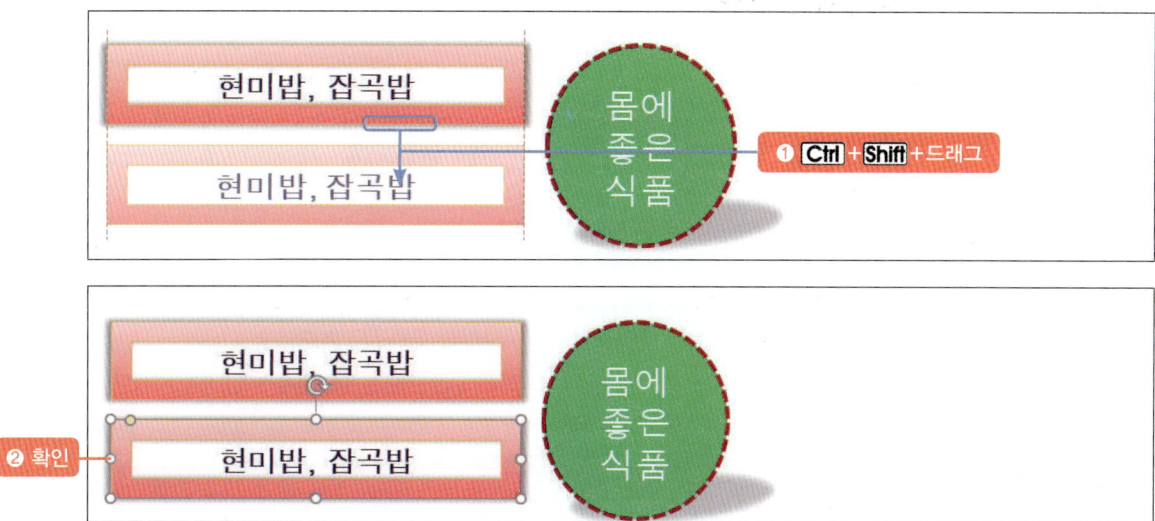

⑪ 한 개의 도형이 복사되면 [Shift] 키를 누른 채 위쪽 도형을 클릭하여 두 개의 도형을 모두 선택합니다. 이어서, [Ctrl]+[Shift] 키를 누른 채 도형의 테두리를 오른쪽으로 드래그 하여 그림과 같이 복사합니다.

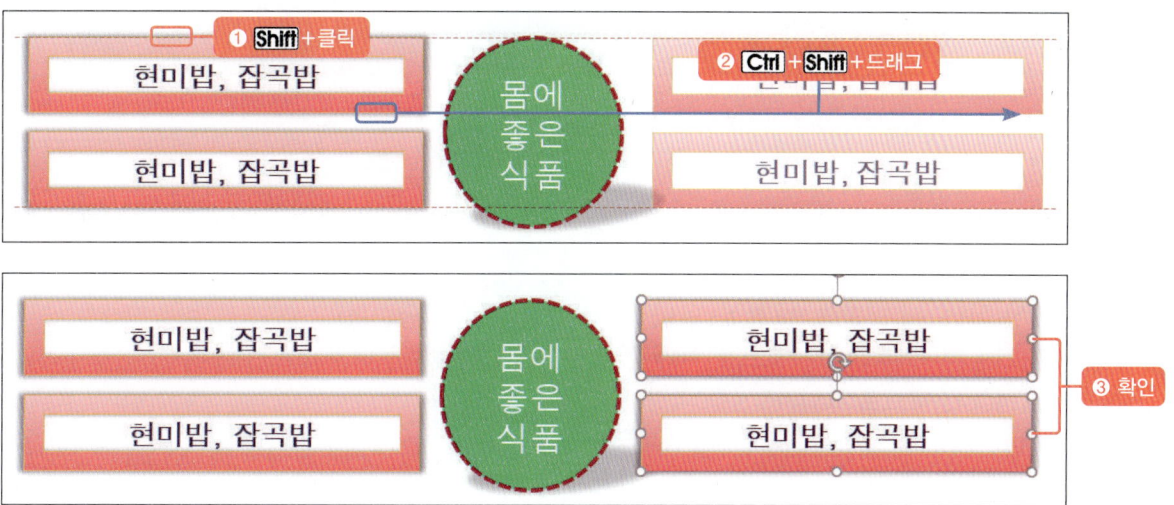

⑫ 도형이 모두 복사되면 도형 안쪽의 텍스트를 드래그 하여 블록으로 지정한 후 ≪출력 형태≫와 같이 내용을 입력합니다.

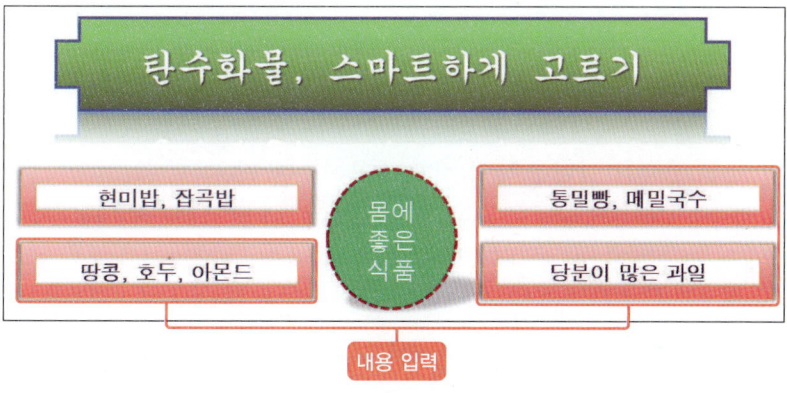

[슬라이드 3] 아래의 작성조건 및 출력형태에 알맞게 세 번째 슬라이드에 작업하시오. (60점)

≪출력형태≫

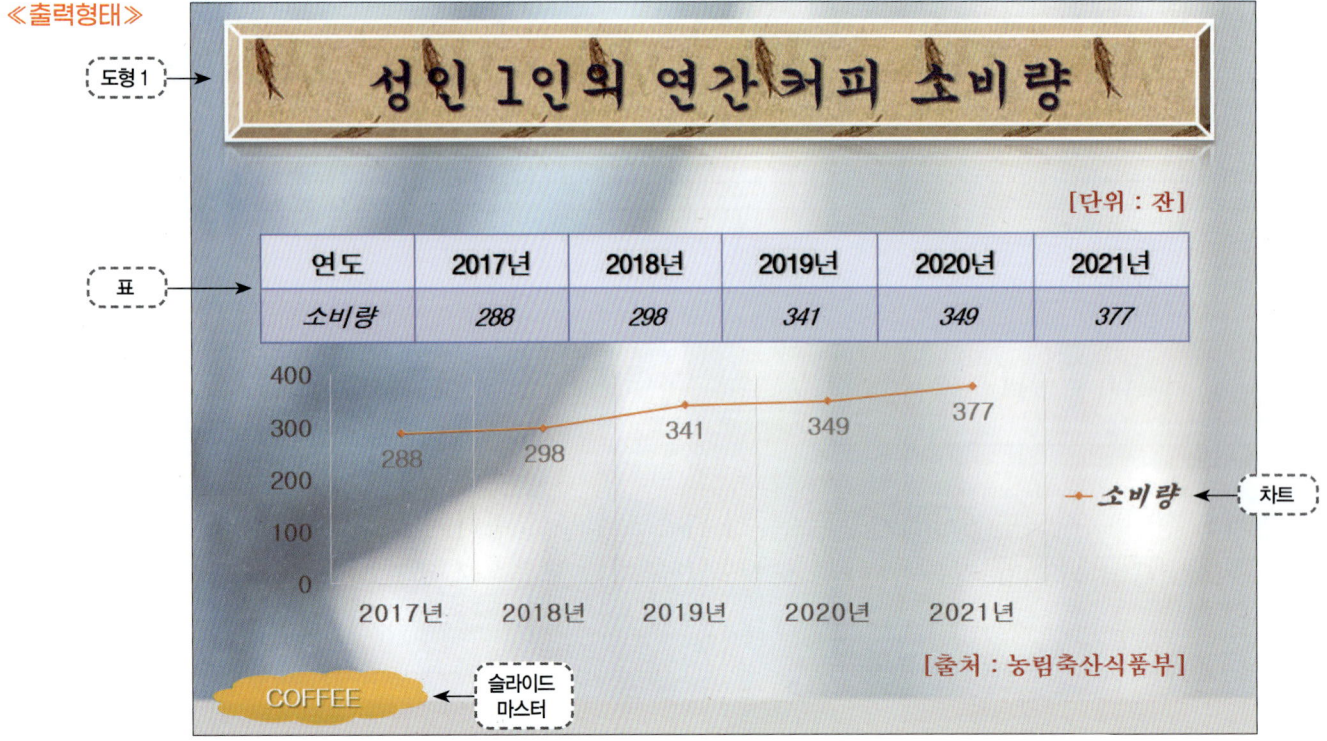

≪작성조건≫

(1) 제목
- ▶ 도형 1 ⇒ 기본 도형 : 빗면, 도형 채우기(질감 : 물고기 화석),
  도형 윤곽선(실선, 색 : '흰색, 배경 1', 너비 : 3pt, 겹선 종류 : 단순형),
  도형 효과(그림자 – '바깥쪽 – 오프셋 아래쪽', 반사 – '근접 반사, 터치'),
  글꼴(궁서, 40pt, 텍스트 그림자, 진한 파랑)

(2) 본문 (※ 차트 작성은 반드시 '차트삽입 → 데이터입력 → 차트스타일' 순으로 작성바랍니다.)
- ▶ 텍스트 상자 1([단위 : 잔]) ⇒ 글꼴(바탕, 18pt, 굵게, 진한 빨강)
- ▶ 표 ⇒ 표 스타일(보통 스타일 4 – 강조 5),
  가장 위의 행 : 글꼴(돋움체, 20pt, 굵게, 텍스트 그림자, 가운데 맞춤),
  나머지 행 : 글꼴(돋움체, 18pt, 굵게, 기울임꼴, 가운데 맞춤)
- ▶ 텍스트 상자 2([출처 : 농림축산식품부]) ⇒ 글꼴(바탕, 18pt, 굵게, 진한 빨강)
- ▶ 차트 ⇒ 꺾은선형 : 표식이 있는 꺾은선형, 차트 스타일(색 변경 – '단색형 – 색 6', 스타일 13),
  축 서식/데이터 레이블 서식 : 글꼴(굴림, 18pt, 굵게),
  범례 서식 : 글꼴(궁서, 20pt, 굵게, 기울임꼴), 데이터는 표 참고
- ▶ 배경 ⇒ 배경 서식(채우기 – 그림 또는 질감 채우기)에서 그림 2 삽입(현재 슬라이드만 적용)
- ▶ 애니메이션 지정 ⇒ 차트 : 나타내기 – 나누기
- ▶ 지시사항이 없는 부분은 ≪출력형태≫와 동일하게 작성하시오.

03 실행 단추 작성하기

❶ [삽입] 탭의 [일러스트레이션] 그룹에서 [도형(⬚)]-실행 단추-실행 단추: 끝(▷)을 클릭한 후 마우스 포인터가 ┼ 모양으로 변경되면 드래그 하여 도형을 삽입합니다.

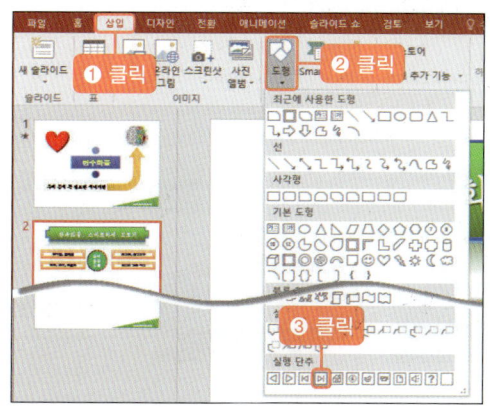 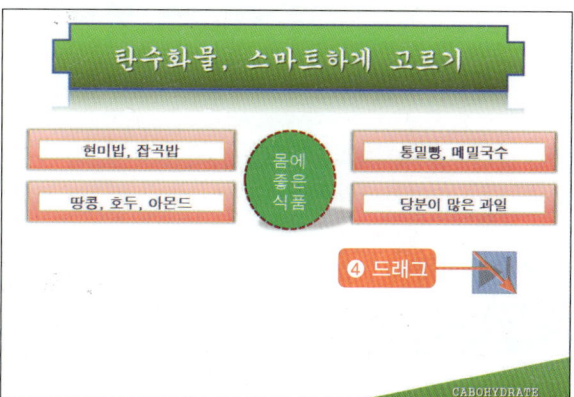

❷ [실행 설정] 대화상자가 나오면 하이퍼링크(마지막 슬라이드)를 확인한 후 〈확인〉 단추를 클릭합니다. 이어서, 조절점(○)을 드래그 하여 ≪출력 형태≫와 같이 크기를 조절한 후 위치를 변경합니다.

※ 하이퍼링크를 수정할 때는 실행 단추 도형 위에서 마우스 오른쪽 단추를 눌러 바로 가기 메뉴가 나오면 [하이퍼링크 편집]을 클릭하여 수정합니다.

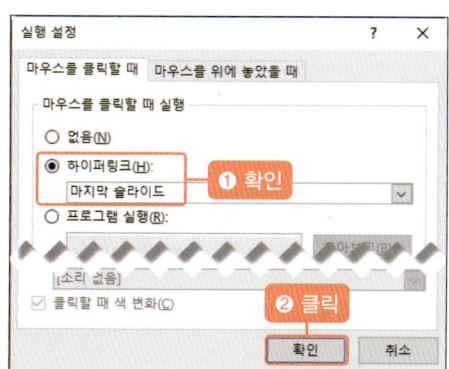 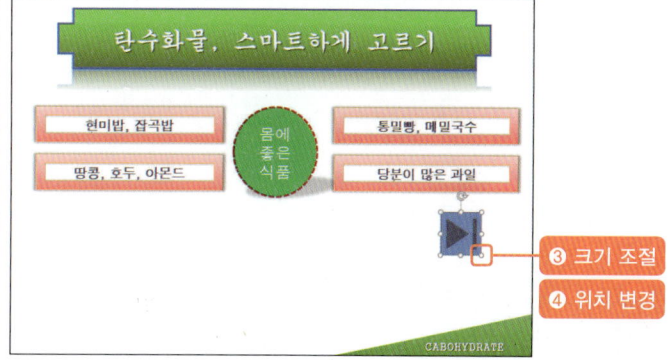

❸ [그리기 도구]-[서식] 탭의 [도형 스타일] 그룹에서 자세히(▽) 단추를 클릭한 후 강한 효과 - 주황, 강조 2 (⬚)를 선택합니다.

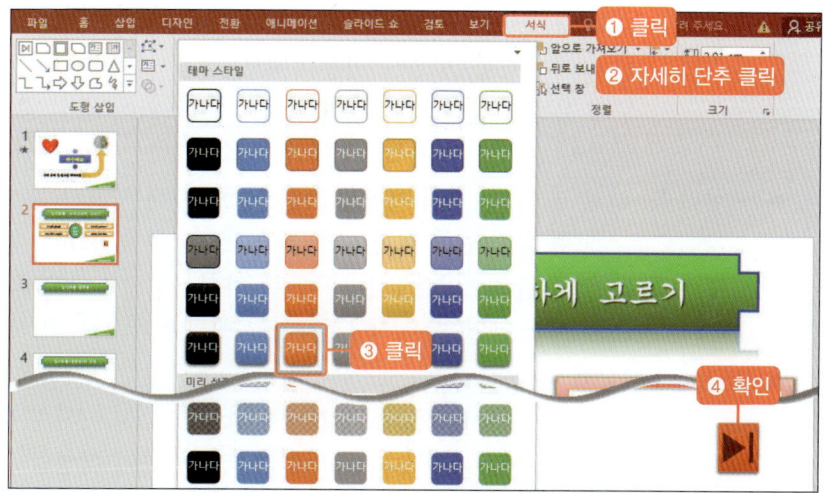

❹ 모든 작업이 완료되면 파일을 저장합니다.

디지털정보활용능력 – 프리젠테이션[파워포인트] (시험시간 : 40분)

[슬라이드 2] 아래의 작성조건 및 출력형태에 알맞게 두 번째 슬라이드에 작업하시오. (50점)

≪출력형태≫

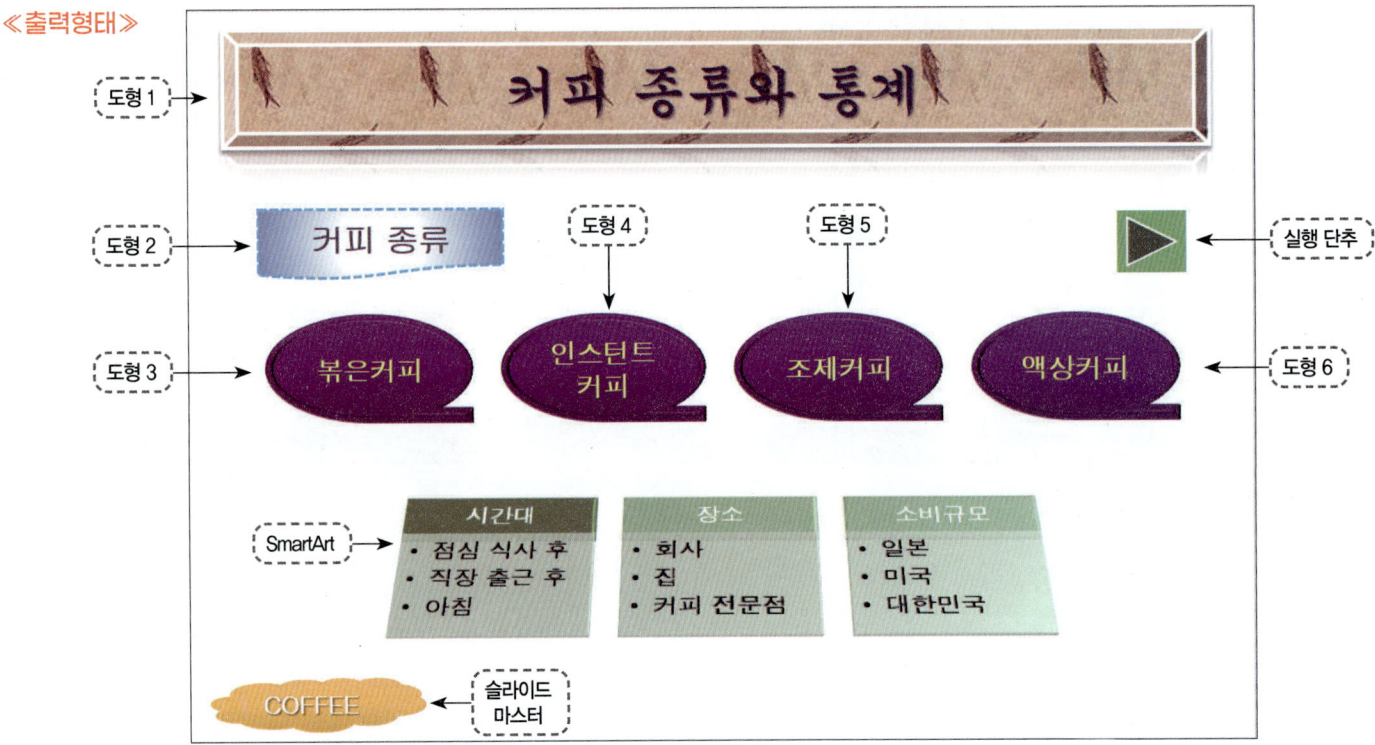

≪작성조건≫

(1) 제목
- ▶ 도형 1 ⇒ 기본 도형 : 빗면, 도형 채우기(질감 : 물고기 화석),
  도형 윤곽선(실선, 색 : '흰색, 배경 1', 너비 : 3pt, 겹선 종류 : 단순형),
  도형 효과(그림자 – '바깥쪽 – 오프셋 아래쪽', 반사 – '근접 반사, 터치'),
  글꼴(궁서, 40pt, 텍스트 그림자, 진한 파랑)

(2) 본문
- ▶ 도형 2 ⇒ 순서도 : 문서, 도형 채우기(그라데이션 : 미리 설정 – '위쪽 스포트라이트 – 강조 1',
  종류 – 방사형, 방향 – 가운데에서),
  도형 윤곽선(실선, 색 : 연한 파랑, 너비 : 2pt, 겹선 종류 : 단순형, 대시 종류 : 사각 점선),
  글꼴(굴림, 24pt, 굵게, '청회색, 텍스트 2')
- ▶ 도형 3~6 ⇒ 순서도 : 순차적 액세스 저장소, 도형 채우기(자주, 그라데이션 – 선형 위쪽), 선 없음,
  도형 효과(입체 효과 – 급경사), 글꼴(돋움, 20pt, 굵게, 노랑)
- ▶ 실행 단추 ⇒ 실행 단추 : 앞으로 또는 다음, 하이퍼링크 : 다음 슬라이드,
  도형 스타일('밝은 색 1 윤곽선, 색 채우기 – 녹색, 강조 6')
- ▶ SmartArt 삽입 ⇒ 목록형 : 가로 글머리 기호 목록형, 글꼴(돋움, 20pt, 굵게),
  SmartArt 스타일(색 변경 – '그라데이션 반복 – 강조 6', 3차원 – 평면),
  (반드시 SmartArt 기능을 이용하여 작성할 것)
- ▶ 애니메이션 지정 ⇒ SmartArt : 나타내기 – 닦아내기
- ▶ 지시사항이 없는 부분은 ≪출력형태≫와 동일하게 작성하시오.

[슬라이드2] 본문 도형

01 아래의 작성조건 및 출력 형태에 알맞게 작업하시오.

* 소스 파일 : 정복07_문제01.pptx   * 정답 파일 : 정복07_완성01.pptx

● 출력 형태

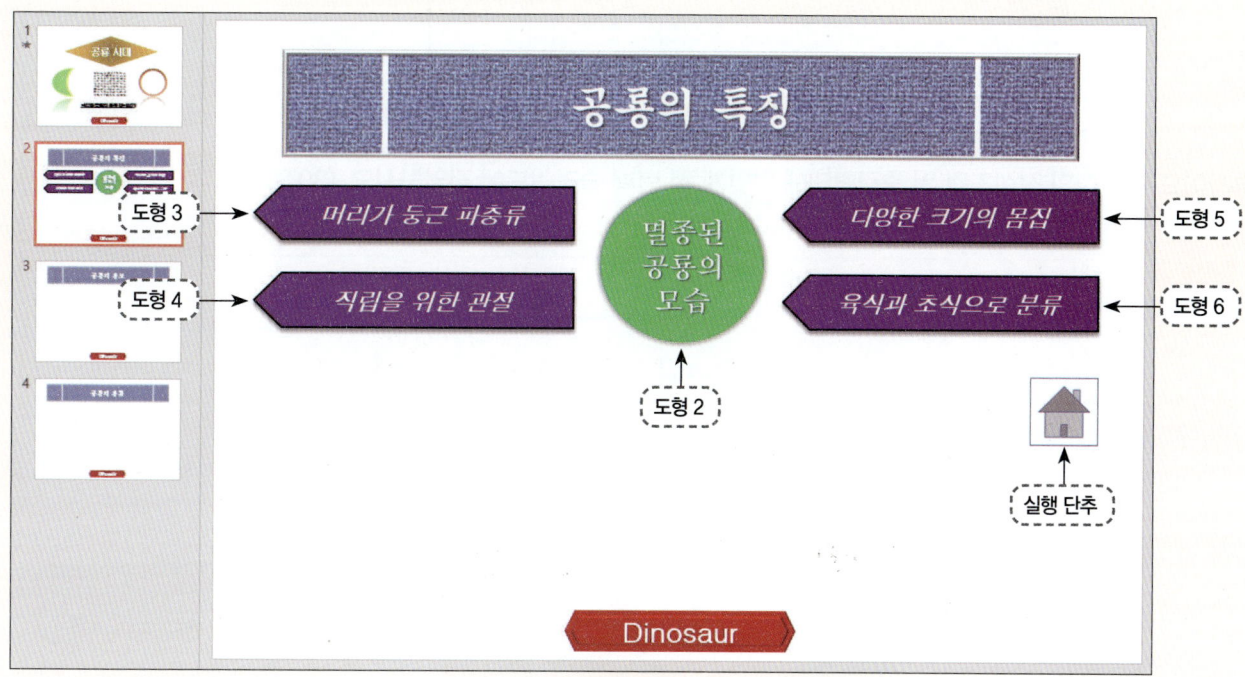

● 작성 조건

▶ 도형 2 ⇒ 기본 도형 : 타원, 도형 채우기(녹색), 선 없음,
　　　　도형 효과(그림자 – '바깥쪽 – 오프셋 가운데'), 글꼴(바탕, 24pt, 굵게, 텍스트 그림자)
▶ 도형 3~6 ⇒ 블록 화살표 : 오각형, 도형 채우기(자주), 도형 윤곽선(실선, 색 : '검정, 텍스트 1',
　　　　너비 : 1.5pt, 겹선 종류 : 단순형),
　　　　도형 효과(그림자 – '바깥쪽 – 오프셋 아래쪽'), 글꼴(돋움, 20pt, 굵게, 기울임꼴)
▶ 실행 단추 ⇒ 실행 단추 : 홈, 하이퍼링크 : 첫째 슬라이드, 도형 스타일('색 윤곽선 – 파랑, 강조 5')

[삽입]-[일러스트레이션]-[도형]

디지털정보활용능력-프리젠테이션[파워포인트] (시험시간 : 40분)

유의사항
- 《작성조건》을 준수하여 반드시 프리젠테이션 슬라이드로 작업합니다.
- 글꼴 및 기타 사항에 대해 별도의 지시사항이 없는 경우, 슬라이드 크기와 전체적인 균형을 고려하여 임의로 작성하되, **도형은 그룹으로 설정하지 않습니다.**
- 모든 슬라이드 크기(A4), 방향(가로), 디자인 테마(Office 테마)로 지정합니다.
  ▶ 슬라이드 크기, 방향 조정 시 '맞춤 확인'으로 지정하여야 합니다.
- 공통적용사항(슬라이드 마스터)
  ▶ 도형 ⇒ 기본 도형 : 구름, 도형 스타일('보통 효과 – 황금색, 강조 4'),
    글꼴(돋움, 18pt, 굵게, 텍스트 그림자)
- 그림 삽입 시 다운로드 한 그림 파일을 반드시 사용하여야 합니다.
- [   ] ➞ 은 지시사항이므로 작성하지 않습니다.
- 슬라이드에 제시된 글자 및 숫자 오타는 감점처리 됩니다.

[슬라이드 1] 아래의 작성조건 및 출력형태에 알맞게 첫 번째 슬라이드에 작업하시오. (30점)

《출력형태》

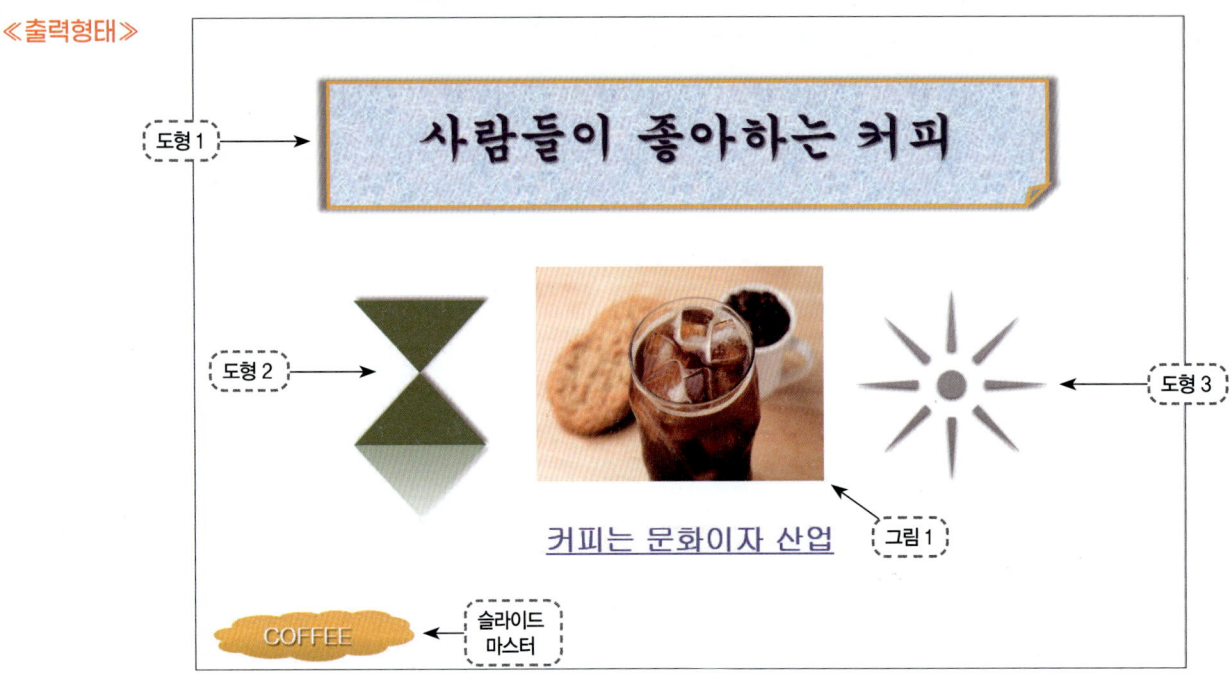

《작성조건》

▶ 도형 1 ⇒ 기본 도형 : 모서리가 접힌 도형, 도형 채우기(질감 : 파랑 박엽지),
   도형 윤곽선(실선, 색 : 주황, 너비 : 2.5pt, 겹선 종류 : 단순형),
   도형 효과(그림자 – '바깥쪽 – 오프셋 가운데'),
   글꼴(궁서, 40pt, 텍스트 그림자, 진한 파랑)
▶ 도형 2 ⇒ 순서도 : 대조, 도형 채우기('녹색, 강조 6, 25% 더 어둡게'), 선 없음,
   도형 효과(그림자 – '바깥쪽 – 오프셋 대각선 오른쪽 위', 반사 – '1/2 반사, 터치')
▶ 도형 3 ⇒ 기본 도형 : 해, 도형 스타일('강한 효과 – 회색-50%, 강조 3')
▶ 그림 삽입 ⇒ 그림 1 삽입, 크기(높이 : 6cm, 너비 : 8cm)
▶ 텍스트 상자(커피는 문화이자 산업) ⇒ 글꼴(굴림, 24pt, 굵게, 밑줄, '파랑, 강조 5')
▶ 애니메이션 지정 ⇒ 도형 1 : 나타내기 – 날아오기
▶ 지시사항이 없는 부분은 《출력형태》와 동일하게 작성하시오.

[슬라이드2] 본문 도형

02 아래의 작성조건 및 출력 형태에 알맞게 작업하시오.

* 소스 파일 : 없음   * 정답 파일 : 정복07_완성02.pptx

● 출력 형태

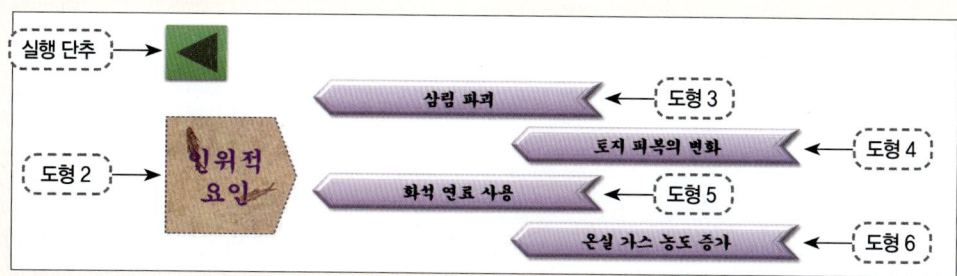

● 작성 조건

▶ 도형 2 ⇒ 블록 화살표 : 오각형, 도형 채우기(질감 : 물고기 화석), 도형 윤곽선(실선, 색 : 진한 파랑, 너비 : 1pt, 겹선 종류 : 단순형, 대시 종류 : 파선), 글꼴(궁서, 28pt, 굵게, 자주)
▶ 도형 3~6 ⇒ 블록 화살표 : 갈매기형 수장, 도형 채우기(자주, 그라데이션 – 선형 위쪽), 선 없음, 도형 효과(그림자 – '바깥쪽 – 오프셋 대각선 오른쪽 아래', 입체 효과 – 리블렛), 글꼴(궁서, 18pt, 굵게)
▶ 실행 단추 ⇒ 실행 단추 : 뒤로 또는 이전, 하이퍼링크 : 이전 슬라이드, 도형 스타일('강한 효과 – 녹색, 강조 6')

03 아래의 작성조건 및 출력 형태에 알맞게 작업하시오.

* 소스 파일 : 없음   * 정답 파일 : 정복07_완성03.pptx

● 출력 형태

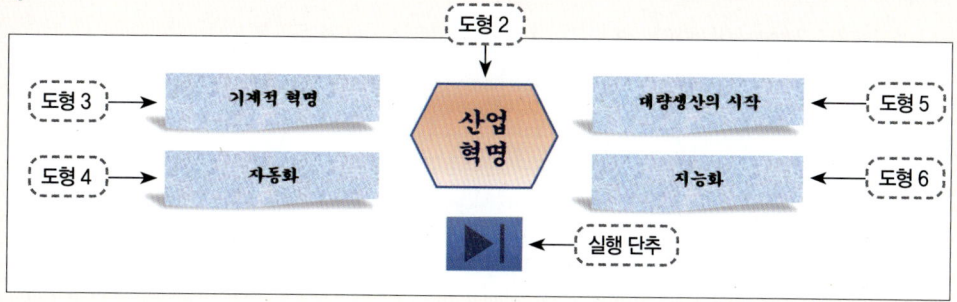

● 작성 조건

▶ 도형 2 ⇒ 기본 도형 : 육각형, 도형 채우기(그라데이션 : 미리 설정 – '밝은 그라데이션 – 강조 2', 종류 – 선형, 방향 – 선형 위쪽), 도형 윤곽선(실선, 색 : 파랑, 너비 : 2pt, 겹선 종류 : 단순형) 글꼴(궁서, 28pt, 굵게, 진한 파랑)
▶ 도형 3~6 ⇒ 순서도 : 문서, 도형 채우기(질감 : 파랑 박엽지), 선 없음, 도형 효과(그림자 – 원근감 대각선 왼쪽 위), 글꼴(궁서, 18pt, 굵게, '검정, 텍스트 1')
▶ 실행 단추 ⇒ 실행 단추 : 끝, 하이퍼링크 : 마지막 슬라이드, 도형 스타일('보통 효과 – 파랑, 강조 1')

제13회 디지털정보활용능력 출제예상 모의고사

- ☑ 시험과목 : 프리젠테이션(파워포인트)
- ☑ 시험일자 : 20XX. XX. XX. (X)
- ☑ 응시자 기재사항 및 감독위원 확인

MS Office 2016 버전용

수검번호	DIP - XXXX -	감독위원 확인
성 명		

응시자 유의사항

1. 응시자는 신분증을 지참하여야 시험에 응시할 수 있으며, 시험이 종료될 때까지 신분증을 제시하지 못 할 경우 해당 시험은 0점 처리됩니다.
2. 시스템(PC작동여부, 네트워크 상태 등)의 이상여부를 반드시 확인하여야 하며, 시스템 이상이 있을시 감독위원에게 조치를 받으셔야 합니다.
3. 시험 중 부주의 또는 고의로 시스템을 파손한 경우는 응시자 부담으로 합니다.
4. 답안 전송 프로그램을 통해 다운로드 받은 파일을 이용하여 답안 파일을 작성하시기 바랍니다.
5. 작성한 답안 파일은 답안 전송 프로그램을 통하여 전송됩니다. 감독위원의 지시에 따라 주시기 바랍니다.
6. 다음 사항의 경우 실격(0점) 혹은 부정행위 처리됩니다.
    1) 답안 파일을 저장하지 않았거나, 저장한 파일이 손상되었을 경우
    2) 답안 파일을 지정된 폴더(바탕화면 – "KAIT" 폴더)에 저장하지 않았을 경우
       ※ 답안 전송 프로그램 로그인 시 바탕화면에 자동 생성됨
    3) 답안 파일을 다른 보조 기억장치(USB) 혹은 네트워크(메신저, 게시판 등)로 전송할 경우
    4) 휴대용 전화기 등 통신기기를 사용할 경우
7. 슬라이드는 반드시 순서대로 작성해야 하며, 순서가 다를 경우 "0"점 처리 됩니다.
8. 시험지에 제시된 글꼴이 응시 프로그램에 없는 경우, 반드시 감독위원에게 해당 내용을 통보한 뒤 조치를 받아야 합니다.
9. 슬라이드 작성 시 도형의 그룹 설정을 사용하는 경우, 채점에서 감점처리 됩니다.
10. 시험의 완료는 작성이 완료된 답안을 저장하고, 답안 전송이 완료된 상태를 확인한 것으로 합니다. 답안 전송 확인 후 문제지는 감독위원에게 제출한 후 퇴실하여야 합니다.
11. 답안 전송이 완료된 경우에는 수정 또는 정정이 불가능합니다.
12. 시험 시행 후 합격자 발표는 홈페이지(www.ihd.or.kr)에서 확인하시기 바랍니다.
    1) 문제 및 정답 공개 : 20XX. XX. XX. (X)
    2) 합격자 발표 : 20XX. XX. XX. (X)

한국정보통신진흥협회 KAIT

[슬라이드2] 본문 도형

04 아래의 작성조건 및 출력 형태에 알맞게 작업하시오.

* 소스 파일 : 없음 * 정답 파일 : 정복07_완성04.pptx

● 출력 형태

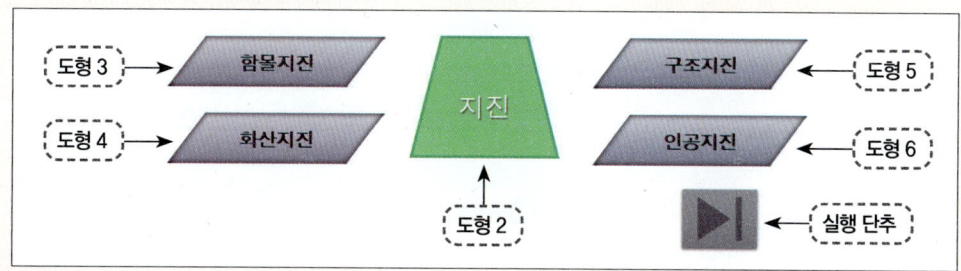

● 작성 조건

▶ 도형 2 ⇒ 기본 도형 : 사다리꼴, 도형 채우기(연한 녹색), 도형 윤곽선(실선, 색 : 녹색, 너비 : 3pt, 겹선 종류 : 단순형), 글꼴(돋움체, 28pt, 텍스트 그림자)
▶ 도형 3~6 ⇒ 기본 도형 : 평행 사변형, 도형 채우기(진한 파랑, 그라데이션 – 선형 위쪽), 선 없음, 도형 효과(그림자 – 안쪽 가운데), 글꼴(돋움, 20pt, 굵게, '검정, 텍스트 1')
▶ 실행 단추 ⇒ 실행 단추 : 끝, 하이퍼링크 : 마지막 슬라이드, 도형 스타일('강한 효과 – 회색-50%, 강조 3')

05 아래의 작성조건 및 출력 형태에 알맞게 작업하시오.

* 소스 파일 : 없음 * 정답 파일 : 정복07_완성05.pptx

● 출력 형태

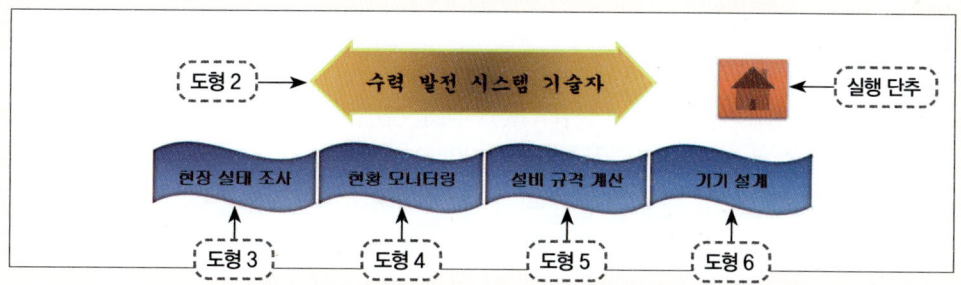

● 작성 조건

▶ 도형 2 ⇒ 블록 화살표 : 왼쪽/오른쪽 화살표, 도형 채우기(주황, 그라데이션 – 가운데에서), 도형 윤곽선(실선, 색 : 노랑, 너비 : 3pt, 겹선 종류 : 단순형), 글꼴(궁서체, 24pt, '검정, 텍스트 1')
▶ 도형 3~6 ⇒ 별 및 현수막 : 물결, 도형 채우기(그라데이션 : 미리 설정 – '가운데 그라데이션 – 강조 1', 종류 – 선형, 방향 – 선형 아래쪽), 선 없음, 도형 효과(그림자 – 안쪽 가운데), 글꼴(굴림, 20pt, 굵게, '검정, 텍스트 1')
▶ 실행 단추 ⇒ 실행 단추 : 홈, 하이퍼링크 : 첫째 슬라이드, 도형 스타일('강한 효과 – 주황, 강조 2')

디지털정보활용능력 – 프리젠테이션[파워포인트] (시험시간 : 40분)

[슬라이드 4] 아래의 작성조건 및 출력형태에 알맞게 네 번째 슬라이드에 작업하시오. (60점)

《출력형태》

《작성조건》

(1) 제목
- ▶ 도형 1 ⇒ 기본 도형 : 빗면, 도형 채우기(질감 : 흰색 대리석),
  도형 윤곽선(실선, 색 : 진한 파랑, 너비 : 1pt, 겹선 종류 : 단순형),
  도형 효과(그림자 – 안쪽 가운데, 네온 – '녹색, 8 pt 네온, 강조색 6'),
  글꼴(궁서체, 40pt, 텍스트 그림자, 진한 파랑)

(2) 본문
- ▶ 도형 2~4 ⇒ 기본 도형 : 칠각형, 도형 채우기(질감 : 분홍 박엽지), 선 없음,
  도형 효과(입체 효과 – 둥글게), 글꼴(궁서, 22pt, 진한 빨강)
- ▶ 도형 5~7 ⇒ 기본 도형 : 육각형, 도형 채우기(연한 파랑, 그라데이션 – 선형 위쪽),
  선 없음, 도형 효과(입체 효과 – 각지게), 글꼴(돋움, 22pt, 굵게, '검정, 텍스트 1')
- ▶ 도형 8 ⇒ 별 및 현수막 : 물결, 도형 스타일('미세 효과 – 회색-50%, 강조 3')
- ▶ 도형 9 ⇒ 순서도 : 지연, 도형 채우기(그림 또는 질감 채우기) 기능을 사용하여 그림 3 삽입,
  도형 윤곽선(실선, 색 : 주황, 너비 : 5pt, 겹선 종류 : 이중),
  도형 효과(네온 – '주황, 5 pt 네온, 강조색 2')
- ▶ WordArt 삽입(국세 상담센터 126) ⇒ WordArt 스타일('그라데이션 채우기 – 파랑, 강조 1, 반사'),
  글꼴(궁서, 36pt, 굵게)
- ▶ 지시사항이 없는 부분은 《출력형태》와 동일하게 작성하시오.

[슬라이드2] 본문 도형

06 아래의 작성조건 및 출력 형태에 알맞게 작업하시오.

* 소스 파일 : 없음   * 정답 파일 : 정복07_완성06.pptx

● 출력 형태

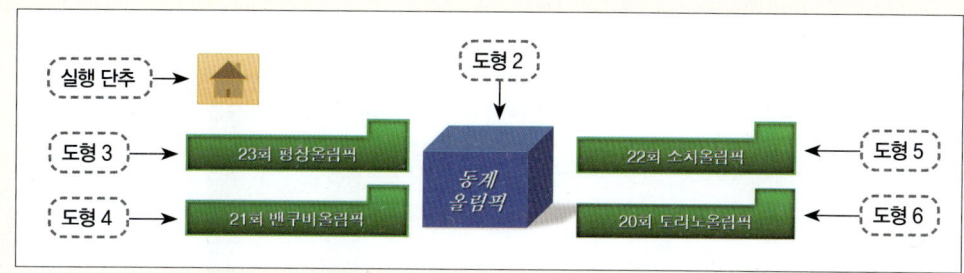

● 작성 조건

▶ 도형 2 ⇒ 기본 도형 : 정육면체, 도형 채우기(파랑), 선 없음, 도형 효과(그림자 – '원근감 대각선 오른쪽 위'), 글꼴(바탕, 22pt, 굵게, 기울임꼴, 텍스트 그림자)
▶ 도형 3~6 ⇒ 기본 도형 : L 도형, 도형 채우기(녹색, 그라데이션 – 선형 위쪽), 도형 윤곽선 (실선, 색 : 녹색, 너비 : 2pt, 겹선 종류 : 단순형), 도형 효과(그림자 – 안쪽 가운데), 글꼴(돋움, 18pt, 굵게, 텍스트 그림자)
▶ 실행 단추 ⇒ 실행 단추 : 홈, 하이퍼링크 : 첫째 슬라이드, 도형 스타일('미세 효과 – 황금색, 강조 4')

07 아래의 작성조건 및 출력 형태에 알맞게 작업하시오.

* 소스 파일 : 없음   * 정답 파일 : 정복07_완성07.pptx

● 출력 형태

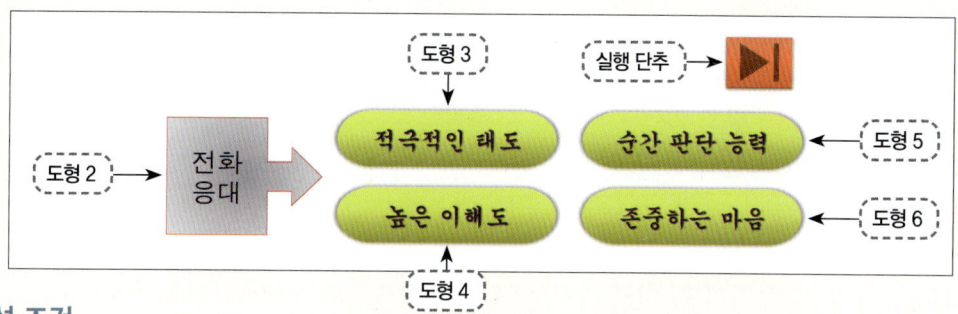

● 작성 조건

▶ 도형 2 ⇒ 블록 화살표 : 오른쪽 화살표 설명선, 도형 채우기('청회색, 텍스트 2', 그라데이션 – 가운데에서), 도형 윤곽선(실선, 색 : 빨강, 너비 : 1pt, 겹선 종류 : 단순형), 글꼴(휴먼옛체, 28pt, '검정 텍스트 1')
▶ 도형 3~6 ⇒ 순서도 : 수행의 시작/종료, 도형 채우기(노랑, 그라데이션 – 선형 위쪽), 선 없음, 도형 효과(그림자 – '바깥쪽 – 오프셋 가운데'), 글꼴(궁서, 26pt, 텍스트 그림자, 진한 파랑)
▶ 실행 단추 ⇒ 실행 단추 : 끝, 하이퍼링크 : 마지막 슬라이드, 도형 스타일('강한 효과 – 주황, 강조 2')

[슬라이드 3] 아래의 작성조건 및 출력형태에 알맞게 세 번째 슬라이드에 작업하시오. (60점)

≪출력형태≫

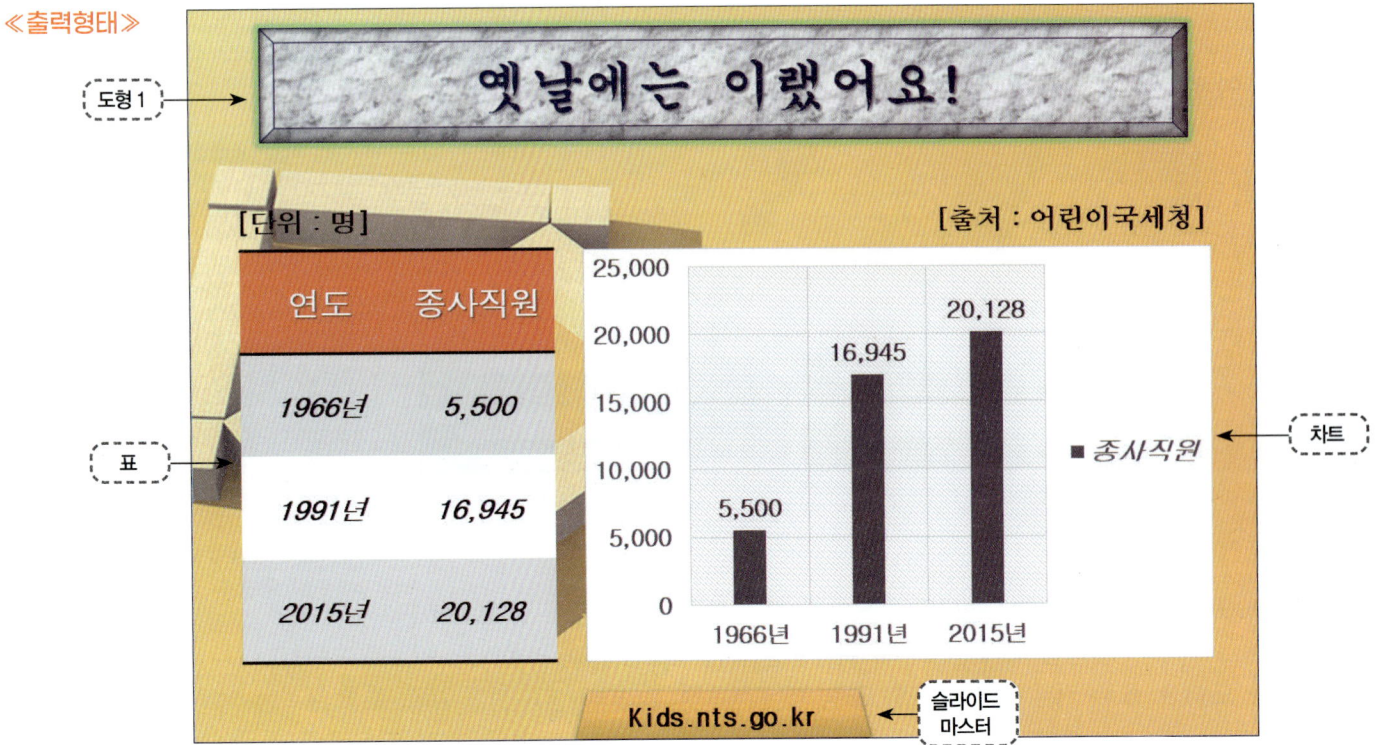

≪작성조건≫

(1) 제목
- 도형 1 ⇒ 기본 도형 : 빗면, 도형 채우기(질감 : 흰색 대리석),
  도형 윤곽선(실선, 색 : 진한 파랑,너비 : 1pt, 겹선 종류 : 단순형),
  도형 효과(그림자 – 안쪽 가운데, 네온 – '녹색, 8 pt 네온, 강조색 6'),
  글꼴(궁서체, 40pt, 텍스트 그림자, 진한 파랑)

(2) 본문 (※ 차트 작성은 반드시 '차트삽입 → 데이터입력 → 차트스타일' 순으로 작성바랍니다.)
- 텍스트 상자 1([단위 : 명]) ⇒ 글꼴(돋움, 20pt, 굵게)
- 표 ⇒ 표 스타일(보통 스타일 3 – 강조 2),
  가장 위의 행 : 글꼴(돋움, 24pt, 굵게, 텍스트 그림자, 가운데 맞춤),
  나머지 행 : 글꼴(돋움, 20pt, 굵게, 기울임꼴, 가운데 맞춤)
- 텍스트 상자 2([출처 : 어린이국세청]) ⇒ 글꼴(바탕, 20pt, 굵게)
- 차트 ⇒ 세로 막대형 : 묶은 세로 막대형, 차트 스타일(색 변경 – '단색형 – 색 11', 스타일 8),
  축 서식/데이터 레이블 서식 : 글꼴(굴림, 18pt, 굵게),
  범례 서식 : 글꼴(굴림, 20pt, 굵게, 기울임꼴), 데이터는 표 참고
- 배경 ⇒ 배경 서식(채우기 – 그림 또는 질감 채우기)에서 그림 2 삽입(현재 슬라이드만 적용)
- 애니메이션 지정 ⇒ 차트 : 나타내기 – 밝기 변화
- 지시사항이 없는 부분은 ≪출력형태≫와 동일하게 작성하시오.

출제유형 08

[슬라이드2] SmartArt

☑ SmartArt 작성 및 스타일 지정하기
☑ 애니메이션 지정하기

문제 미리보기

소스 파일 : 유형08_문제.pptx   정답 파일 : 유형08_완성.pptx

【슬라이드2】 아래의 작성조건 및 출력 형태에 알맞게 두 번째 슬라이드에 작업하시오. (50점)

● 출력 형태

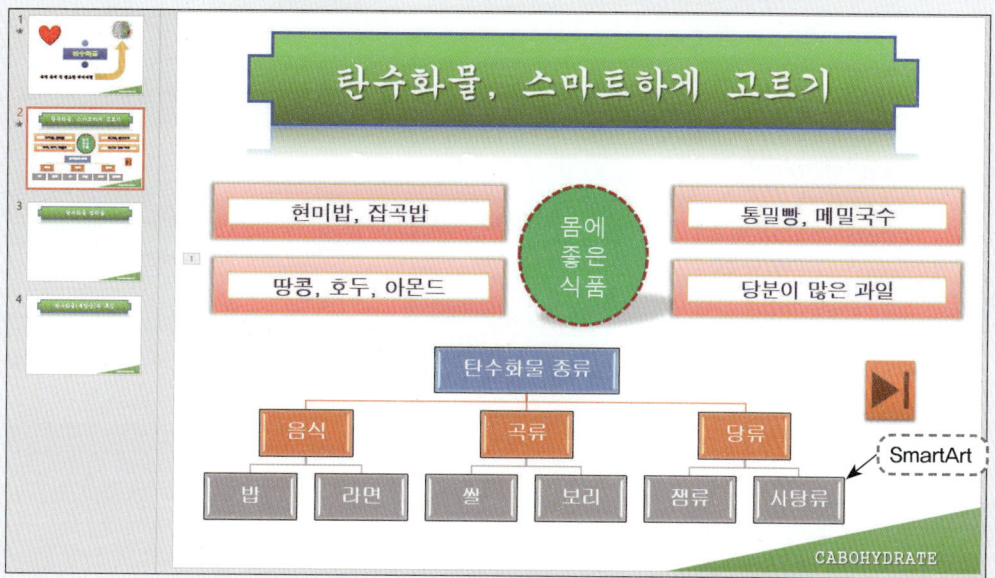

● 작성 조건

(1) 제목
▶ 도형 1 ⇒ 기본 도형 : 십자형, 도형 채우기(연한 녹색, 그라데이션 - 선형 위쪽), 도형 윤곽선(실선, 색 : 파랑, 너비 : 3pt, 겹선 종류 : 단순형), 도형 효과(반사 - '근접 반사, 터치'), 글꼴(궁서체, 36pt, 텍스트 그림자)

(2) 본문
▶ 도형 2 ⇒ 기본 도형 : 타원, 도형 채우기(녹색), 도형 윤곽선(실선, 색 : 진한 빨강, 너비 : 3pt, 겹선 종류 : 단순형, 대시 종류 : 사각 점선), 도형 효과(그림자 - 원근감 대각선 오른쪽 위), 글꼴(돋움체, 24pt)
▶ 도형 3~6 ⇒ 기본 도형 : 액자, 도형 채우기(빨강, 그라데이션 - 선형 위쪽), 도형 윤곽선(실선, 색 : 주황, 너비 : 1pt, 겹선 종류 : 단순형), 도형 효과(그림자 - '바깥쪽 - 오프셋 가운데'), 글꼴(돋움, 20pt, 굵게, 진한 파랑)
▶ SmartArt 삽입 ⇒ 계층 구조형 : 조직도형, 글꼴(굴림, 20pt, 굵게, 가운데 맞춤), SmartArt 스타일(색 변경 - '색상형 - 강조색', 3차원 - 만화), (반드시 SmartArt 기능을 이용하여 작성할 것)
▶ 실행 단추 ⇒ 실행 단추 : 끝, 하이퍼링크 : 마지막 슬라이드, 도형 스타일(' 강한 효과 - 주황, 강조 2')
▶ 애니메이션 지정 ⇒ SmartArt : 나타내기 - 블라인드
▶ 지시사항이 없는 부분은 《출력 형태》와 동일하게 작성하시오.

※ 출제유형 08은 《작성 조건》 중에서 파란색으로 표시된 내용만 작업합니다.

디지털정보활용능력 - 프리젠테이션[파워포인트] (시험시간 : 40분)

[슬라이드 2] 아래의 작성조건 및 출력형태에 알맞게 두 번째 슬라이드에 작업하시오. (50점)

≪출력형태≫

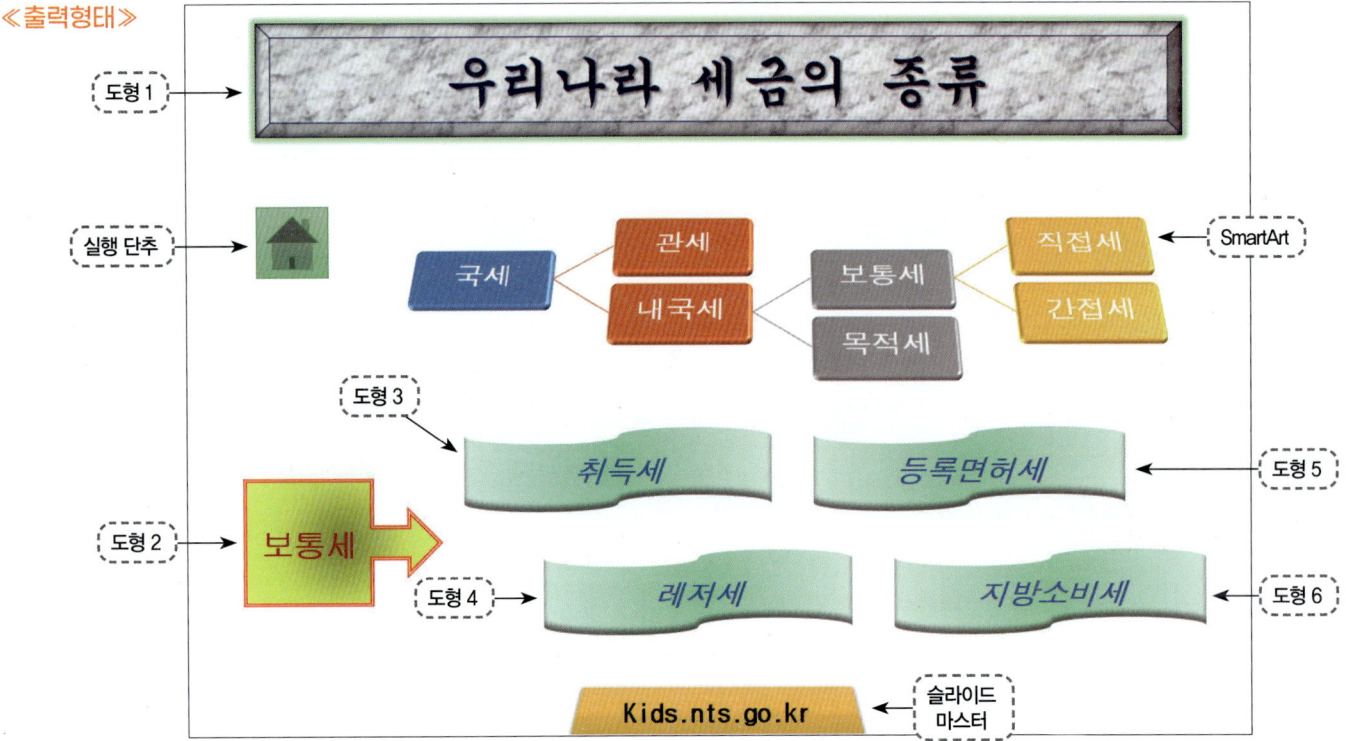

≪작성조건≫

(1) 제목
- ▶ 도형 1 ⇒ 기본 도형 : 빗면, 도형 채우기(질감 : 흰색 대리석),
   도형 윤곽선(실선, 색 : 진한 파랑, 너비 : 1pt, 겹선 종류 : 단순형),
   도형 효과(그림자 - 안쪽 가운데, 네온 - '녹색, 8 pt 네온, 강조색 6'),
   글꼴(궁서체, 40pt, 텍스트 그림자, 진한 파랑)

(2) 본문
- ▶ 도형 2 ⇒ 블록 화살표 : 오른쪽 화살표 설명선, 도형 채우기(노랑, 그라데이션 - 가운데에서),
   도형 윤곽선(실선, 색 : 빨강, 너비 : 3pt, 겹선 종류 : 이중),
   글꼴(굴림, 24pt, 굵게, 진한 빨강)
- ▶ 도형 3~6 ⇒ 순서도 : 천공 테이프, 도형 채우기(녹색, 그라데이션 - 가운데에서), 선 없음,
   도형 효과(그림자 - 안쪽 아래쪽), 글꼴(돋움, 22pt, 굵게, 기울임꼴, 파랑)
- ▶ 실행 단추 ⇒ 실행 단추 : 홈, 하이퍼링크 : 첫째 슬라이드, 도형 스타일('미세 효과 - 녹색, 강조 6')
- ▶ SmartArt 삽입 ⇒ 계층 구조형 : 가로 계층 구조형, 글꼴(돋움, 24pt, 굵게, 가운데 맞춤),
   SmartArt 스타일(색 변경 - '색상형 - 강조색', 3차원 - 평면),
   (반드시 SmartArt 기능을 이용하여 작성할 것)
- ▶ 애니메이션 지정 ⇒ SmartArt : 나타내기 - 확대/축소
- ▶ 지시사항이 없는 부분은 ≪출력형태≫와 동일하게 작성하시오.

01 SmartArt 작성하기

① 두 번째 슬라이드를 선택한 후 [삽입] 탭의 [일러스트레이션] 그룹에서 SmartArt( )를 클릭합니다.

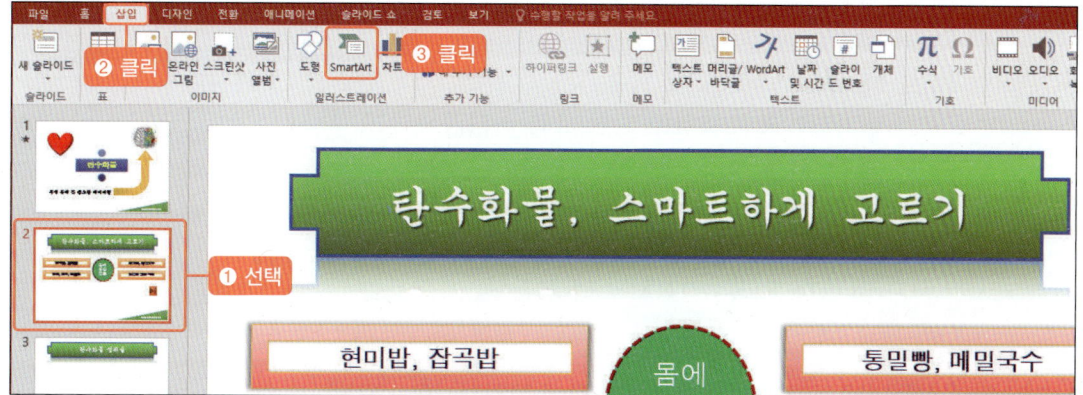

② [SmartArt 그래픽 선택] 대화상자가 나오면 [계층 구조형]-조직도형을 선택한 후 〈확인〉 단추를 클릭합니다.

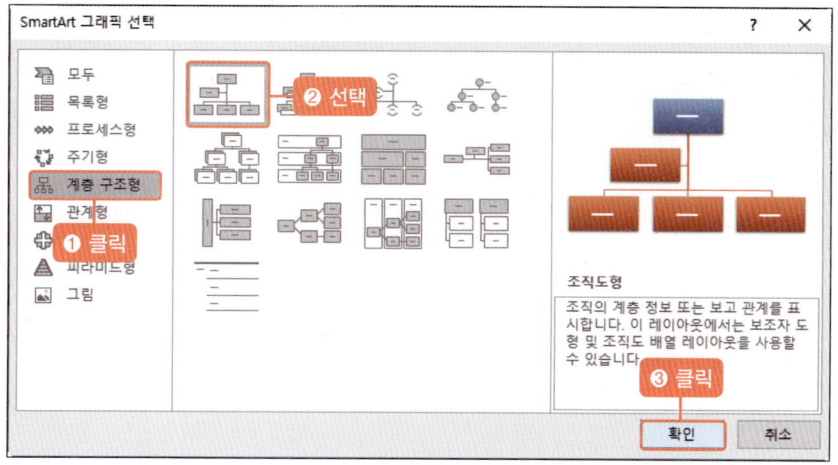

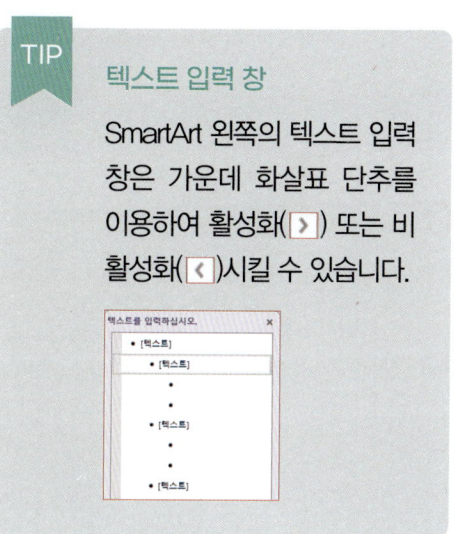

TIP 텍스트 입력 창

SmartArt 왼쪽의 텍스트 입력 창은 가운데 화살표 단추를 이용하여 활성화( ) 또는 비활성화( )시킬 수 있습니다.

③ SmartArt가 삽입되면 그림과 같이 보조자 도형의 테두리를 선택한 후 Delete 키를 눌러 도형을 삭제합니다.

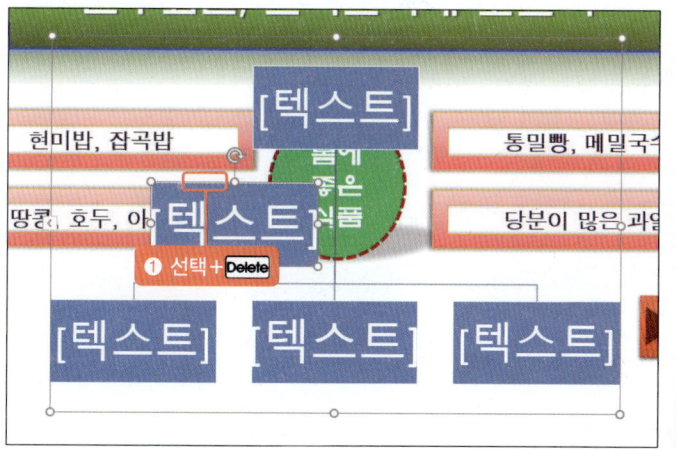
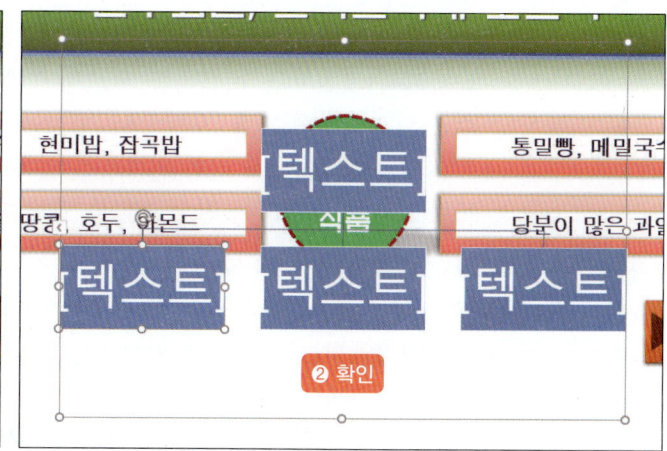

출제유형 08　73　[슬라이드2] SmartArt

디지털정보활용능력-프리젠테이션[파워포인트] (시험시간 : 40분)

유의사항
- 《작성조건》을 준수하여 반드시 프리젠테이션 슬라이드로 작업합니다.
- 글꼴 및 기타 사항에 대해 별도의 지시사항이 없는 경우, 슬라이드 크기와 전체적인 균형을 고려하여 임의로 작성하되, **도형은 그룹으로 설정하지 않습니다.**
- 모든 슬라이드 크기(A4), 방향(가로), 디자인 테마(Office 테마)로 지정합니다.
  ▶ 슬라이드 크기, 방향 조정 시 '맞춤 확인'으로 지정하여야 합니다.
- 공통적용사항(슬라이드 마스터)
  ▶ 도형 ⇒ 기본 도형 : 사다리꼴, 도형 스타일('강한 효과 – 황금색, 강조 4'), 글꼴(돋움체, 20pt, 굵게, '검정, 텍스트 1')
- 그림 삽입 시 다운로드 한 그림 파일을 반드시 사용하여야 합니다.
- ⎕ ⟶ 은 지시사항이므로 작성하지 않습니다.
- 슬라이드에 제시된 글자 및 숫자 오타는 감점처리 됩니다.

[슬라이드 1] 아래의 작성조건 및 출력형태에 알맞게 첫 번째 슬라이드에 작업하시오. (30점)

《출력형태》

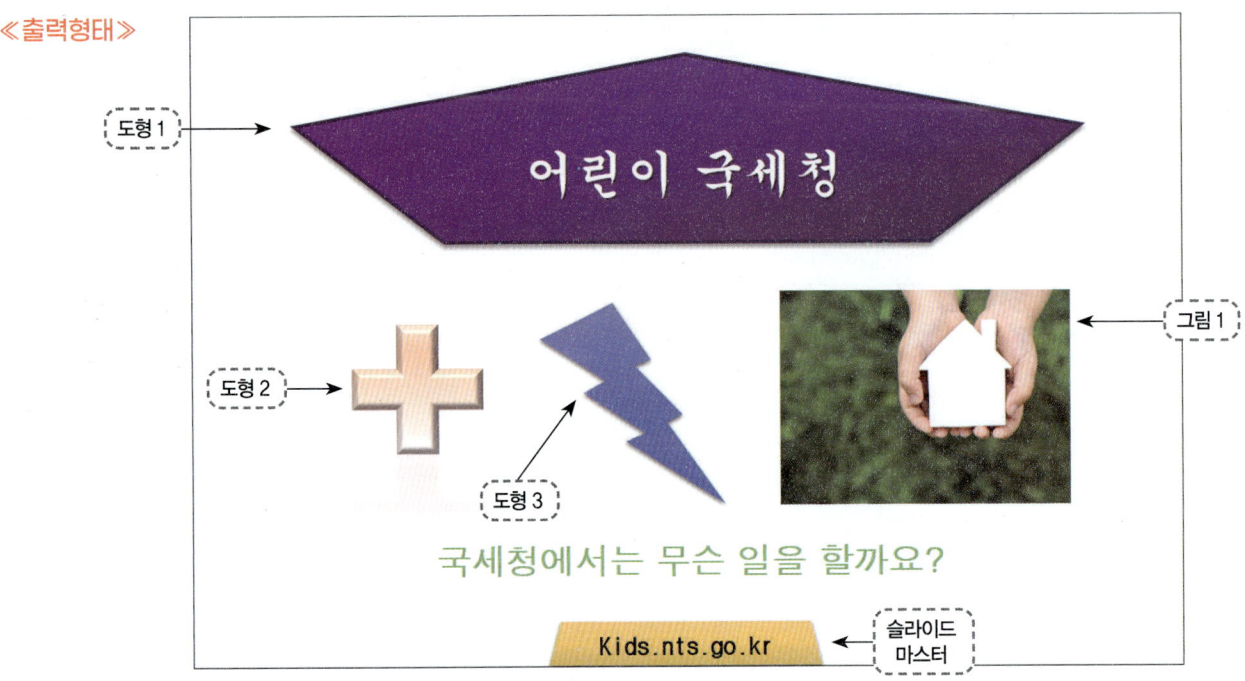

《작성조건》

▶ 도형 1 ⇒ 기본 도형 : 정오각형, 도형 채우기(자주, 그라데이션–'선형 대각선 – 오른쪽 아래에서 왼쪽 위로'), 도형 윤곽선(실선, 색 : 진한 파랑, 너비 : 3pt, 겹선 종류 : 단순형), 도형 효과(그림자 – '바깥쪽 – 오프셋 아래쪽'), 글꼴(궁서, 40pt, 텍스트 그림자)

▶ 도형 2 ⇒ 수식 도형 : 덧셈 기호, 도형 채우기(그라데이션 : 미리 설정 – '밝은 그라데이션 – 강조 2', 종류 – 선형, 방향 – 선형 위쪽), 선 없음, 도형 효과(반사 – '1/2 반사, 터치', 입체 효과 – 비스듬하게)

▶ 도형 3 ⇒ 기본 도형 : 번개, 도형 스타일('강한 효과 – 파랑, 강조 5')

▶ 그림 삽입 ⇒ 그림 1 삽입, 크기(높이 : 6cm, 너비 : 8cm)

▶ 텍스트 상자(국세청에서는 무슨 일을 할까요?) ⇒ 글꼴(돋움, 28pt, 굵게, '녹색, 강조 6')

▶ 애니메이션 지정 ⇒ 도형 1 : 나타내기 – 내밀기

▶ 지시사항이 없는 부분은 《출력형태》와 동일하게 작성하시오.

❹ 두 번째 계층에서 첫 번째 도형의 테두리를 선택합니다. 이어서, [SmartArt 도구]-[디자인] 탭의 [그래픽 만들기] 그룹에서 도형 추가(🗔)의 목록 단추(🔽)를 클릭한 후 아래에 도형 추가를 선택합니다.

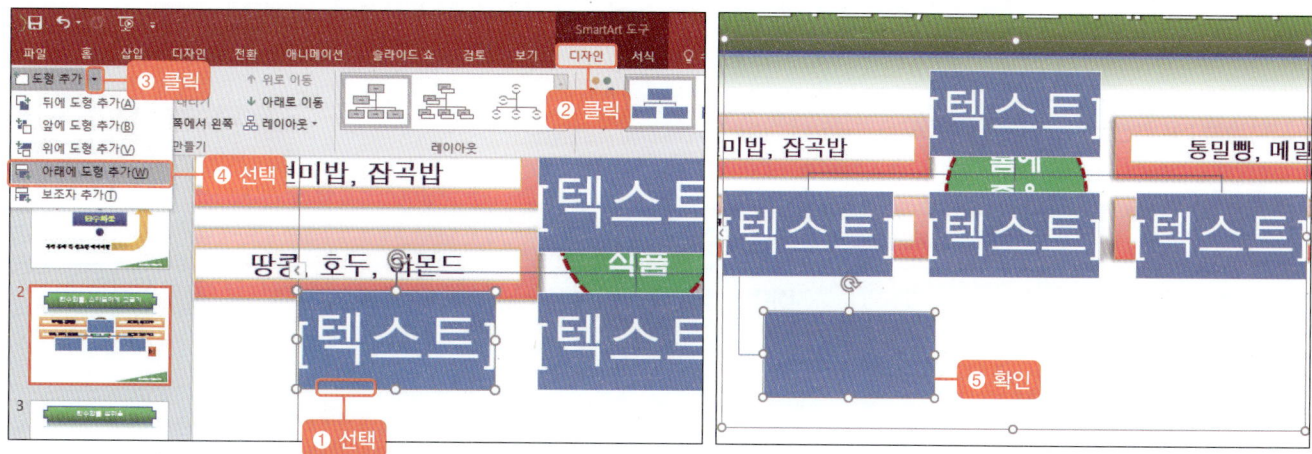

❺ 다시 두 번째 계층에서 첫 번째 도형의 테두리를 선택합니다. 이어서, [SmartArt 도구]-[디자인] 탭의 [그래픽 만들기] 그룹에서 도형 추가(🗔)의 목록 단추(🔽)를 클릭한 후 아래에 도형 추가를 선택합니다.

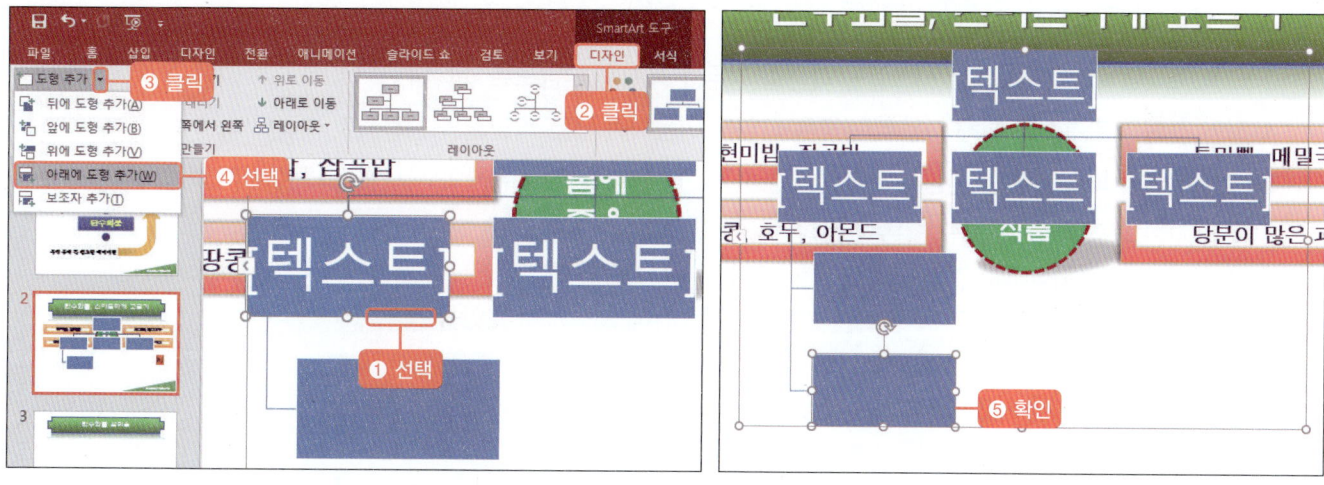

❻ 똑같은 방법으로 ≪출력 형태≫와 같이 나머지 도형을 추가합니다.

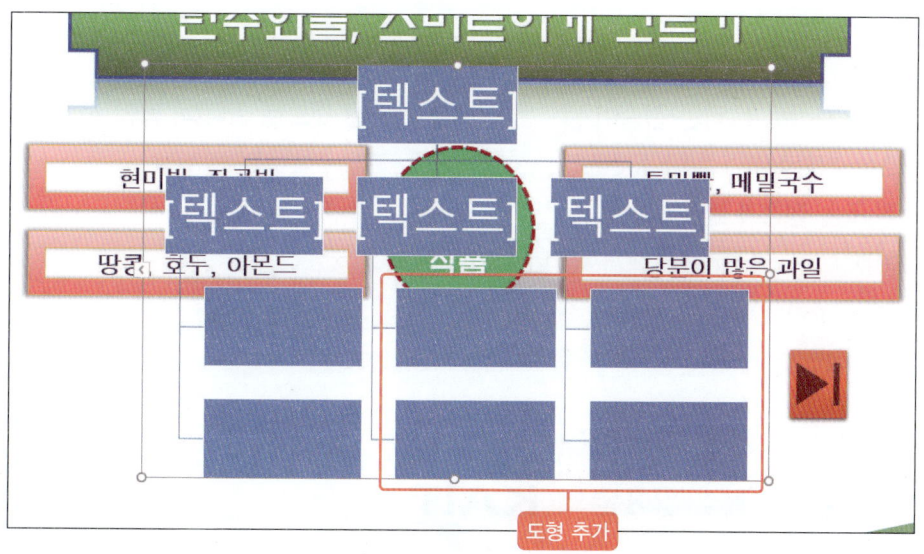

제12회 디지털정보활용능력 출제예상 모의고사

- ☑ 시험과목 : 프리젠테이션(파워포인트)
- ☑ 시험일자 : 20XX. XX. XX. (X)
- ☑ 응시자 기재사항 및 감독위원 확인

MS Office 2016 버전용

수검번호	DIP - XXXX -	감독위원 확인
성 명		

응시자 유의사항

1. 응시자는 신분증을 지참하여야 시험에 응시할 수 있으며, 시험이 종료될 때까지 신분증을 제시하지 못 할 경우 해당 시험은 0점 처리됩니다.
2. 시스템(PC작동여부, 네트워크 상태 등)의 이상여부를 반드시 확인하여야 하며, 시스템 이상이 있을시 감독위원에게 조치를 받으셔야 합니다.
3. 시험 중 부주의 또는 고의로 시스템을 파손한 경우는 응시자 부담으로 합니다.
4. 답안 전송 프로그램을 통해 다운로드 받은 파일을 이용하여 답안 파일을 작성하시기 바랍니다.
5. 작성한 답안 파일은 답안 전송 프로그램을 통하여 전송됩니다. 감독위원의 지시에 따라 주시기 바랍니다.
6. 다음 사항의 경우 실격(0점) 혹은 부정행위 처리됩니다.
    1) 답안 파일을 저장하지 않았거나, 저장한 파일이 손상되었을 경우
    2) 답안 파일을 지정된 폴더(바탕화면 – "KAIT" 폴더)에 저장하지 않았을 경우
        ※ 답안 전송 프로그램 로그인 시 바탕화면에 자동 생성됨
    3) 답안 파일을 다른 보조 기억장치(USB) 혹은 네트워크(메신저, 게시판 등)로 전송할 경우
    4) 휴대용 전화기 등 통신기기를 사용할 경우
7. 슬라이드는 반드시 순서대로 작성해야 하며, 순서가 다를 경우 "0"점 처리 됩니다.
8. 시험지에 제시된 글꼴이 응시 프로그램에 없는 경우, 반드시 감독위원에게 해당 내용을 통보한 뒤 조치를 받아야 합니다.
9. 슬라이드 작성 시 도형의 그룹 설정을 사용하는 경우, 채점에서 감점처리 됩니다.
10. 시험의 완료는 작성이 완료된 답안을 저장하고, 답안 전송이 완료된 상태를 확인한 것으로 합니다. 답안 전송 확인 후 문제지는 감독위원에게 제출한 후 퇴실하여야 합니다.
11. 답안 전송이 완료된 경우에는 수정 또는 정정이 불가능합니다.
12. 시험 시행 후 합격자 발표는 홈페이지(www.ihd.or.kr)에서 확인하시기 바랍니다.
    1) 문제 및 정답 공개 : 20XX. XX. XX. (X)
    2) 합격자 발표 : 20XX. XX. XX. (X)

❼ 삽입된 SmartArt의 레이아웃을 변경하기 위해 두 번째 계층에서 첫 번째 도형 테두리를 선택합니다. 이어서, **Shift** 키를 누른 채 두 번째 도형과 세 번째 도형의 테두리를 각각 클릭합니다.

❽ **[SmartArt 도구]-[디자인] 탭**의 **[그래픽 만들기] 그룹**에서 **[레이아웃(品)]-표준**을 클릭합니다.

※ SmartArt의 레이아웃 변경은 대부분 '표준'으로 출제되지만 다른 형태가 나올 수도 있기 때문에 ≪출력 형태≫를 참고하여 작업합니다.

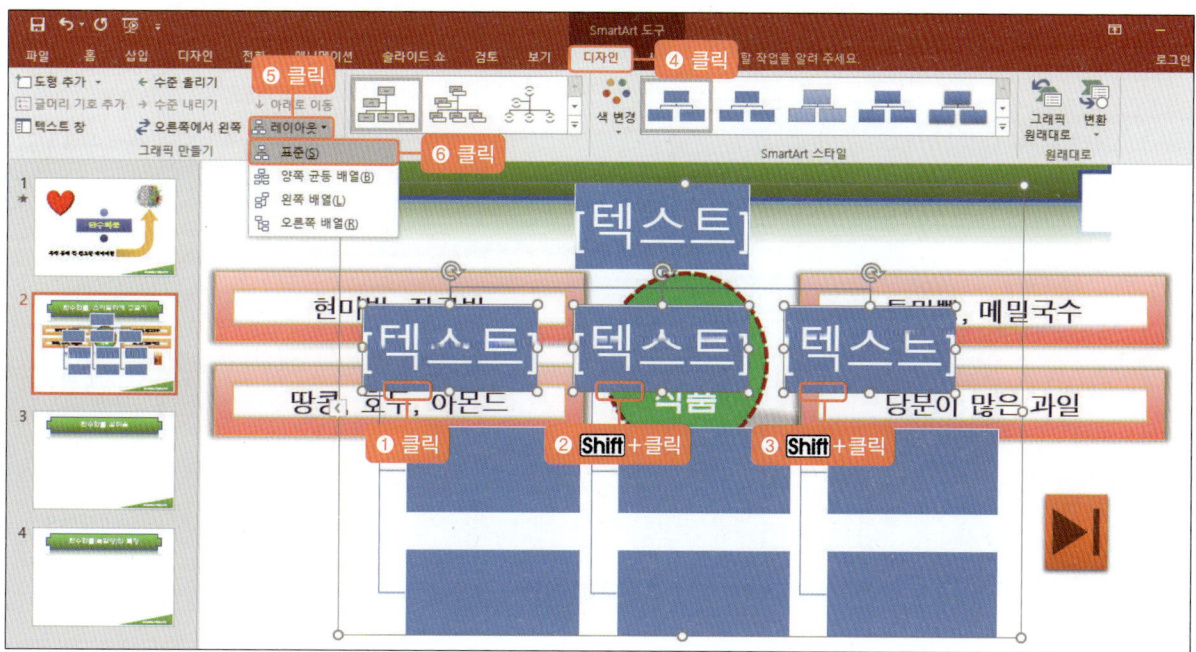

❾ ≪출력 형태≫를 참고하여 SmartArt 모양이 같은지 확인합니다.

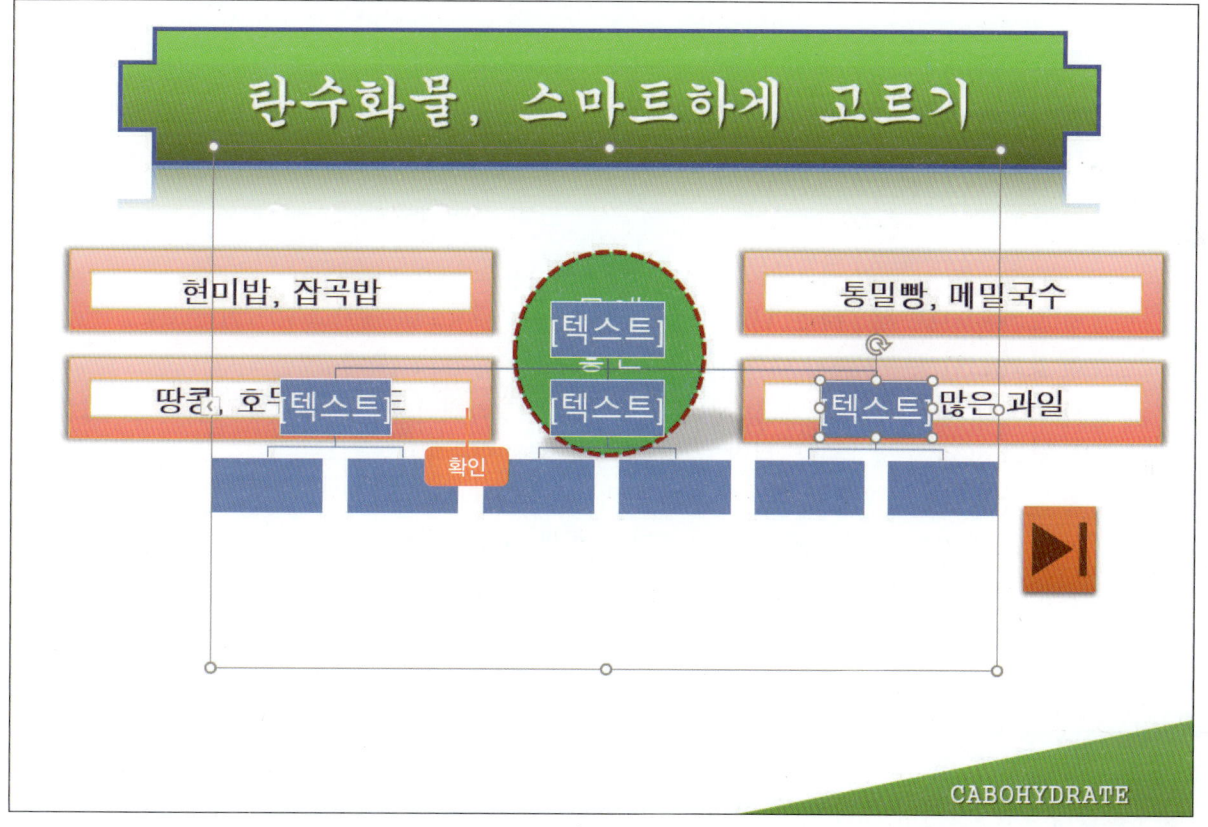

디지털정보활용능력 - 프리젠테이션[파워포인트] (시험시간 : 40분)

[슬라이드 4] 아래의 작성조건 및 출력형태에 알맞게 네 번째 슬라이드에 작업하시오. (60점)

≪출력형태≫

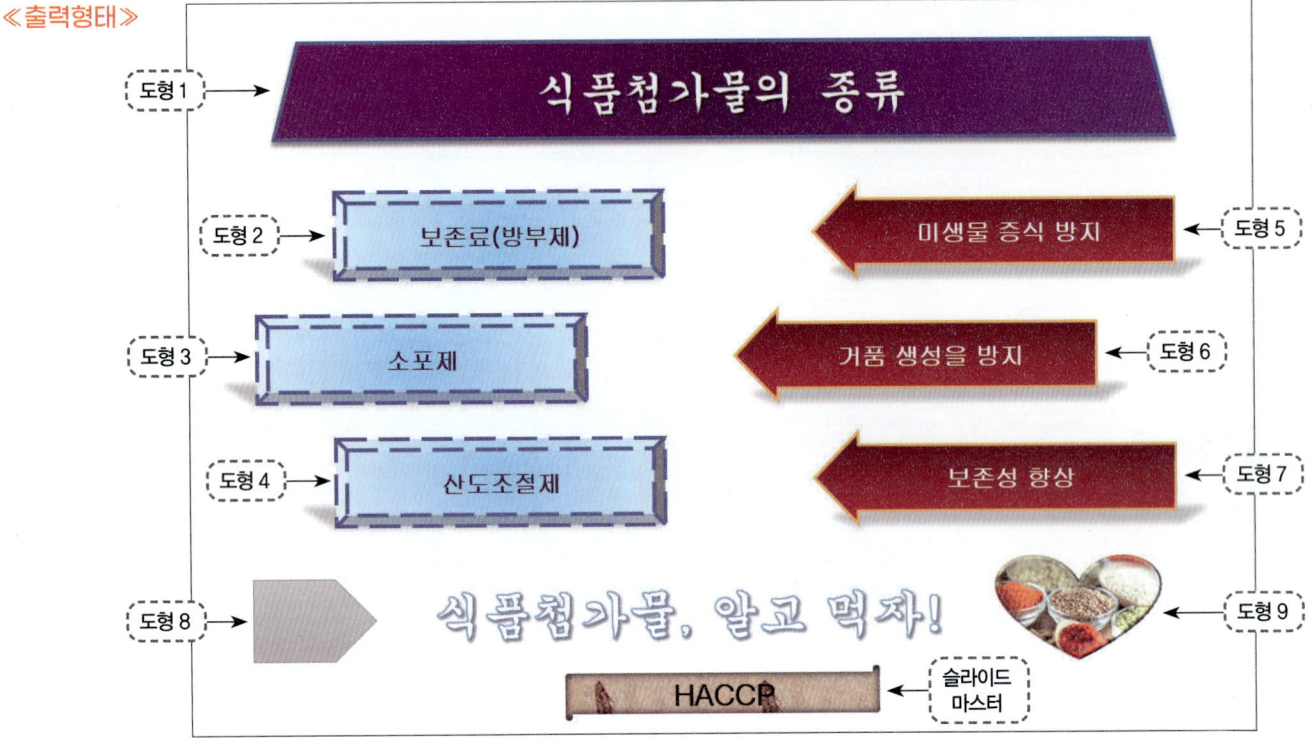

≪작성조건≫

(1) 제목
  ▶ 도형 1 ⇒ 기본 도형 : 사다리꼴, 도형 채우기(자주, 그라데이션 - 가운데에서),
    도형 윤곽선(실선, 색 : 파랑, 너비: 3pt, 겹선 종류 : 단순형),
    도형 효과(그림자 - '바깥쪽 - 오프셋 아래쪽'),
    글꼴(궁서체, 32pt, 텍스트 그림자)

(2) 본문
  ▶ 도형 2~4 ⇒ 기본 도형 : 빗면, 도형 채우기(연한 파랑, 그라데이션 - 가운데에서),
    도형 윤곽선(실선, 색 : 파랑, 너비: 2.5pt, 겹선 종류 : 단순형, 대시 종류 : 긴 파선),
    도형 효과(그림자 - 원근감 대각선 왼쪽 위), 글꼴(굴림, 18pt, 굵게, 진한 파랑)
  ▶ 도형 5~7 ⇒ 블록 화살표 : 왼쪽 화살표, 도형 채우기(진한 빨강, 그라데이션 - 선형 아래쪽),
    도형 윤곽선(실선, 색 : 주황, 너비 : 2pt, 겹선 종류 : 단순형)
    도형 효과(그림자 - 원근감 대각선 오른쪽 위), 글꼴(굴림, 18pt, 굵게)
  ▶ 도형 8 ⇒ 블록 화살표 : 오각형, 도형 스타일('미세 효과 - 회색-50%, 강조 3')
  ▶ 도형 9 ⇒ 기본 도형 : 하트, 도형 채우기(그림 또는 질감 채우기) 기능을 사용하여 그림 3 삽입,
    선 없음, 도형 효과(입체 효과 - 부드럽게 둥글리기)
  ▶ WordArt 삽입(식품첨가물, 알고 먹자!)
    ⇒ WordArt 스타일('채우기 - 흰색, 윤곽선 - 강조 1, 네온 - 강조 1'),
    글꼴(궁서, 36pt, 굵게, 텍스트 그림자)
  ▶ 지시사항이 없는 부분은 ≪출력형태≫와 동일하게 작성하시오.

⑨ SmartArt의 테두리를 드래그 하여 그림과 같이 위치를 변경합니다.

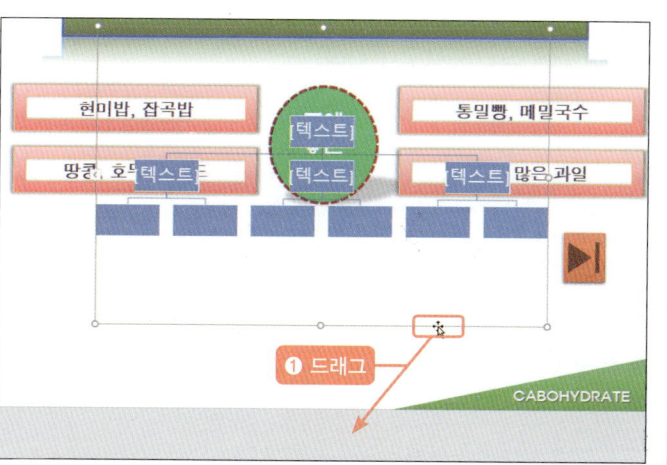 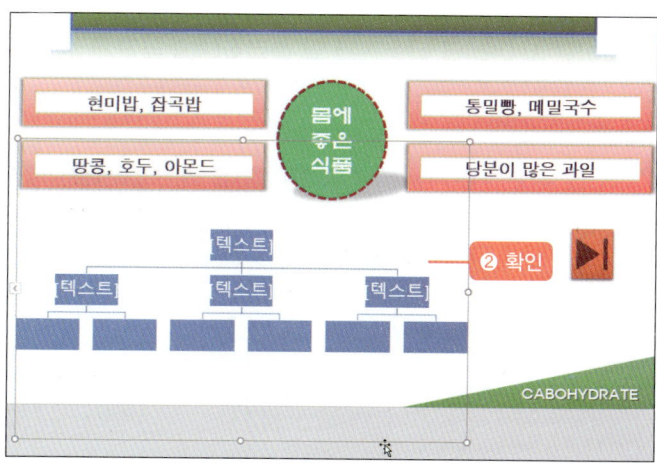

⑩ SmartArt의 오른쪽 조절점(○)을 드래그 하여 그림과 같이 크기를 변경합니다.

　※ SmartArt의 위치 및 크기는 《출력 형태》를 참고하여 작업하며, 키보드 방향키(←, →, ↑, ↓)를 이용하여 정확한 위치를 맞춥니다.
　※ SmartArt의 테두리는 슬라이드 밖에 위치해도 감점 요소가 아닙니다.

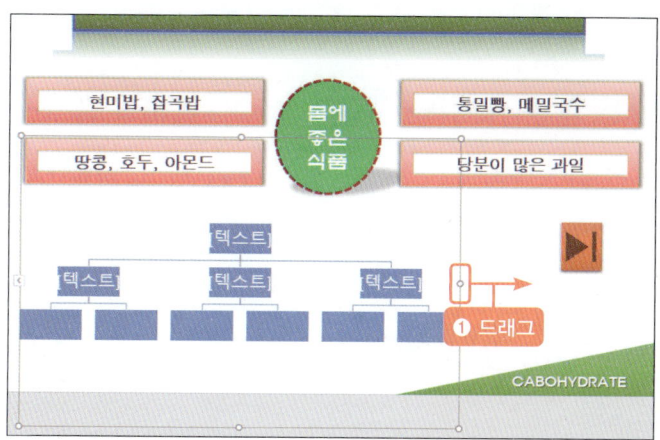 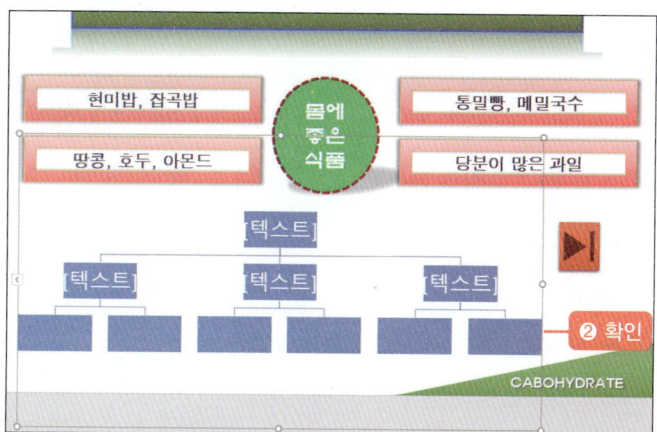

⑪ SmartArt의 각 도형을 선택한 후 《출력 형태》를 참고하여 내용을 입력합니다.

　※ 내용을 수정할 때는 도형 안쪽의 내용을 블록으로 지정한 후 새로운 내용을 입력합니다.

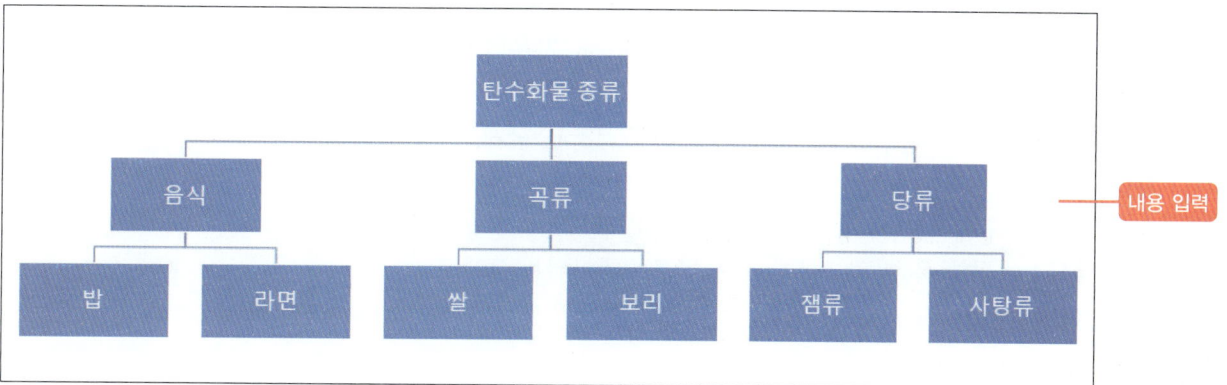

디지털정보활용능력 – 프리젠테이션[파워포인트] (시험시간 : 40분)

[슬라이드 3] 아래의 작성조건 및 출력형태에 알맞게 세 번째 슬라이드에 작업하시오. (60점)

≪출력형태≫

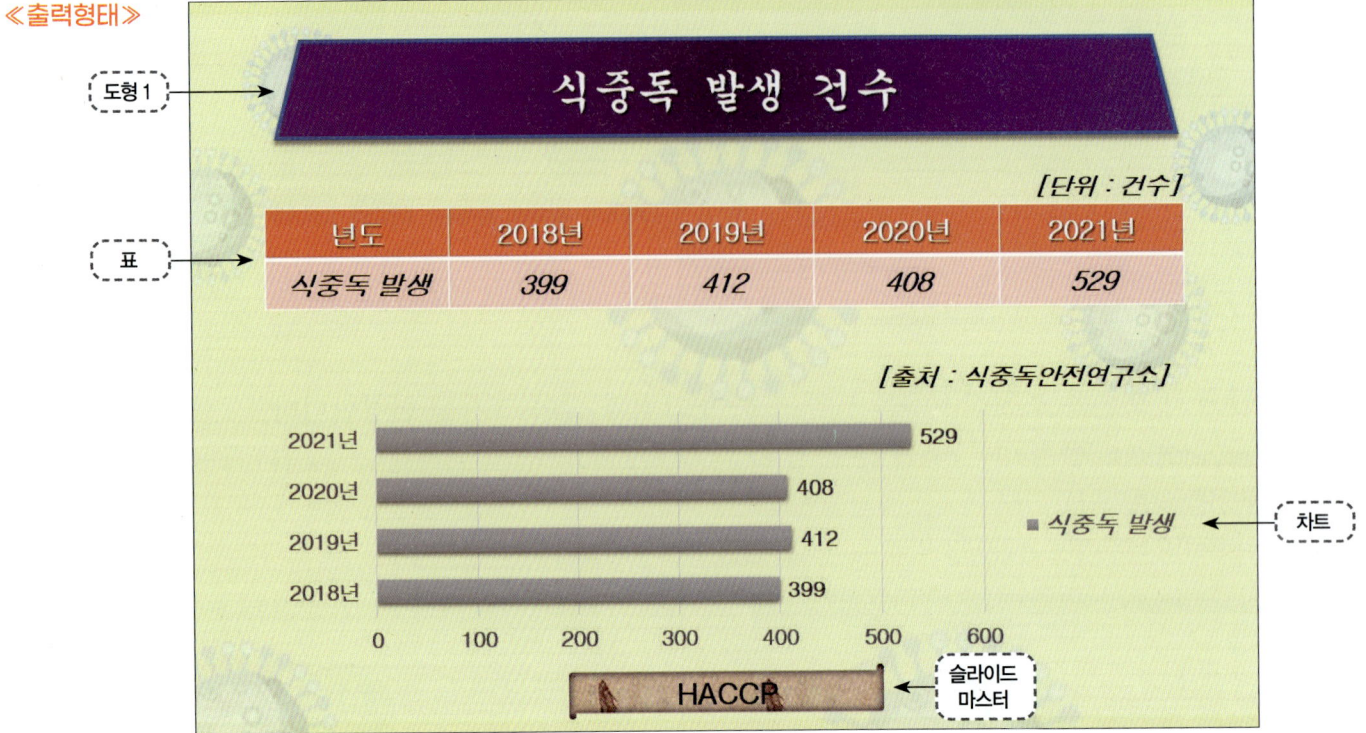

≪작성조건≫

(1) 제목
- ▶ 도형 1 ⇒ 기본 도형 : 사다리꼴, 도형 채우기(자주, 그라데이션 – 가운데에서),
  도형 윤곽선(실선, 색 : 파랑, 너비: 3pt, 겹선 종류 : 단순형),
  도형 효과(그림자 – '바깥쪽 – 오프셋 아래쪽'),
  글꼴(궁서체, 32pt, 텍스트 그림자)

(2) 본문 (※ 차트 작성은 반드시 '차트삽입 → 데이터입력 → 차트스타일' 순으로 작성바랍니다.)
- ▶ 텍스트 상자 1([단위 : 건수]) ⇒ 글꼴(돋움, 18pt, 굵게, 기울임꼴)
- ▶ 표 ⇒ 표 스타일(보통 스타일 2 – 강조 2),
  가장 위의 행 : 글꼴(굴림, 20pt, 굵게, 텍스트 그림자, 가운데 맞춤),
  나머지 행 : 글꼴(굴림, 20pt, 굵게, 기울임꼴, 가운데 맞춤)
- ▶ 텍스트 상자 2([출처 : 식중독안전연구소]) ⇒ 글꼴(돋움, 18pt, 굵게, 기울임꼴)
- ▶ 차트 ⇒ 가로 막대형 : 묶은 가로 막대형, 차트 스타일(색 변경 – '단색형 – 색 7', 스타일 13),
  축 서식/데이터 레이블 서식 : 글꼴(돋움, 16pt, 굵게),
  범례 서식 : 글꼴(돋움, 18pt, 굵게, 기울임꼴), 데이터는 표 참고
- ▶ 배경 ⇒ 배경 서식(채우기 – 그림 또는 질감 채우기)에서 그림 2 삽입(현재 슬라이드만 적용)
- ▶ 애니메이션 지정 ⇒ 차트 : 나타내기 – 나누기
- ▶ 지시사항이 없는 부분은 ≪출력형태≫와 동일하게 작성하시오.

02 SmartArt 스타일과 색상 지정하기

① 글꼴 서식을 변경하기 위해 SmartArt의 테두리를 선택한 후 [홈] 탭의 [글꼴] 그룹에서 글꼴(굴림), 글꼴 크기(20pt), 굵게(가)를 지정한 후 [단락] 그룹에서 가운데 맞춤(≡)을 클릭합니다.

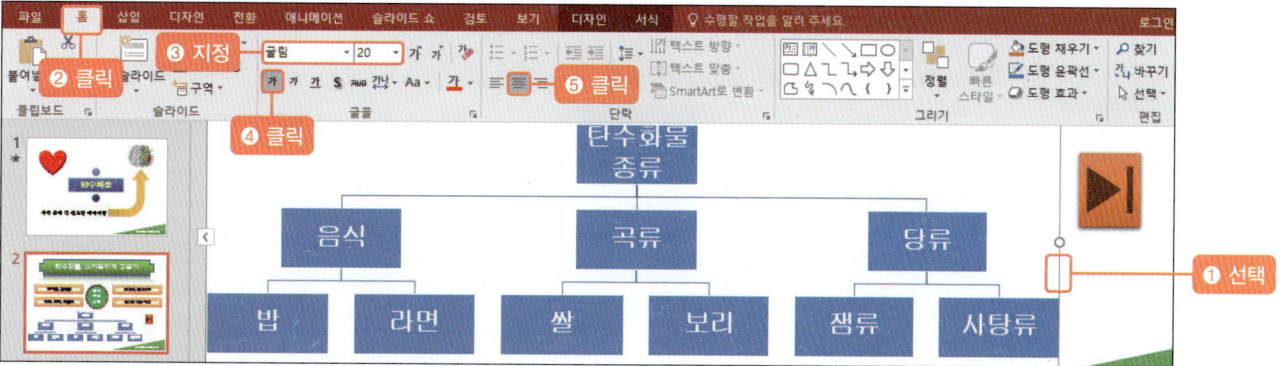

② 첫 번째 계층의 도형을 선택한 후 가운데 조절점(○)을 드래그 하여 도형의 크기를 조절합니다.

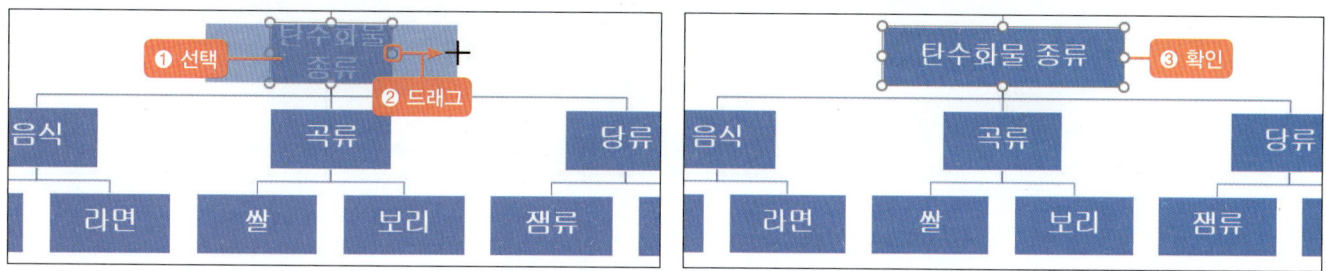

③ SmartArt의 테두리를 선택한 후 [SmartArt 도구]-[디자인] 탭의 [SmartArt 스타일] 그룹에서 색 변경(⋯)-색상형 – 강조색을 지정합니다. 이어서 자세히(▽) 단추를 클릭한 후 3차원-만화를 선택합니다.

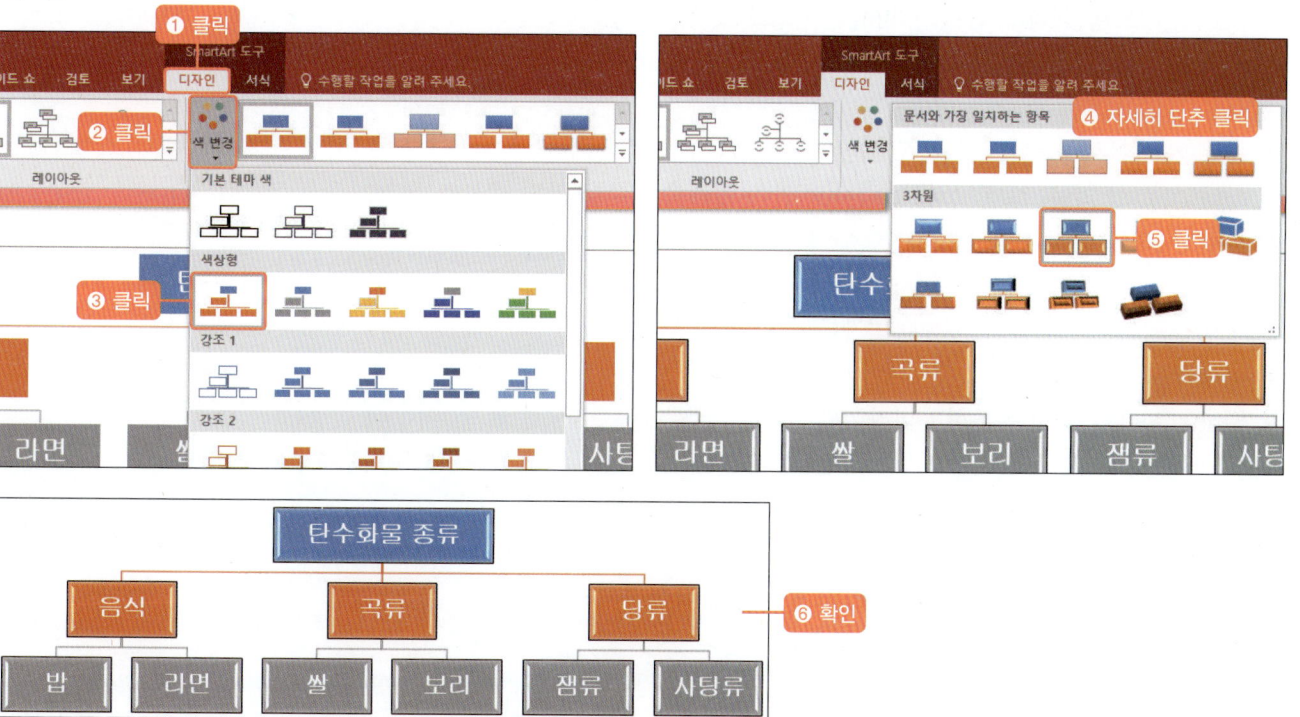

디지털정보활용능력 – 프리젠테이션[파워포인트] (시험시간 : 40분)

[슬라이드 2] 아래의 작성조건 및 출력형태에 알맞게 두 번째 슬라이드에 작업하시오. (50점)

《출력형태》

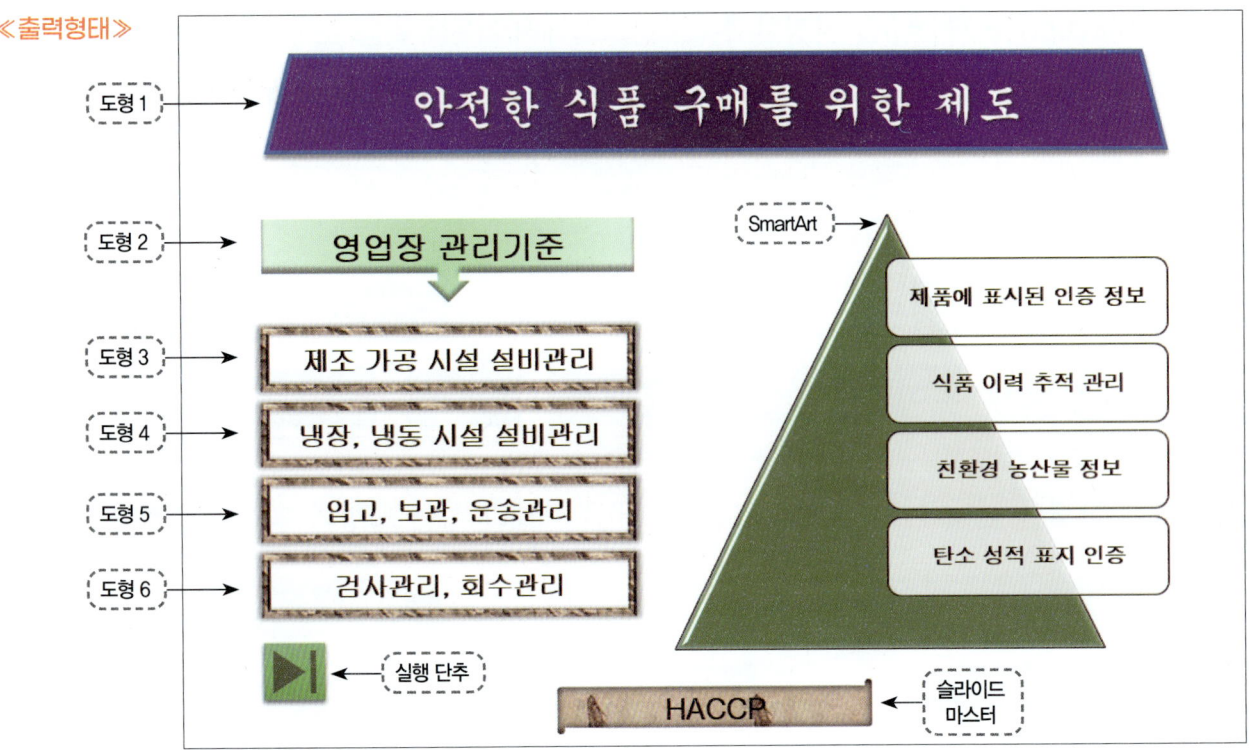

《작성조건》

(1) 제목
- ▶ 도형 1 ⇒ 기본 도형 : 사다리꼴, 도형 채우기(자주, 그라데이션 – 가운데에서),
  도형 윤곽선(실선, 색 : 파랑, 너비: 3pt, 겹선 종류 : 단순형),
  도형 효과(그림자 – '바깥쪽 – 오프셋 아래쪽'),
  글꼴(궁서체, 32pt, 텍스트 그림자)

(2) 본문
- ▶ 도형 2 ⇒ 블록 화살표 : 아래쪽 화살표 설명선, 도형 채우기(연한 녹색, 그라데이션 – 가운데에서),
  선 없음, 도형 효과(그림자 – 안쪽 아래쪽), 글꼴(굴림, 24pt, 굵게, '검정, 텍스트 1')
- ▶ 도형 3~6 ⇒ 기본 도형 : 액자, 도형 채우기(질감 : 종이 가방), 선 없음,
  도형 효과 (그림자 – '바깥쪽 – 오프셋 가운데', 입체 효과 – 딱딱한 가장자리),
  글꼴(굴림, 20pt, 굵게)
- ▶ 실행 단추 ⇒ 실행 단추 : 끝, 하이퍼링크 : 마지막 슬라이드, 도형 스타일('강한 효과 – 녹색, 강조 6')
- ▶ SmartArt 삽입 ⇒ 목록형 : 피라미드 목록형, 글꼴(돋움, 16pt, 굵게, 가운데 맞춤),
  SmartArt 스타일(색 변경 – '그라데이션 반복 – 강조 6', 3차원 – 만화),
  (반드시 SmartArt 기능을 이용하여 작성할 것)
- ▶ 애니메이션 지정 ⇒ SmartArt : 나타내기 – 블라인드
- ▶ 지시사항이 없는 부분은 《출력형태》와 동일하게 작성하시오.

> **TIP** SmartArt의 도형 크기 변경하기
>
> SmartArt의 크기에 비례하여 SmartArt의 도형들은 크기가 자동으로 변경됩니다. 만약 전체가 아닌 특정 도형들의 크기를 한 번에 변경할 경우에는 **Shift** 키를 누른 채 도형들의 테두리를 각각 클릭하여 여러 개의 도형을 선택한 후 조절점(○)을 드래그 하여 한 번에 크기를 조절할 수 있습니다.

03 애니메이션 지정하기

① SmartArt에 애니메이션을 지정하기 위해 SmartArt의 테두리를 선택합니다. 이어서, [애니메이션] 탭의 [애니메이션] 그룹에서 자세히(▾) 단추를 클릭한 후 [추가 나타내기 효과]를 클릭합니다.
   ※ 반드시 애니메이션을 적용할 대상 개체를 선택한 후 작업해야 합니다.

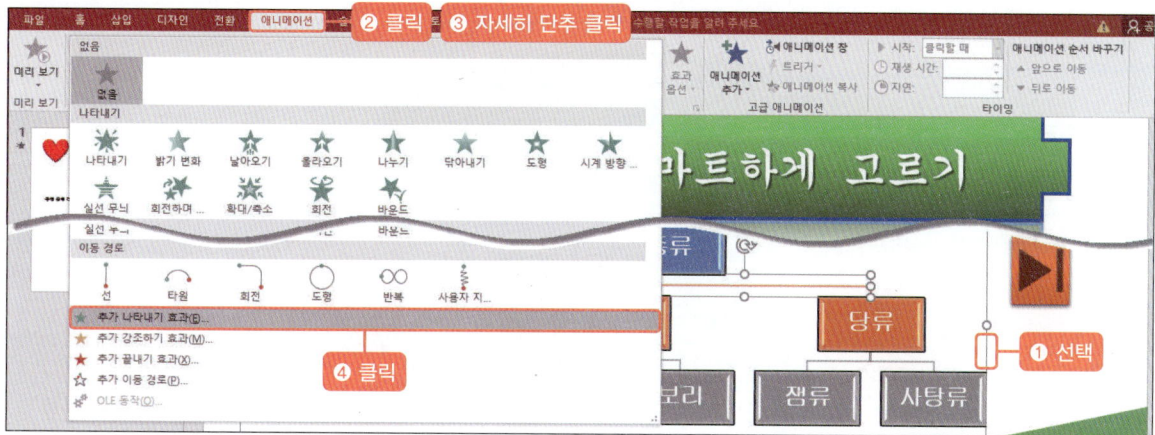

② [나타내기 효과 변경] 대화상자가 나오면 기본 효과-블라인드를 선택한 후 〈확인〉 단추를 클릭합니다.

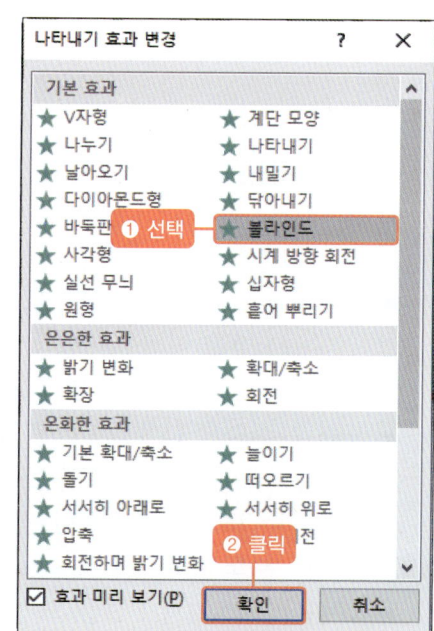

> **TIP** 애니메이션 확인
>
> 애니메이션이 지정되면 왼쪽 슬라이드 미리보기 창에 별 모양이 추가됩니다.
>
>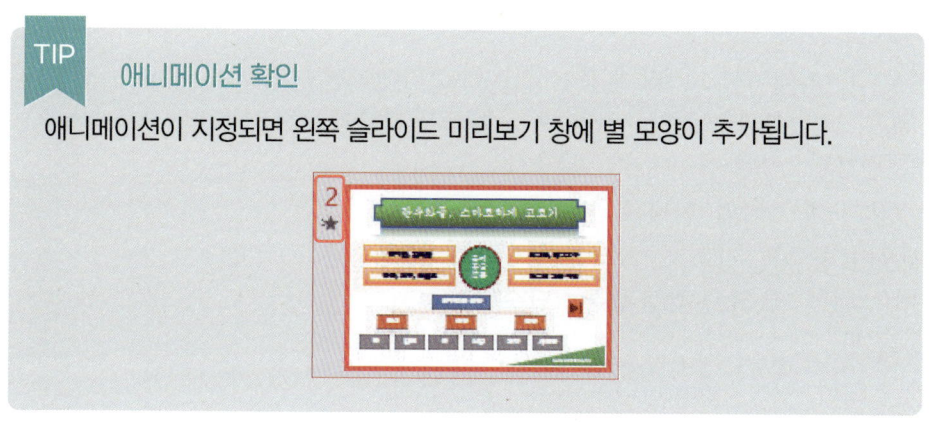

③ 모든 작업이 완료되면 파일을 저장합니다.

디지털정보활용능력-프리젠테이션[파워포인트] (시험시간 : 40분)

유의사항
- 《작성조건》을 준수하여 반드시 프리젠테이션 슬라이드로 작업합니다.
- 글꼴 및 기타 사항에 대해 별도의 지시사항이 없는 경우, 슬라이드 크기와 전체적인 균형을 고려하여 임의로 작성하되, **도형은 그룹으로 설정하지 않습니다.**
- 모든 슬라이드 크기(A4), 방향(가로), 디자인 테마(Office 테마)로 지정합니다.
  ▶ 슬라이드 크기, 방향 조정 시 '맞춤 확인'으로 지정하여야 합니다.
- 공통적용사항(슬라이드 마스터)
  ▶ 도형 ⇒ 별 및 현수막 : 가로로 말린 두루마리 모양, 도형 채우기(질감 : 물고기 화석), 선 없음, 도형 효과(그림자 – 안쪽 가운데), 글꼴(돋움, 22pt, 굵게, '검정, 텍스트 1')
- 그림 삽입 시 다운로드 한 그림 파일을 반드시 사용하여야 합니다.
- ▭→ 은 지시사항이므로 작성하지 않습니다.
- 슬라이드에 제시된 글자 및 숫자 오타는 감점처리 됩니다.

[슬라이드 1] 아래의 작성조건 및 출력형태에 알맞게 첫 번째 슬라이드에 작업하시오. (30점)

≪출력형태≫

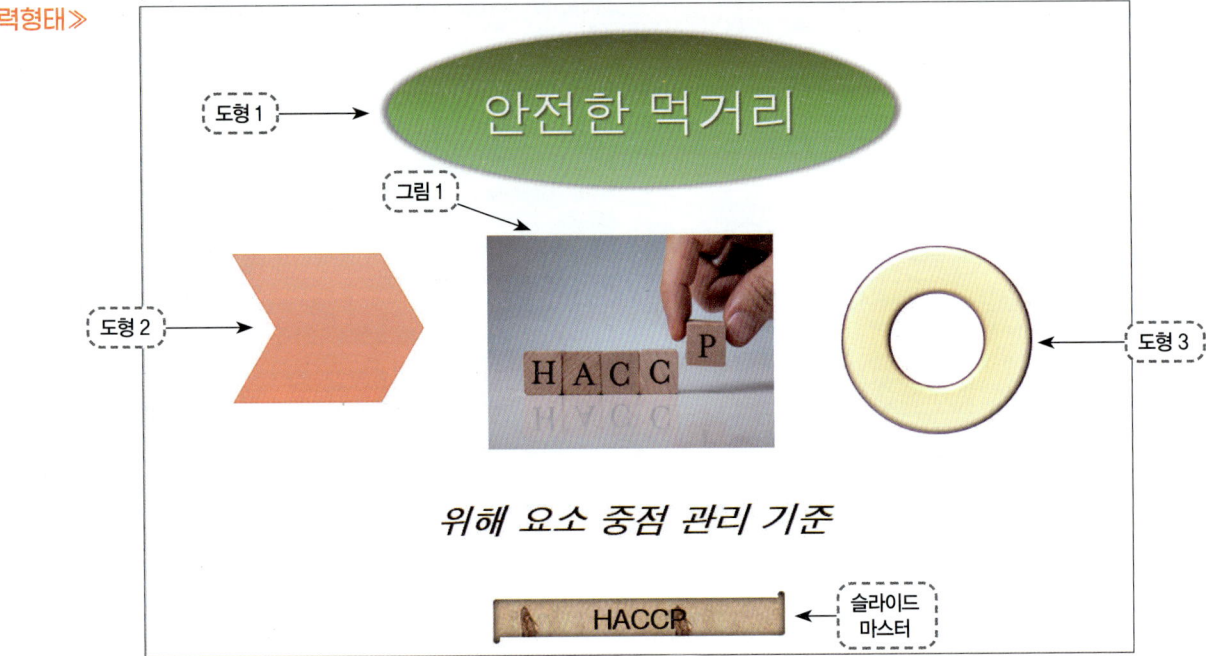

≪작성조건≫

▶ 도형 1 ⇒ 기본 도형 : 타원, 도형 채우기(그라데이션 : 미리 설정 – '가운데 그라데이션 – 강조 6', 종류 – 선형, 방향 – 선형 아래쪽), 선 없음, 도형 효과(그림자 – '바깥쪽 – 오프셋 가운데'), 글꼴(돋움, 40pt, 텍스트 그림자)
▶ 도형 2 ⇒ 블록 화살표 : 갈매기형 수장, 도형 스타일('미세 효과 – 주황, 강조 2')
▶ 도형 3 ⇒ 기본 도형 : 도넛, 도형 채우기('황금색, 강조 4', 그라데이션 – 가운데에서), 도형 윤곽선(실선, 색 : 자주, 너비 : 0.5pt, 겹선 종류 : 단순형), 도형 효과(입체 효과 – 둥글게)
▶ 그림 삽입 ⇒ 그림 1 삽입, 크기(높이 : 6cm, 너비 : 8cm)
▶ 텍스트 상자(위해 요소 중점 관리 기준) ⇒ 글꼴(돋움, 28pt, 굵게, 기울임꼴)
▶ 애니메이션 지정 ⇒ 도형 1 : 나타내기 – 도형
▶ 지시사항이 없는 부분은 《출력형태》와 동일하게 작성하시오.

[슬라이드2] SmartArt

01 아래의 작성조건 및 출력 형태에 알맞게 작업하시오.

* 소스 파일 : 정복08_문제01.pptx   * 정답 파일 : 정복08_완성01.pptx

● 출력 형태

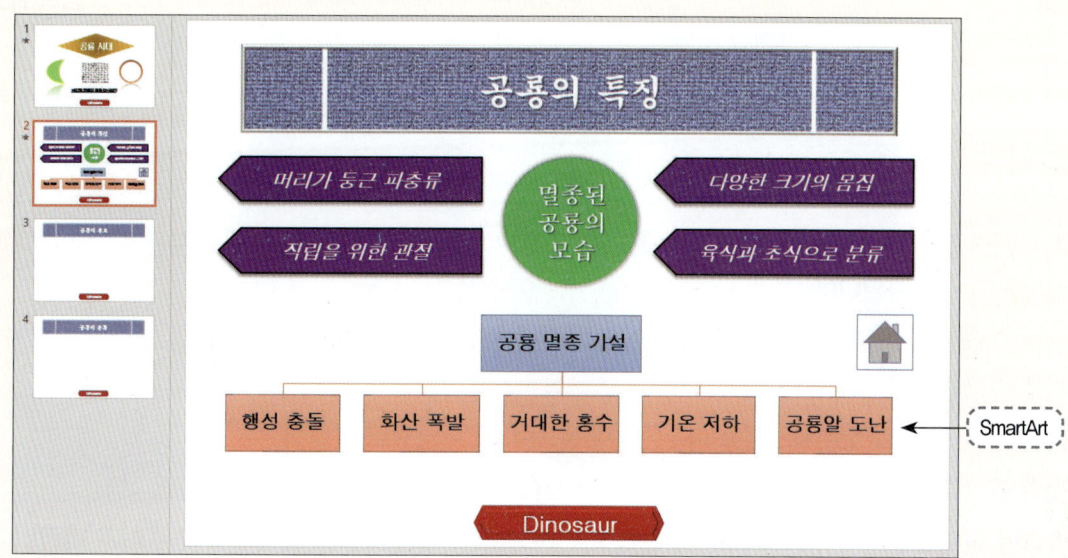

● 작성 조건

▶ SmartArt 삽입 ⇒ 계층 구조형 : 조직도형, 글꼴(돋움, 20pt, 굵게, 가운데 맞춤), SmartArt 스타일 (색 변경 – '색상형 – 강조색', 미세 효과), (반드시 SmartArt 기능을 이용하여 작성할 것)
　　[삽입]-[일러스트레이션]-[SmartArt]
　　[SmartArt 도구]-[디자인]-[SmartArt 스타일]

▶ 애니메이션 지정 ⇒ SmartArt : 애니메이션 – 날아오기

02 아래의 작성조건 및 출력 형태에 알맞게 작업하시오.

* 소스 파일 : 없음   * 정답 파일 : 정복08_완성02.pptx

● 출력 형태

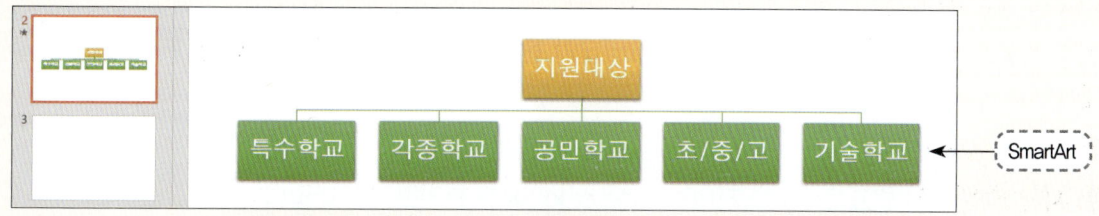

● 작성 조건

▶ SmartArt 삽입 ⇒ 계층 구조형 : 조직도형, 글꼴(돋움체, 24pt, 굵게, 가운데 맞춤), SmartArt 스타일(색 변경 – '색상형 범위 – 강조색 5 또는 6', 강한 효과), (반드시 SmartArt 기능을 이용하여 작성할 것)

▶ 애니메이션 지정 ⇒ SmartArt : 나타내기 – 날아오기

제11회 디지털정보활용능력 출제예상 모의고사

- 시험과목 : 프리젠테이션(파워포인트)
- 시험일자 : 20XX. XX. XX. (X)
- 응시자 기재사항 및 감독위원 확인

MS Office 2016 버전용

수검번호	DIP - XXXX -	감독위원 확인
성 명		

응시자 유의사항

1. 응시자는 신분증을 지참하여야 시험에 응시할 수 있으며, 시험이 종료될 때까지 신분증을 제시하지 못 할 경우 해당 시험은 0점 처리됩니다.
2. 시스템(PC작동여부, 네트워크 상태 등)의 이상여부를 반드시 확인하여야 하며, 시스템 이상이 있을시 감독위원에게 조치를 받으셔야 합니다.
3. 시험 중 부주의 또는 고의로 시스템을 파손한 경우는 응시자 부담으로 합니다.
4. 답안 전송 프로그램을 통해 다운로드 받은 파일을 이용하여 답안 파일을 작성하시기 바랍니다.
5. 작성한 답안 파일은 답안 전송 프로그램을 통하여 전송됩니다. 감독위원의 지시에 따라 주시기 바랍니다.
6. 다음 사항의 경우 실격(0점) 혹은 부정행위 처리됩니다.
   1) 답안 파일을 저장하지 않았거나, 저장한 파일이 손상되었을 경우
   2) 답안 파일을 지정된 폴더(바탕화면 - "KAIT" 폴더)에 저장하지 않았을 경우
      ※ 답안 전송 프로그램 로그인 시 바탕화면에 자동 생성됨
   3) 답안 파일을 다른 보조 기억장치(USB) 혹은 네트워크(메신저, 게시판 등)로 전송할 경우
   4) 휴대용 전화기 등 통신기기를 사용할 경우
7. 슬라이드는 반드시 순서대로 작성해야 하며, 순서가 다를 경우 "0"점 처리 됩니다.
8. 시험지에 제시된 글꼴이 응시 프로그램에 없는 경우, 반드시 감독위원에게 해당 내용을 통보한 뒤 조치를 받아야 합니다.
9. 슬라이드 작성 시 도형의 그룹 설정을 사용하는 경우, 채점에서 감점처리 됩니다.
10. 시험의 완료는 작성이 완료된 답안을 저장하고, 답안 전송이 완료된 상태를 확인한 것으로 합니다. 답안 전송 확인 후 문제지는 감독위원에게 제출한 후 퇴실하여야 합니다.
11. 답안 전송이 완료된 경우에는 수정 또는 정정이 불가능합니다.
12. 시험 시행 후 합격자 발표는 홈페이지(www.ihd.or.kr)에서 확인하시기 바랍니다.
    1) 문제 및 정답 공개 : 20XX. XX. XX. (X)
    2) 합격자 발표 : 20XX. XX. XX. (X)

[슬라이드2] SmartArt

03 아래의 작성조건 및 출력 형태에 알맞게 작업하시오.

* 소스 파일 : 없음 * 정답 파일 : 정복08_완성03.pptx

● 출력 형태

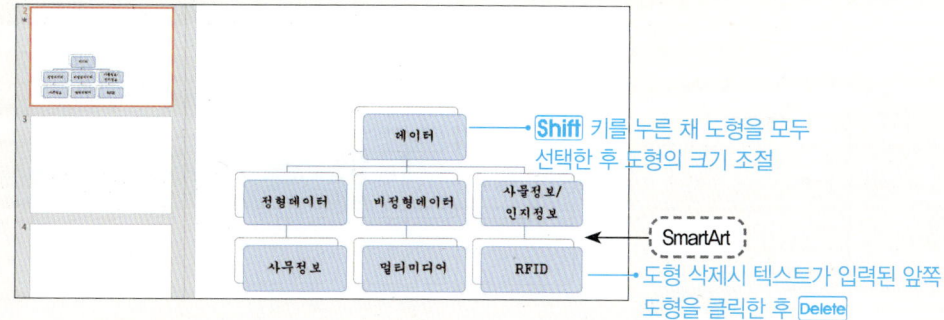

● 작성 조건

▶ SmartArt 삽입 ⇒ 계층 구조형 : 계층 구조형, 글꼴(궁서, 18pt, 가운데 맞춤),
　　　　　　　　SmartArt 스타일(색 변경 – '색 윤곽 – 강조 1', 미세 효과),
　　　　　　　　(반드시 SmartArt 기능을 이용하여 작성할 것)
▶ 애니메이션 지정 ⇒ SmartArt : 나타내기 – 다이아몬드형

04 아래의 작성조건 및 출력 형태에 알맞게 작업하시오.

* 소스 파일 : 없음 * 정답 파일 : 정복08_완성04.pptx

● 출력 형태

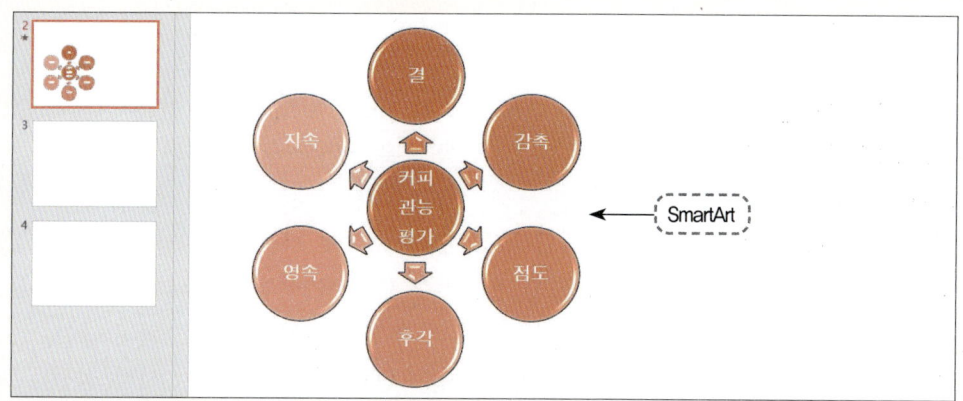

● 작성 조건

▶ SmartArt 삽입 ⇒ 주기형 : 분기 방사형, 글꼴(돋움, 18pt, 굵게, 가운데 맞춤),
　　　　　　　　SmartArt 스타일(색 변경 – '그라데이션 범위 – 강조 2', 3차원 – 만화),
　　　　　　　　(반드시 SmartArt 기능을 이용하여 작성할 것)
▶ 애니메이션 지정 ⇒ SmartArt : 나타내기 – 블라인드

디지털정보활용능력 - 프리젠테이션[파워포인트] (시험시간 : 40분)

[슬라이드 4] 아래의 작성조건 및 출력형태에 알맞게 네 번째 슬라이드에 작업하시오. (60점)

≪출력형태≫

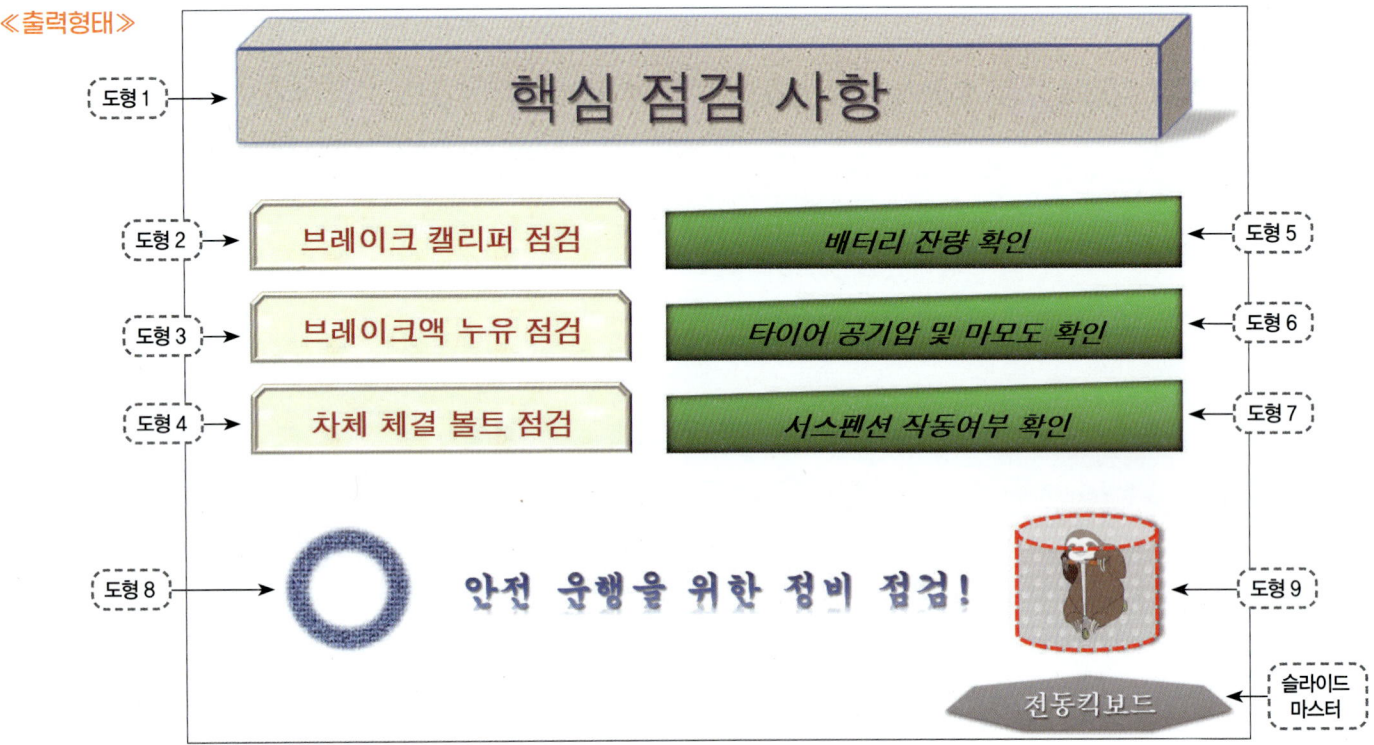

≪작성조건≫

(1) 제목
- 도형 1 ⇒ 기본 도형 : 정육면체, 도형 채우기(질감 : 재생지),
  도형 윤곽선(실선, 색 : '파랑, 강조 5', 너비 : 3pt, 겹선 종류 : 단순형),
  도형 효과(그림자 - 원근감 대각선 오른쪽 위, 부드러운 가장자리 - 2.5 포인트),
  글꼴(돋움, 42pt, 텍스트 그림자, '청회색, 텍스트 2')

(2) 본문
- 도형 2~4 ⇒ 사각형 : 양쪽 모서리가 잘린 사각형, 도형 채우기(질감 : 양피지), 선 없음,
  도형 효과(입체 효과 - 낮은 수준의 경사), 글꼴(돋움, 22pt, 굵게, 진한 빨강)
- 도형 5~7 ⇒ 순서도 : 수동 입력, 도형 채우기(연한 녹색, 그라데이션 - 선형 위쪽), 선 없음,
  도형 효과(그림자 - 안쪽 가운데), 글꼴(돋움, 20pt, 굵게, 기울임꼴, '검정, 텍스트 1')
- 도형 8 ⇒ 기본 도형 : 도넛, 도형 채우기(질감 : 데님), 선 없음, 도형 효과(부드러운 가장자리 - 5 포인트)
- 도형 9 ⇒ 기본 도형 : 원통, 도형 채우기(그림 또는 질감 채우기) 기능을 사용하여 그림 3 삽입,
  도형 윤곽선(실선, 색 : 빨강, 너비 : 3pt, 겹선 종류 : 단순형, 대시 종류 : 사각 점선),
  도형 효과(그림자 - '바깥쪽 - 오프셋 오른쪽')
- WordArt 삽입(안전 운행을 위한 정비 점검!)
  ⇒ WordArt 스타일('그라데이션 채우기 - 파랑, 강조 1, 반사'),
  글꼴(궁서체, 28pt, 굵게, 텍스트 그림자)
- 지시사항이 없는 부분은 ≪출력형태≫와 동일하게 작성하시오.

[슬라이드2] SmartArt

05 아래의 작성조건 및 출력 형태에 알맞게 작업하시오.

＊ 소스 파일 : 없음　＊ 정답 파일 : 정복08_완성05.pptx

● 출력 형태

● 작성 조건

▶ SmartArt 삽입 ⇒ 프로세스형 : 기본 프로세스형, 글꼴(궁서, 20pt, 굵게, 가운데 맞춤), SmartArt 스타일(색 변경 – '투명 그라데이션 범위 – 강조 3', 미세 효과), (반드시 SmartArt 기능을 이용하여 작성할 것)
▶ 애니메이션 지정 ⇒ SmartArt : 나타내기 – 바둑판 무늬

06 아래의 작성조건 및 출력 형태에 알맞게 작업하시오.

＊ 소스 파일 : 없음　＊ 정답 파일 : 정복08_완성06.pptx

● 출력 형태

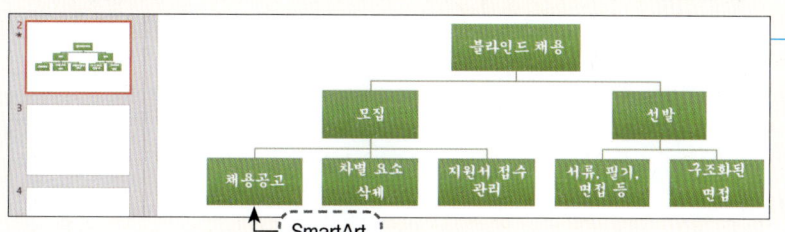

→ 가운데 보조자 도형 삭제
→ 아래쪽 도형 1개 삭제
→ 아래에 도형 추가
→ 중간 도형 2개 선택
→ [디자인]-[레이아웃]-표준

● 작성 조건

▶ SmartArt 삽입 ⇒ 계층 구조형 : 조직도형, 글꼴(궁서, 18pt, 굵게, 가운데 맞춤), SmartArt 스타일(색 변경 – '색 채우기 – 강조 6', 보통 효과), (반드시 SmartArt 기능을 이용하여 작성할 것)
▶ 애니메이션 지정 ⇒ SmartArt : 나타내기 – 닦아내기

07 아래의 작성조건 및 출력 형태에 알맞게 작업하시오.

＊ 소스 파일 : 없음　＊ 정답 파일 : 정복08_완성07.pptx

● 출력 형태

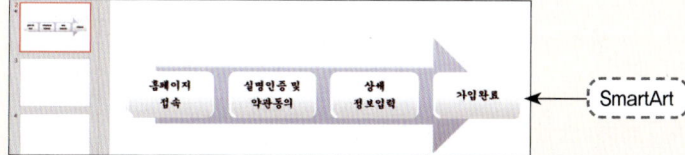

● 작성 조건

▶ SmartArt 삽입 ⇒ 프로세스형 : 연속 블록 프로세스형, 글꼴(궁서, 20pt, 굵게, 가운데 맞춤), SmartArt 스타일(색 변경 – '색 윤곽선 – 강조 5', 3차원 – 광택처리), (반드시 SmartArt 기능을 이용하여 작성할 것)
▶ 애니메이션 지정 ⇒ SmartArt : 나타내기 – 십자형

디지털정보활용능력 - 프리젠테이션[파워포인트] (시험시간 : 40분)

[슬라이드 3] 아래의 작성조건 및 출력형태에 알맞게 세 번째 슬라이드에 작업하시오. (60점)

≪출력형태≫

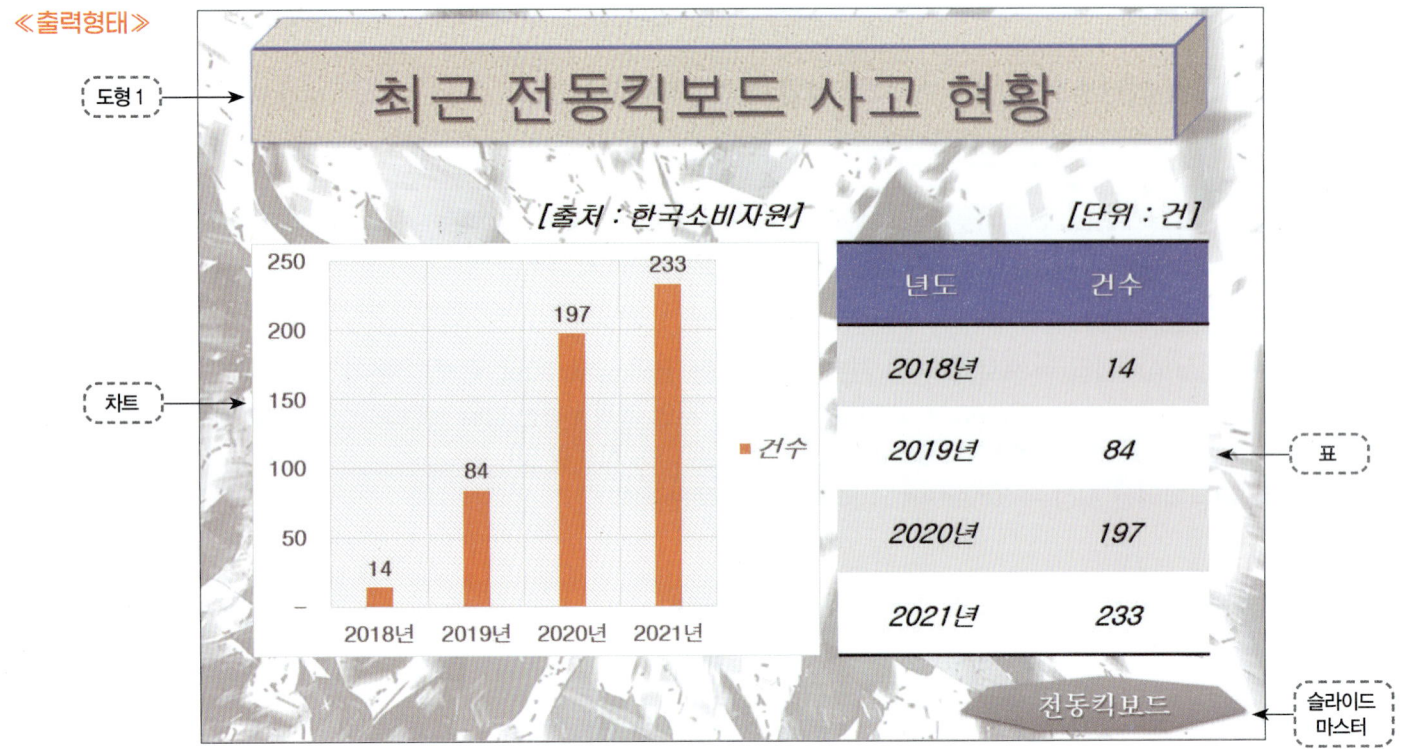

≪작성조건≫

(1) 제목
- ▶ 도형 1 ⇒ 기본 도형 : 정육면체, 도형 채우기(질감 : 재생지),
  도형 윤곽선(실선, 색 : '파랑, 강조 5', 너비 : 3pt, 겹선 종류 : 단순형),
  도형 효과(그림자 - 원근감 대각선 오른쪽 위, 부드러운 가장자리 - 2.5 포인트),
  글꼴(돋움, 42pt, 텍스트 그림자, '청회색, 텍스트 2')

(2) 본문 (※ 차트 작성은 반드시 '차트삽입 → 데이터입력 → 차트스타일' 순으로 작성바랍니다.)
- ▶ 텍스트 상자 1([단위 : 건]) ⇒ 글꼴(굴림, 20pt, 굵게, 기울임꼴)
- ▶ 표 ⇒ 표 스타일(보통 스타일 3 - 강조 5),
  가장 위의 행 : 글꼴(굴림, 20pt, 굵게, 텍스트 그림자, 가운데 맞춤),
  나머지 행 : 글꼴(굴림, 20pt, 굵게, 기울임꼴, 가운데 맞춤)
- ▶ 텍스트 상자 2([출처 : 한국소비자원]) ⇒ 글꼴(굴림, 20pt, 굵게, 기울임꼴)
- ▶ 차트 ⇒ 세로 막대형 : 묶은 세로 막대형, 차트 스타일(색 변경 - '단색형 - 색 6', 스타일 8),
  축 서식/데이터 레이블 서식 : 글꼴(돋움, 16pt, 굵게),
  범례 서식 : 글꼴(돋움, 18pt, 굵게, 기울임꼴), 데이터는 표 참고
- ▶ 배경 ⇒ 배경 서식(채우기 - 그림 또는 질감 채우기)에서 그림 2 삽입(현재 슬라이드만 적용)
- ▶ 애니메이션 지정 ⇒ 차트 : 나타내기 - 바운드
- ▶ 지시사항이 없는 부분은 ≪출력형태≫와 동일하게 작성하시오.

출제유형 09 [슬라이드3] 표

- ☑ 표를 삽입한 후 스타일 지정하기
- ☑ 표 안의 내용 글꼴 서식 변경하기

문제 미리보기
소스 파일 : 유형09_문제.pptx   정답 파일 : 유형09_완성.pptx

【슬라이드3】 아래의 작성조건 및 출력 형태에 알맞게 세 번째 슬라이드에 작업하시오. (60점)

● 출력 형태

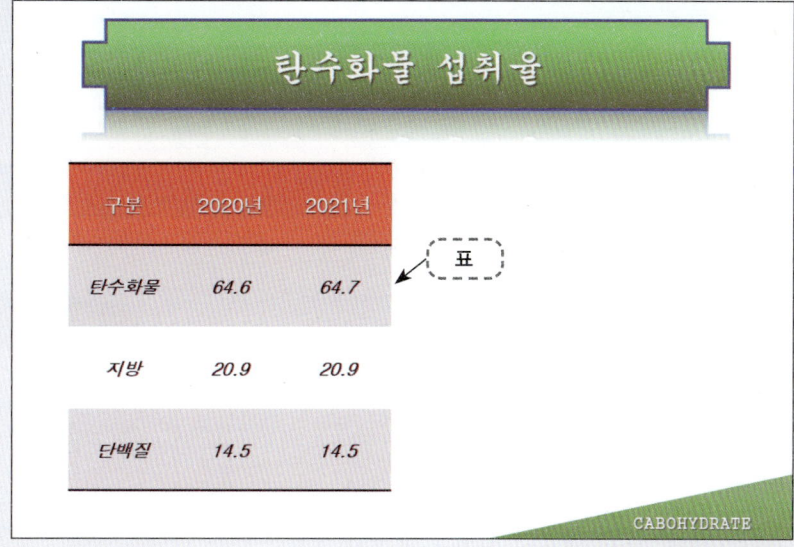

● 작성 조건

(1) 제목
▶ 도형 1 ⇒ 기본 도형 : 십자형, 도형 채우기(연한 녹색, 그라데이션 – 선형 위쪽), 도형 윤곽선(실선, 색 : 파랑, 너비 : 3pt, 겹선 종류 : 단순형), 도형 효과(반사 – '근접 반사, 터치'), 글꼴(궁서체, 36pt, 텍스트 그림자)

(2) 본문 (※ 차트 작성은 반드시 '차트삽입 → 데이터입력 → 차트스타일' 순으로 작성바랍니다.)
▶ 텍스트 상자 1([단위 : %]) ⇒ 글꼴(궁서, 18pt, 기울임꼴)
▶ 표 ⇒ 표 스타일(보통 스타일 3 – 강조 2), 가장 위의 행 : 글꼴(돋움, 20pt, 굵게, 텍스트 그림자, 가운데 맞춤), 나머지 행 : 글꼴(돋움, 18pt, 굵게, 기울임꼴, 가운데 맞춤)
▶ 텍스트 상자 2([출처 : 보건복지부]) ⇒ 글꼴(궁서, 18pt, 기울임꼴)
▶ 차트 ⇒ 세로 막대형 : 묶은 세로 막대형, 차트 스타일(색 변경 – '단색형 – 색 8', 스타일 8), 축 서식/데이터 레이블 서식 : 글꼴(굴림, 16pt, 굵게), 범례 서식 : 글꼴(굴림, 18pt, 굵게, 기울임꼴), 데이터는 표 참고(소수점 반드시 기입)
▶ 배경 ⇒ 배경 서식(채우기 – 그림 또는 질감 채우기)에서 그림 2 삽입(현재 슬라이드만 적용)
▶ 애니메이션 지정 ⇒ 차트 : 나타내기 – 날아오기
▶ 지시사항이 없는 부분은 ≪출력 형태≫와 동일하게 작성하시오.
※ 출제유형 09는 ≪작성 조건≫ 중에서 파란색으로 표시된 내용만 작업합니다.

[슬라이드 2] 아래의 작성조건 및 출력형태에 알맞게 두 번째 슬라이드에 작업하시오. (50점)

≪출력형태≫

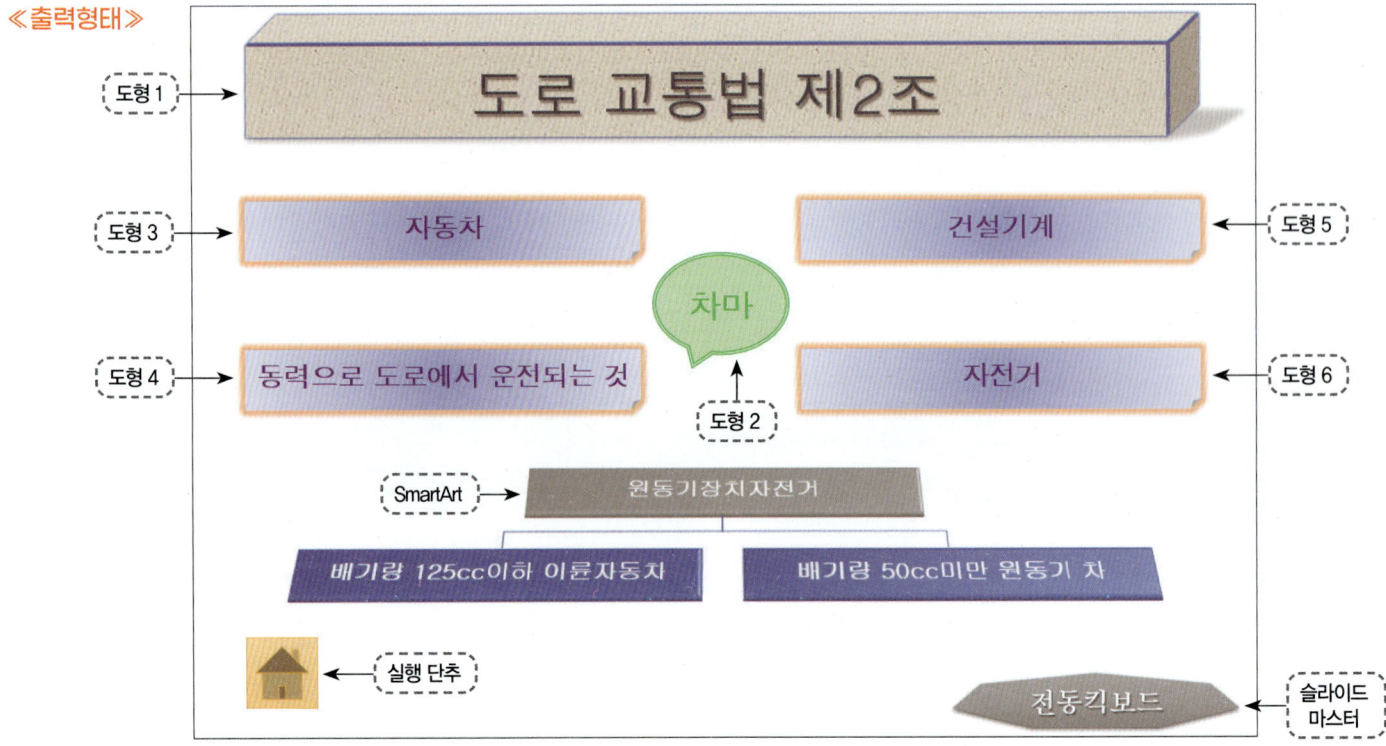

≪작성조건≫

(1) 제목
- ▶ 도형 1 ⇒ 기본 도형 : 정육면체, 도형 채우기(질감 : 재생지),
  도형 윤곽선(실선, 색 : '파랑, 강조 5', 너비 : 3pt, 겹선 종류 : 단순형),
  도형 효과(그림자 – 원근감 대각선 오른쪽 위, 부드러운 가장자리 – 2.5 포인트),
  글꼴(돋움, 42pt, 텍스트 그림자, '청회색, 텍스트 2')

(2) 본문
- ▶ 도형 2 ⇒ 설명선 : 타원형 설명선, 도형 채우기('녹색, 강조 6, 60% 더 밝게'),
  도형 윤곽선(실선, 색 : 녹색, 너비 : 3pt, 겹선 종류 : 이중),
  글꼴(돋움, 24pt, 굵게, 녹색)
- ▶ 도형 3~6 ⇒ 기본 도형 : 모서리가 접힌 도형, 도형 채우기('파랑, 강조 5', 그라데이션 – 가운데에서),
  선 없음, 도형 효과(네온 – '주황, 8 pt 네온, 강조색 2'), 글꼴(돋움, 20pt, 굵게, 자주)
- ▶ 실행 단추 ⇒ 실행 단추 : 홈, 하이퍼링크 : 첫째 슬라이드, 도형 스타일('미세 효과 – 황금색, 강조 4')
- ▶ SmartArt 삽입 ⇒ 계층 구조형 : 조직도형, 글꼴(굴림, 20pt, 굵게, 가운데 맞춤),
  SmartArt 스타일(색 변경 – '색상형 범위 – 강조색 4 또는 5', 3차원 – 평면),
  (반드시 SmartArt 기능을 이용하여 작성할 것)
- ▶ 애니메이션 지정 ⇒ SmartArt : 나타내기 – 나누기
- ▶ 지시사항이 없는 부분은 ≪출력형태≫와 동일하게 작성하시오.

01 표 작성하기

❶ 세 번째 슬라이드를 선택한 후 [삽입] 탭의 [표] 그룹에서 표(▦)를 클릭합니다. 이어서, ≪출력 형태≫에 맞게 3×4표를 만듭니다.

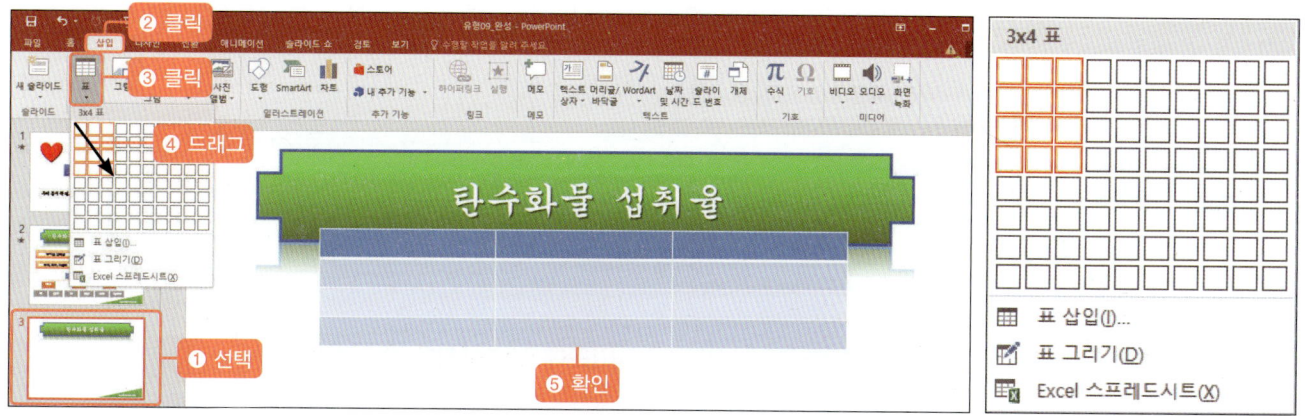

❷ 표가 삽입되면 테두리를 드래그 하여 그림과 같이 위치를 변경합니다.

※ 표의 크기 조절 및 위치 변경은 ≪출력 형태≫를 참고하여 작업합니다.

 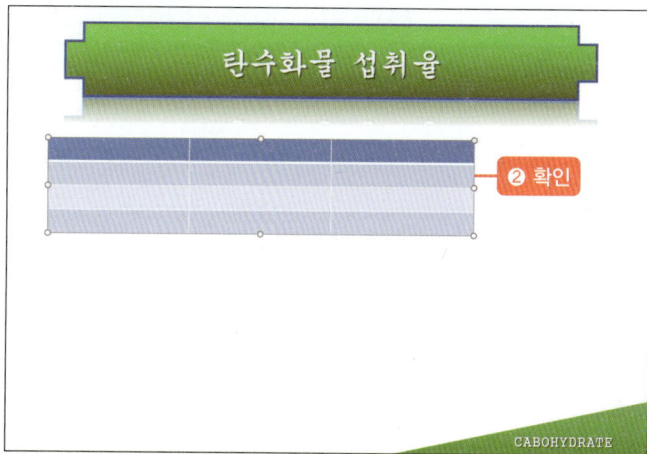

❸ 표의 대각선 조절점(○)을 드래그 하여 그림과 같이 크기를 조절합니다.

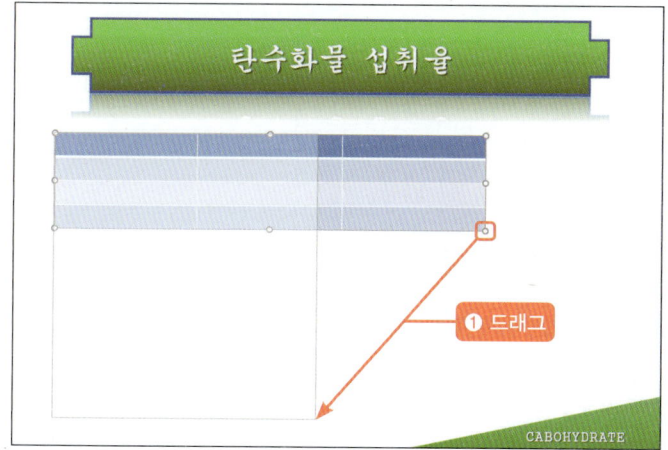 

디지털정보활용능력-프리젠테이션[파워포인트] (시험시간 : 40분)

유의사항
- 《작성조건》을 준수하여 반드시 프리젠테이션 슬라이드로 작업합니다.
- 글꼴 및 기타 사항에 대해 별도의 지시사항이 없는 경우, 슬라이드 크기와 전체적인 균형을 고려하여 임의로 작성하되, **도형은 그룹으로 설정하지 않습니다.**
- 모든 슬라이드 크기(A4), 방향(가로), 디자인 테마(Office 테마)로 지정합니다.
  ▶ 슬라이드 크기, 방향 조정 시 '맞춤 확인'으로 지정하여야 합니다.
- 공통적용사항(슬라이드 마스터)
  ▶ 도형 ⇒ 기본 도형 : 칠각형, 도형 스타일('강한 효과 – 회색–50%, 강조 3')
    글꼴(바탕, 20pt, 굵게, 텍스트 그림자)
- 그림 삽입 시 다운로드 한 그림 파일을 반드시 사용하여야 합니다.
- [   ]→ 은 지시사항이므로 작성하지 않습니다.
- 슬라이드에 제시된 글자 및 숫자 오타는 감점처리 됩니다.

[슬라이드 1] 아래의 작성조건 및 출력형태에 알맞게 첫 번째 슬라이드에 작업하시오. (30점)

《출력형태》

《작성조건》

▶ 도형 1 ⇒ 순서도 : 다중 문서, 도형 채우기(그라데이션 : 미리설정 – '방사형 그라데이션 – 강조 1', 종류 – 방사형, 방향 – 가운데에서), 도형 윤곽선(실선, 색 : 주황, 너비 : 2pt, 겹선 종류 : 단순형), 도형 효과(그림자 – 안쪽 대각선 오른쪽 아래), 글꼴(궁서, 54pt, 텍스트 그림자)

▶ 도형 2 ⇒ 기본 도형 : "없음" 기호, 도형 채우기(질감 : 분홍 박엽지), 선 없음,
  도형 효과(반사 – '근접 반사, 터치', 입체 효과 – 둥글게)

▶ 도형 3 ⇒ 기본 도형 : 웃는 얼굴, 도형 스타일('미세 효과 – 주황, 강조 2')

▶ 그림 삽입 ⇒ 그림 1 삽입, 크기(높이 : 6cm, 너비 : 8cm)

▶ 텍스트 상자(출퇴근부터 레저용까지 안전한 주행) ⇒ 글꼴(굴림체, 24pt, 굵게, 밑줄, '파랑, 강조 5')

▶ 애니메이션 지정 ⇒ 도형 1 : 나타내기 – 실선 무늬

▶ 지시사항이 없는 부분은 《출력형태》와 동일하게 작성하시오.

> **TIP**
>
> **표 크기 조절 / 셀 크기 조절**
>
> - 표의 크기를 조절 할 때는 표의 조절점(○) 위에 커서를 위치한 후 마우스 포인터가 모양으로 변경되면 드래그 하여 표 전체의 크기를 조절할 수 있습니다.
> - 표 안의 셀 크기를 조절할 때는 조절하려는 셀의 가로선 또는 세로선 위에 커서를 위치한 후 마우스 포인터가 모양으로 변경되면 드래그 하여 선택한 셀의 크기를 조절할 수 있습니다.

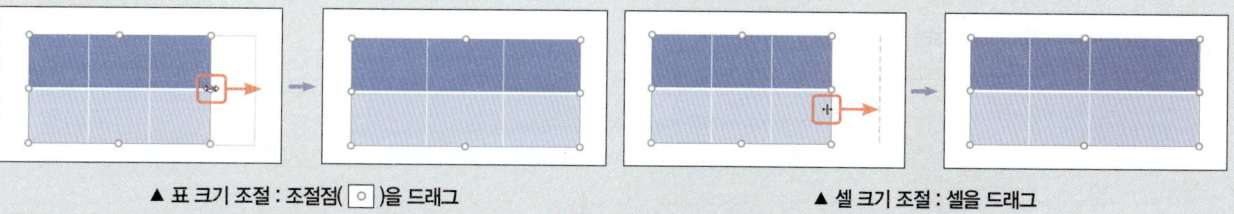

▲ 표 크기 조절 : 조절점(○)을 드래그   ▲ 셀 크기 조절 : 셀을 드래그

④ 표 스타일을 지정하기 위해 **[표 도구]–[디자인] 탭**의 **[표 스타일] 그룹**에서 자세히(▾) 단추를 클릭한 후 **보통 스타일 3 – 강조 2**( )를 선택합니다.

⑤ 변경된 표 스타일을 확인한 후 ≪출력 형태≫를 참고하여 각 셀에 그림과 같이 내용을 입력합니다.

   ※ 표 안의 내용을 입력한 후 Tab 키 또는 방향키(←, →, ↑, ↓)를 눌러 다음 셀(칸)로 이동합니다.

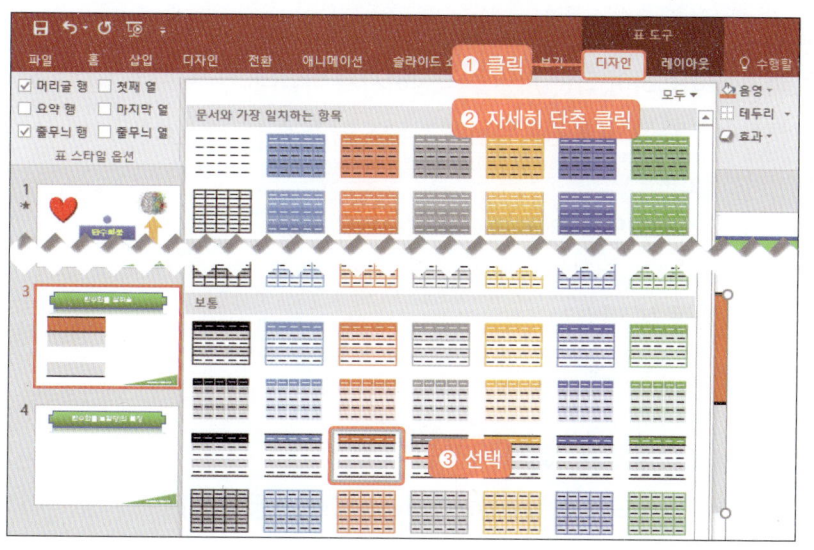

구분	2020년	2021년
탄수화물	64.6	64.7
지방	20.9	20.9
단백질	14.5	14.5

> **TIP**
>
> **표 스타일**
>
> 표 스타일을 변경하면 표 안의 글꼴 서식이 같이 변경되기 때문에 표 스타일을 먼저 지정한 후 글꼴 서식을 변경하는 순서로 작업해야 합니다.

제10회 디지털정보활용능력 출제예상 모의고사

- ☑ 시험과목 : 프리젠테이션(파워포인트)
- ☑ 시험일자 : 20XX. XX. XX. (X)
- ☑ 응시자 기재사항 및 감독위원 확인

MS Office 2016 버전용

수검번호	DIP - XXXX -	감독위원 확인
성 명		

응시자 유의사항

1. 응시자는 신분증을 지참하여야 시험에 응시할 수 있으며, 시험이 종료될 때까지 신분증을 제시하지 못 할 경우 해당 시험은 0점 처리됩니다.
2. 시스템(PC작동여부, 네트워크 상태 등)의 이상여부를 반드시 확인하여야 하며, 시스템 이상이 있을시 감독위원에게 조치를 받으셔야 합니다.
3. 시험 중 부주의 또는 고의로 시스템을 파손한 경우는 응시자 부담으로 합니다.
4. 답안 전송 프로그램을 통해 다운로드 받은 파일을 이용하여 답안 파일을 작성하시기 바랍니다.
5. 작성한 답안 파일은 답안 전송 프로그램을 통하여 전송됩니다. 감독위원의 지시에 따라 주시기 바랍니다.
6. 다음 사항의 경우 실격(0점) 혹은 부정행위 처리됩니다.
   1) 답안 파일을 저장하지 않았거나, 저장한 파일이 손상되었을 경우
   2) 답안 파일을 지정된 폴더(바탕화면 – "KAIT" 폴더)에 저장하지 않았을 경우
      ※ 답안 전송 프로그램 로그인 시 바탕화면에 자동 생성됨
   3) 답안 파일을 다른 보조 기억장치(USB) 혹은 네트워크(메신저, 게시판 등)로 전송할 경우
   4) 휴대용 전화기 등 통신기기를 사용할 경우
7. 슬라이드는 반드시 순서대로 작성해야 하며, 순서가 다를 경우 "0"점 처리 됩니다.
8. 시험지에 제시된 글꼴이 응시 프로그램에 없는 경우, 반드시 감독위원에게 해당 내용을 통보한 뒤 조치를 받아야 합니다.
9. 슬라이드 작성 시 도형의 그룹 설정을 사용하는 경우, 채점에서 감점처리 됩니다.
10. 시험의 완료는 작성이 완료된 답안을 저장하고, 답안 전송이 완료된 상태를 확인한 것으로 합니다. 답안 전송 확인 후 문제지는 감독위원에게 제출한 후 퇴실하여야 합니다.
11. 답안 전송이 완료된 경우에는 수정 또는 정정이 불가능합니다.
12. 시험 시행 후 합격자 발표는 홈페이지(www.ihd.or.kr)에서 확인하시기 바랍니다.
    1) 문제 및 정답 공개 : 20XX. XX. XX. (X)
    2) 합격자 발표 : 20XX. XX. XX. (X)

02 표 글꼴 서식 변경하기

❶ 가장 위의 행을 드래그 하여 블록으로 지정한 후 [홈] 탭의 [글꼴] 그룹에서 글꼴(돋움), 글꼴 크기(20pt), 굵게(가), 텍스트 그림자(S)를 지정합니다.

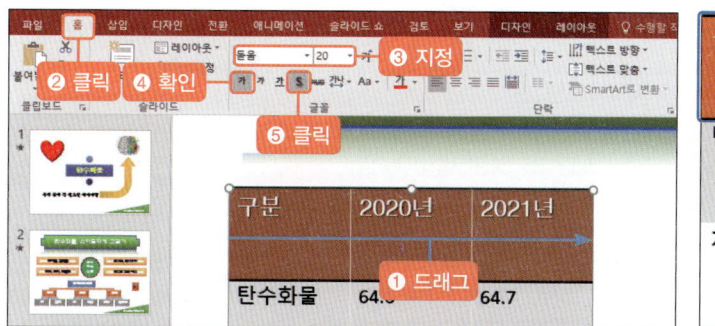
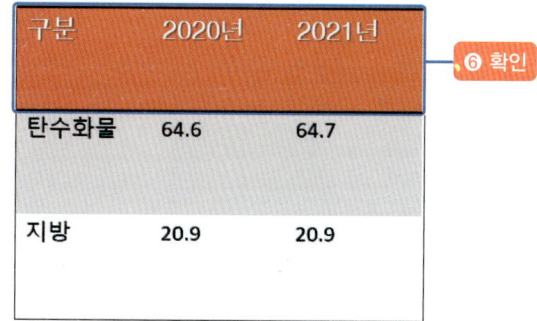

❷ 나머지 행을 드래그 하여 블록으로 지정한 후 [홈] 탭의 [글꼴] 그룹에서 글꼴(돋움), 글꼴 크기(18pt), 굵게(가), 기울임꼴(가)을 지정합니다.

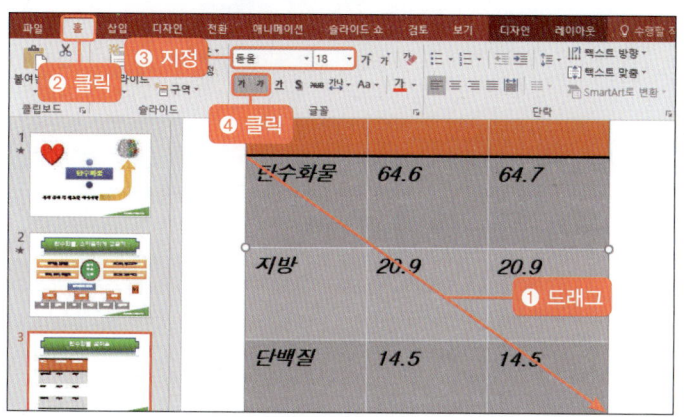
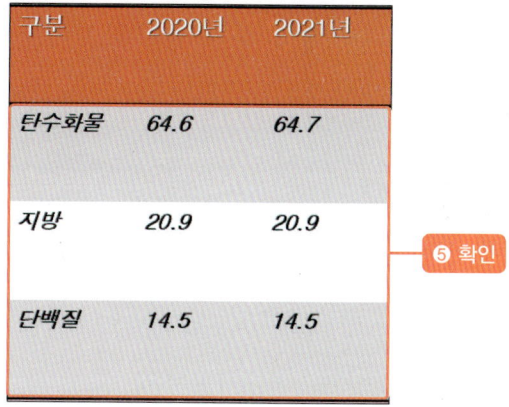

❸ 표 안의 글꼴이 변경되었으면 내용 전체를 드래그합니다. 이어서, [홈] 탭의 [단락] 그룹에서 가운데 맞춤(≡)을 클릭한 후 [텍스트 맞춤(▥)]-중간을 클릭합니다.

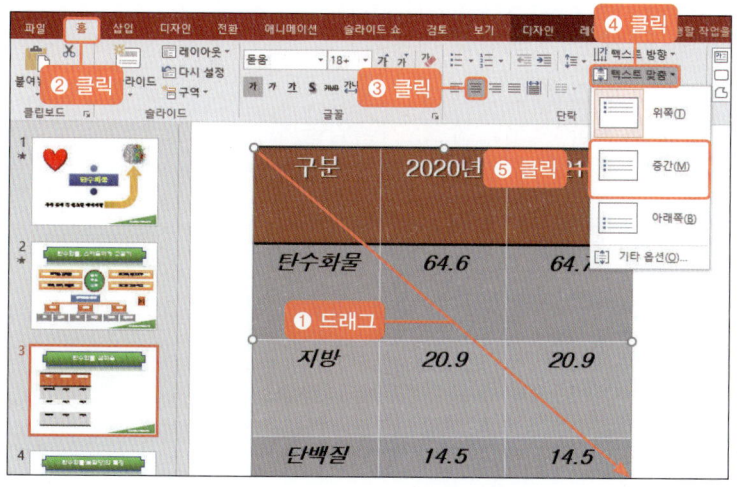
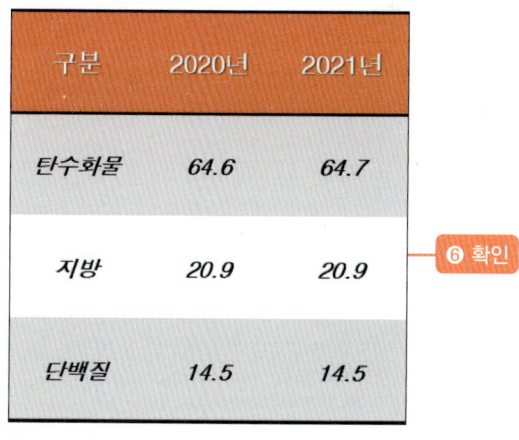

❹ 모든 작업이 완료되면 파일을 저장합니다.

디지털정보활용능력 – 프리젠테이션[파워포인트] (시험시간 : 40분)

[슬라이드 4] 아래의 작성조건 및 출력형태에 알맞게 네 번째 슬라이드에 작업하시오. (60점)

≪출력형태≫

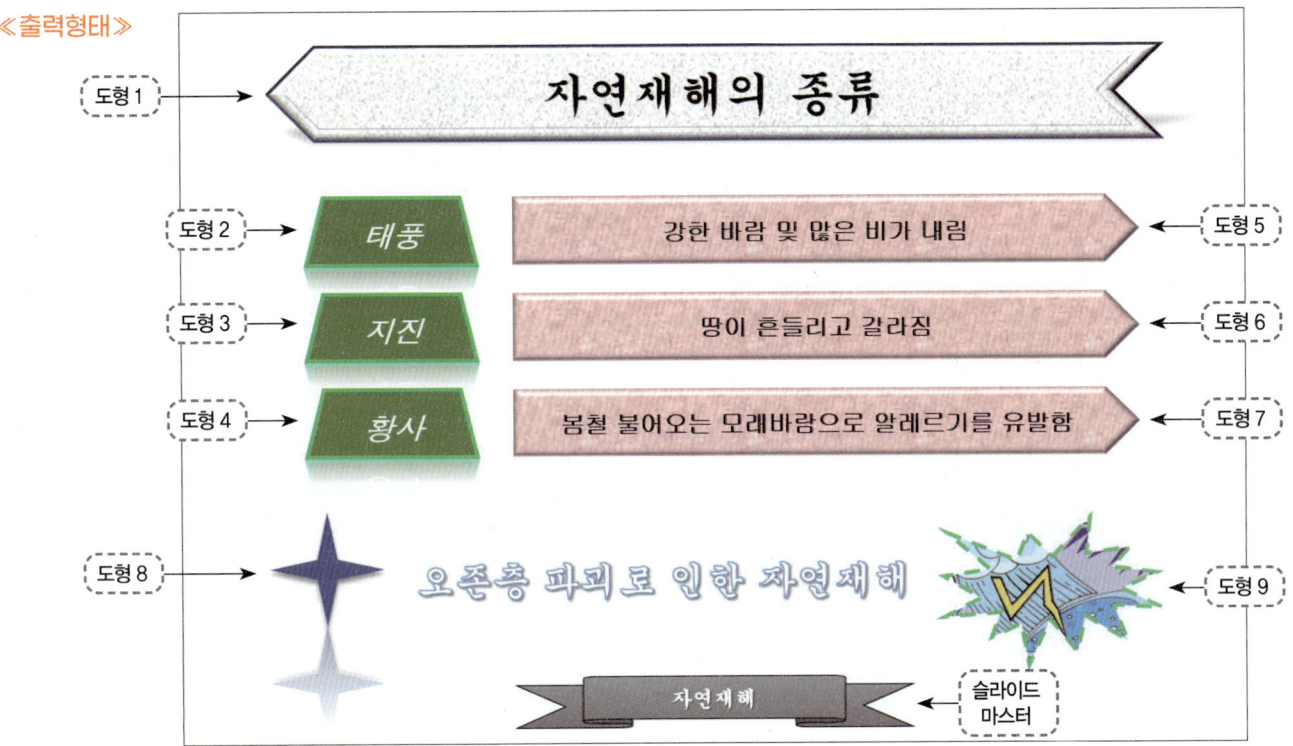

≪작성조건≫

(1) 제목
- ▶ 도형 1 ⇒ 블록 화살표 : 갈매기형 수장, 도형 채우기(질감 : 신문 용지),
  도형 윤곽선(실선, 색 : 진한 파랑, 너비 : 2pt, 겹선 종류 : 단순형),
  도형 효과(그림자 – 원근감 대각선 오른쪽 위, 입체 효과 – 디벗),
  글꼴(궁서, 34pt, '검정, 텍스트 1')

(2) 본문
- ▶ 도형 2~4 ⇒ 기본 도형 : 사다리꼴, 도형 채우기('녹색, 강조 6, 25% 더 어둡게'),
  도형 윤곽선(실선, 색 : 녹색, 너비 : 3pt, 겹선 종류 : 단순형),
  도형 효과(반사 – '근접 반사, 터치'), 글꼴(돋움, 22pt, 굵게, 기울임꼴)
- ▶ 도형 5~7 ⇒ 블록 화살표 : 오각형, 도형 채우기(질감 : 분홍 박엽지), 선 없음,
  도형 효과(입체 효과 – 둥글게), 글꼴(굴림, 18pt, 굵게, '검정, 텍스트 1')
- ▶ 도형 8 ⇒ 별 및 현수막 : 포인트가 4개인 별, 도형 채우기('파랑, 강조 5, 25% 더 어둡게'), 선 없음,
  도형 효과(그림자 – '바깥쪽 – 오프셋 아래쪽', 반사 – '전체 반사, 터치')
- ▶ 도형 9 ⇒ 별 및 현수막 : 폭발 1, 도형 채우기(그림 또는 질감 채우기) 기능을 사용하여 그림 3 삽입,
  도형 윤곽선(실선, 색 : 녹색, 너비 : 3pt, 겹선 종류 : 단순형, 대시 종류 : 파선)
- ▶ WordArt 삽입(오존층 파괴로 인한 자연재해)
  ⇒ WordArt 스타일('채우기 – 흰색, 윤곽선 – 강조 1, 네온 – 강조 1'),
  글꼴(궁서, 28pt, 굵게, 텍스트 그림자)
- ▶ 지시사항이 없는 부분은 ≪출력형태≫와 동일하게 작성하시오.

[슬라이드3] 표

01 아래의 작성조건 및 출력 형태에 알맞게 작업하시오.

* 소스 파일 : 정복09_문제01.pptx　　* 정답 파일 : 정복09_완성01.pptx

● 출력 형태

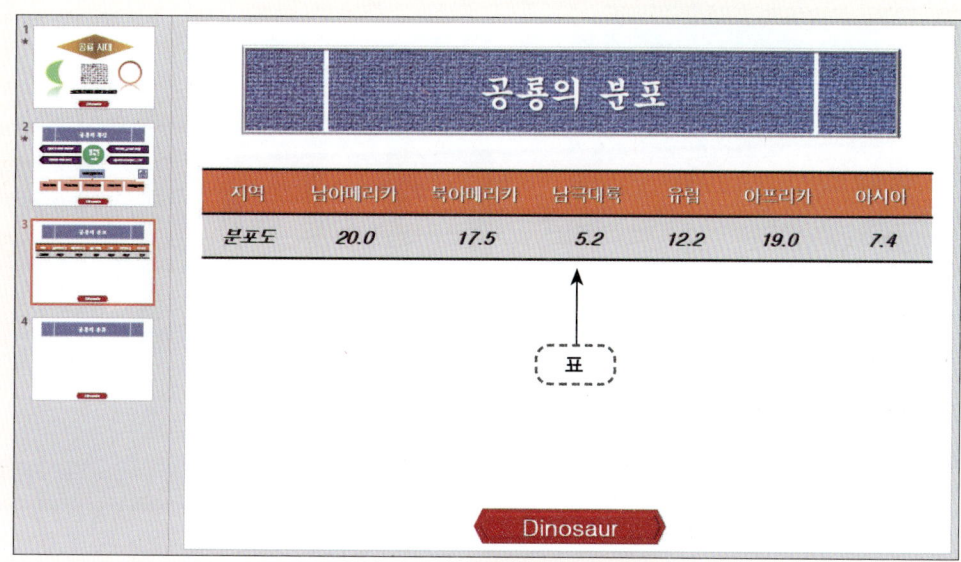

● 작성 조건

[표 도구]-[디자인]-[표 스타일]-자세히 단추

▶ 표 ⇒ 표 스타일(보통 스타일 3 – 강조 2), 가장 위의 행 : 글꼴(돋움, 18pt, 굵게, 텍스트 그림자, 가운데 맞춤), 나머지 행 : 글꼴(돋움, 18pt, 굵게, 기울임꼴, 가운데 맞춤)

[삽입]-[표]-[표]

02 아래의 작성조건 및 출력 형태에 알맞게 작업하시오.

* 소스 파일 : 없음　　* 정답 파일 : 정복09_완성02.pptx

● 출력 형태

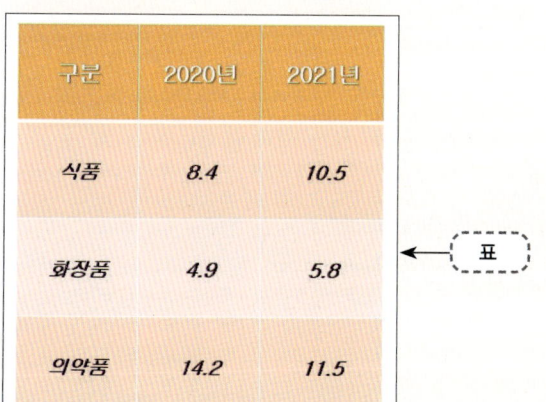

● 작성 조건

▶ 표 ⇒ 표 스타일(보통 스타일 2 – 강조 4), 가장 위의 행 : 글꼴(굴림, 18pt, 굵게, 텍스트 그림자, 가운데 맞춤), 나머지 행 : 글꼴(굴림, 16pt, 굵게, 기울임꼴, 가운데 맞춤)

디지털정보활용능력 – 프리젠테이션[파워포인트] (시험시간 : 40분)

[슬라이드 3] 아래의 작성조건 및 출력형태에 알맞게 세 번째 슬라이드에 작업하시오. (60점)

≪출력형태≫

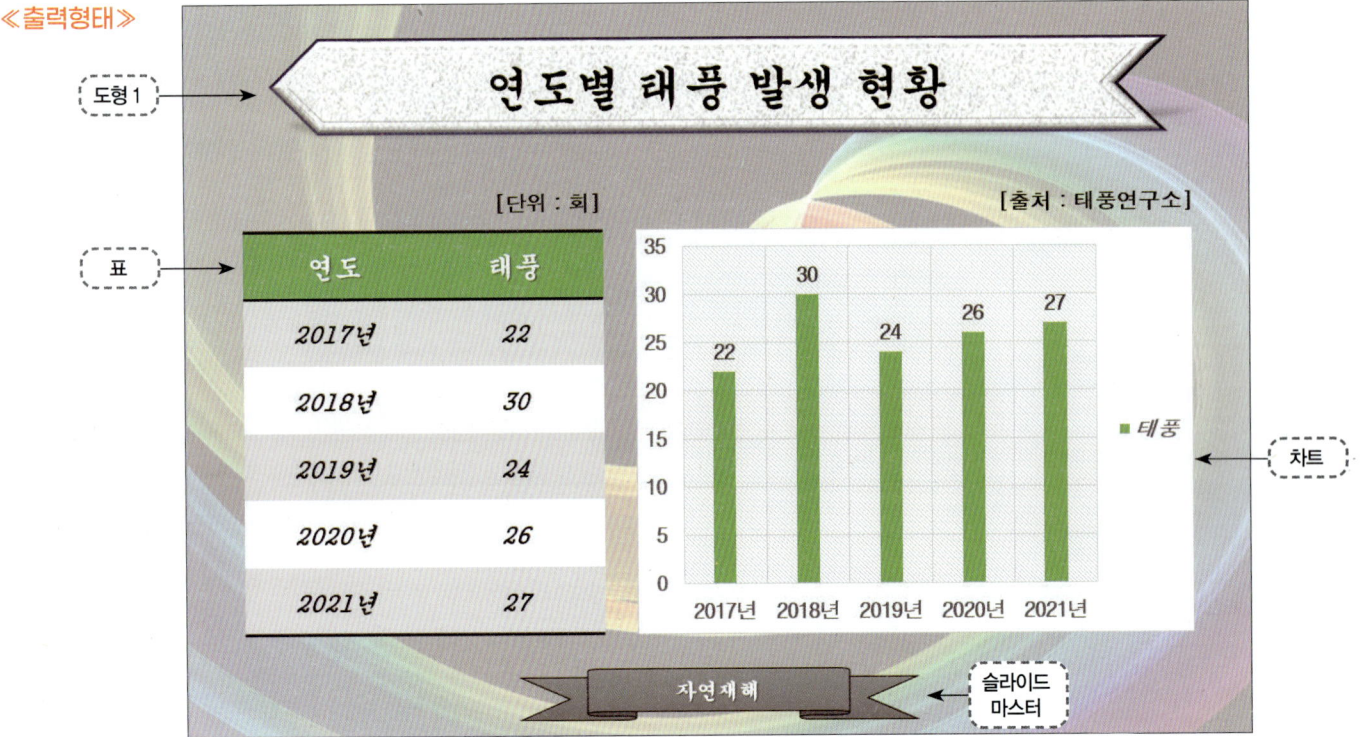

≪작성조건≫

(1) 제목
- ▶ 도형 1 ⇒ 블록 화살표 : 갈매기형 수장, 도형 채우기(질감 : 신문 용지),
  도형 윤곽선(실선, 색 : 진한 파랑, 너비 : 2pt, 겹선 종류 : 단순형),
  도형 효과(그림자 – 원근감 대각선 오른쪽 위, 입체 효과 – 디벗),
  글꼴(궁서, 34pt, '검정, 텍스트 1')

(2) 본문 (※ 차트 작성은 반드시 '차트삽입 → 데이터입력 → 차트스타일' 순으로 작성바랍니다.)
- ▶ 텍스트 상자 1([단위 : 회]) ⇒ 글꼴(돋움, 16pt, 굵게)
- ▶ 표 ⇒ 표 스타일(보통 스타일 3 – 강조 6),
  가장 위의 행 : 글꼴(궁서, 20pt, 굵게, 텍스트 그림자, 가운데 맞춤),
  나머지 행 : 글꼴(궁서, 18pt, 기울임꼴, 가운데 맞춤)
- ▶ 텍스트 상자 2([출처 : 태풍연구소]) ⇒ 글꼴(돋움, 16pt, 굵게)
- ▶ 차트 ⇒ 세로 막대형 : 묶은 세로 막대형, 차트 스타일(색 변경 – '단색형 – 색 10', 스타일 8),
  축 서식/데이터 레이블 서식 : 글꼴(돋움체, 16pt, 굵게),
  범례 서식 : 글꼴(돋움체, 16pt, 굵게, 기울임꼴), 데이터는 표 참고
- ▶ 배경 ⇒ 배경 서식(채우기 – 그림 또는 질감 채우기)에서 그림 2 삽입(현재 슬라이드만 적용)
- ▶ 애니메이션 지정 ⇒ 차트 : 나타내기 – 확대/축소
- ▶ 지시사항이 없는 부분은 ≪출력형태≫와 동일하게 작성하시오.

출제유형 완전정복 [슬라이드3] 표

03 아래의 작성조건 및 출력 형태에 알맞게 작업하시오.

* 소스 파일 : 없음   * 정답 파일 : 정복09_완성03.pptx

● 출력 형태

년도	2017년	2018년	2019년	2020년	2021년
발생수	90,887	87,171	80,154	79,652	78,780

● 작성 조건

▶ 표 ⇒ 표 스타일(보통 스타일 2 – 강조 5), 가장 위의 행 : 글꼴(궁서, 18pt, 굵게, 텍스트 그림자, 가운데 맞춤), 나머지 행 : 글꼴(궁서, 16pt, 굵게, 기울임꼴, 가운데 맞춤)

04 아래의 작성조건 및 출력 형태에 알맞게 작업하시오.

* 소스 파일 : 없음   * 정답 파일 : 정복09_완성04.pptx

● 출력 형태

연도	이용자수
2018	43,930
2019	44,957
2020	47,829
2021	49,504

● 작성 조건

▶ 표 ⇒ 표 스타일 (보통 스타일 1 – 강조 3), 가장 위의 행 : 글꼴(굴림, 22pt, 굵게, 텍스트 그림자, 가운데 맞춤), 나머지 행 : 글꼴(굴림, 20pt, 굵게, 기울임꼴, 가운데 맞춤)

05 아래의 작성조건 및 출력 형태에 알맞게 작업하시오.

* 소스 파일 : 없음   * 정답 파일 : 정복09_완성05.pptx

● 출력 형태

회차	18회	19회	20회	21회	22회
순위	9	14	7	5	13
점수	34	18	41	47	22

● 작성 조건

▶ 표 ⇒ 표 스타일(보통 스타일 2 – 강조 2), 가장 위의 행 : 글꼴(굴림체, 18pt, 굵게, 텍스트 그림자, 가운데 맞춤), 나머지 행 : 글꼴(굴림체, 18pt, 굵게, 기울임꼴, 가운데 맞춤)

디지털정보활용능력 – 프리젠테이션[파워포인트] (시험시간 : 40분)

[슬라이드 2] 아래의 작성조건 및 출력형태에 알맞게 두 번째 슬라이드에 작업하시오. (50점)

≪출력형태≫

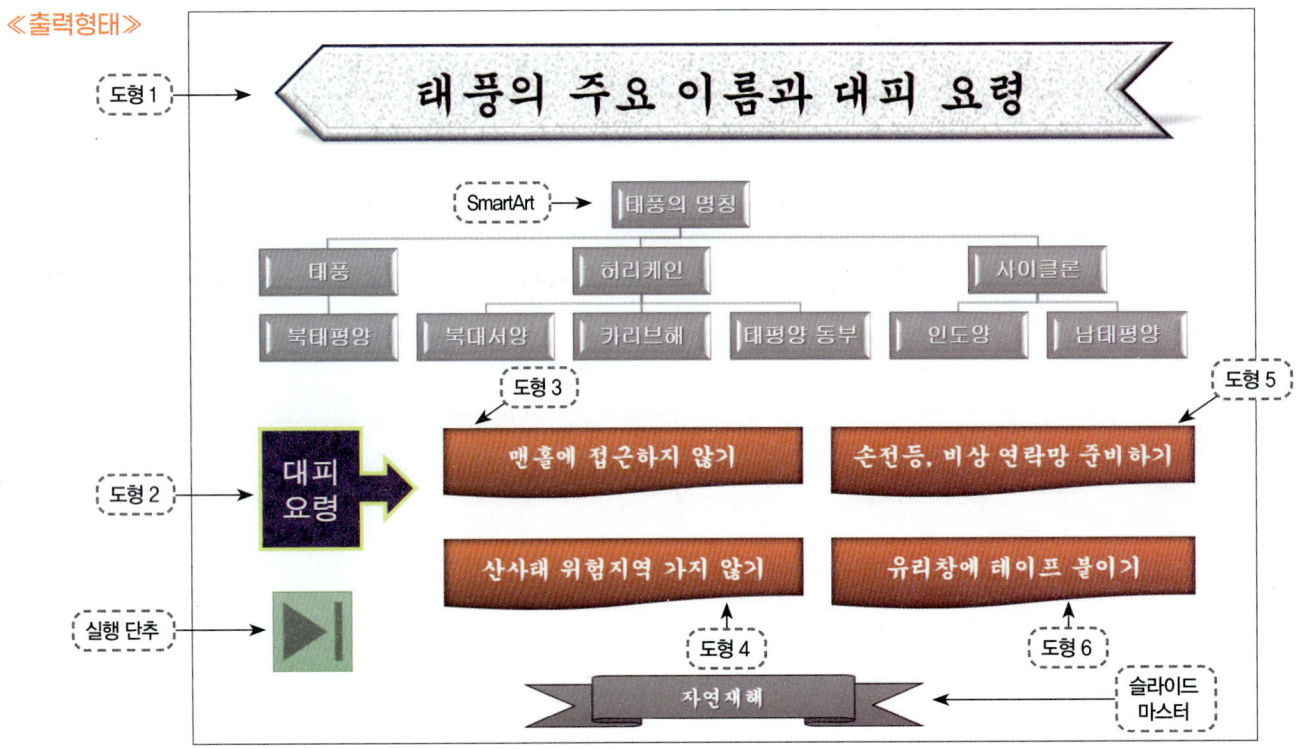

≪작성조건≫

(1) 제목
- ▶ 도형 1 ⇒ 블록 화살표 : 갈매기형 수장, 도형 채우기(질감 : 신문 용지),
  도형 윤곽선(실선, 색 : 진한 파랑, 너비 : 2pt, 겹선 종류 : 단순형),
  도형 효과(그림자 – 원근감 대각선 오른쪽 위, 입체 효과 – 디벗),
  글꼴(궁서, 34pt, '검정, 텍스트 1')

(2) 본문
- ▶ SmartArt 삽입 ⇒ 계층 구조형 : 조직도형, 글꼴(굴림, 16pt, 굵게, 텍스트 그림자, 가운데 맞춤),
  SmartArt 스타일(색 변경 – '색 채우기 – 강조 3', 3차원 – 경사),
  (반드시 SmartArt 기능을 이용하여 작성할 것)
- ▶ 도형 2 ⇒ 블록 화살표 : 오른쪽 화살표 설명선, 도형 채우기(질감 : 자주 편물),
  도형 윤곽선(실선, 색 : 노랑, 너비 : 3pt, 겹선 종류 : 단순형),
  글꼴(돋움, 22pt, 굵게)
- ▶ 도형 3~6 ⇒ 순서도 : 문서, 도형 채우기('주황, 강조 2', 그라데이션 – 선형 위쪽), 선 없음,
  도형 효과(그림자 – 안쪽 가운데), 글꼴(궁서, 18pt, 굵게)
- ▶ 실행 단추 ⇒ 실행 단추 : 끝, 하이퍼링크 : 마지막 슬라이드, 도형 스타일('미세 효과 – 녹색, 강조 6')
- ▶ 애니메이션 지정 ⇒ SmartArt : 나타내기 – 올라오기
- ▶ 지시사항이 없는 부분은 ≪출력형태≫와 동일하게 작성하시오.

출제유형 10 [슬라이드3] 차트

- ☑ 차트를 삽입하고 차트 스타일 지정하기
- ☑ 차트의 구성요소 서식 지정하기

문제 미리보기

소스 파일 : 유형10_문제   정답 파일 : 유형10_완성.pptx

【슬라이드3】 아래의 작성조건 및 출력 형태에 알맞게 세 번째 슬라이드에 작업하시오. (60점)

● 출력 형태

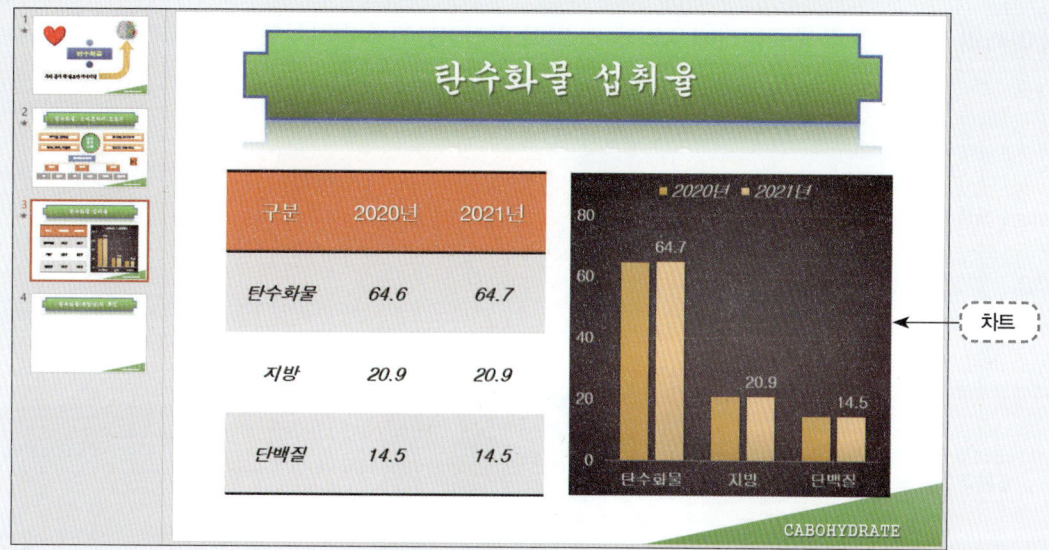

● 작성 조건

(1) 제목

▶ 도형 1 ⇒ 기본 도형 : 십자형, 도형 채우기(연한 녹색, 그라데이션 – 선형 위쪽), 도형 윤곽선(실선, 색 : 파랑, 너비 : 3pt, 겹선 종류 : 단순형), 도형 효과(반사 – '근접 반사, 터치'), 글꼴(궁서체, 36pt, 텍스트 그림자)

(2) 본문 (※ 차트 작성은 반드시 '차트삽입 → 데이터입력 → 차트스타일' 순으로 작성바랍니다.)

▶ 텍스트 상자 1([단위 : %]) ⇒ 글꼴(궁서, 18pt, 기울임꼴)

▶ 표 ⇒ 표 스타일(보통 스타일 3 – 강조 2), 가장 위의 행 : 글꼴(돋움, 20pt, 굵게, 텍스트 그림자, 굵게, 가운데 맞춤), 나머지 행 : 글꼴(돋움, 18pt, 굵게, 기울임꼴, 가운데 맞춤)

▶ 텍스트 상자 2([출처 : 보건복지부]) ⇒ 글꼴(궁서, 18pt, 기울임꼴)

▶ 차트 ⇒ 세로 막대형 : 묶은 세로 막대형, 차트 스타일(색 변경 – '단색형 – 색 8', 스타일 8), 축 서식/데이터 레이블 서식 : 글꼴(굴림, 16pt, 굵게), 범례 서식 : 글꼴(굴림, 18pt, 굵게, 기울임꼴), 데이터는 표 참고(소수점 반드시 기입)

▶ 배경 ⇒ 배경 서식(채우기 – 그림 또는 질감 채우기)에서 그림 2 삽입(현재 슬라이드만 적용)

▶ 애니메이션 지정 ⇒ 차트 : 나타내기 – 날아오기

▶ 지시사항이 없는 부분은 《출력 형태》와 동일하게 작성하시오.

※ 출제유형 10은 《작성 조건》 중에서 파란색으로 표시된 내용만 작업합니다.

디지털정보활용능력-프리젠테이션[파워포인트] (시험시간 : 40분)

유의사항
- 《작성조건》을 준수하여 반드시 프리젠테이션 슬라이드로 작업합니다.
- 글꼴 및 기타 사항에 대해 별도의 지시사항이 없는 경우, 슬라이드 크기와 전체적인 균형을 고려하여 임의로 작성하되, **도형은 그룹으로 설정하지 않습니다.**
- 모든 슬라이드 크기(A4), 방향(가로), 디자인 테마(Office 테마)로 지정합니다.
  ▶ 슬라이드 크기, 방향 조정 시 '맞춤 확인'으로 지정하여야 합니다.
- 공통적용사항(슬라이드 마스터)
  ▶ 도형 ⇒ 별 및 현수막 : 위쪽 리본, 도형 스타일('미세 효과 – 검정, 어둡게 1'),
     글꼴(궁서, 16pt, 굵게, 텍스트 그림자, '흰색, 배경 1')
- 그림 삽입 시 다운로드 한 그림 파일을 반드시 사용하여야 합니다.
- ⬜ ⟶ 은 지시사항이므로 작성하지 않습니다.
- 슬라이드에 제시된 글자 및 숫자 오타는 감점처리 됩니다.

[슬라이드 1] 아래의 작성조건 및 출력형태에 알맞게 첫 번째 슬라이드에 작업하시오. (30점)

《출력형태》

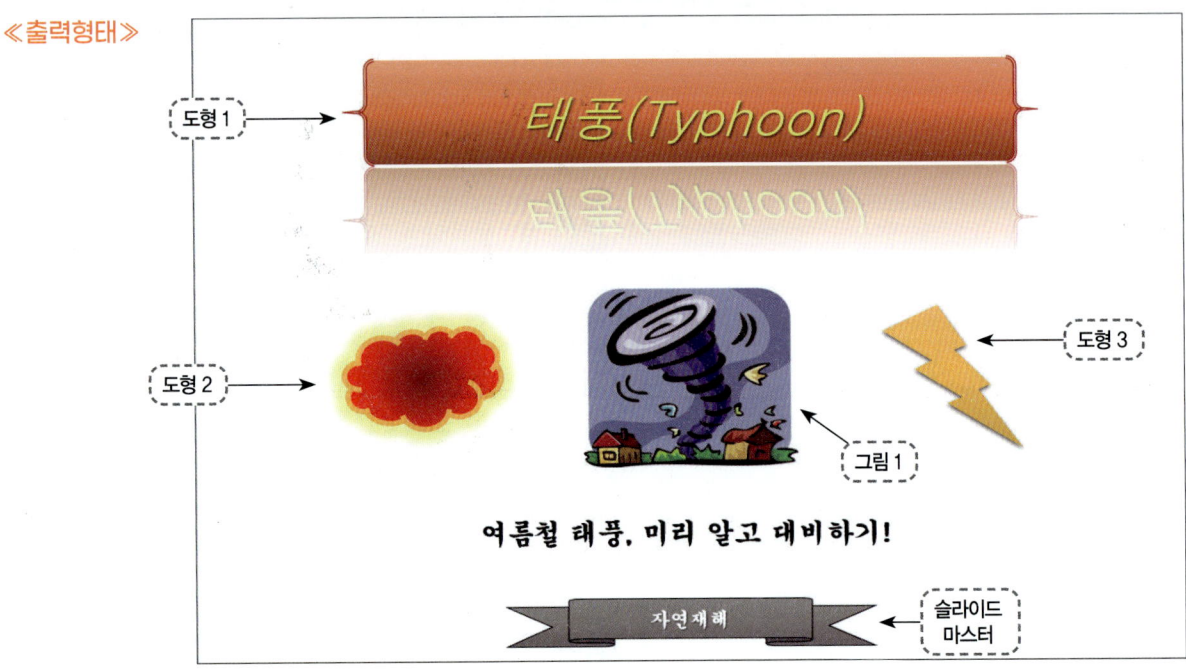

《작성조건》

▶ 도형 1 ⇒ 기본 도형 : 양쪽 중괄호, 도형 채우기(그라데이션 : 미리 설정 – '가운데 그라데이션 – 강조 2',
    종류 – 선형, 방향 – 선형 위쪽), 도형 윤곽선(실선, 색 : 진한 빨강, 너비 : 3pt, 겹선 종류 : 이중),
    도형 효과(반사 – '전체 반사, 터치'), 글꼴(돋움, 40pt, 기울임꼴, 텍스트 그림자, 노랑)
▶ 도형 2 ⇒ 기본 도형 : 구름, 도형 채우기(빨강, 그라데이션 – 가운데에서),
    도형 윤곽선(실선, 색 : 주황, 너비 : 4pt, 겹선 종류 : 단순형),
    도형 효과(네온 – '황금색, 18 pt 네온, 강조색 4')
▶ 도형 3 ⇒ 기본 도형 : 번개, 도형 스타일('강한 효과 – 황금색, 강조 4')
▶ 그림 삽입 ⇒ 그림 1 삽입, 크기(높이 : 5cm, 너비 : 6cm)
▶ 텍스트 상자(여름철 태풍, 미리 알고 대비하기!) ⇒ 글꼴(궁서, 22pt, 굵게)
▶ 애니메이션 지정 ⇒ 그림 1 : 나타내기 – 다이아몬드형
▶ 지시사항이 없는 부분은 《출력형태》와 동일하게 작성하시오.

01 차트 작성하기

① 세 번째 슬라이드를 선택한 후 [삽입] 탭의 [일러스트레이션] 그룹에서 차트( )를 클릭합니다.

② [차트 삽입] 대화상자가 나오면 [세로 막대형]-묶은 세로 막대형을 선택한 후 〈확인〉 단추를 클릭합니다.

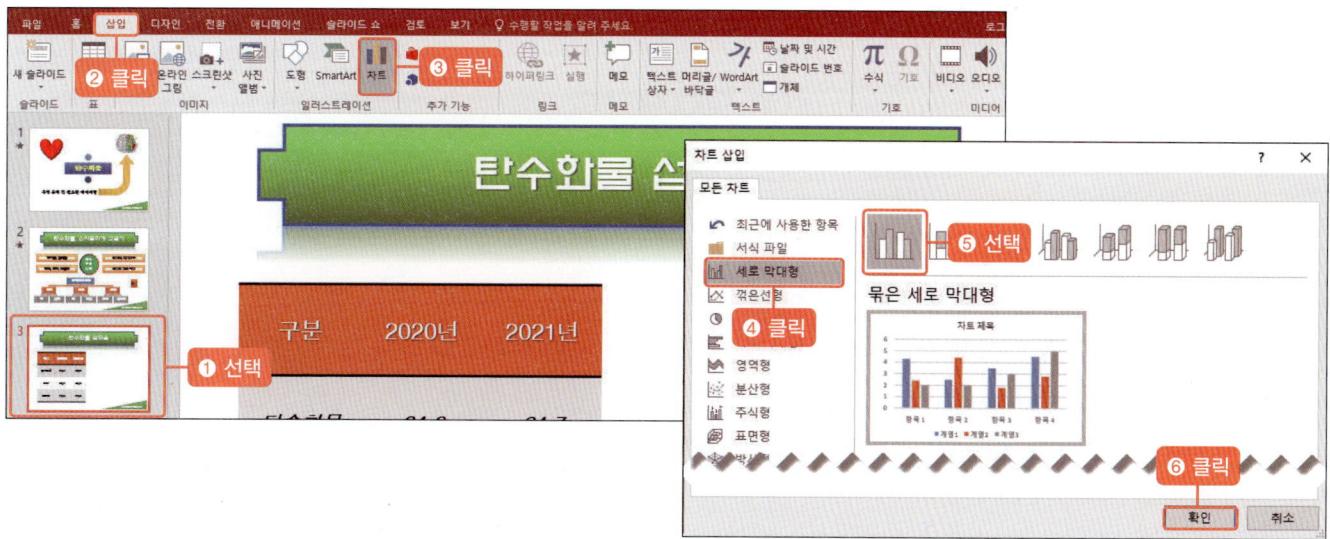

③ 차트가 삽입되면서 엑셀 2016 프로그램이 실행되면 ≪출력 형태≫를 참고하여 그림과 같이 데이터를 입력합니다.

※ 내용을 입력한 후 다음 셀로 이동하기 위해서는 Tab 키 또는 방향키(↑, ↓, ←, →)를 누릅니다.
※ 데이터 입력시 소수점(.) 또는 천 단위 구분 기호(,)를 잘 구분하여 입력합니다.

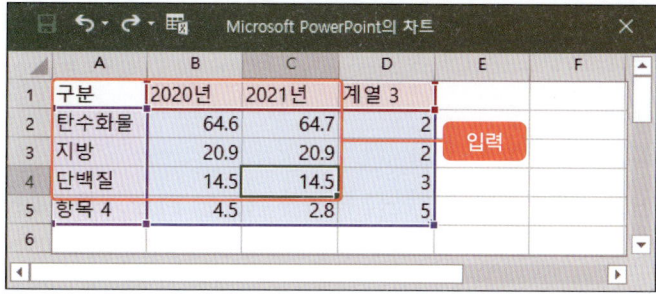

TIP 차트 데이터 복사

차트를 만들 때 파워포인트에서 작성한 표 내용을 복사하여 엑셀에 붙여 넣으면 별도로 데이터를 입력하지 않고도 쉽고 빠르게 차트를 만들 수 있습니다. 단, 표 데이터를 복사하여 차트를 만든 후 ≪출력 형태≫와 모양이 다를 경우에는 엑셀에 직접 데이터를 입력하여 차트를 만듭니다.

제09회 디지털정보활용능력 출제예상 모의고사

- ☑ 시험과목 : 프리젠테이션(파워포인트)
- ☑ 시험일자 : 20XX. XX. XX. (X)
- ☑ 응시자 기재사항 및 감독위원 확인

MS Office 2016 버전용

수검번호	DIP - XXXX -	감독위원 확인
성　　명		

응시자 유의사항

1. 응시자는 신분증을 지참하여야 시험에 응시할 수 있으며, 시험이 종료될 때까지 신분증을 제시하지 못 할 경우 해당 시험은 0점 처리됩니다.
2. 시스템(PC작동여부, 네트워크 상태 등)의 이상여부를 반드시 확인하여야 하며, 시스템 이상이 있을시 감독위원에게 조치를 받으셔야 합니다.
3. 시험 중 부주의 또는 고의로 시스템을 파손한 경우는 응시자 부담으로 합니다.
4. 답안 전송 프로그램을 통해 다운로드 받은 파일을 이용하여 답안 파일을 작성하시기 바랍니다.
5. 작성한 답안 파일은 답안 전송 프로그램을 통하여 전송됩니다. 감독위원의 지시에 따라 주시기 바랍니다.
6. 다음 사항의 경우 실격(0점) 혹은 부정행위 처리됩니다.
    1) 답안 파일을 저장하지 않았거나, 저장한 파일이 손상되었을 경우
    2) 답안 파일을 지정된 폴더(바탕화면 – "KAIT" 폴더)에 저장하지 않았을 경우
        ※ 답안 전송 프로그램 로그인 시 바탕화면에 자동 생성됨
    3) 답안 파일을 다른 보조 기억장치(USB) 혹은 네트워크(메신저, 게시판 등)로 전송할 경우
    4) 휴대용 전화기 등 통신기기를 사용할 경우
7. 슬라이드는 반드시 순서대로 작성해야 하며, 순서가 다를 경우 "0"점 처리 됩니다.
8. 시험지에 제시된 글꼴이 응시 프로그램에 없는 경우, 반드시 감독위원에게 해당 내용을 통보한 뒤 조치를 받아야 합니다.
9. 슬라이드 작성 시 도형의 그룹 설정을 사용하는 경우, 채점에서 감점처리 됩니다.
10. 시험의 완료는 작성이 완료된 답안을 저장하고, 답안 전송이 완료된 상태를 확인한 것으로 합니다. 답안 전송 확인 후 문제지는 감독위원에게 제출한 후 퇴실하여야 합니다.
11. 답안 전송이 완료된 경우에는 수정 또는 정정이 불가능합니다.
12. 시험 시행 후 합격자 발표는 홈페이지(www.ihd.or.kr)에서 확인하시기 바랍니다.
    1) 문제 및 정답 공개 : 20XX. XX. XX. (X)
    2) 합격자 발표 : 20XX. XX. XX. (X)

④ 내용 입력이 완료되면 오른쪽 하단의 파란색 조절점(■) 위에 커서를 위치한 후 마우스 포인터가 모양으로 변경되면 그림과 같이 왼쪽으로 드래그 합니다.

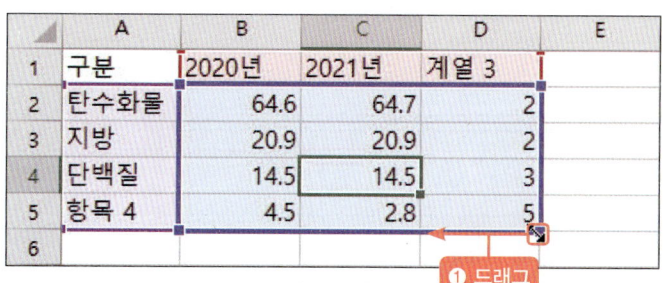

⑤ 이어서, 오른쪽 하단의 파란색 조절점(■) 위에 커서를 위치한 후 마우스 포인터가 모양으로 변경되면 그림과 같이 위쪽으로 드래그 합니다.

  ※ 파란색 선 안쪽의 데이터가 차트 데이터 범위로 지정되기 때문에 파란색 조절점(■)을 드래그 하여 데이터가 입력된 셀까지 범위를 조절해야 합니다.

⑥ 차트 데이터 범위가 지정되면 필요없는 데이터를 드래그 하여 블록으로 지정한 후 Delete 키를 눌러 삭제합니다.

⑦ 삽입된 차트가 ≪출력 형태≫와 같으면 엑셀 프로그램에서 닫기(☒) 단추를 클릭합니다.

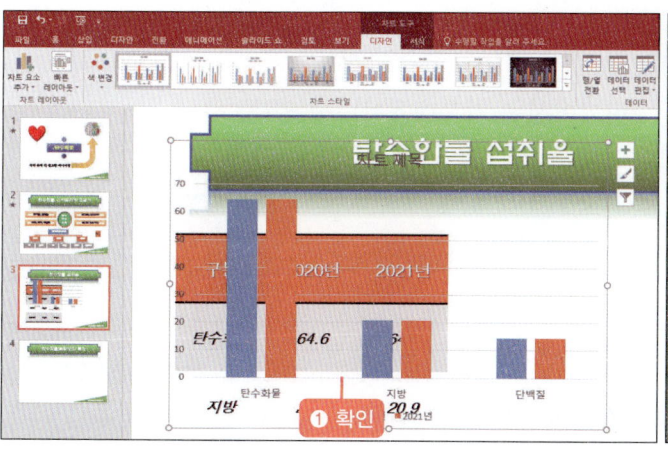
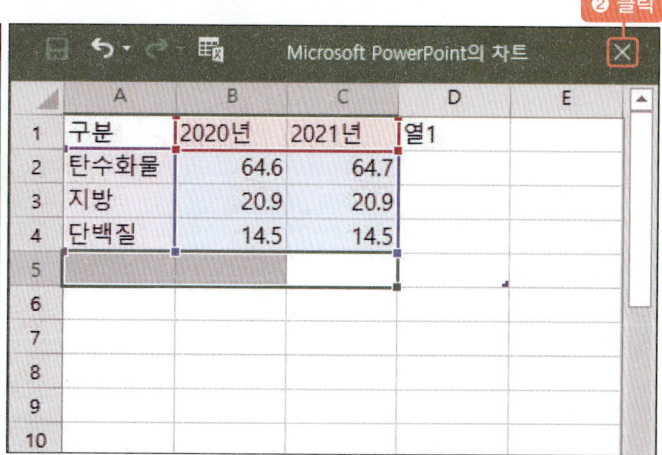

디지털정보활용능력 - 프리젠테이션[파워포인트] (시험시간 : 40분)

[슬라이드 4] 아래의 작성조건 및 출력형태에 알맞게 네 번째 슬라이드에 작업하시오. (60점)

≪출력형태≫

≪작성조건≫

(1) 제목
- 도형 1 ⇒ 기본 도형 : 빗면, 도형 채우기(주황),
  도형 윤곽선(실선, 색 : 진한 파랑, 너비 : 2pt, 겹선 종류 : 단순형),
  도형 효과(그림자 - '바깥쪽 - 오프셋 오른쪽', 반사 - '근접 반사, 터치'),
  글꼴(궁서, 40pt, 기울임꼴, 텍스트 그림자, 파랑)

(2) 본문
- 도형 2~4 ⇒ 사각형 : 모서리가 둥근 직사각형, 도형 채우기(질감 : 꽃다발), 선 없음,
  도형 효과(입체 효과 - 둥글게), 글꼴(궁서체, 18pt, 굵게, 텍스트 그림자, '검정, 텍스트 1')
- 도형 5~7 ⇒ 기본 도형 : 육각형, 도형 채우기(연한 녹색, 그라데이션 - 선형 왼쪽), 선 없음,
  도형 효과(그림자 - 원근감 대각선 왼쪽 위),
  글꼴(돋움, 18pt, 기울임꼴, 텍스트 그림자)
- 도형 8 ⇒ 기본 도형 : 하트, 도형 채우기(진한 빨강, 그라데이션 - 가운데에서), 선 없음,
  도형 효과(반사 - '근접 반사, 4 pt 오프셋')
- 도형 9 ⇒ 기본 도형 : 타원, 도형 채우기(그림 또는 질감 채우기) 기능을 사용하여 그림 3 삽입,
  도형 윤곽선(실선, 색 : 진한 파랑, 너비 : 2pt, 겹선 종류 : 단순형),
  도형 효과(입체 효과 - 아트 데코)
- WordArt 삽입(친환경 농업은 21세기의 경쟁력 있는 산업)
  ⇒ WordArt 스타일('채우기 - 흰색, 윤곽선 - 강조 1, 그림자'), 글꼴(돋움체, 26pt, 굵게, 텍스트 그림자)
- 지시사항이 없는 부분은 ≪출력형태≫와 동일하게 작성하시오.

TIP 행/열 전환

차트의 모양은 행/열 두 가지 모양이 있습니다. 만약, 차트에 반영될 데이터를 정확하게 입력했지만 《출력 형태》의 차트 모양과 다르게 나올 경우에는 [차트 도구]-[디자인] 탭의 [데이터] 그룹에서 '행/열 전환( )'을 클릭합니다. 이 때 주의할 점은 반드시 엑셀 프로그램이 함께 실행되어 있어야 합니다. 만약, 엑셀 프로그램이 종료되었을 경우에는 [차트 도구]-[디자인] 탭의 [데이터] 그룹에서 '데이터 편집( )'을 클릭하여 엑셀 프로그램을 실행합니다.

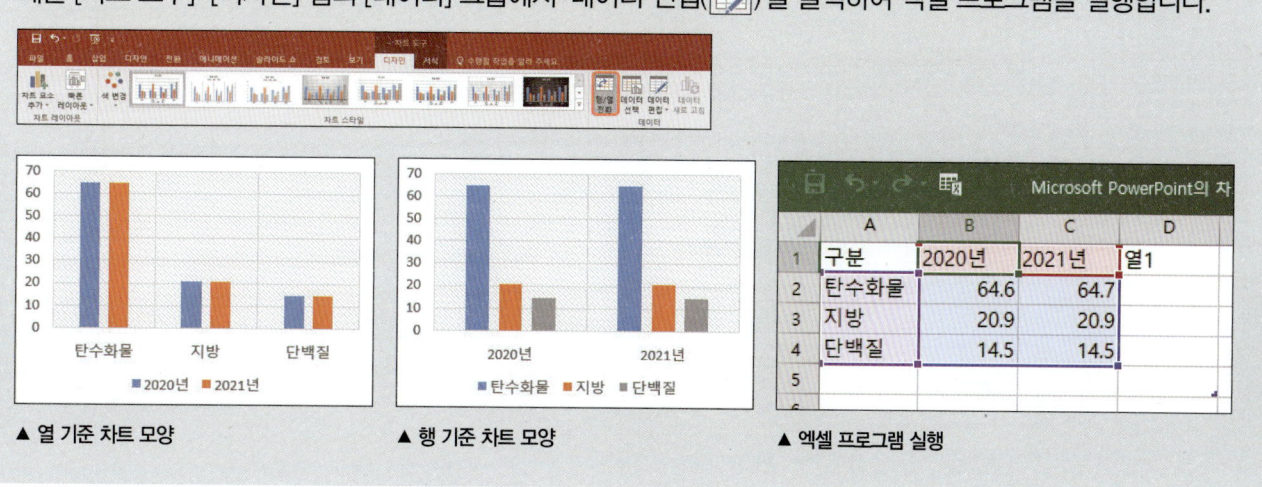

▲ 열 기준 차트 모양　　　▲ 행 기준 차트 모양　　　▲ 엑셀 프로그램 실행

❽ 차트가 삽입되면 조절점(○)을 드래그 하여 적당한 크기로 조절한 후 테두리를 드래그 하여 그림과 같이 위치를 변경합니다.

※ 차트의 크기 조절 및 위치 변경은 《출력 형태》를 참고하여 작업합니다.

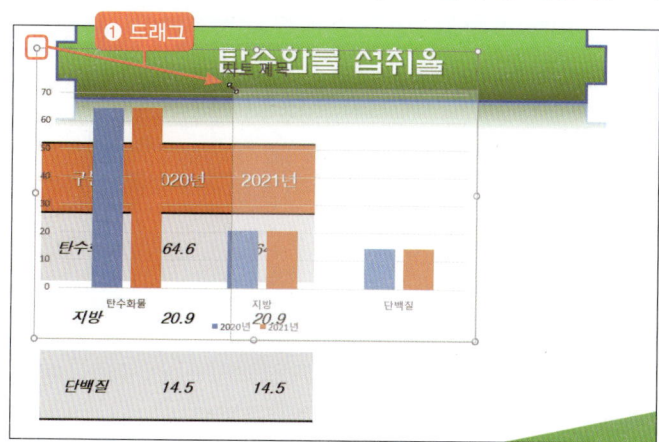 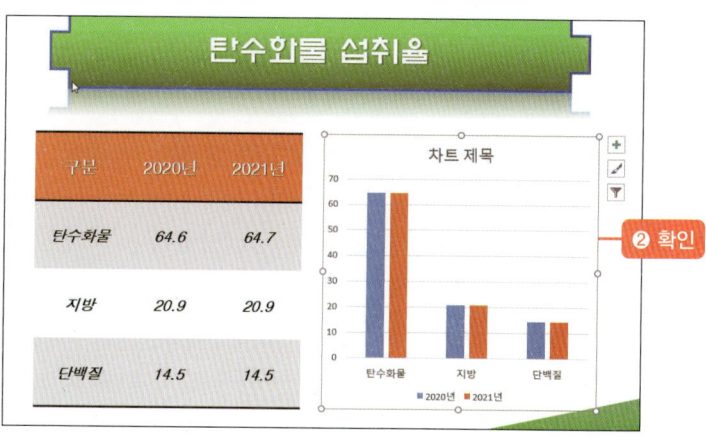

❾ 차트 테두리가 선택된 상태에서 '차트 제목'을 클릭한 후 Delete 키를 눌러 삭제합니다.

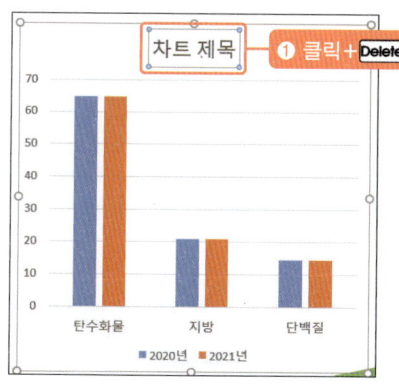 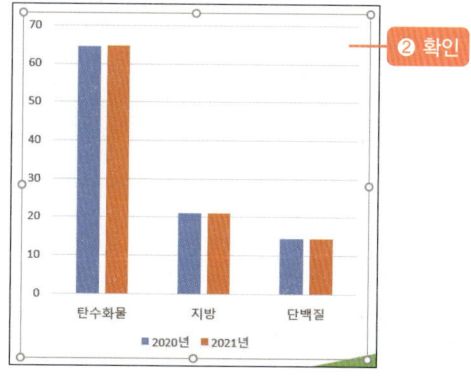

[슬라이드 3] 아래의 작성조건 및 출력형태에 알맞게 세 번째 슬라이드에 작업하시오. (60점)

≪출력형태≫

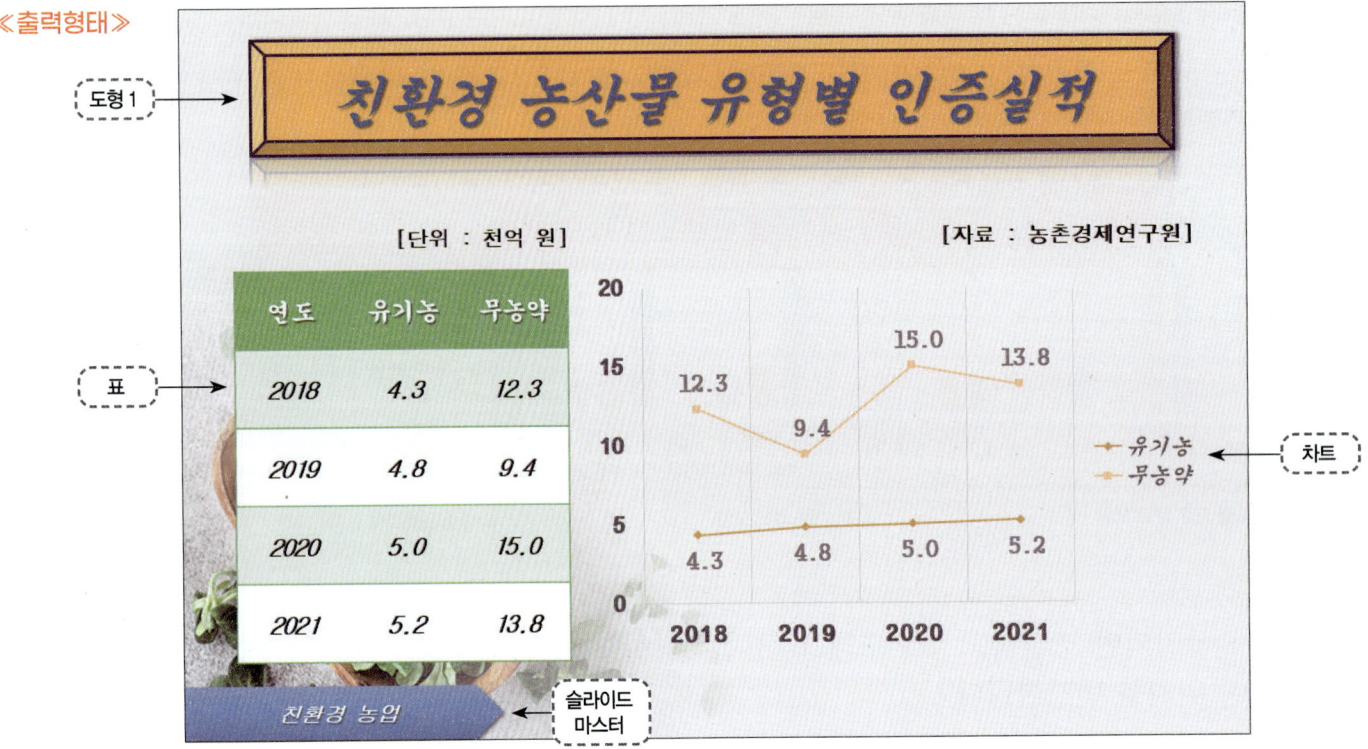

≪작성조건≫

(1) 제목
- 도형 1 ⇒ 기본 도형 : 빗면, 도형 채우기(주황),
    도형 윤곽선(실선, 색 : 진한 파랑, 너비 : 2pt, 겹선 종류 : 단순형),
    도형 효과(그림자 – '바깥쪽 – 오프셋 오른쪽', 반사 – '근접 반사, 터치'),
    글꼴(궁서, 40pt, 기울임꼴, 텍스트 그림자, 파랑)

(2) 본문 (※ 차트 작성은 반드시 '차트삽입 → 데이터입력 → 차트스타일' 순으로 작성바랍니다.)
- 텍스트 상자 1([단위 : 천억 원]) ⇒ 글꼴(돋움체, 16pt, 굵게)
- 표 ⇒ 표 스타일(보통 스타일 1 – 강조 6),
    가장 위의 행 : 글꼴(궁서, 18pt, 굵게, 텍스트 그림자, 가운데 맞춤),
    나머지 행 : 글꼴(굴림체, 18pt, 굵게, 기울임꼴, 가운데 맞춤)
- 텍스트 상자 2([자료 : 농촌경제연구원]) ⇒ 글꼴(돋움체, 16pt, 굵게)
- 차트 ⇒ 꺾은선형 : 표식이 있는 꺾은선형, 차트 스타일(색 변경 – '단색형 – 색 8', 스타일 11),
    축 서식/데이터 레이블 서식 : 글꼴(궁서체, 18pt, 굵게),
    범례 서식 : 글꼴(궁서체, 16pt, 기울임꼴), 데이터는 표 참고(소수점 반드시 기입)
- 배경 ⇒ 배경 서식(채우기 – 그림 또는 질감 채우기)에서 그림 2 삽입(현재 슬라이드만 적용)
- 애니메이션 지정 ⇒ 차트 : 나타내기 – 바둑판 무늬
- 지시사항이 없는 부분은 ≪출력형태≫와 동일하게 작성하시오.

02 차트 색상과 스타일 지정하기

① 차트 색상을 변경하기 위해 [차트 도구]-[디자인] 탭의 [차트 스타일] 그룹에서 [색 변경(🎨)]-단색형 - 색 8을 선택합니다.

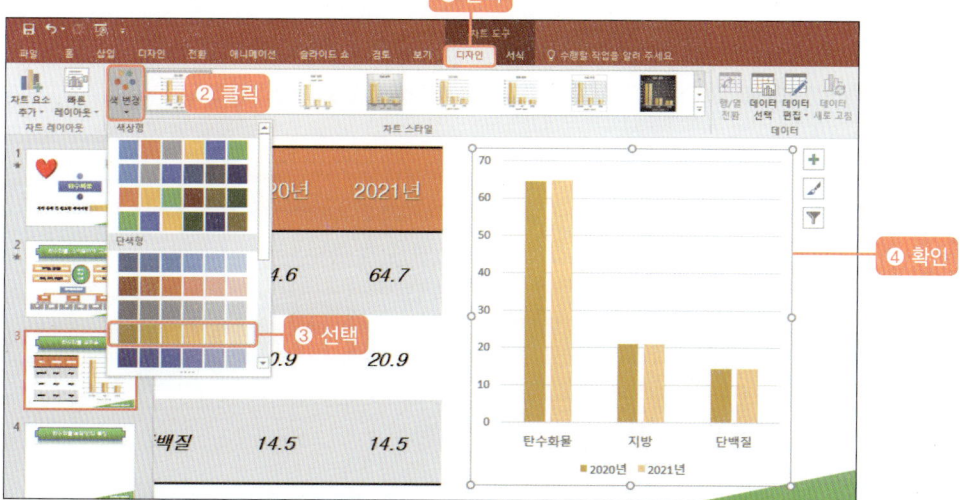

② 차트 스타일을 지정하기 위해 [차트 도구]-[디자인] 탭의 [차트 스타일] 그룹에서 자세히(▼) 단추를 클릭한 후 스타일 8(📊)를 선택합니다.

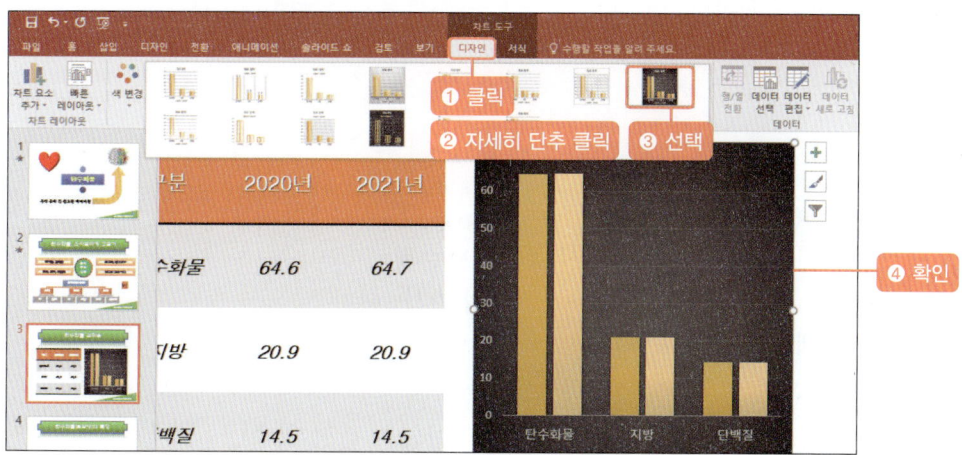

③ 2021년 계열을 선택한 후 [차트 도구]-[디자인] 탭의 [차트 레이아웃] 그룹에서 [차트 요소 추가(📊)]-[데이터 레이블(📊)]- 바깥쪽 끝에를 클릭합니다.

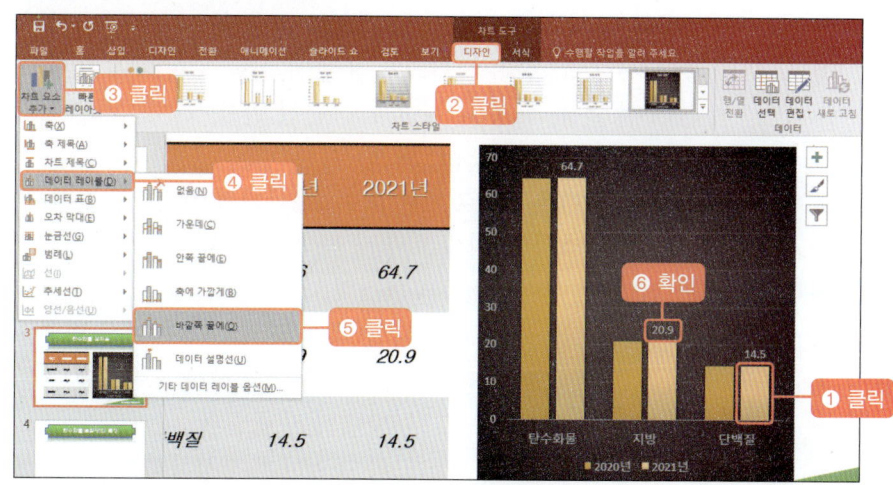

디지털정보활용능력 – 프리젠테이션[파워포인트] (시험시간 : 40분)

[슬라이드 2] 아래의 작성조건 및 출력형태에 알맞게 두 번째 슬라이드에 작업하시오. (50점)

≪출력형태≫

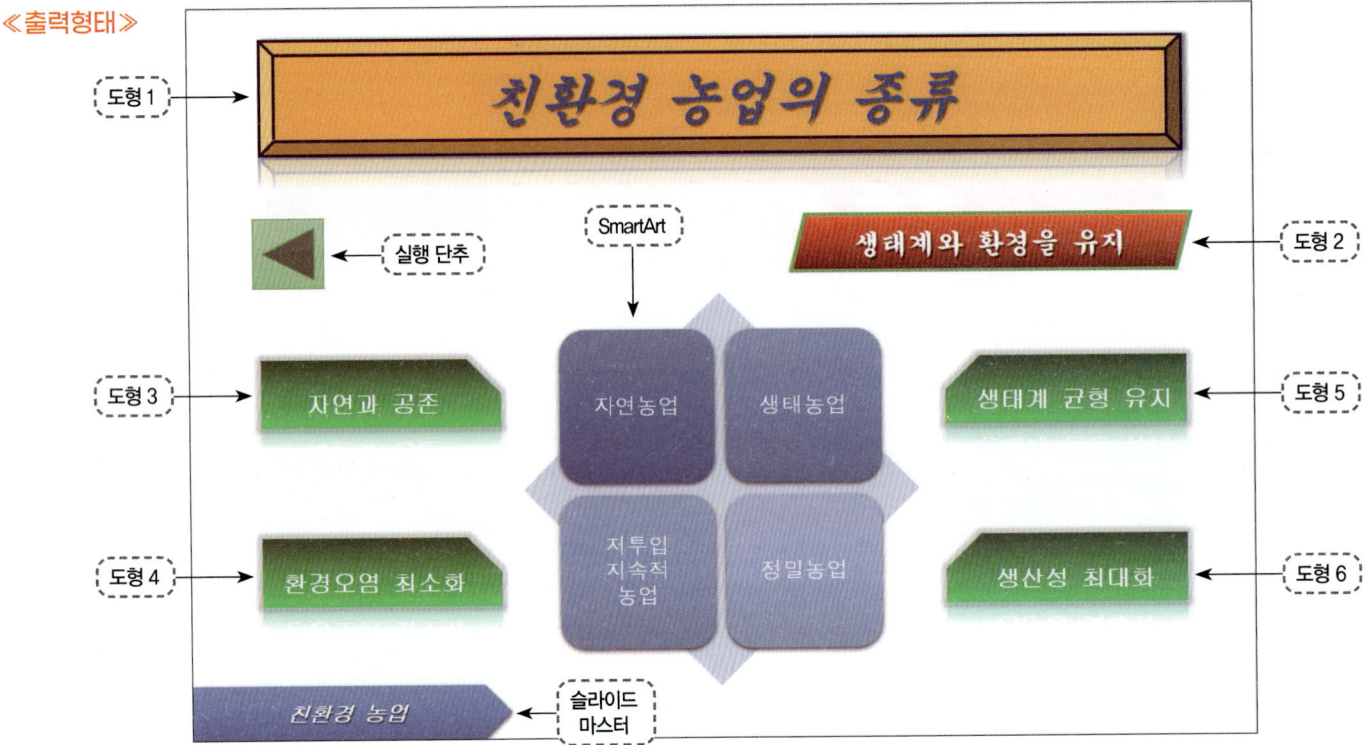

≪작성조건≫

(1) 제목
- ▶ 도형 1 ⇒ 기본 도형 : 빗면, 도형 채우기(주황),
  도형 윤곽선(실선, 색 : 진한 파랑, 너비 : 2pt, 겹선 종류 : 단순형),
  도형 효과(그림자 – '바깥쪽 – 오프셋 오른쪽', 반사 – '근접 반사, 터치'),
  글꼴(궁서, 40pt, 기울임꼴, 텍스트 그림자, 파랑)

(2) 본문
- ▶ 도형 2 ⇒ 기본 도형 : 평행 사변형, 도형 채우기('주황, 강조 2', 그라데이션 – 선형 위쪽),
  도형 윤곽선(실선, 색 : '녹색, 강조 6', 너비 : 3pt, 겹선 종류 : 단순형),
  글꼴(궁서체, 20pt, 굵게, 텍스트 그림자)
- ▶ 도형 3~6 ⇒ 사각형 : 한쪽 모서리가 잘린 사각형, 도형 채우기(녹색, 그라데이션 – 선형 아래쪽),
  선 없음, 도형 효과(반사 – '근접 반사, 터치', 네온 – '회색–50%, 8 pt 네온, 강조색 3'),
  글꼴(굴림체, 18pt, 굵게)
- ▶ 실행 단추 ⇒ 실행 단추 : 뒤로 또는 이전, 하이퍼링크 : 이전 슬라이드,
  도형 스타일('미세 효과 – 녹색, 강조 6')
- ▶ SmartArt 삽입 ⇒ 행렬형 : 기본 행렬형, 글꼴(돋움, 16pt, 가운데 맞춤),
  SmartArt 스타일(색 변경 – '그라데이션 범위 – 강조 1', 강한 효과),
  (반드시 SmartArt 기능을 이용하여 작성할 것)
- ▶ 애니메이션 지정 ⇒ SmartArt : 나타내기 – 내밀기
- ▶ 지시사항이 없는 부분은 ≪출력형태≫와 동일하게 작성하시오.

④ 범례의 위치를 변경하기 위해 [차트 도구]-[디자인] 탭의 [차트 레이아웃] 그룹에서 [차트 요소 추가( )]-[범례( )]-위쪽을 클릭합니다.

※ 범례의 위치를 변경하기 위해서는 차트가 선택된 상태에서 작업해야 합니다.

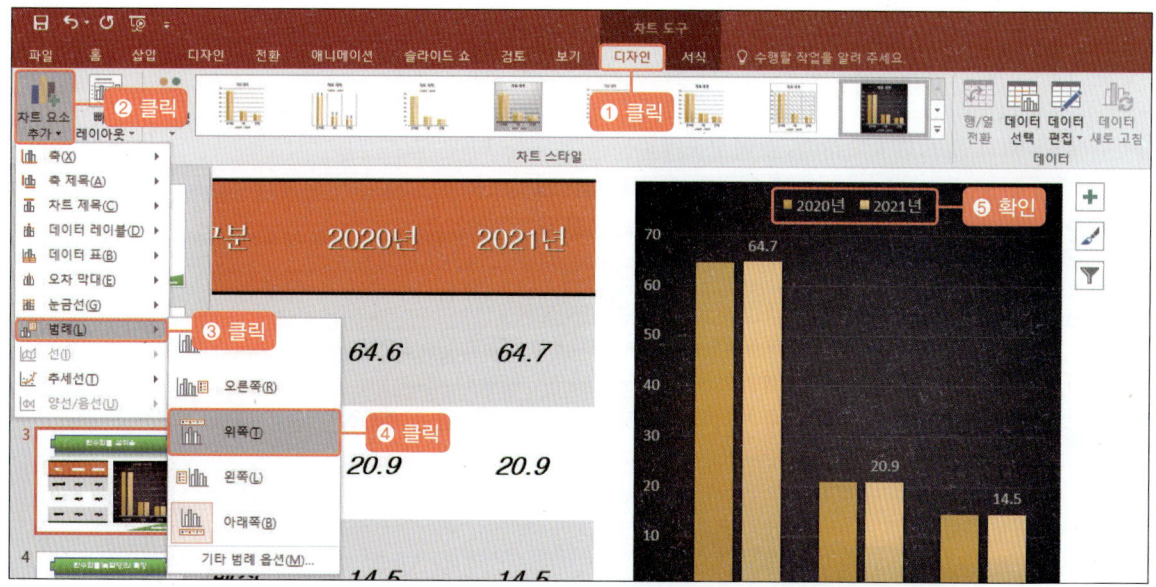

TIP 차트 스타일 변경 시 유의할 점

차트 '색 변경'보다 '스타일'을 먼저 변경하면 제시된 출력 형태와 일치하지 않기 때문에 반드시 차트 '색 변경'을 먼저 지정한 후 '스타일'을 변경하는 순서로 작업해야 합니다.

TIP 파워포인트 차트의 구성 요소

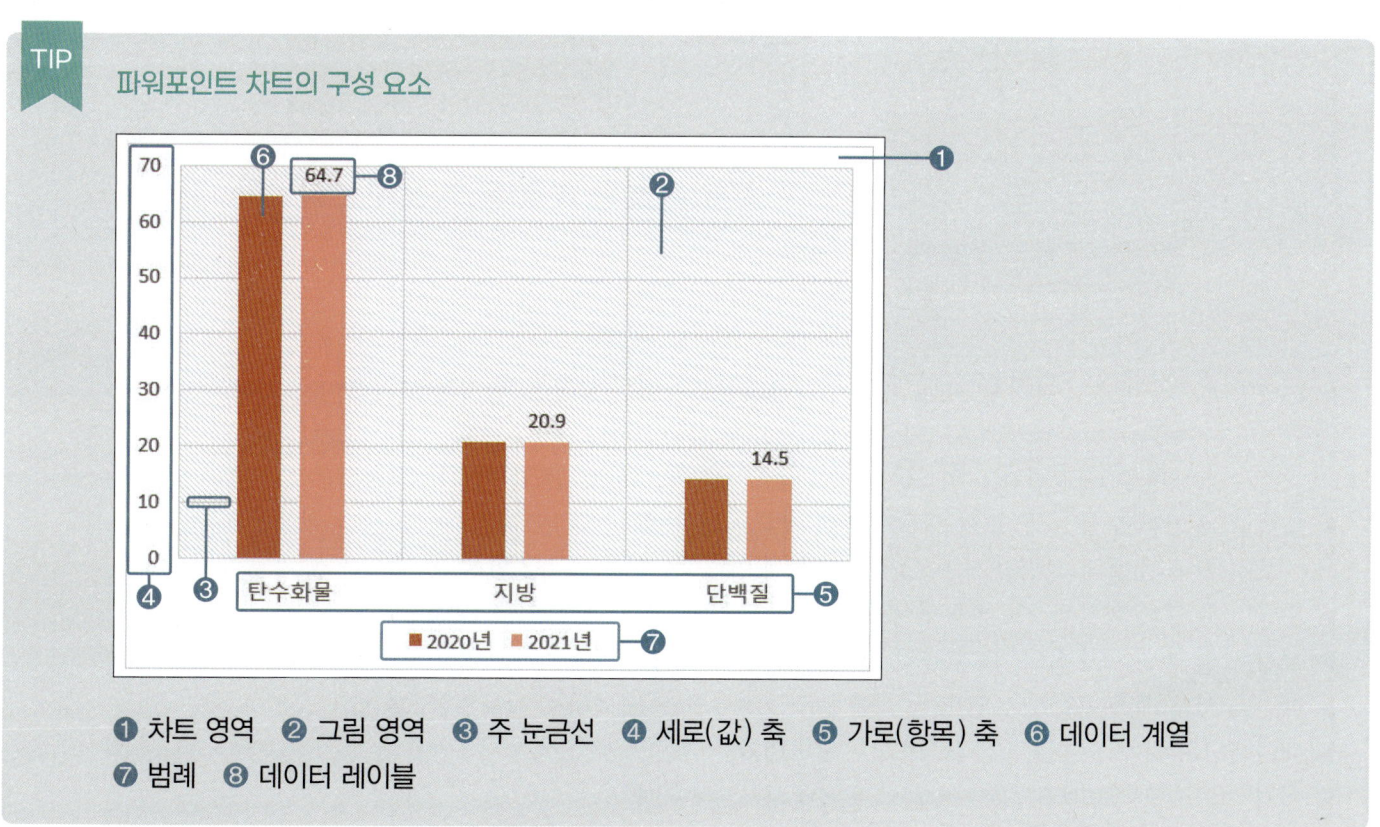

❶ 차트 영역 ❷ 그림 영역 ❸ 주 눈금선 ❹ 세로(값) 축 ❺ 가로(항목) 축 ❻ 데이터 계열
❼ 범례 ❽ 데이터 레이블

디지털정보활용능력-프리젠테이션[파워포인트] (시험시간 : 40분)

유의사항
- 《작성조건》을 준수하여 반드시 프리젠테이션 슬라이드로 작업합니다.
- 글꼴 및 기타 사항에 대해 별도의 지시사항이 없는 경우, 슬라이드 크기와 전체적인 균형을 고려하여 임의로 작성하되, **도형은 그룹으로 설정하지 않습니다.**
- 모든 슬라이드 크기(A4), 방향(가로), 디자인 테마(Office 테마)로 지정합니다.
  ▶ 슬라이드 크기, 방향 조정 시 '맞춤 확인'으로 지정하여야 합니다.
- 공통적용사항(슬라이드 마스터)
  ▶ 도형 ⇒ 블록 화살표 : 오각형, 도형 스타일('강한 효과 - 파랑, 강조 1'),
    글꼴(굴림체, 16pt, 굵게, 기울임꼴, 텍스트 그림자)
- 그림 삽입 시 다운로드 한 그림 파일을 반드시 사용하여야 합니다.
- ☐→ 은 지시사항이므로 작성하지 않습니다.
- 슬라이드에 제시된 글자 및 숫자 오타는 감점처리 됩니다.

[슬라이드 1] 아래의 작성조건 및 출력형태에 알맞게 첫 번째 슬라이드에 작업하시오. (30점)

≪출력형태≫

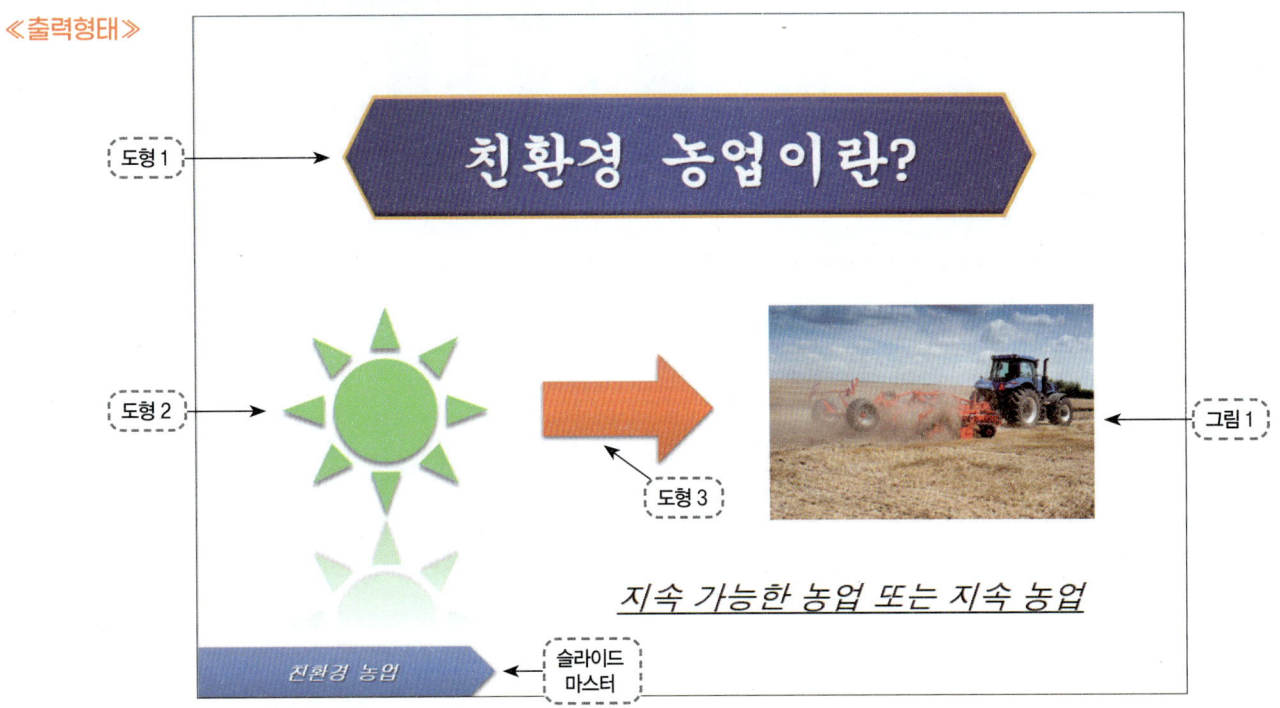

≪작성조건≫

- ▶ 도형 1 ⇒ 기본 도형 : 육각형, 도형 채우기(그라데이션 : 미리 설정 - '방사형 그라데이션 - 강조 5', 종류 - 방사형, 방향 - 가운데에서), 도형 윤곽선(실선, 색 : 주황, 너비 : 3pt, 겹선 종류 : 단순형), 도형 효과(그림자 - 안쪽 아래쪽), 글꼴(궁서체, 45pt, 굵게, 텍스트 그림자)
- ▶ 도형 2 ⇒ 기본 도형 : 해, 도형 채우기(연한 녹색), 선 없음, 도형 효과(그림자 - 바깥쪽 - 오프셋 아래쪽', 반사 - '1/2 반사, 8 pt 오프셋')
- ▶ 도형 3 ⇒ 블록 화살표 : 오른쪽 화살표, 도형 스타일('강한 효과 - 주황, 강조 2')
- ▶ 그림 삽입 ⇒ 그림 1 삽입, 크기(높이 : 6cm, 너비 : 9cm)
- ▶ 텍스트 상자(지속 가능한 농업 또는 지속 농업) ⇒ 글꼴(돋움, 25pt, 기울임꼴, 밑줄)
- ▶ 애니메이션 지정 ⇒ 도형 1 : 나타내기 - 닦아내기
- ▶ 지시사항이 없는 부분은 《출력형태》와 동일하게 작성하시오.

03 글꼴 서식 변경하기

① 차트의 테두리를 클릭한 후 [홈] 탭의 [글꼴] 그룹에서 글꼴(굴림), 글꼴 크기(16pt), 굵게(가)를 지정합니다.

※ 차트 테두리를 클릭한 후 글꼴 서식을 변경하면 차트 안의 모든 글꼴들을 한 번에 변경할 수 있습니다.

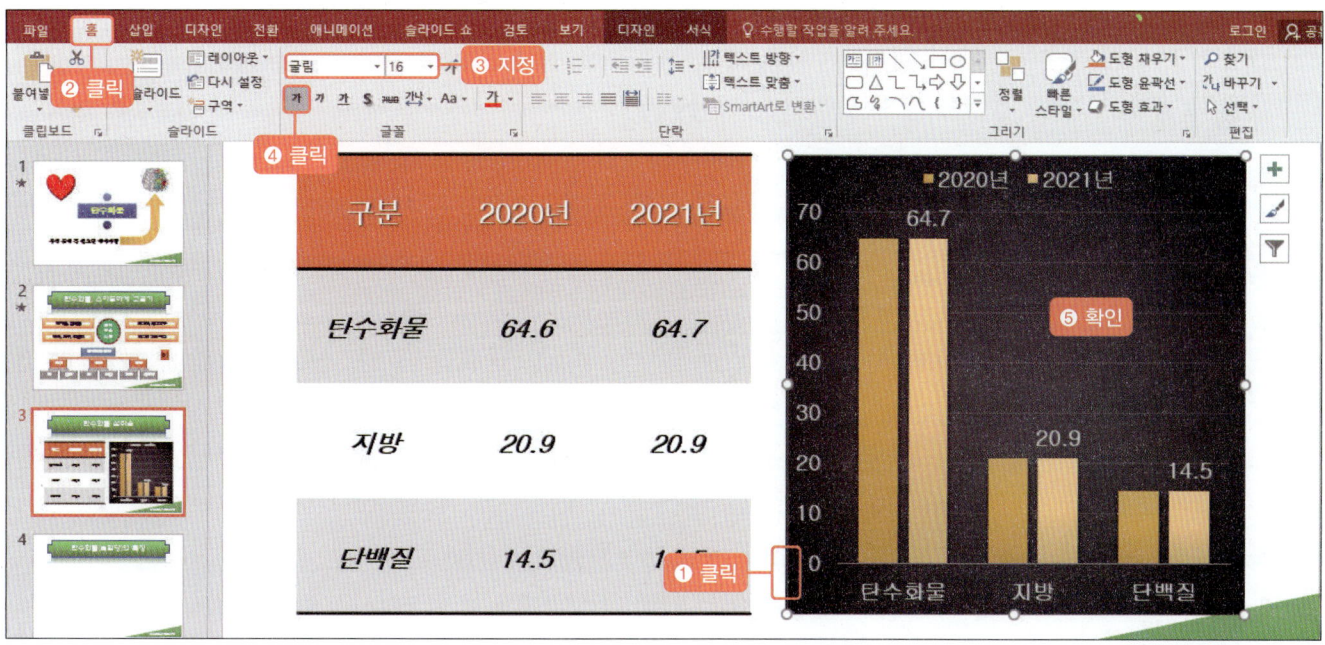

② 범례를 클릭한 후 [홈] 탭의 [글꼴] 그룹에서 글꼴(굴림), 글꼴 크기(18pt), 굵게(가), 기울임꼴(가)을 지정합니다.

※ 범례의 '굵게' 지정 작업은 이전 작업에서 모두 완료했기 때문에 확인만 합니다. 만약, 이전 작업에 '굵게'로 지정하는 작업이 포함되지 않았다면 반드시 '굵게'로 지정합니다.

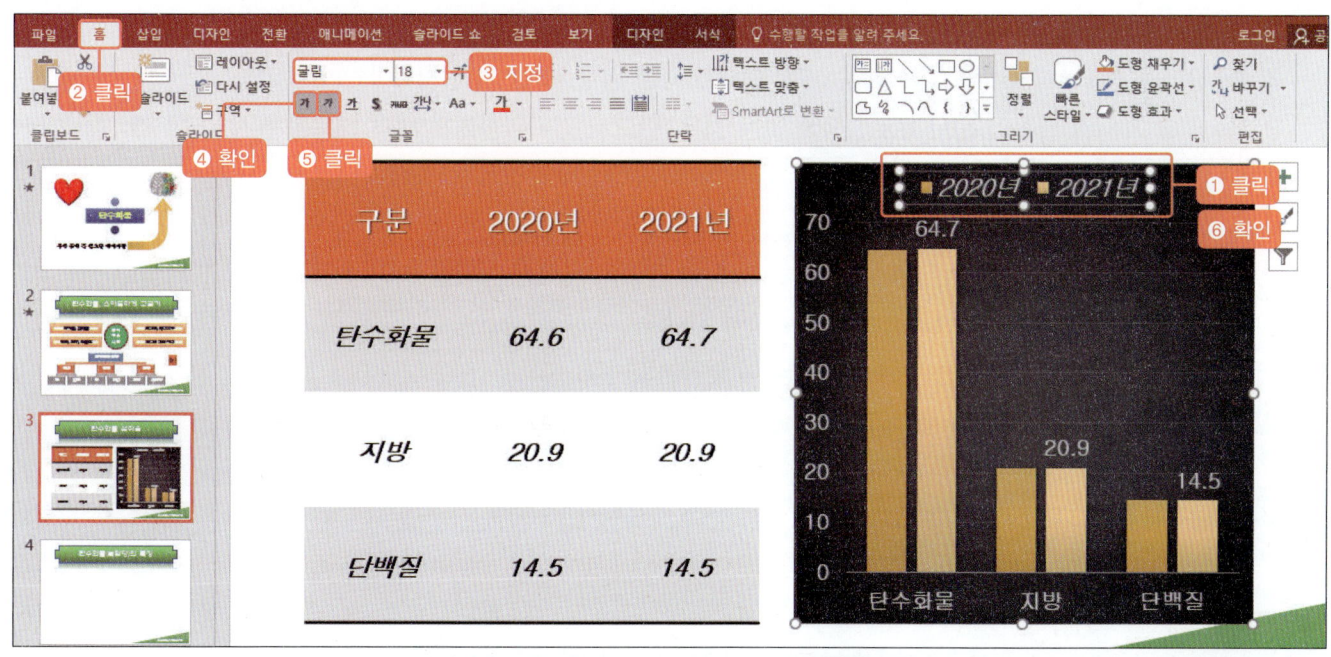

제08회 디지털정보활용능력 출제예상 모의고사

MS Office 2016 버전용

- ☑ 시험과목 : 프리젠테이션(파워포인트)
- ☑ 시험일자 : 20XX. XX. XX. (X)
- ☑ 응시자 기재사항 및 감독위원 확인

수 검 번 호	DIP - XXXX -	감독위원 확인
성 명		

응시자 유의사항

1. 응시자는 신분증을 지참하여야 시험에 응시할 수 있으며, 시험이 종료될 때까지 신분증을 제시하지 못 할 경우 해당 시험은 0점 처리됩니다.
2. 시스템(PC작동여부, 네트워크 상태 등)의 이상여부를 반드시 확인하여야 하며, 시스템 이상이 있을시 감독위원에게 조치를 받으셔야 합니다.
3. 시험 중 부주의 또는 고의로 시스템을 파손한 경우는 응시자 부담으로 합니다.
4. 답안 전송 프로그램을 통해 다운로드 받은 파일을 이용하여 답안 파일을 작성하시기 바랍니다.
5. 작성한 답안 파일은 답안 전송 프로그램을 통하여 전송됩니다. 감독위원의 지시에 따라 주시기 바랍니다.
6. 다음 사항의 경우 실격(0점) 혹은 부정행위 처리됩니다.
    1) 답안 파일을 저장하지 않았거나, 저장한 파일이 손상되었을 경우
    2) 답안 파일을 지정된 폴더(바탕화면 – "KAIT" 폴더)에 저장하지 않았을 경우
        ※ 답안 전송 프로그램 로그인 시 바탕화면에 자동 생성됨
    3) 답안 파일을 다른 보조 기억장치(USB) 혹은 네트워크(메신저, 게시판 등)로 전송할 경우
    4) 휴대용 전화기 등 통신기기를 사용할 경우
7. 슬라이드는 반드시 순서대로 작성해야 하며, 순서가 다를 경우 "0"점 처리 됩니다.
8. 시험지에 제시된 글꼴이 응시 프로그램에 없는 경우, 반드시 감독위원에게 해당 내용을 통보한 뒤 조치를 받아야 합니다.
9. 슬라이드 작성 시 도형의 그룹 설정을 사용하는 경우, 채점에서 감점처리 됩니다.
10. 시험의 완료는 작성이 완료된 답안을 저장하고, 답안 전송이 완료된 상태를 확인한 것으로 합니다. 답안 전송 확인 후 문제지는 감독위원에게 제출한 후 퇴실하여야 합니다.
11. 답안 전송이 완료된 경우에는 수정 또는 정정이 불가능합니다.
12. 시험 시행 후 합격자 발표는 홈페이지(www.ihd.or.kr)에서 확인하시기 바랍니다.
    1) 문제 및 정답 공개 : 20XX. XX. XX. (X)
    2) 합격자 발표 : 20XX. XX. XX. (X)

❸ 축 서식의 눈금 간격을 변경하기 위해 축의 숫자(세로 축) 위에서 마우스 오른쪽 단추를 눌러 바로가기 메뉴가 나오면 [축 서식]을 클릭합니다.

❹ 오른쪽에 [축 서식] 작업 창이 나오면 **축 옵션**에서 **경계-최대(80.0), 단위-주(20.0)**를 각각 입력한 후 작업 창을 종료(❌) 합니다.

※ 축 옵션의 값은 ≪출력 형태≫를 참고하여 값을 변경합니다. 만약, ≪출력 형태≫ 차트의 최소값이 '0'이 아니라면 최소 입력 칸에 해당 값(예 : 10)을 직접 입력합니다.

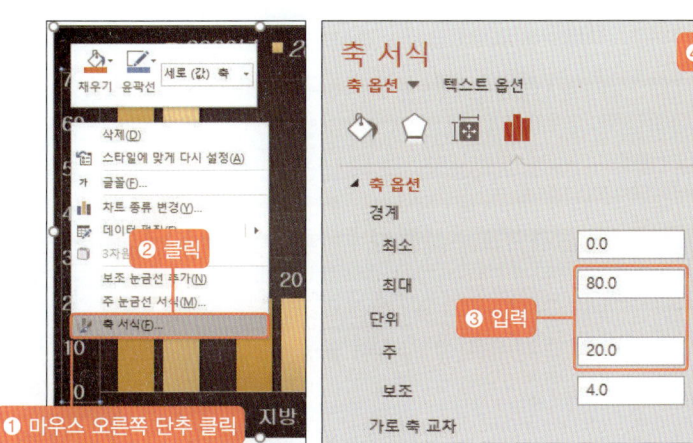
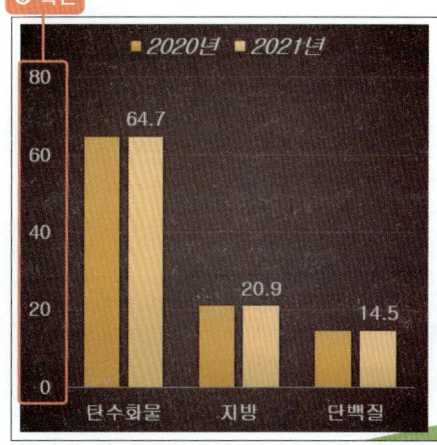

> **TIP** 차트 작성 조건
> 차트를 작업할 때 ≪출력 형태≫와 다를 경우 ≪작성 조건≫에 상관없이 ≪출력 형태≫와 동일하게 작업해야 합니다.

04 애니메이션 지정하기

❶ 차트에 애니메이션을 지정하기 위해 차트 테두리를 선택합니다. 이어서, [애니메이션] 탭의 [애니메이션] 그룹에서 자세히(▽) 단추를 클릭한 후 **나타내기-날아오기**를 선택합니다.

※ 반드시 애니메이션을 적용할 대상 개체를 클릭한 후 작업해야 합니다.

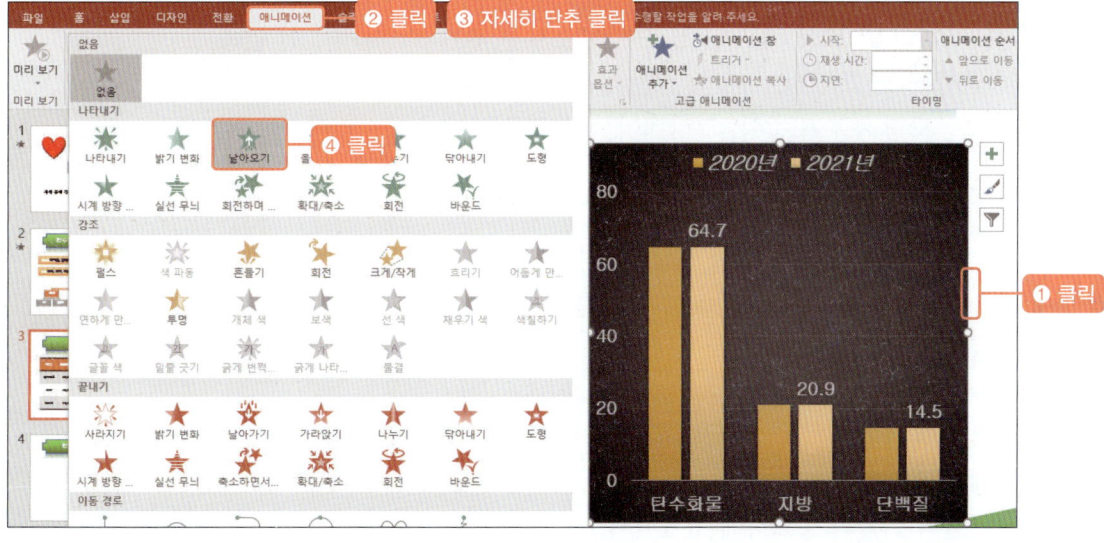

❷ 모든 작업이 완료되면 파일을 저장합니다.

디지털정보활용능력 – 프리젠테이션[파워포인트] (시험시간 : 40분)

[슬라이드 4] 아래의 작성조건 및 출력형태에 알맞게 네 번째 슬라이드에 작업하시오. (60점)

≪출력형태≫

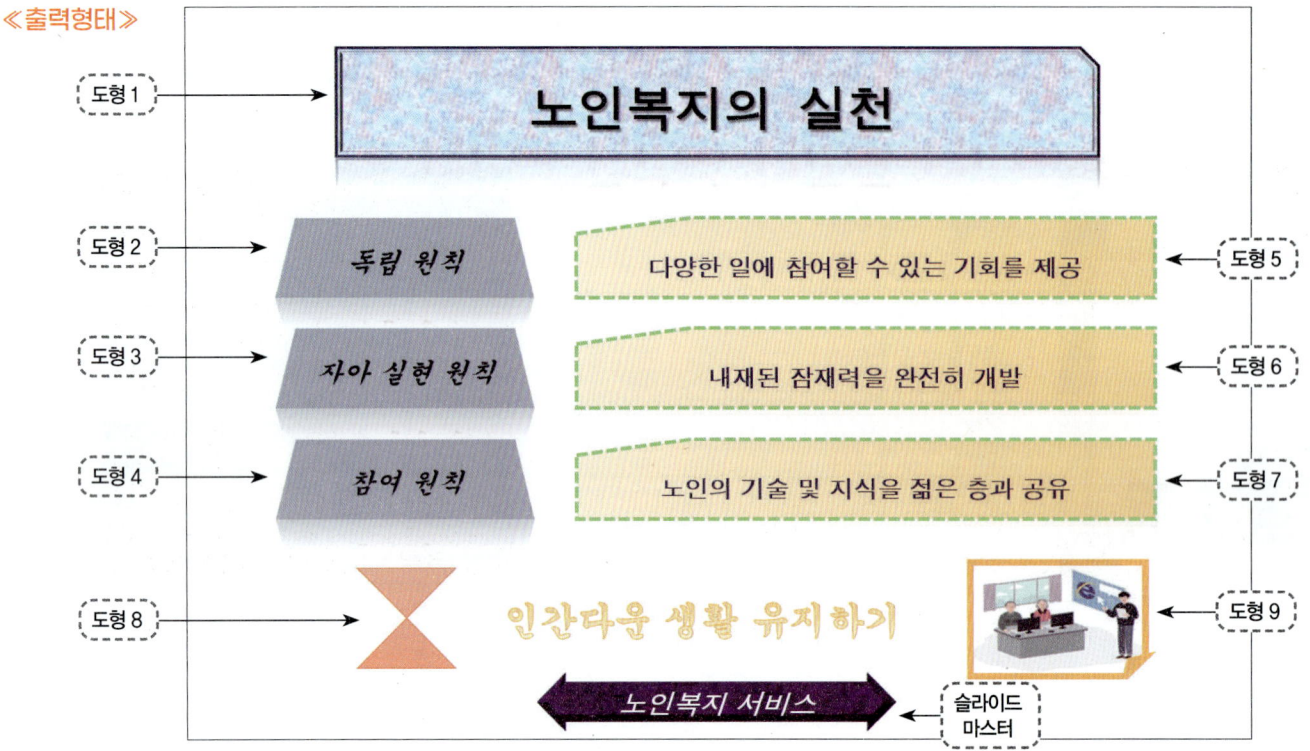

≪작성조건≫

(1) 제목
- ▶ 도형 1 ⇒ 사각형 : 한쪽 모서리가 잘린 사각형, 도형 채우기(질감 : 꽃다발),
  도형 윤곽선(실선, 색 : 진한 파랑, 너비 : 2pt, 겹선 종류 : 단순형),
  도형 효과(반사 – '근접 반사, 터치', 입체 효과 – 급경사),
  글꼴(돋움체, 36pt, 굵게, 텍스트 그림자, '검정, 텍스트 1')

(2) 본문
- ▶ 도형 2~4 ⇒ 기본 도형 : 사다리꼴, 도형 채우기('청회색, 텍스트 2, 60% 더 밝게'), 선 없음,
  도형 효과(반사 – '근접 반사, 터치'), 글꼴(궁서, 20pt, 기울임꼴, '검정, 텍스트 1')
- ▶ 도형 5~7 ⇒ 순서도 : 카드, 도형 채우기(주황, 그라데이션 – 오른쪽 아래 모서리에서),
  도형 윤곽선(실선, 색 : 연한 녹색, 너비 : 3pt, 겹선 종류 : 단순형, 대시 종류 : 사각 점선),
  글꼴(돋움, 18pt, 굵게, 진한 파랑)
- ▶ 도형 8 ⇒ 순서도 : 대조, 도형 스타일('미세 효과 – 주황, 강조 2')
- ▶ 도형 9 ⇒ 기본 도형 : 모서리가 접힌 도형, 도형 채우기(그림 또는 질감 채우기) 기능을 사용하여 그림 3 삽입,
  도형 윤곽선(실선, 색 : 주황, 너비 : 5pt, 겹선 종류 : 단순형)
- ▶ WordArt 삽입(인간다운 생활 유지하기)
  ⇒ WordArt 스타일('그라데이션 채우기 – 황금색, 강조 4, 윤곽선 – 강조 4'),
  글꼴(궁서, 28pt, 굵게)
- ▶ 지시사항이 없는 부분은 ≪출력형태≫와 동일하게 작성하시오.

| 학습포인트 | 차트 행/열 전환 및 축의 표시 형식 변경하기 |

＊소스 파일 : 차트01_문제.pptx　　＊정답 파일 : 차트01_완성.pptx

▶ ≪출력 형태≫를 참고하여 '행/열 전환' 및 축의 '표시 형식'을 변경하시오.

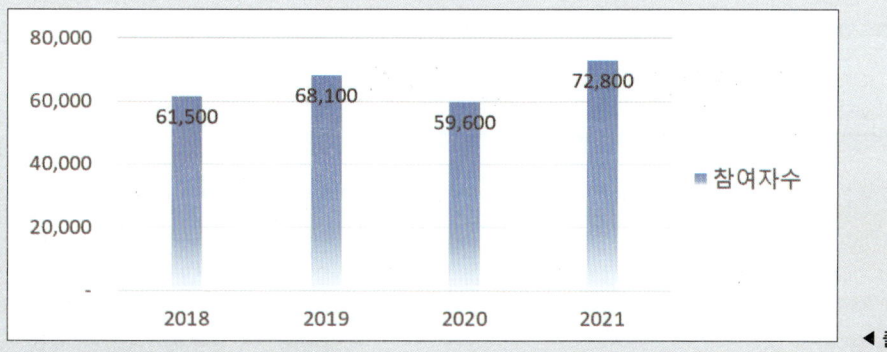

◀ 출력 형태

[작업 1] 행/열 전환

❶ [슬라이드3]에 삽입된 차트를 클릭 → [차트 도구]-[디자인] 탭의 [데이터] 그룹에서 데이터 편집(📝) 클릭

❷ 파워포인트 2016의 [차트 도구]-[디자인] 탭의 [데이터] 그룹에서 행/열 전환(📊) 클릭 → 엑셀 2016 프로그램 닫기(✖)

❸ 차트 제목 클릭 → Delete

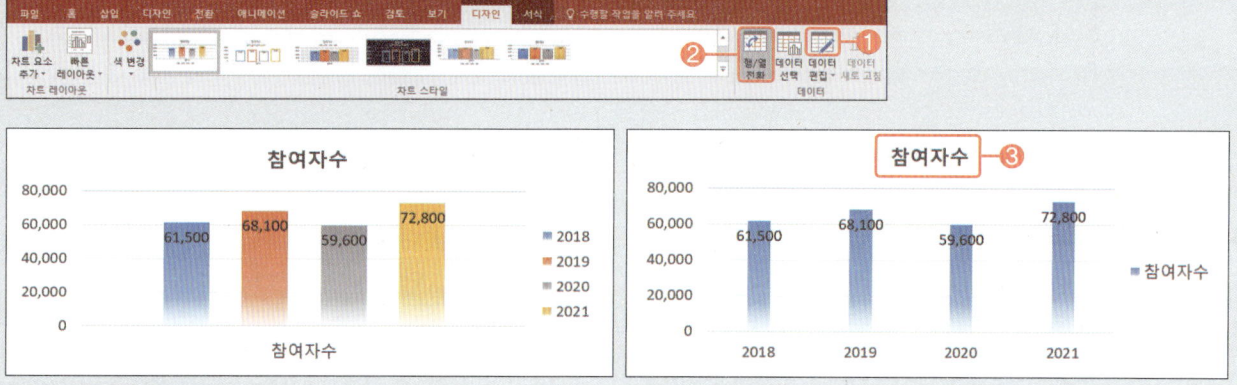

▲ 행 기준 차트 모양　　　　　　　　　　　　　　▲ 열 기준 차트 모양

[작업 2] 축의 표시 형식 변경

❶ 세로 값 축의 숫자 위에서 마우스 오른쪽 단추 클릭 → [축 서식] → 오른쪽 [축 서식] 작업 창에서 하단의 '표시 형식' 클릭 → 범주(회계) → 기호(없음) → 종료(✖)

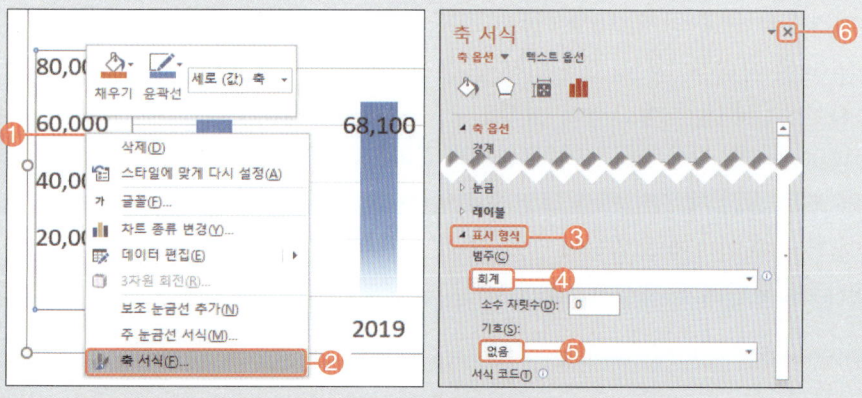

[슬라이드 3] 아래의 작성조건 및 출력형태에 알맞게 세 번째 슬라이드에 작업하시오. (60점)

≪출력형태≫

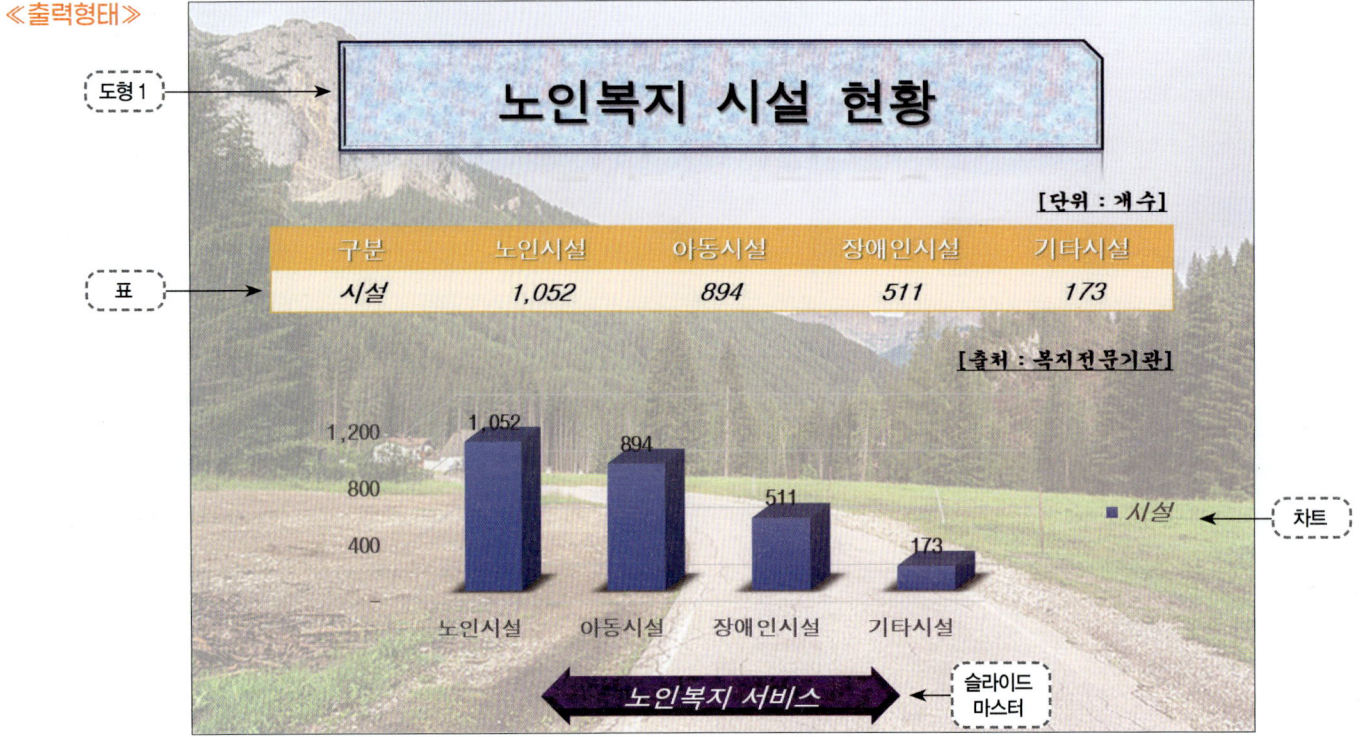

≪작성조건≫

(1) 제목
- ▶ 도형 1 ⇒ 사각형 : 한쪽 모서리가 잘린 사각형, 도형 채우기(질감 : 꽃다발),
  도형 윤곽선(실선, 색 : 진한 파랑, 너비 : 2pt, 겹선 종류 : 단순형),
  도형 효과(반사 - '근접 반사, 터치', 입체 효과 - 급경사),
  글꼴(돋움체, 36pt, 굵게, 텍스트 그림자, '검정, 텍스트 1')

(2) 본문 (※ 차트 작성은 반드시 '차트삽입 → 데이터입력 → 차트스타일' 순으로 작성바랍니다.)
- ▶ 텍스트 상자 1([단위 : 개수]) ⇒ 글꼴(궁서, 16pt, 굵게, 밑줄)
- ▶ 표 ⇒ 표 스타일(보통 스타일 1 - 강조 4),
  가장 위의 행 : 글꼴(돋움, 18pt, 굵게, 텍스트 그림자, 가운데 맞춤),
  나머지 행 : 글꼴(돋움, 18pt, 굵게, 기울임꼴, 가운데 맞춤)
- ▶ 텍스트 상자 2([출처 : 복지전문기관]) ⇒ 글꼴(궁서, 16pt, 굵게, 밑줄)
- ▶ 차트 ⇒ 세로 막대형 : 3차원 묶은 세로 막대형, 차트 스타일(색 변경 - '단색형 - 색 9', 스타일 12),
  축 서식/데이터 레이블 서식 : 글꼴(돋움체, 16pt, 굵게),
  범례 서식 : 글꼴(굴림, 18pt, 굵게, 기울임꼴), 데이터는 표 참고(천단위 표시 기입)
- ▶ 배경 ⇒ 배경 서식(채우기 - 그림 또는 질감 채우기)에서 그림 2 삽입(현재 슬라이드만 적용)
- ▶ 애니메이션 지정 ⇒ 차트 : 나타내기 - 휘어 올라오기
- ▶ 지시사항이 없는 부분은 ≪출력형태≫와 동일하게 작성하시오.

| 학습포인트 | 축 서식 및 데이터 레이블의 표시 형식 변경하기 |

*소스 파일 : 차트02_문제.pptx   *정답 파일 : 차트02_완성.pptx

▶ ≪출력 형태≫를 참고하여 '축 서식' 및 '데이터 레이블'의 표시 형식을 변경하시오.

◀ 출력 형태

[작업 1] 축 서식 변경

❶ [슬라이드3]에 삽입된 차트를 클릭 → 가로 값 축의 숫자 위에서 마우스 오른쪽 단추 클릭 → [축 서식] → 오른쪽 [축 서식] 작업 창에서 **축 옵션** 확인 → 입력 칸에 값(최소 : 10, 최대: 35, 주: 5)을 입력

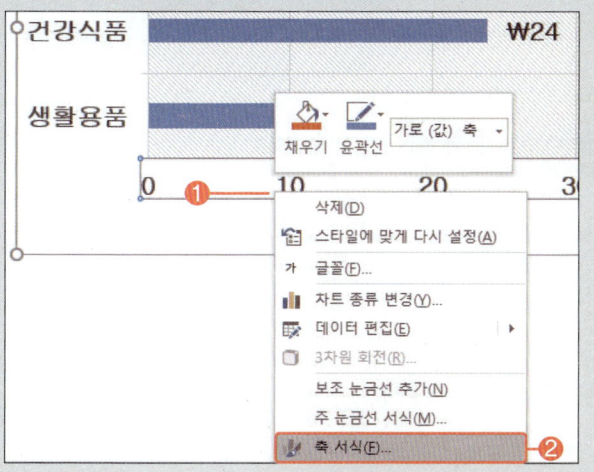
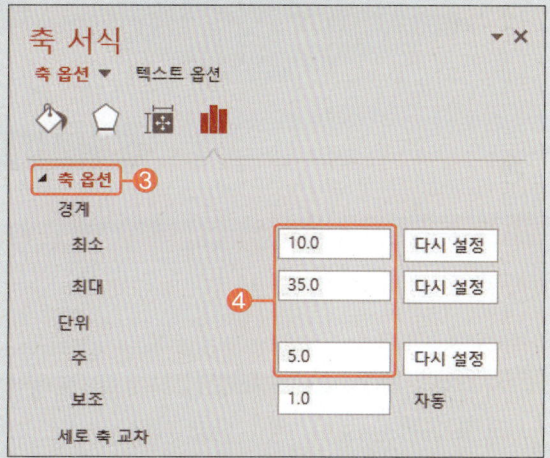

❷ [축 서식] 작업 창 하단의 '표시 형식' 클릭 → 범주(숫자) → 소수 자릿수('1') 입력 → 작업 창 종료

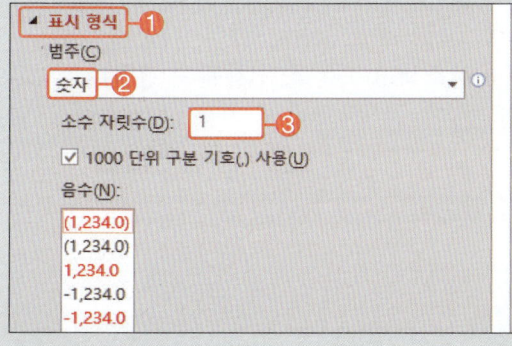
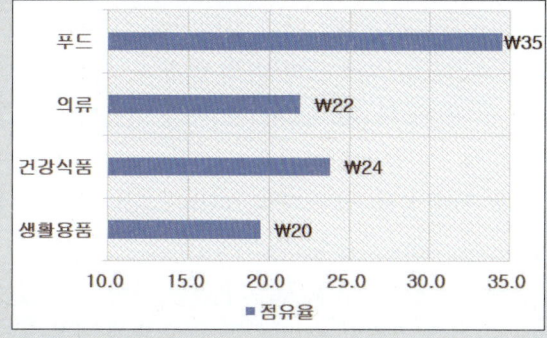

[작업 2] 데이터 레이블의 표시형식 변경

❶ 데이터 레이블 위에서 마우스 오른쪽 단추 클릭 → [데이터 레이블 서식] → 오른쪽 [데이터 레이블 서식] 작업 창에서 '표시 형식' 클릭 → 범주(숫자) → 소수 자릿수('1') 입력 → 작업 창 종료

디지털정보활용능력 – 프리젠테이션[파워포인트] (시험시간 : 40분)

[슬라이드 2] 아래의 작성조건 및 출력형태에 알맞게 두 번째 슬라이드에 작업하시오. (50점)

≪출력형태≫

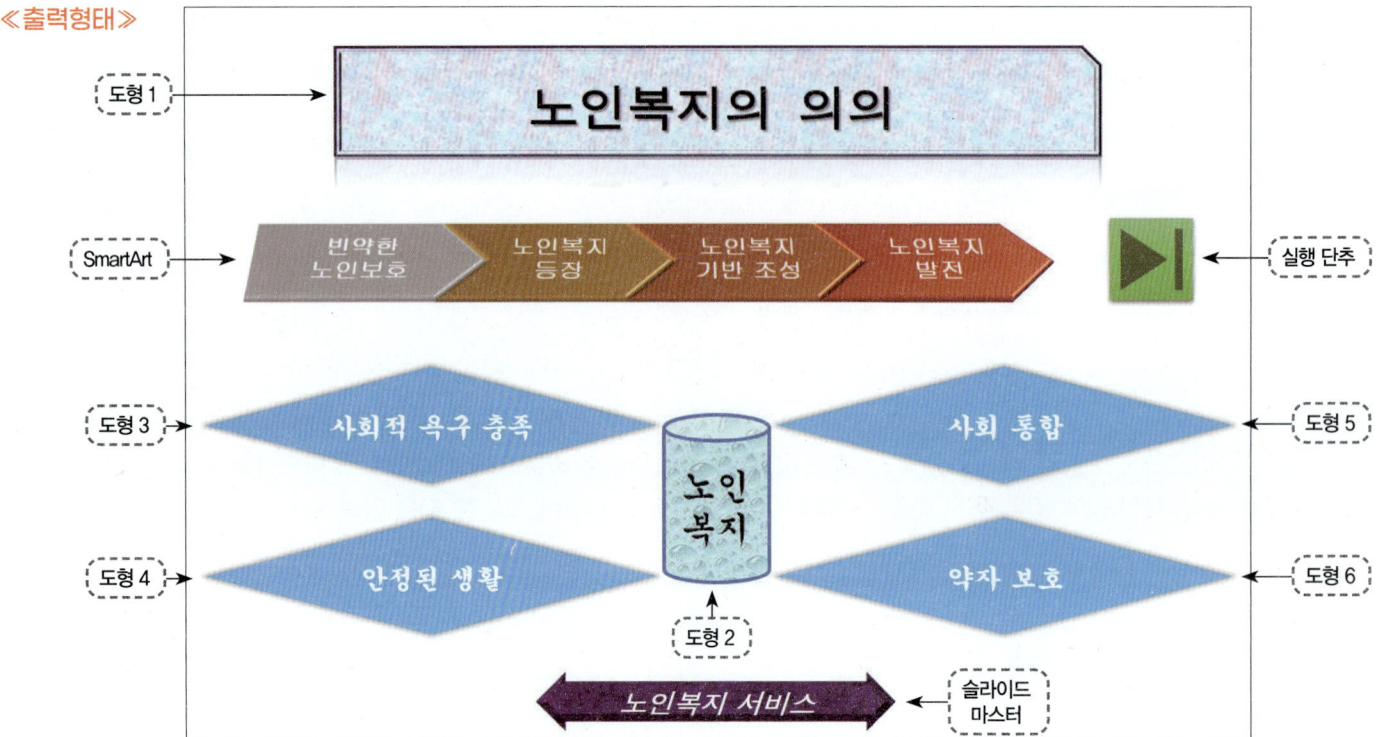

≪작성조건≫

(1) 제목
- ▶ 도형 1 ⇒ 사각형 : 한쪽 모서리가 잘린 사각형, 도형 채우기(질감 : 꽃다발),
  도형 윤곽선(실선, 색 : 진한 파랑, 너비 : 2pt, 겹선 종류 : 단순형),
  도형 효과(반사 – '근접 반사, 터치', 입체 효과 – 급경사),
  글꼴(돋움체, 36pt, 굵게, 텍스트 그림자, '검정, 텍스트 1')

(2) 본문
- ▶ SmartArt 삽입 ⇒ 프로세스형 : 닫힌 갈매기형 수장 프로세스형, 글꼴(굴림, 20pt, 굵게, 가운데 맞춤),
  SmartArt 스타일(색 변경 – '색상형 범위 – 강조색 3 또는 4', 3차원 – 평면),
  (반드시 SmartArt 기능을 이용하여 작성할 것)
- ▶ 도형 2 ⇒ 기본 도형 : 원통, 도형 채우기(질감 : 작은 물방울),
  도형 윤곽선(실선, 색 : 파랑, 너비 : 3pt, 겹선 종류 : 단순형),
  글꼴(궁서, 26pt, '검정, 텍스트 1')
- ▶ 도형 3~6 ⇒ 순서도 : 판단, 도형 채우기(연한 파랑), 선 없음,
  도형 효과(그림자 – '바깥쪽 – 오프셋 가운데'), 글꼴(궁서, 20pt, 굵게)
- ▶ 실행 단추 ⇒ 실행 단추 : 끝, 하이퍼링크 : 마지막 슬라이드, 도형 스타일('강한 효과 – 녹색, 강조 6')
- ▶ 애니메이션 지정 ⇒ SmartArt : 나타내기 – 다이아몬드형
- ▶ 지시사항이 없는 부분은 ≪출력형태≫와 동일하게 작성하시오.

[슬라이드3] 차트

01 아래의 작성조건 및 출력 형태에 알맞게 작업하시오.

* 소스 파일 : 정복10_문제01.pptx * 정답 파일 : 정복10_완성01.pptx

● 출력 형태

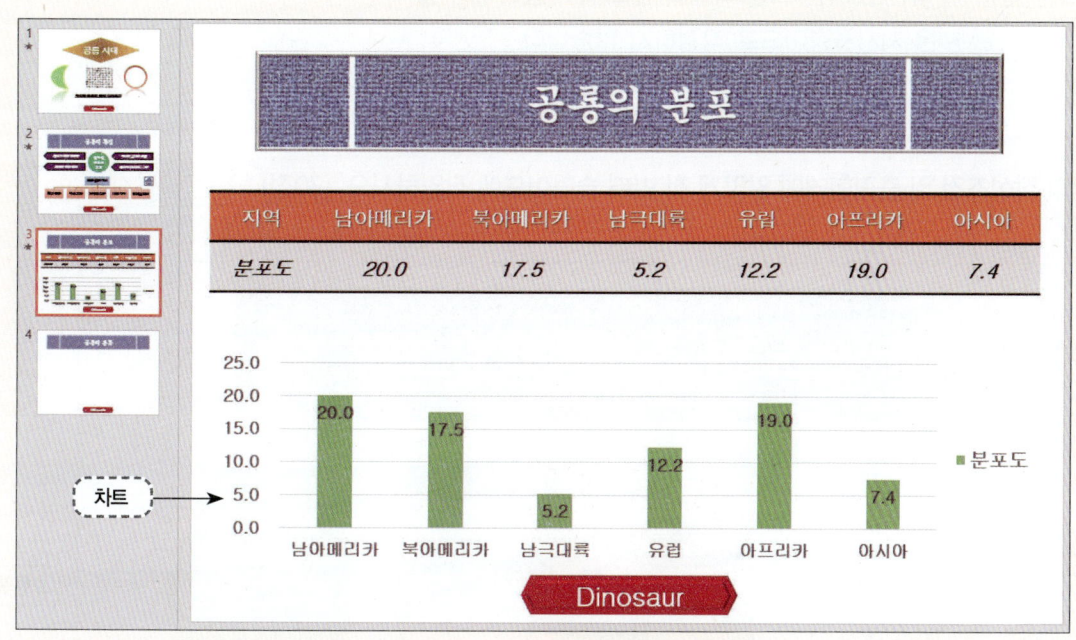

● 작성 조건

→ [삽입]-[일러스트레이션]-[차트] → 엑셀 창에 데이터 입력 → [차트 도구]-[디자인]-[데이터]-행/열 전환

▶ 차트 ⇒ 세로 막대형 : 묶은 세로 막대형, 차트 스타일(색 변경 - '색상형 - 색 4', 스타일 1),
축 서식/데이터 레이블 서식 : 글꼴(굴림, 16pt, 굵게),   [차트 도구]-[디자인]-[차트 스타일]-자세히 단추
범례 서식 : 글꼴(돋움, 18pt, 굵게), 데이터는 표 참고(소수점 반드시 기입)

▶ 애니메이션 지정 ⇒ 차트 : 나타내기 - 다이아몬드형

세로 축 위에서 마우스 오른쪽 단추 클릭 → [축 서식]
→ [표시 형식]-[숫자]-소수 자릿수 입력 칸에 '1' 입력
※ 똑같은 방법으로 데이터 레이블에 소수점 기입

디지털정보활용능력-프리젠테이션[파워포인트] (시험시간 : 40분)

유의사항
- 《작성조건》을 준수하여 반드시 프리젠테이션 슬라이드로 작업합니다.
- 글꼴 및 기타 사항에 대해 별도의 지시사항이 없는 경우, 슬라이드 크기와 전체적인 균형을 고려하여 임의로 작성하되, **도형은 그룹으로 설정하지 않습니다.**
- 모든 슬라이드 크기(A4), 방향(가로), 디자인 테마(Office 테마)로 지정합니다.
  ▶ 슬라이드 크기, 방향 조정 시 '맞춤 확인'으로 지정하여야 합니다.
- 공통적용사항(슬라이드 마스터)
  ▶ 도형 ⇒ 블록 화살표 : 왼쪽/오른쪽 화살표, 도형 채우기(질감 : 자주 편물), 선 없음, 도형 효과(입체 효과 - 각지게), 글꼴(돋움, 20pt, 굵게, 기울임꼴)
- 그림 삽입 시 다운로드 한 그림 파일을 반드시 사용하여야 합니다.
- [　　] ➝ 은 지시사항이므로 작성하지 않습니다.
- 슬라이드에 제시된 글자 및 숫자 오타는 감점처리 됩니다.

[슬라이드 1] 아래의 작성조건 및 출력형태에 알맞게 첫 번째 슬라이드에 작업하시오. (30점)

《출력형태》

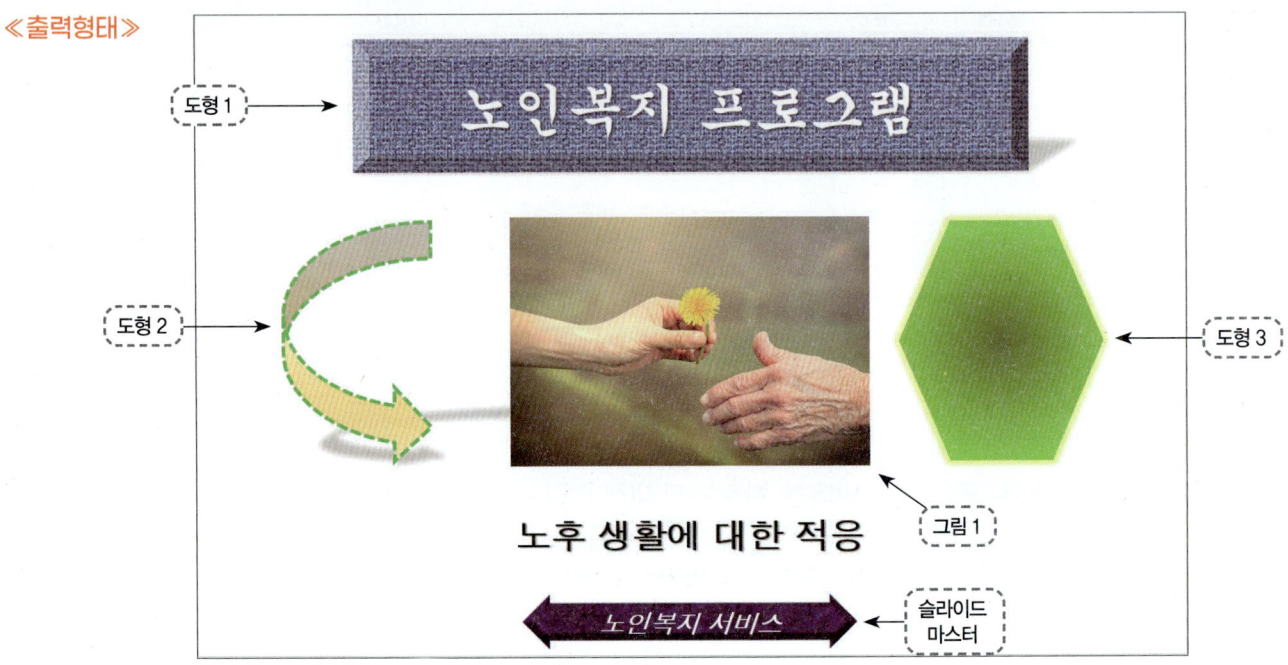

《작성조건》

▶ 도형 1 ⇒ 기본 도형 : 빗면, 도형 채우기(질감 : 데님), 선 없음,
　　도형 효과(그림자 - 원근감 대각선 오른쪽 위), 글꼴(궁서, 44pt, 텍스트 그림자)

▶ 도형 2 ⇒ 블록 화살표 : 오른쪽으로 구부러진 화살표,
　　도형 채우기(그라데이션 : 미리 설정 - '밝은 그라데이션 - 강조 4', 종류 - 선형, 방향 - 선형 아래쪽),
　　도형 윤곽선(실선, 색 : 녹색, 너비 : 3pt, 겹선 종류 : 단순형, 대시 종류 : 사각 점선),
　　도형 효과(그림자 - 원근감 대각선 오른쪽 위)

▶ 도형 3 ⇒ 기본 도형 : 육각형, 도형 채우기(연한 녹색, 그라데이션 - 가운데에서), 선 없음,
　　도형 효과(네온 - '황금색, 8 pt 네온, 강조색 4')

▶ 그림 삽입 ⇒ 그림 1 삽입, 크기(높이 : 7cm, 너비 : 10cm)

▶ 텍스트 상자(노후 생활에 대한 적응) ⇒ 글꼴(돋움, 28pt, 굵게, 텍스트 그림자)

▶ 애니메이션 지정 ⇒ 도형 1 : 나타내기 - 시계 방향 회전

▶ 지시사항이 없는 부분은 《출력형태》와 동일하게 작성하시오.

[슬라이드3] 차트

02 아래의 작성조건 및 출력 형태에 알맞게 작업하시오.

* 소스 파일 : 정복10_문제02.pptx   * 정답 파일 : 정복10_완성02.pptx

● 출력 형태

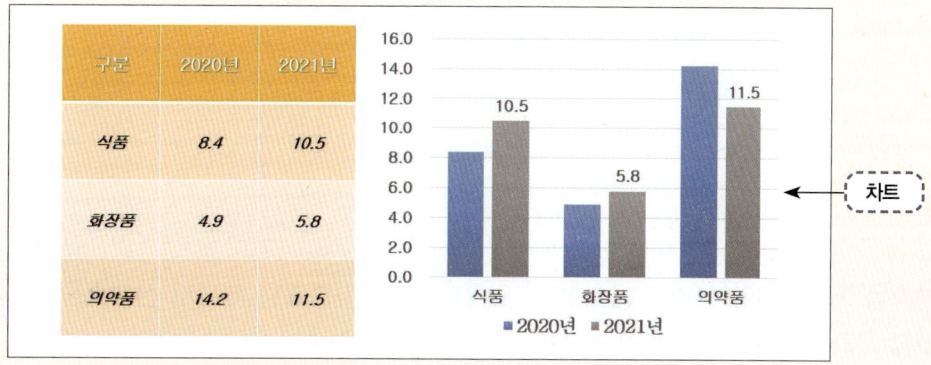

● 작성 조건

▶ 차트 ⇒ 세로 막대형 : 묶은 세로 막대형, 차트 스타일(색 변경 – '색상형 – 색 2', 스타일 6),
  축 서식/데이터 레이블 서식 : 글꼴(굴림, 16pt, 굵게), 범례 서식 : 글꼴(바탕, 18pt, 굵게),
  데이터는 표 참고(소수점 반드시 기입)
▶ 애니메이션 지정 ⇒ 차트 : 나타내기 – 날아오기

03 아래의 작성조건 및 출력 형태에 알맞게 작업하시오.

* 소스 파일 : 정복10_문제03.pptx   * 정답 파일 : 정복10_완성03.pptx

● 출력 형태

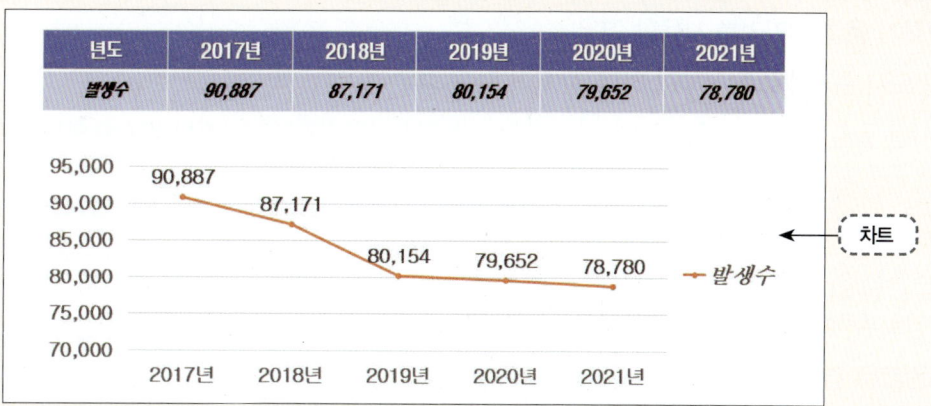

● 작성 조건

▶ 차트 ⇒ 꺾은선형 : 표식이 있는 꺾은선형, 차트 스타일(색 변경 – '단색형 – 색 6', 스타일 14),
  축 서식/데이터 레이블 서식 : 글꼴(굴림, 18pt, 굵게),
  범례 서식 : 글꼴(바탕체, 20pt, 굵게, 기울임꼴), 데이터는 표 참고(천단위 표시 반드시 기입)
▶ 애니메이션 지정 ⇒ 차트 : 나타내기 – 바둑판 무늬

제 07 회 디지털정보활용능력 출제예상 모의고사

- ☑ 시험과목 : 프리젠테이션(파워포인트)
- ☑ 시험일자 : 20XX. XX. XX. (X)
- ☑ 응시자 기재사항 및 감독위원 확인

MS Office 2016 버전용

수검번호	DIP - XXXX -	감독위원 확인
성 명		

응시자 유의사항

1. 응시자는 신분증을 지참하여야 시험에 응시할 수 있으며, 시험이 종료될 때까지 신분증을 제시하지 못 할 경우 해당 시험은 0점 처리됩니다.
2. 시스템(PC작동여부, 네트워크 상태 등)의 이상여부를 반드시 확인하여야 하며, 시스템 이상이 있을시 감독위원에게 조치를 받으셔야 합니다.
3. 시험 중 부주의 또는 고의로 시스템을 파손한 경우는 응시자 부담으로 합니다.
4. 답안 전송 프로그램을 통해 다운로드 받은 파일을 이용하여 답안 파일을 작성하시기 바랍니다.
5. 작성한 답안 파일은 답안 전송 프로그램을 통하여 전송됩니다. 감독위원의 지시에 따라 주시기 바랍니다.
6. 다음 사항의 경우 실격(0점) 혹은 부정행위 처리됩니다.
    1) 답안 파일을 저장하지 않았거나, 저장한 파일이 손상되었을 경우
    2) 답안 파일을 지정된 폴더(바탕화면 - "KAIT" 폴더)에 저장하지 않았을 경우
        ※ 답안 전송 프로그램 로그인 시 바탕화면에 자동 생성됨
    3) 답안 파일을 다른 보조 기억장치(USB) 혹은 네트워크(메신저, 게시판 등)로 전송할 경우
    4) 휴대용 전화기 등 통신기기를 사용할 경우
7. 슬라이드는 반드시 순서대로 작성해야 하며, 순서가 다를 경우 "0"점 처리 됩니다.
8. 시험지에 제시된 글꼴이 응시 프로그램에 없는 경우, 반드시 감독위원에게 해당 내용을 통보한 뒤 조치를 받아야 합니다.
9. 슬라이드 작성 시 도형의 그룹 설정을 사용하는 경우, 채점에서 감점처리 됩니다.
10. 시험의 완료는 작성이 완료된 답안을 저장하고, 답안 전송이 완료된 상태를 확인한 것으로 합니다. 답안 전송 확인 후 문제지는 감독위원에게 제출한 후 퇴실하여야 합니다.
11. 답안 전송이 완료된 경우에는 수정 또는 정정이 불가능합니다.
12. 시험 시행 후 합격자 발표는 홈페이지(www.ihd.or.kr)에서 확인하시기 바랍니다.
    1) 문제 및 정답 공개 : 20XX. XX. XX. (X)
    2) 합격자 발표 : 20XX. XX. XX. (X)

한국정보통신진흥협회 KAIT
Korea Association for ICT promotion

[슬라이드3] 차트

04 아래의 작성조건 및 출력 형태에 알맞게 작업하시오.

* 소스 파일 : 정복10_문제04.pptx   * 정답 파일 : 정복10_완성04.pptx

● 출력 형태

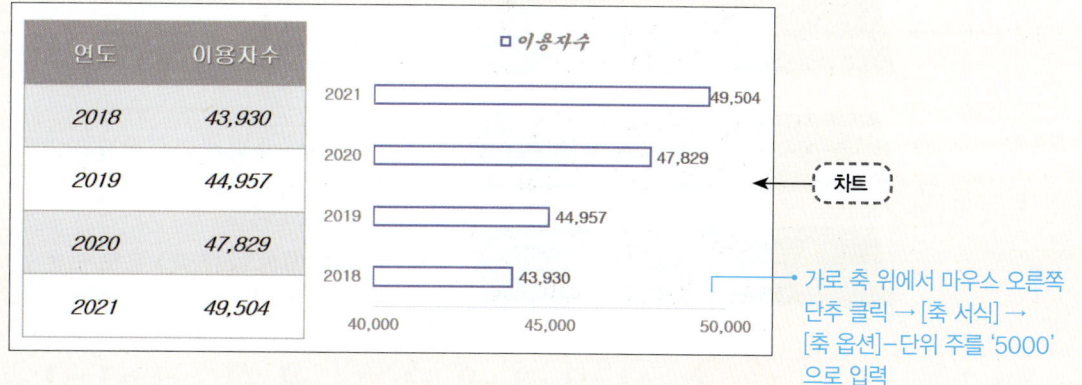

가로 축 위에서 마우스 오른쪽 단추 클릭 → [축 서식] → [축 옵션]-단위 주를 '5000' 으로 입력

● 작성 조건

▶ 차트 ⇒ 가로 막대형 : 묶은 가로 막대형, 차트 스타일(색 변경 – '단색형 – 색 9', 스타일 9), 축 서식/데이터 레이블 서식 : 글꼴(굴림, 16pt, 굵게), 범례 서식 : 글꼴(궁서체, 18pt, 굵게, 기울임꼴), 데이터는 표 참고(천단위 표시 반드시 기입)
▶ 애니메이션 지정 ⇒ 차트 : 나타내기 – 다이아몬드형

05 아래의 작성조건 및 출력 형태에 알맞게 작업하시오.

* 소스 파일 : 정복10_문제05.pptx   * 정답 파일 : 정복10_완성05.pptx

● 출력 형태

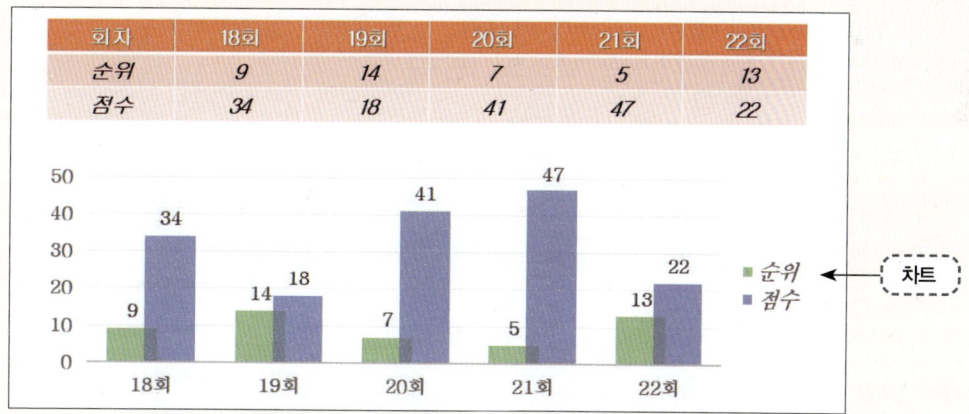

● 작성 조건

▶ 차트 ⇒ 세로 막대형 : 묶은 세로 막대형, 차트 스타일(색 변경 – '색상형 – 색 4', 스타일 13), 축 서식/데이터 레이블 서식 : 글꼴(바탕, 16pt, 굵게), 범례 서식 : 글꼴(바탕, 18pt, 굵게, 기울임꼴), 데이터는 표 참고
▶ 애니메이션 지정 ⇒ 차트 : 나타내기 – 블라인드

디지털정보활용능력 - 프리젠테이션[파워포인트] (시험시간 : 40분)

[슬라이드 4] 아래의 작성조건 및 출력형태에 알맞게 네 번째 슬라이드에 작업하시오. (60점)

≪출력형태≫

≪작성조건≫

(1) 제목
- ▶ 도형 1 ⇒ 순서도 : 문서, 도형 채우기(진한 빨강),
  도형 윤곽선(실선, 색 : 진한 파랑, 너비 : 1pt, 겹선 종류 : 단순형),
  도형 효과(그림자 – '바깥쪽 – 오프셋 아래쪽', 입체 효과 – 십자형으로),
  글꼴(궁서, 40pt, 굵게, 기울임꼴, 텍스트 그림자)

(2) 본문
- ▶ 도형 2~4 ⇒ 기본 도형 : 평행 사변형, 도형 채우기(질감 : 밤색 대리석), 선 없음,
  도형 효과(그림자 – 원근감 대각선 왼쪽 위), 글꼴(굴림, 20pt, 굵게)
- ▶ 도형 5~7 ⇒ 기본 도형 : 빗면, 도형 채우기('회색-25%, 배경 2'), 선 없음,
  도형 효과(네온 – '녹색, 5 pt 네온, 강조색 6'), 글꼴(돋움, 18pt, 굵게, '검정, 텍스트 1')
- ▶ 도형 8 ⇒ 블록 화살표 : 위로 굽은 화살표, 도형 채우기(주황), 선 없음, 도형 효과(입체 효과 – 둥글게)
- ▶ 도형 9 ⇒ 기본 도형 : 하트, 도형 채우기(그림 또는 질감 채우기) 기능을 사용하여 그림 3 삽입,
  도형 윤곽선(실선, 색 : 진한 빨강, 너비 : 3pt, 겹선 종류 : 단순형),
  도형 효과(네온 – '주황, 8 pt 네온, 강조색 2')
- ▶ WordArt 삽입(인터넷에서도 예절 지키기) ⇒ WordArt 스타일('그라데이션 채우기 – 회색'),
  글꼴(궁서, 40pt, 굵게)
- ▶ 지시사항이 없는 부분은 ≪출력형태≫와 동일하게 작성하시오.

[슬라이드3] 차트

06 아래의 작성조건 및 출력 형태에 알맞게 작업하시오.

* 소스 파일 : 정복10_문제06.pptx　* 정답 파일 : 정복10_완성06.pptx

● 출력 형태

- 세로 축 위에서 마우스 오른쪽 단추 클릭 → [축 서식] → [표시 형식]-[회계]-기호를 '없음'으로 지정

● 작성 조건

▶ 차트 ⇒ 세로 막대형 : 묶은 세로 막대형, 차트 스타일(색 변경 – '단색형 – 색 8', 스타일 8), 축 서식/데이터 레이블 서식 : 글꼴(궁서, 18pt, 굵게), 범례 서식 : 글꼴(궁서, 18pt, 굵게, 기울임꼴), 데이터는 표 참고(천단위 표시 반드시 기입)

▶ 애니메이션 지정 ⇒ 차트 : 나타내기 – 바둑판 무늬

07 아래의 작성조건 및 출력 형태에 알맞게 작업하시오.

* 소스 파일 : 정복10_문제07.pptx　* 정답 파일 : 정복10_완성07.pptx

● 출력 형태

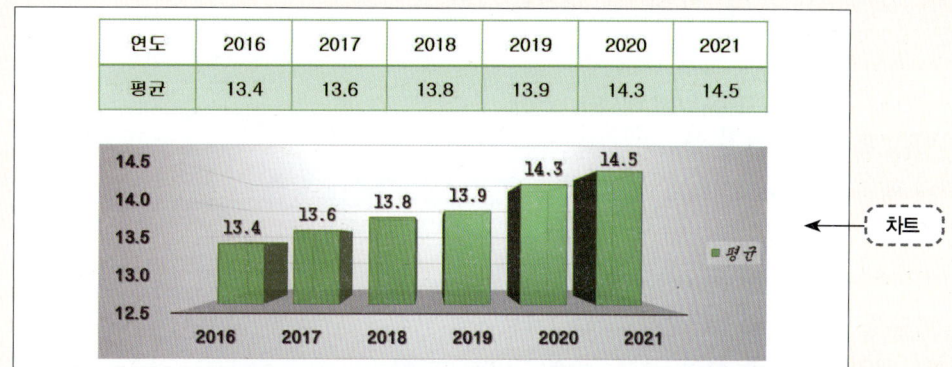

● 작성 조건

▶ 차트 ⇒ 세로 막대형 : 3차원 묶은 세로 막대형, 차트 스타일(색 변경 – '색상형 – 색 4', 스타일 3), 축 서식/데이터 레이블 서식 : 글꼴(궁서체, 18pt, 텍스트 그림자), 범례 서식 : 글꼴(궁서체, 16pt, 기울임꼴), 데이터는 표 참고(소수점 반드시 기입)

▶ 애니메이션 지정 ⇒ 차트 : 나타내기 – 실선 무늬

[슬라이드 3] 아래의 작성조건 및 출력형태에 알맞게 세 번째 슬라이드에 작업하시오. (60점)

≪출력형태≫

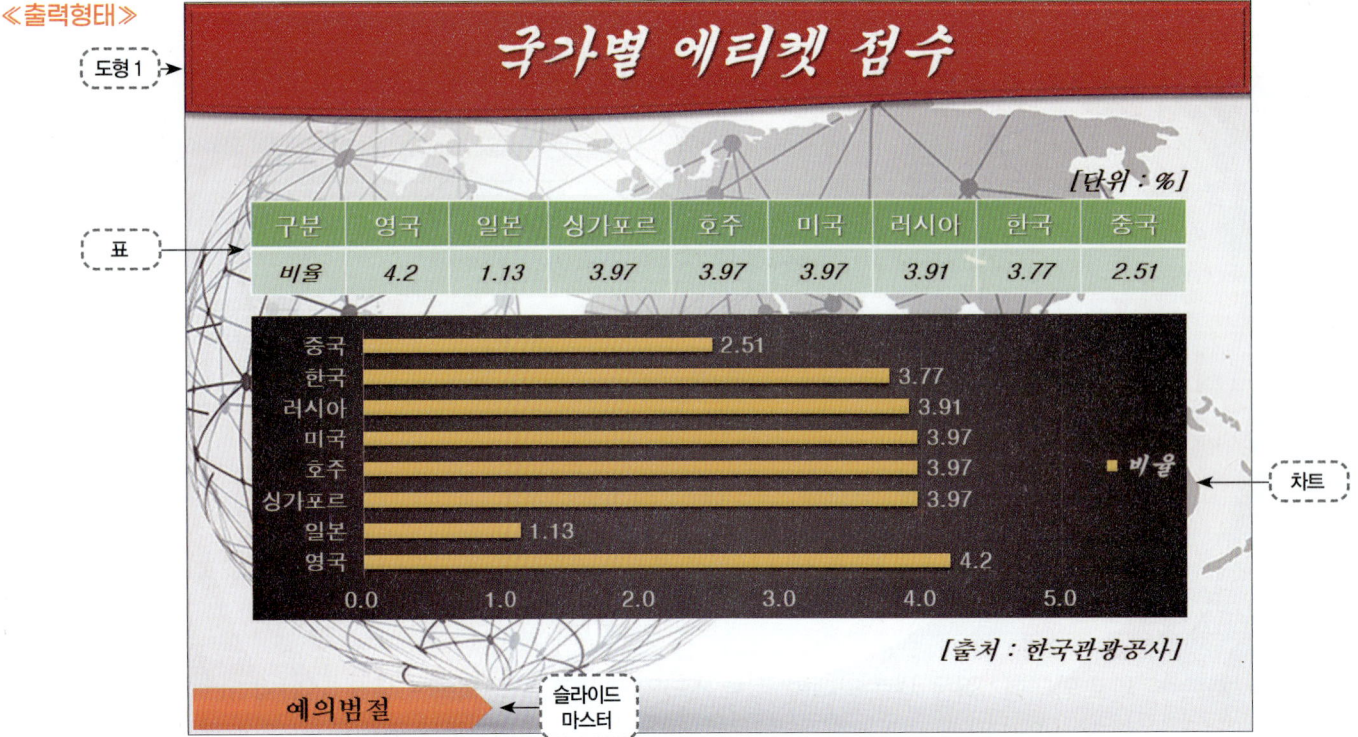

≪작성조건≫

(1) 제목
- ▶ 도형 1 ⇒ 순서도 : 문서, 도형 채우기(진한 빨강),
  도형 윤곽선(실선, 색 : 진한 파랑, 너비 : 1pt, 겹선 종류 : 단순형),
  도형 효과(그림자 – '바깥쪽 – 오프셋 아래쪽', 입체 효과 – 십자형으로),
  글꼴(궁서, 40pt, 굵게, 기울임꼴, 텍스트 그림자)

(2) 본문 (※ 차트 작성은 반드시 '차트삽입 → 데이터입력 → 차트스타일' 순으로 작성바랍니다.)
- ▶ 텍스트 상자 1([단위 : %]) ⇒ 글꼴(바탕, 18pt, 굵게, 기울임꼴)
- ▶ 표 ⇒ 표 스타일(보통 스타일 2 – 강조 6),
  가장 위의 행 : 글꼴(돋움, 18pt, 굵게, 텍스트 그림자, 가운데 맞춤),
  나머지 행 : 글꼴(돋움, 16pt, 굵게, 기울임꼴, 가운데 맞춤)
- ▶ 텍스트 상자 2([출처 : 한국관광공사]) ⇒ 글꼴(바탕, 18pt, 굵게, 기울임꼴)
- ▶ 차트 ⇒ 가로 막대형 : 묶은 가로 막대형, 차트 스타일(색 변경 – '단색형 – 색 8', 스타일 7),
  축 서식/데이터 레이블 서식 : 글꼴(돋움, 16pt, 굵게),
  범례 서식 : 글꼴(궁서체, 18pt, 굵게, 기울임꼴), 데이터는 표 참고(소수점 반드시 기입)
- ▶ 배경 ⇒ 배경 서식(채우기 – 그림 또는 질감 채우기)에서 그림 2 삽입(현재 슬라이드만 적용)
- ▶ 애니메이션 지정 ⇒ 차트 : 나타내기 – 도형
- ▶ 지시사항이 없는 부분은 ≪출력형태≫와 동일하게 작성하시오.

[슬라이드3] 텍스트 상자 및 배경

- ☑ 텍스트 상자를 삽입하기
- ☑ 배경에 그림을 삽입하기

문제 미리보기

소스 파일 : 유형11_문제.pptx   정답 파일 : 유형11_완성.pptx

【슬라이드3】 아래의 작성조건 및 출력 형태에 알맞게 세 번째 슬라이드에 작업하시오. (60점)

● 출력 형태

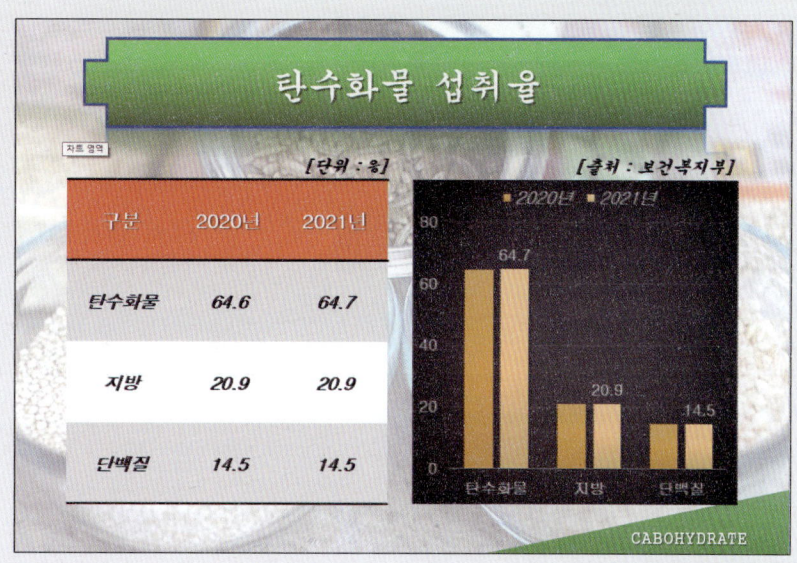

● 작성 조건

(1) 제목

▶ 도형 1 ⇒ 기본 도형 : 십자형, 도형 채우기(연한 녹색, 그라데이션 – 선형 위쪽), 도형 윤곽선(실선, 색 : 파랑, 너비 : 3pt, 겹선 종류 : 단순형), 도형 효과(반사 – '근접 반사, 터치'), 글꼴(궁서체, 36pt, 텍스트 그림자)

(2) 본문 (※ 차트 작성은 반드시 '차트삽입 → 데이터입력 → 차트스타일' 순으로 작성바랍니다.)

▶ 텍스트 상자 1([단위 : %]) ⇒ 글꼴(궁서, 18pt, 기울임꼴)

▶ 표 ⇒ 표 스타일(보통 스타일 3 – 강조 2), 가장 위의 행 : 글꼴(돋움, 20pt, 굵게, 텍스트 그림자, 가운데 맞춤), 나머지 행 : 글꼴(돋움, 18pt, 굵게, 기울임꼴, 가운데 맞춤)

▶ 텍스트 상자 2([출처 : 보건복지부]) ⇒ 글꼴(궁서, 18pt, 기울임꼴)

▶ 차트 ⇒ 세로 막대형 : 묶은 세로 막대형, 차트 스타일(색 변경 – '단색형 – 색 8', 스타일 8), 축 서식/데이터 레이블 서식 : 글꼴(굴림, 16pt, 굵게), 범례 서식 : 글꼴(굴림, 18pt, 굵게, 기울임꼴), 데이터는 표 참고(소수점 반드시 기입)

▶ 배경 ⇒ 배경 서식(채우기 – 그림 또는 질감 채우기)에서 그림 2 삽입(현재 슬라이드만 적용)

▶ 애니메이션 지정 ⇒ 차트 : 나타내기 – 날아오기

▶ 지시사항이 없는 부분은 ≪출력 형태≫와 동일하게 작성하시오.

※ 출제유형 11은 ≪작성 조건≫ 중에서 파란색으로 표시된 내용만 작업합니다.

디지털정보활용능력 - 프리젠테이션[파워포인트] (시험시간 : 40분)

[슬라이드 2] 아래의 작성조건 및 출력형태에 알맞게 두 번째 슬라이드에 작업하시오. (50점)

≪출력형태≫

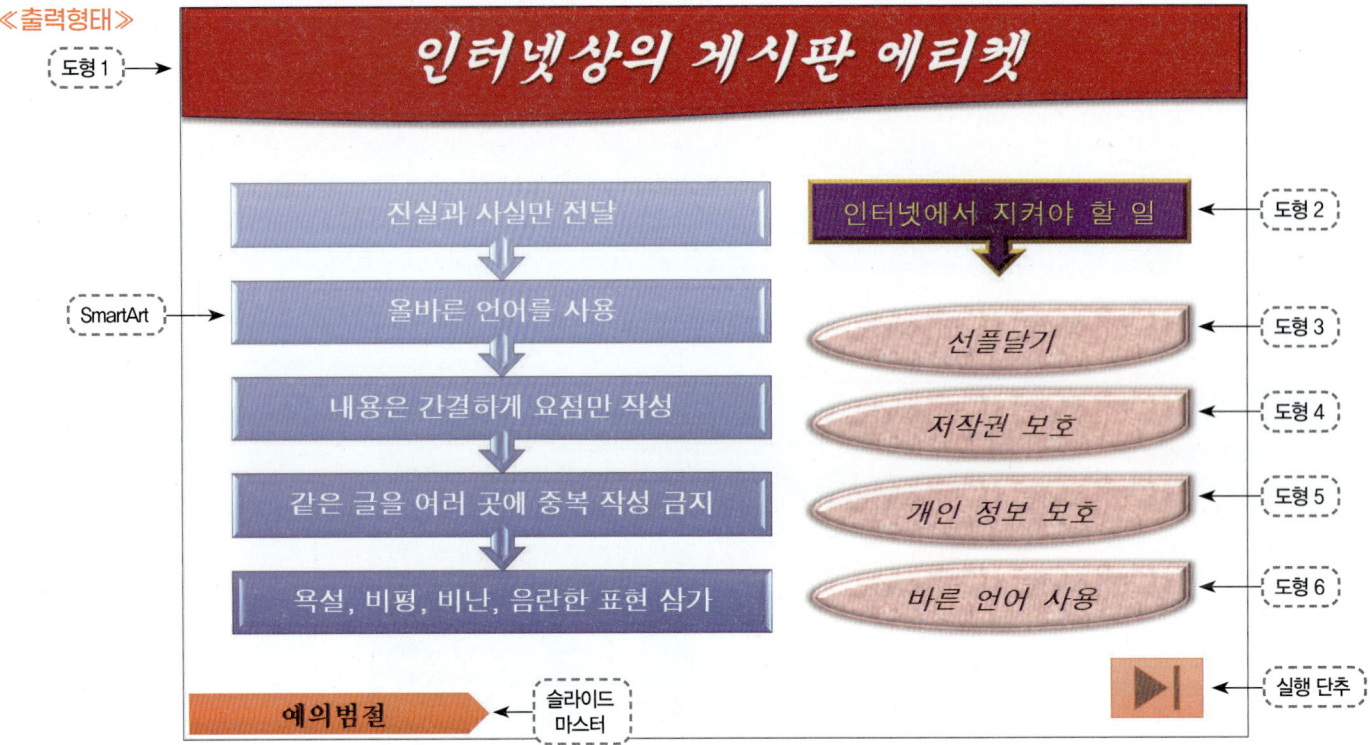

≪작성조건≫

(1) 제목
- ▶ 도형 1 ⇒ 순서도 : 문서, 도형 채우기(진한 빨강),
  도형 윤곽선(실선, 색 : 진한 파랑, 너비 : 1pt, 겹선 종류 : 단순형),
  도형 효과(그림자 – '바깥쪽 – 오프셋 아래쪽', 입체 효과 – 십자형으로),
  글꼴(궁서, 40pt, 굵게, 기울임꼴, 텍스트 그림자)

(2) 본문
- ▶ 도형 2 ⇒ 블록 화살표 : 아래쪽 화살표 설명선, 도형 채우기(자주, 그라데이션 – 가운데에서),
  도형 윤곽선(실선, 색 : 주황, 너비 : 3pt, 겹선 종류 : 단순형),
  도형 효과(입체 효과 – 각지게), 글꼴(돋움체, 20pt, 텍스트 그림자, 노랑)
- ▶ 도형 3~6 ⇒ 기본 도형 : 눈물 방울, 도형 채우기(질감 : 분홍 박엽지), 선 없음,
  도형 효과(그림자 – '바깥쪽 – 오프셋 가운데', 입체 효과 – 아트 데코),
  글꼴(돋움체, 20pt, 기울임꼴, '검정, 텍스트 1')
- ▶ 실행 단추 ⇒ 실행 단추 : 끝, 하이퍼링크 : 마지막 슬라이드, 도형 스타일('미세 효과 – 주황, 강조 2')
- ▶ SmartArt 삽입 ⇒ 프로세스형 : 세그먼트 프로세스형, 글꼴(돋움, 20pt, 굵게, 가운데 맞춤),
  SmartArt 스타일(색 변경 – '투명 그라데이션 범위 – 강조 5', 3차원 – 경사),
  (반드시 SmartArt 기능을 이용하여 작성할 것)
- ▶ 애니메이션 지정 ⇒ SmartArt : 나타내기 – 블라인드
- ▶ 지시사항이 없는 부분은 ≪출력형태≫와 동일하게 작성하시오.

01 텍스트 상자 1 삽입하기

① 세 번째 슬라이드를 선택한 후 [삽입] 탭의 [텍스트] 그룹에서 가로 텍스트 상자 그리기(￫)를 클릭합니다. 이어서, 마우스 포인터가 ↓ 모양으로 변경되면 표 위쪽을 클릭한 후 [단위 : %]를 입력합니다.

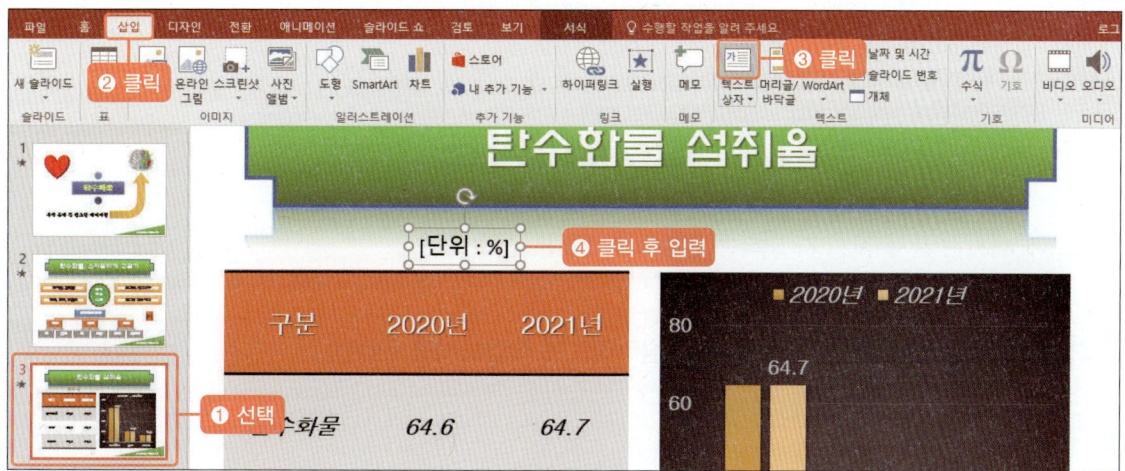

② 텍스트 상자의 테두리를 클릭한 후 [홈] 탭의 [글꼴] 그룹에서 글꼴(궁서), 글꼴 크기(18pt), 기울임꼴(￫)을 지정합니다. 이어서, 텍스트 상자의 테두리를 드래그하여 ≪출력 형태≫와 같이 위치를 변경합니다.

※ 텍스트 상자의 테두리를 선택할 때는 위쪽 제목 도형(탄수화물 섭취율)이 선택되지 않도록 주의합니다.

※ 내용을 입력한 후 Esc 키를 눌러 글꼴 서식(글꼴, 크기 등)을 지정해도 결과는 똑같습니다.

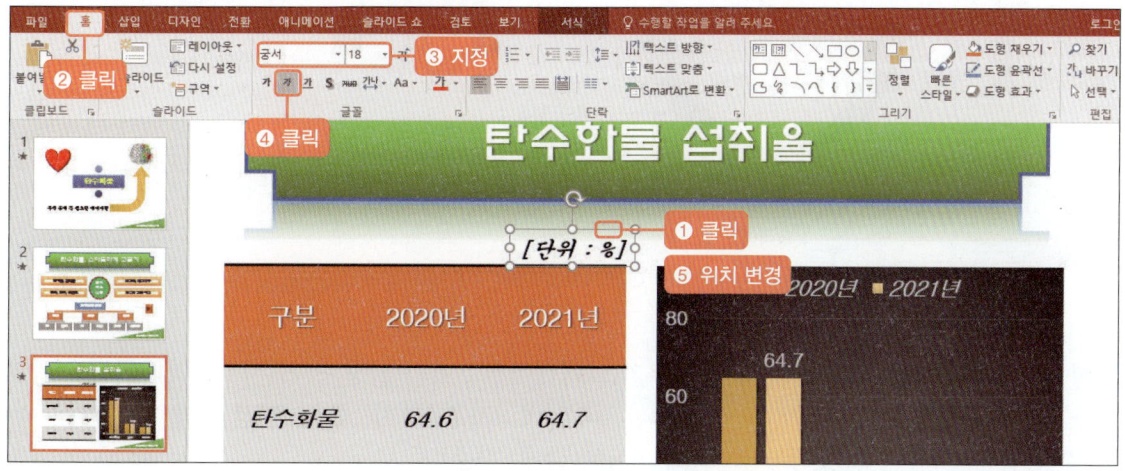

> **TIP 텍스트 상자 이동하기**
> 텍스트 상자의 테두리를 드래그 하여 이동할 수 있으며, 키보드의 방향키(↑, ↓, →, ←)를 누르면 조금 더 세밀하게 위치를 변경할 수 있습니다.

디지털정보활용능력-프리젠테이션[파워포인트] (시험시간 : 40분)

유의사항
- 《작성조건》을 준수하여 반드시 프리젠테이션 슬라이드로 작업합니다.
- 글꼴 및 기타 사항에 대해 별도의 지시사항이 없는 경우, 슬라이드 크기와 전체적인 균형을 고려하여 임의로 작성하되, **도형은 그룹으로 설정하지 않습니다.**
- 모든 슬라이드 크기(A4), 방향(가로), 디자인 테마(Office 테마)로 지정합니다.
  ▶ 슬라이드 크기, 방향 조정 시 '맞춤 확인'으로 지정하여야 합니다.
- 공통적용사항(슬라이드 마스터)
  ▶ 도형 ⇒ 블록 화살표 : 오각형, 도형 스타일('보통 효과 – 주황, 강조 2'), 글꼴(바탕, 20pt, 굵게, '검정, 텍스트 1')
- 그림 삽입 시 다운로드 한 그림 파일을 반드시 사용하여야 합니다.
- ▭ ⟶ 은 지시사항이므로 작성하지 않습니다.
- 슬라이드에 제시된 글자 및 숫자 오타는 감점처리 됩니다.

[슬라이드 1] 아래의 작성조건 및 출력형태에 알맞게 첫 번째 슬라이드에 작업하시오. (30점)

《출력형태》

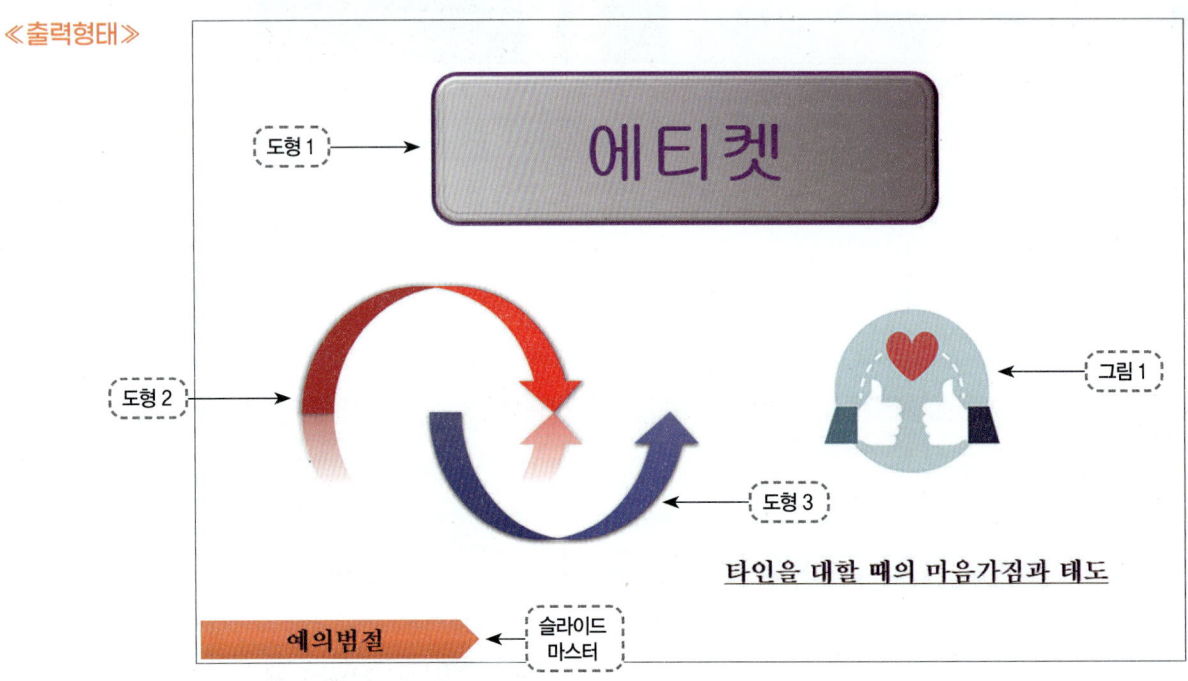

《작성조건》

▶ 도형 1 ⇒ 사각형 : 모서리가 둥근 직사각형, 도형 채우기(그라데이션 : 미리 설정 – '가운데 그라데이션 – 강조 3', 종류 – 선형, 방향 – 선형 왼쪽), 도형 윤곽선(실선, 색 : 자주, 너비 : 3pt, 겹선 종류 : 단순형), 도형 효과(입체 효과 – 디벗), 글꼴(굴림체, 54pt, 굵게, 자주)
▶ 도형 2 ⇒ 블록 화살표 : 아래로 구부러진 화살표, 도형 채우기(빨강), 선 없음, 도형 효과(그림자 – '바깥쪽 – 오프셋 가운데', 반사 – '1/2 반사, 터치')
▶ 도형 3 ⇒ 블록 화살표 : 위로 구부러진 화살표, 도형 스타일('강한 효과 – 파랑, 강조 5')
▶ 그림 삽입 ⇒ 그림 1 삽입, 크기(높이 : 7cm, 너비 : 7cm)
▶ 텍스트 상자(타인을 대할 때의 마음가짐과 태도) ⇒ 글꼴(바탕, 20pt, 굵게, 밑줄)
▶ 애니메이션 지정 ⇒ 도형 1 : 나타내기 – 회전
▶ 지시사항이 없는 부분은 《출력형태》와 동일하게 작성하시오.

02 텍스트 상자 2 삽입하기

1. 차트 위에 텍스트 상자를 삽입하기 위해 [삽입] 탭의 [텍스트] 그룹에서 가로 텍스트 상자 그리기(가)를 클릭합니다. 이어서, 마우스 포인터가 ↓ 모양으로 변경되면 차트 위쪽을 클릭한 후 [출처 : 보건복지부]를 입력합니다.

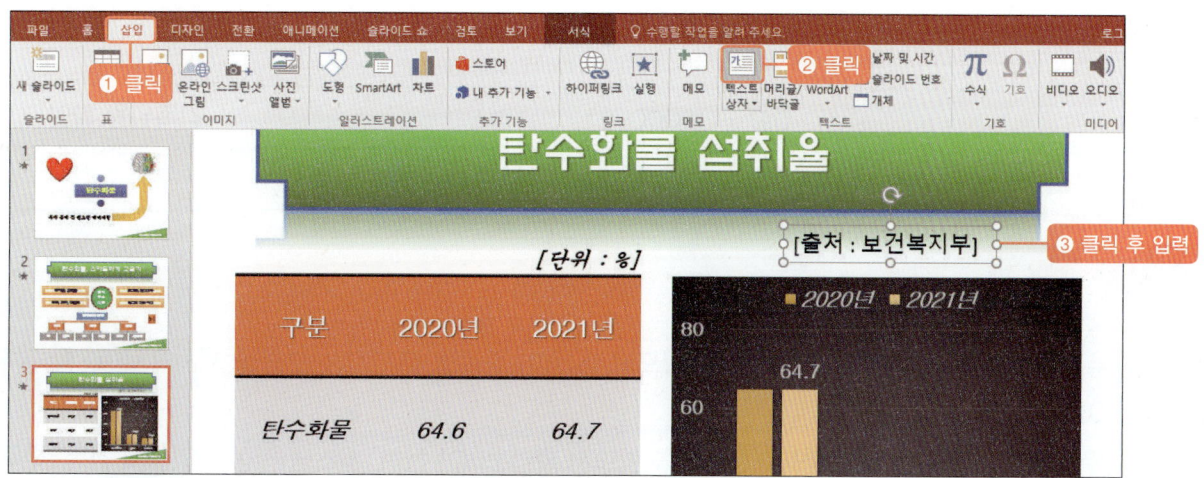

2. 오른쪽 텍스트 상자의 테두리를 클릭한 후 [홈] 탭의 [글꼴] 그룹에서 글꼴(궁서), 글꼴 크기(18pt), 기울임꼴(가)을 지정합니다. 이어서, 텍스트 상자의 테두리를 드래그 하여 ≪출력 형태≫와 같이 위치를 변경합니다.

※ 내용을 입력한 후 Esc 키를 눌러 글꼴 서식(글꼴, 크기 등)을 지정해도 결과는 똑같습니다.

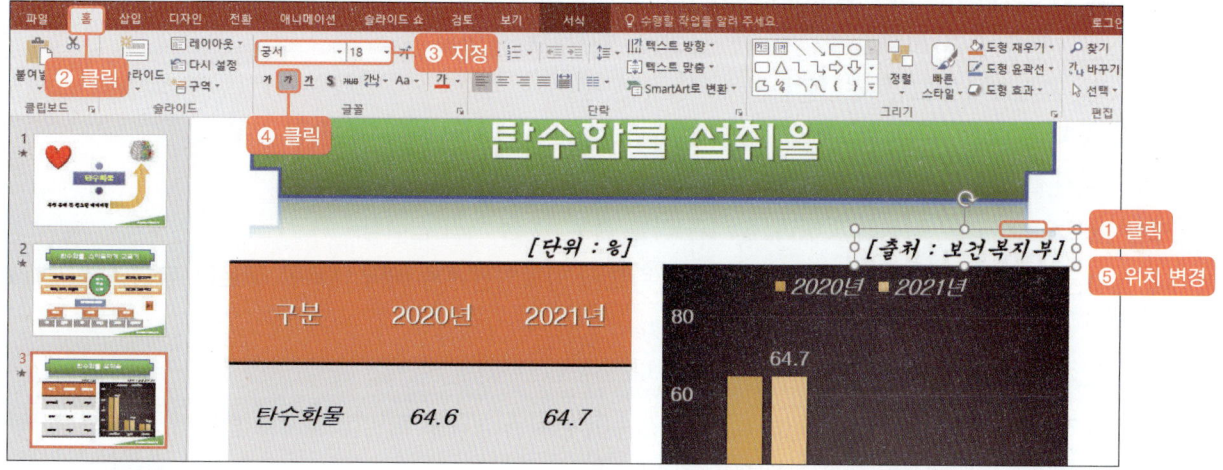

TIP 텍스트 상자 복사하기

'텍스트 상자 1'과 '텍스트 상자 2'의 글꼴 서식(글꼴, 크기 등)이 똑같을 경우에는 '텍스트 상자 1'을 작성한 후 Ctrl+Shift 키를 누른 채 복사하여 텍스트 상자 안의 내용만 변경합니다.

제06회 디지털정보활용능력 출제예상 모의고사

- ☑ 시험과목 : 프리젠테이션(파워포인트)
- ☑ 시험일자 : 20XX. XX. XX. (X)
- ☑ 응시자 기재사항 및 감독위원 확인

MS Office 2016 버전용

수검번호	DIP - XXXX -	감독위원 확인
성 명		

응시자 유의사항

1. 응시자는 신분증을 지참하여야 시험에 응시할 수 있으며, 시험이 종료될 때까지 신분증을 제시하지 못 할 경우 해당 시험은 0점 처리됩니다.
2. 시스템(PC작동여부, 네트워크 상태 등)의 이상여부를 반드시 확인하여야 하며, 시스템 이상이 있을시 감독위원에게 조치를 받으셔야 합니다.
3. 시험 중 부주의 또는 고의로 시스템을 파손한 경우는 응시자 부담으로 합니다.
4. 답안 전송 프로그램을 통해 다운로드 받은 파일을 이용하여 답안 파일을 작성하시기 바랍니다.
5. 작성한 답안 파일은 답안 전송 프로그램을 통하여 전송됩니다. 감독위원의 지시에 따라 주시기 바랍니다.
6. 다음 사항의 경우 실격(0점) 혹은 부정행위 처리됩니다.
   1) 답안 파일을 저장하지 않았거나, 저장한 파일이 손상되었을 경우
   2) 답안 파일을 지정된 폴더(바탕화면 – "KAIT" 폴더)에 저장하지 않았을 경우
      ※ 답안 전송 프로그램 로그인 시 바탕화면에 자동 생성됨
   3) 답안 파일을 다른 보조 기억장치(USB) 혹은 네트워크(메신저, 게시판 등)로 전송할 경우
   4) 휴대용 전화기 등 통신기기를 사용할 경우
7. 슬라이드는 반드시 순서대로 작성해야 하며, 순서가 다를 경우 "0"점 처리 됩니다.
8. 시험지에 제시된 글꼴이 응시 프로그램에 없는 경우, 반드시 감독위원에게 해당 내용을 통보한 뒤 조치를 받아야 합니다.
9. 슬라이드 작성 시 도형의 그룹 설정을 사용하는 경우, 채점에서 감점처리 됩니다.
10. 시험의 완료는 작성이 완료된 답안을 저장하고, 답안 전송이 완료된 상태를 확인한 것으로 합니다. 답안 전송 확인 후 문제지는 감독위원에게 제출한 후 퇴실하여야 합니다.
11. 답안 전송이 완료된 경우에는 수정 또는 정정이 불가능합니다.
12. 시험 시행 후 합격자 발표는 홈페이지(www.ihd.or.kr)에서 확인하시기 바랍니다.
    1) 문제 및 정답 공개 : 20XX. XX. XX. (X)
    2) 합격자 발표 : 20XX. XX. XX. (X)

03 배경에 그림 채우기

❶ 아무것도 없는 슬라이드의 빈 공간에서 마우스 오른쪽 단추를 눌러 바로 가기 메뉴가 나오면 [배경 서식]을 클릭합니다.

❷ 오른쪽에 [배경 서식] 작업 창이 나오면 **채우기**-**그림 또는 질감 채우기**를 선택한 후 〈파일〉 단추를 클릭합니다.

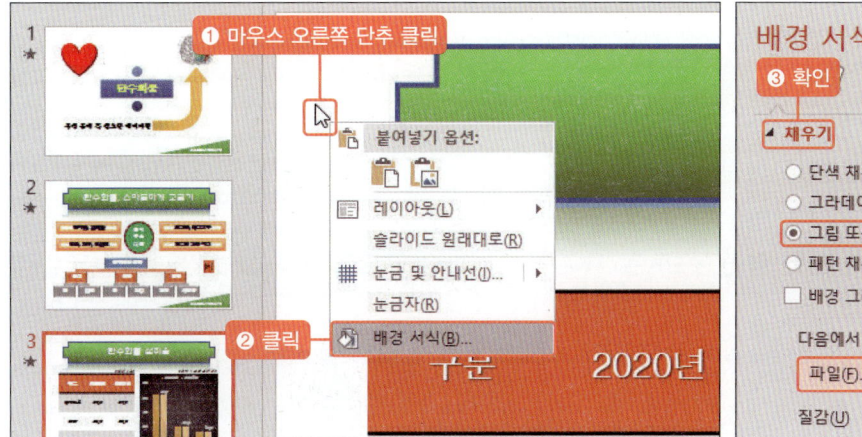 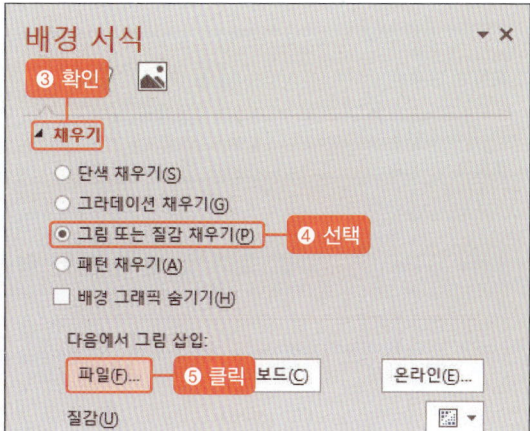

❸ [그림 삽입] 대화상자가 나오면 [그림 파일]-[출제유형 완전정복]-[출제유형 11]-그림 2를 선택한 후 〈삽입〉 단추를 클릭합니다.

> **TIP** 시험 유의 사항
> 실제 시험에서는 바탕 화면의 [KAIT]-[제출파일] 폴더에 있는 그림을 이용해야 합니다.

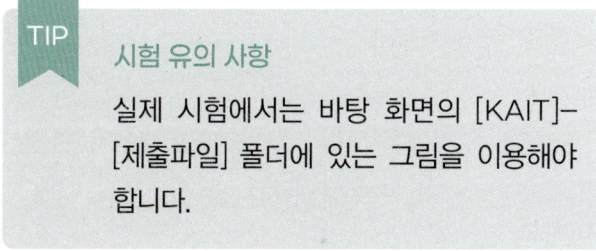

❹ 슬라이드3에만 배경에 그림이 삽입된 것을 확인한 후 [배경 서식] 작업 창을 종료(※)합니다.

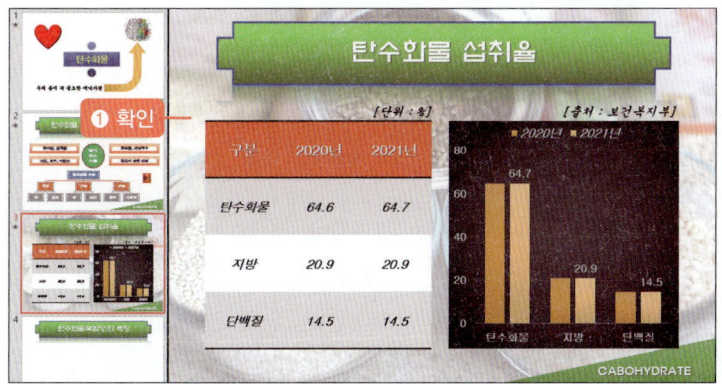 

❺ 모든 작업이 완료되면 파일을 저장합니다.

디지털정보활용능력 – 프리젠테이션[파워포인트] (시험시간 : 40분)

[슬라이드 4] 아래의 작성조건 및 출력형태에 알맞게 네 번째 슬라이드에 작업하시오. (60점)

≪출력형태≫

≪작성조건≫

(1) 제목
- ▶ 도형 1 ⇒ 기본 도형 : 원통, 도형 채우기('주황, 강조 2, 50% 더 어둡게'), 선 없음,
  도형 효과(반사 – '근접 반사, 4 pt 오프셋'), 글꼴(굴림체, 25pt, 굵게)

(2) 본문
- ▶ 도형 2~4 ⇒ 기본 도형 : 십자형, 도형 채우기('주황, 강조 2'), 선 없음,
  글꼴(돋움, 20pt, 굵게, 텍스트 그림자, '검정, 텍스트 1')
- ▶ 도형 5~7 ⇒ 기본 도형 : 양쪽 대괄호, 도형 채우기('녹색, 강조 6, 60% 더 밝게'),
  도형 윤곽선(실선, 색 : 노랑, 너비 : 2pt, 겹선 종류 : 단순형),
  도형 효과(그림자 – 안쪽 가운데), 글꼴(돋움, 20pt, 굵게, 텍스트 그림자)
- ▶ 도형 8 ⇒ 블록 화살표 : 왼쪽/오른쪽 화살표, 도형 채우기(주황), 선 없음,
  도형 효과(그림자 – '바깥쪽 – 오프셋 오른쪽', 입체 효과 – 둥글게)
- ▶ 도형 9 ⇒ 기본 도형 : 눈물 방울, 도형 채우기(그림 또는 질감 채우기) 기능을 사용하여 그림 3 삽입,
  도형 윤곽선(실선, 색 : '검정, 텍스트 1', 너비 : 5pt, 겹선 종류 : 이중),
  도형 효과(그림자 – 원근감 대각선 오른쪽 위)
- ▶ WordArt 삽입(커피의 장단점 알고 마셔요)
  ⇒ WordArt 스타일('그라데이션 채우기 – 황금색, 강조 4, 윤곽선 – 강조 4'),
  글꼴(궁서, 35pt, 굵게, 텍스트 그림자)
- ▶ 지시사항이 없는 부분은 ≪출력형태≫와 동일하게 작성하시오.

[슬라이드3] 텍스트 상자 및 배경

01 아래의 작성조건 및 출력 형태에 알맞게 작업하시오.

* 소스 파일 : 정복11_문제01.pptx　　* 정답 파일 : 정복11_완성01.pptx

● 출력 형태

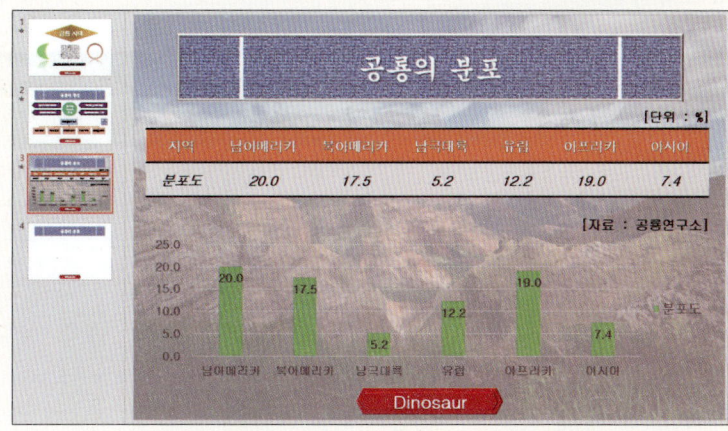

● 작성 조건

▶ 텍스트 상자 1([단위 : %]) ⇒ 글꼴(굴림체, 18pt, 굵게) — [단위 : %] 복사 후 내용만 변경
▶ 텍스트 상자 2([자료 : 공룡연구소]) ⇒ 글꼴(굴림체, 18pt, 굵게)
▶ 배경 ⇒ 배경 서식(채우기 – 그림 또는 질감 채우기)에서 그림 2 삽입(현재 슬라이드만 적용)

→ 아무것도 없는 배경 위에서 마우스 오른쪽 단추 클릭 → [배경 서식]-그림 또는 질감 채우기

02 아래의 작성조건 및 출력 형태에 알맞게 작업하시오.

* 소스 파일 : 정복11_문제02.pptx　　* 정답 파일 : 정복11_완성02.pptx

● 출력 형태

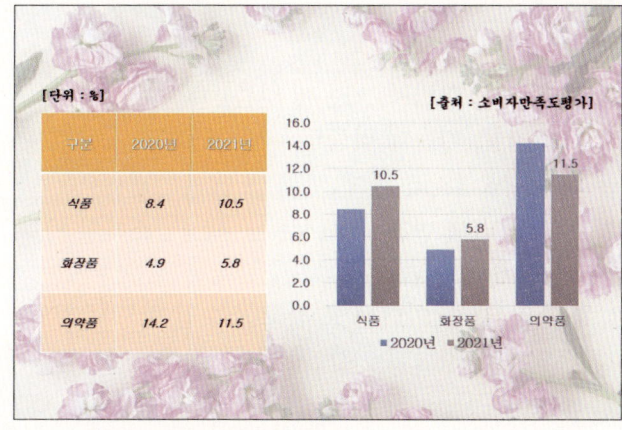

● 작성 조건

▶ 텍스트 상자 1([단위 : %]) ⇒ 글꼴(궁서, 18pt, 굵게)
▶ 텍스트 상자 2([출처 : 소비자만족도평가]) ⇒ 글꼴(궁서, 18pt, 굵게)
▶ 배경 ⇒ 배경 서식(채우기 – 그림 또는 질감 채우기)에서 그림 2 삽입(현재 슬라이드만 적용)

[슬라이드 3] 아래의 작성조건 및 출력형태에 알맞게 세 번째 슬라이드에 작업하시오. (60점)

≪출력형태≫

≪작성조건≫

(1) 제목
- 도형 1 ⇒ 기본 도형 : 원통, 도형 채우기('주황, 강조 2, 50% 더 어둡게'), 선 없음,
  도형 효과(반사 – '근접 반사, 4 pt 오프셋'), 글꼴(굴림체, 25pt, 굵게)

(2) 본문 (※ 차트 작성은 반드시 '차트삽입 → 데이터입력 → 차트스타일' 순으로 작성바랍니다.)
- 텍스트 상자 1([단위 : kg]) ⇒ 글꼴(바탕, 18pt, 굵게)
- 표 ⇒ 표 스타일(어두운 스타일 1 – 강조 6),
  가장 위의 행 : 글꼴(굴림체, 20pt, 굵게, 텍스트 그림자, 가운데 맞춤),
  나머지 행 : 글꼴(굴림체, 20pt, 굵게, 기울임꼴, 가운데 맞춤)
- 텍스트 상자 2([출처 : 세계커피단체]) ⇒ 글꼴(돋움체, 18pt, 굵게)
- 차트 ⇒ 세로 막대형 : 묶은 세로 막대형, 차트 스타일(색 변경 – '색상형 – 색 4', 스타일 8),
  축 서식/데이터 레이블 서식 : 글꼴(굴림, 16pt, 굵게),
  범례 서식 : 글꼴(굴림, 18pt, 굵게, 기울임꼴), 데이터는 표 참고(소수점 반드시 기입)
- 배경 ⇒ 배경 서식(채우기 – 그림 또는 질감 채우기)에서 그림 2 삽입(현재 슬라이드만 적용)
- 애니메이션 지정 ⇒ 차트 : 나타내기 – 실선 무늬
- 지시사항이 없는 부분은 ≪출력형태≫와 동일하게 작성하시오.

[슬라이드3] 텍스트 상자 및 배경

03 아래의 작성조건 및 출력 형태에 알맞게 작업하시오.

* 소스 파일 : 정복11_문제03.pptx   * 정답 파일 : 정복11_완성03.pptx

● 출력 형태

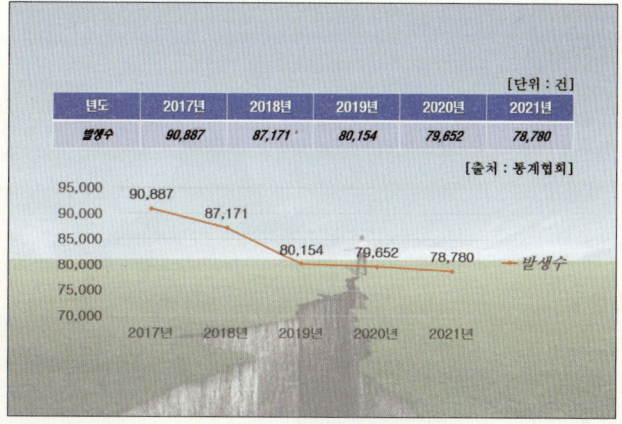

● 작성 조건

▶ 텍스트 상자 1([단위 : 건]) ⇒ 글꼴(바탕, 18pt, 굵게)
▶ 텍스트 상자 2([출처 : 통계협회]) ⇒ 글꼴(바탕, 18pt, 굵게)
▶ 배경 ⇒ 배경 서식(채우기 – 그림 또는 질감 채우기)에서 그림 2 삽입(현재 슬라이드만 적용)

04 아래의 작성조건 및 출력 형태에 알맞게 작업하시오.

* 소스 파일 : 정복11_문제04.pptx   * 정답 파일 : 정복11_완성04.pptx

● 출력 형태

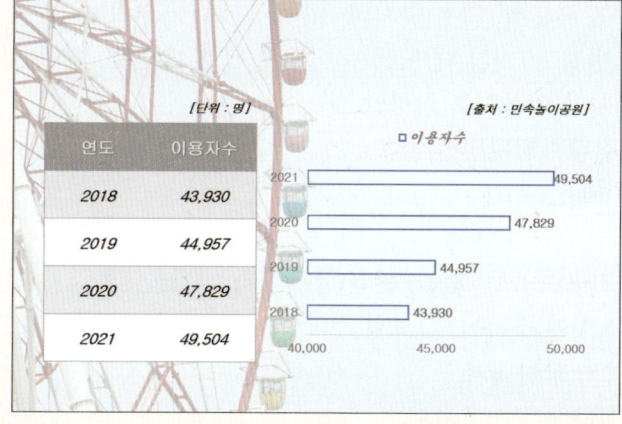

● 작성 조건

▶ 텍스트 상자 1([단위 : 명]) ⇒ 글꼴(돋움, 16pt, 굵게, 기울임꼴)
▶ 텍스트 상자 2([출처 : 민속놀이공원]) ⇒ 글꼴(돋움, 16pt, 굵게, 기울임꼴)
▶ 배경 ⇒ 배경 서식(채우기 – 그림 또는 질감 채우기)에서 그림 2 삽입(현재 슬라이드만 적용)

디지털정보활용능력 – 프리젠테이션[파워포인트] (시험시간 : 40분)

[슬라이드 2] 아래의 작성조건 및 출력형태에 알맞게 두 번째 슬라이드에 작업하시오. (50점)

≪출력형태≫

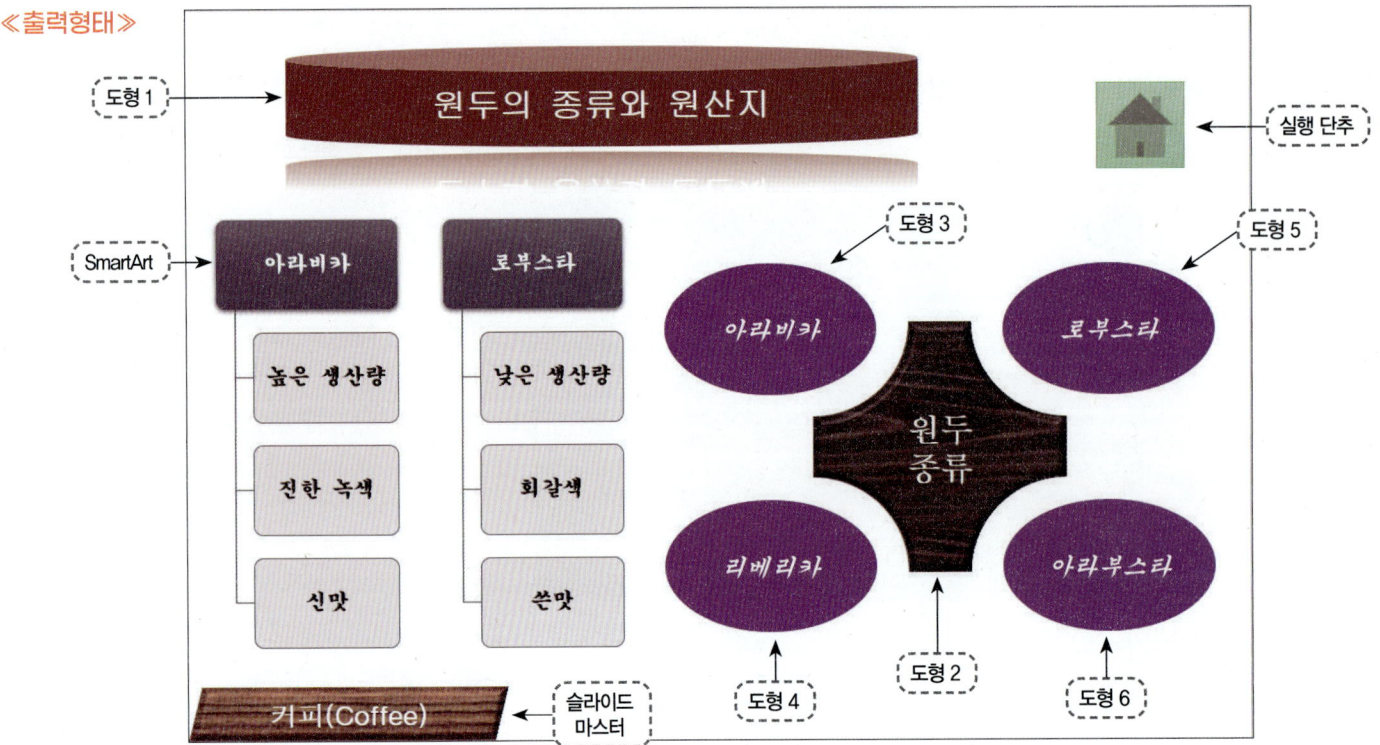

≪작성조건≫

(1) 제목
- ▶ 도형 1 ⇒ 기본 도형 : 원통, 도형 채우기('주황, 강조 2, 50% 더 어둡게'), 선 없음, 도형 효과(반사 – '근접 반사, 4 pt 오프셋'), 글꼴(굴림체, 25pt, 굵게)

(2) 본문
- ▶ SmartArt 삽입 ⇒ 계층 구조형 : 계층 구조 목록형, 글꼴(궁서체, 16pt, 굵게, 가운데 맞춤), SmartArt 스타일(색 변경 – '기본 테마 색 – 어두운 색 2 채우기', 강한 효과), (반드시 SmartArt 기능을 이용하여 작성할 것)
- ▶ 도형 2 ⇒ 기본 도형 : 배지, 도형 채우기(질감 : 월넛), 선 없음, 도형 효과(입체 효과 – 비스듬하게), 글꼴(바탕체, 24pt, 굵게)
- ▶ 도형 3~6 ⇒ 기본 도형 : 타원, 도형 채우기(자주), 선 없음, 글꼴(궁서, 18pt, 기울임꼴)
- ▶ 실행 단추 ⇒ 실행 단추 : 홈, 하이퍼링크 : 첫째 슬라이드, 도형 스타일('미세 효과 – 녹색, 강조 6')
- ▶ 애니메이션 지정 ⇒ SmartArt : 나타내기 – 닦아내기
- ▶ 지시사항이 없는 부분은 ≪출력형태≫와 동일하게 작성하시오.

출제유형 12

[슬라이드4] 본문 도형

☑ 다양한 형태의 도형을 만든 후 복사하기
☑ 도형에 그림을 삽입하기

문제 미리보기

소스 파일 : 유형12_문제.pptx   정답 파일 : 유형12_완성.pptx

【슬라이드4】 아래의 작성조건 및 출력 형태에 알맞게 네 번째 슬라이드에 작업하시오. (60점)

● 출력 형태

● 작성 조건

(1) 제목

▶ 도형 1 ⇒ 기본 도형 : 십자형, 도형 채우기(연한 녹색, 그라데이션 – 선형 위쪽), 도형 윤곽선(실선, 색 : 파랑, 너비 : 3pt, 겹선 종류 : 단순형), 도형 효과(반사 – '근접 반사, 터치'), 글꼴(궁서체, 36pt, 텍스트 그림자)

(2) 본문

▶ 도형 2~4 ⇒ 기본 도형 : 정육면체, 도형 채우기(질감 : 꽃다발), 도형 윤곽선(실선, 색 : 자주, 너비 : 2pt, 겹선 종류 : 단순형), 도형 효과(네온 – '주황, 8 pt 네온, 강조색 2'), 글꼴(바탕, 20pt, 굵게, 자주)

▶ 도형 5~7 ⇒ 기본 도형 : 빗면, 도형 채우기(파랑), 도형 윤곽선(실선, 색 : '흰색, 배경 1', 너비 : 1pt, 겹선 종류 : 단순형), 도형 효과(그림자 – 원근감 대각선 오른쪽 위), 글꼴(바탕, 20pt, 굵게, 기울임꼴)

▶ 도형 8 ⇒ 기본 도형 : 번개, 도형 스타일('보통 효과 – 황금색, 강조 4')

▶ 도형 9 ⇒ 블록 화살표 : 오각형, 도형 채우기(그림 또는 질감 채우기) 기능을 사용하여 그림 3 삽입, 선 없음, 도형 효과(입체 효과 – 아트 데코)

▶ WordArt 삽입(똑똑하게 골라 먹자) ⇒ WordArt 스타일('그라데이션 채우기 – 파랑, 강조 1, 반사'), 글꼴(궁서체, 40pt, 굵게)

▶ 지시사항이 없는 부분은 《출력 형태》와 동일하게 작성하시오.

※ 출제유형 12는 《작성 조건》 중에서 파란색으로 표시된 내용만 작업합니다.

디지털정보활용능력-프리젠테이션[파워포인트] (시험시간 : 40분)

유의사항
- 《작성조건》을 준수하여 반드시 프리젠테이션 슬라이드로 작업합니다.
- 글꼴 및 기타 사항에 대해 별도의 지시사항이 없는 경우, 슬라이드 크기와 전체적인 균형을 고려하여 임의로 작성하되, **도형은 그룹으로 설정하지 않습니다.**
- 모든 슬라이드 크기(A4), 방향(가로), 디자인 테마(Office 테마)로 지정합니다.
  ▶ 슬라이드 크기, 방향 조정 시 '맞춤 확인'으로 지정하여야 합니다.
- 공통적용사항(슬라이드 마스터)
  ▶ 도형 ⇒ 기본 도형 : 평행 사변형, 도형 채우기(질감 : 일반 목재), 선 없음,
     도형 효과(입체 효과 - 비스듬하게), 글꼴(돋움, 20pt, 굵게)
- 그림 삽입 시 다운로드 한 그림 파일을 반드시 사용하여야 합니다.
- [　　　] ➞ 은 지시사항이므로 작성하지 않습니다.
- 슬라이드에 제시된 글자 및 숫자 오타는 감점처리 됩니다.

[슬라이드 1] 아래의 작성조건 및 출력형태에 알맞게 첫 번째 슬라이드에 작업하시오. (30점)

《출력형태》

《작성조건》

▶ 도형 1 ⇒ 기본 도형 : 모서리가 접힌 도형, 도형 채우기(그라데이션 : 미리 설정 - '방사형 그라데이션 - 강조 2', 종류 - 방사형, 방향 - 가운데에서), 도형 윤곽선(실선, 색 : 주황, 너비 : 3pt, 겹선 종류 : 단순형), 도형 효과(반사 - '1/2 반사, 터치'), 글꼴(궁서체, 32pt, 굵게)

▶ 도형 2 ⇒ 설명선 : 모서리가 둥근 사각형 설명선, 도형 채우기(연한 녹색), 도형 윤곽선(실선, 색 : 녹색, 너비 : 3.5pt, 겹선 종류 : 단순형, 대시 종류 : 사각 점선)

▶ 도형 3 ⇒ 별 및 현수막 : 포인트가 5개인 별, 도형 채우기(파랑, 그라데이션 - 선형 아래쪽), 선 없음, 도형 효과(그림자 - 원근감 대각선 오른쪽 위, 입체 효과 - 둥글게)

▶ 그림 삽입 ⇒ 그림 1 삽입, 크기(높이 : 8cm, 너비 : 6cm)

▶ 텍스트 상자(다양하게 즐기는 커피) ⇒ 글꼴(궁서, 24pt, 기울임꼴, 밑줄)

▶ 애니메이션 지정 ⇒ 그림 1 : 나타내기 - 회전하며 밝기 변화

▶ 지시사항이 없는 부분은 《출력형태》와 동일하게 작성하시오.

01 도형 2~4 작성하기

① 네 번째 슬라이드를 선택한 후 [삽입] 탭의 [일러스트레이션] 그룹에서 [도형(▽)]-기본 도형-정육면체(⬜)를 클릭합니다.

② 마우스 포인터가 ╋ 모양으로 변경되면 드래그 하여 도형을 삽입합니다. 이어서, 조절점(○)을 드래그 하여 ≪출력 형태≫와 같이 크기를 조절한 후 위치를 변경합니다.

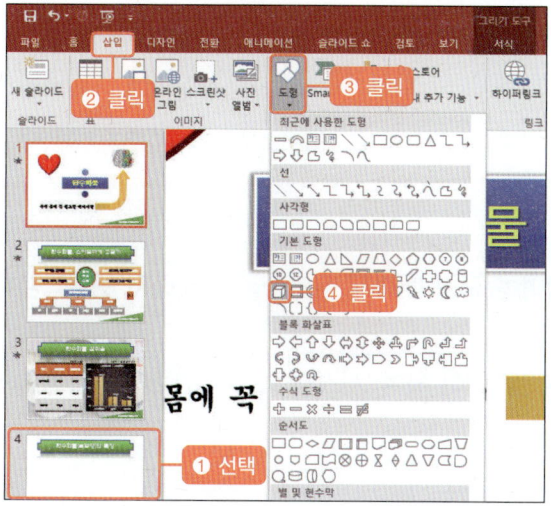
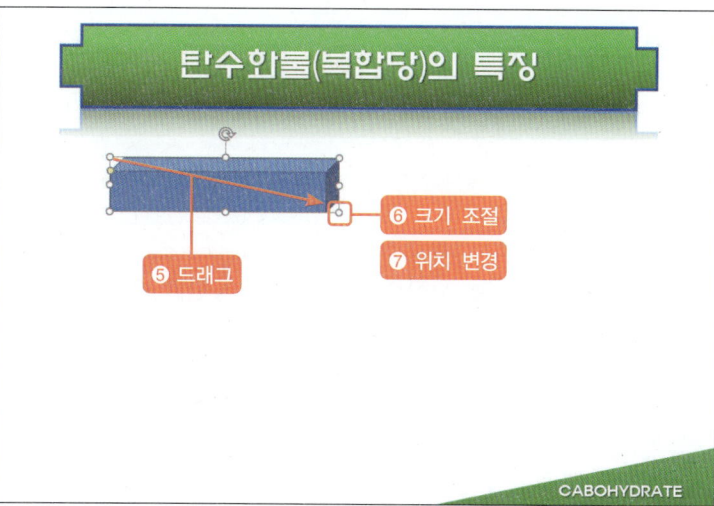

③ 도형이 선택된 상태에서 운동의 에너지원을 입력한 후 Esc 키를 누릅니다.

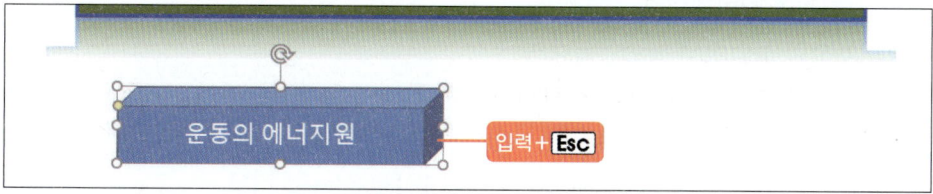

④ 도형에 질감을 적용하기 위해 [그리기 도구]-[서식] 탭의 [도형 스타일] 그룹에서 [도형 채우기]-[질감]-꽃다발을 클릭합니다.

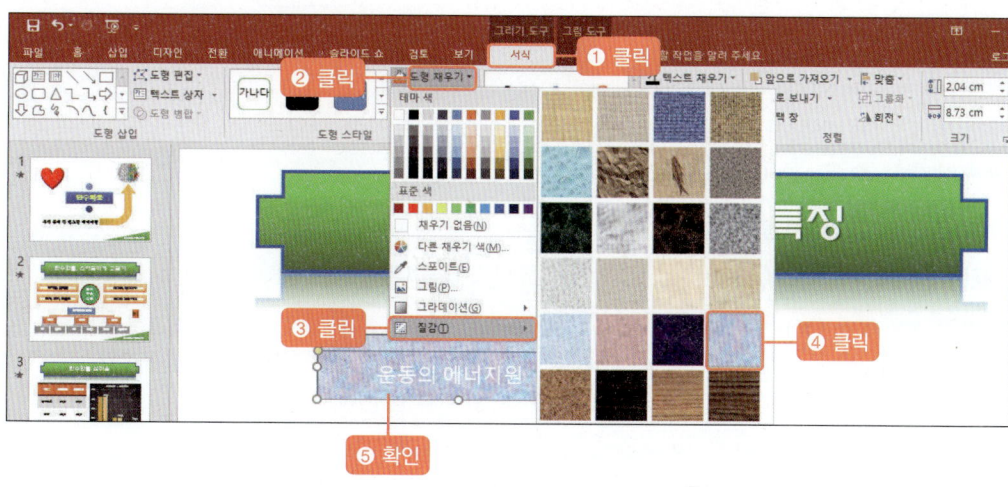

제05회 디지털정보활용능력 출제예상 모의고사

- ☑ 시험과목 : 프리젠테이션(파워포인트)
- ☑ 시험일자 : 20XX. XX. XX. (X)
- ☑ 응시자 기재사항 및 감독위원 확인

MS Office 2016 버전용

수검번호	DIP - XXXX -	감독위원 확인
성 명		

응시자 유의사항

1. 응시자는 신분증을 지참하여야 시험에 응시할 수 있으며, 시험이 종료될 때까지 신분증을 제시하지 못 할 경우 해당 시험은 0점 처리됩니다.
2. 시스템(PC작동여부, 네트워크 상태 등)의 이상여부를 반드시 확인하여야 하며, 시스템 이상이 있을시 감독위원에게 조치를 받으셔야 합니다.
3. 시험 중 부주의 또는 고의로 시스템을 파손한 경우는 응시자 부담으로 합니다.
4. 답안 전송 프로그램을 통해 다운로드 받은 파일을 이용하여 답안 파일을 작성하시기 바랍니다.
5. 작성한 답안 파일은 답안 전송 프로그램을 통하여 전송됩니다. 감독위원의 지시에 따라 주시기 바랍니다.
6. 다음 사항의 경우 실격(0점) 혹은 부정행위 처리됩니다.
    1) 답안 파일을 저장하지 않았거나, 저장한 파일이 손상되었을 경우
    2) 답안 파일을 지정된 폴더(바탕화면 – "KAIT" 폴더)에 저장하지 않았을 경우
        ※ 답안 전송 프로그램 로그인 시 바탕화면에 자동 생성됨
    3) 답안 파일을 다른 보조 기억장치(USB) 혹은 네트워크(메신저, 게시판 등)로 전송할 경우
    4) 휴대용 전화기 등 통신기기를 사용할 경우
7. 슬라이드는 반드시 순서대로 작성해야 하며, 순서가 다를 경우 "0"점 처리 됩니다.
8. 시험지에 제시된 글꼴이 응시 프로그램에 없는 경우, 반드시 감독위원에게 해당 내용을 통보한 뒤 조치를 받아야 합니다.
9. 슬라이드 작성 시 도형의 그룹 설정을 사용하는 경우, 채점에서 감점처리 됩니다.
10. 시험의 완료는 작성이 완료된 답안을 저장하고, 답안 전송이 완료된 상태를 확인한 것으로 합니다. 답안 전송 확인 후 문제지는 감독위원에게 제출한 후 퇴실하여야 합니다.
11. 답안 전송이 완료된 경우에는 수정 또는 정정이 불가능합니다.
12. 시험 시행 후 합격자 발표는 홈페이지(www.ihd.or.kr)에서 확인하시기 바랍니다.
    1) 문제 및 정답 공개 : 20XX. XX. XX. (X)
    2) 합격자 발표 : 20XX. XX. XX. (X)

❺ 윤곽선을 변경하기 위해 도형 위에서 마우스 오른쪽 단추를 눌러 바로가기 메뉴가 나오면 [그림 서식]을 클릭합니다. 오른쪽에 [그림 서식] 작업 창이 나오면 **채우기 및 선( )-선-색( )**을 클릭하여 **자주**를 선택합니다. 이어서, **너비(2pt)**를 지정한 후 작업 창을 종료( )합니다.

※ 겹선 종류의 기본 값이 '단순형'이기 때문에 별도의 변경 없이 다음 작업을 진행합니다.

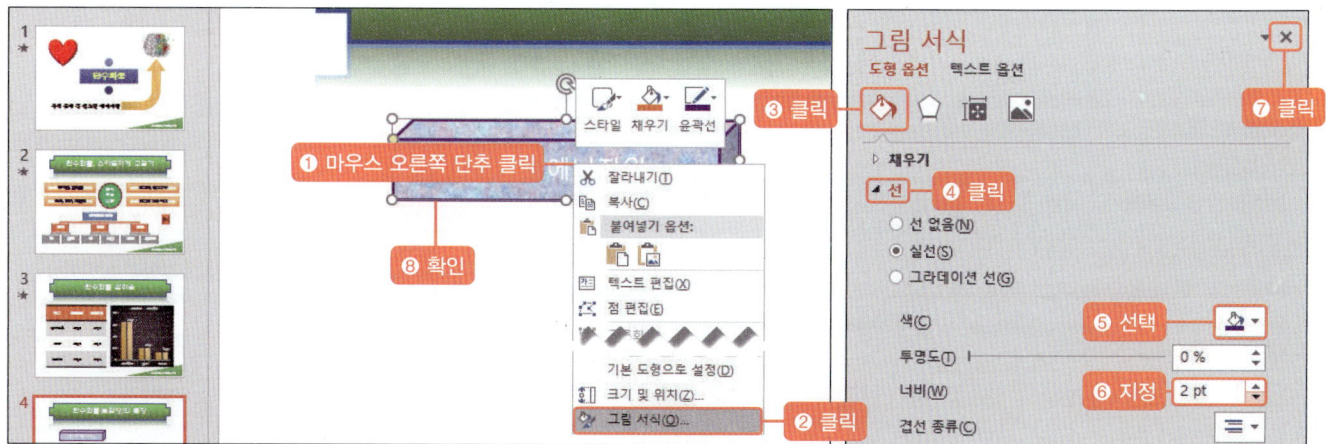

❻ 네온을 적용하기 위해 [그리기 도구]-[서식] 탭의 [도형 스타일] 그룹에서 [도형 효과]-[네온]-**주황, 8 pt 네온, 강조색 2**를 클릭합니다.

❼ 글꼴 서식을 변경하기 위해 [홈] 탭의 [글꼴] 그룹에서 **글꼴(바탕), 글꼴 크기(20pt), 굵게( ), 글꼴 색(자주)**을 지정합니다.

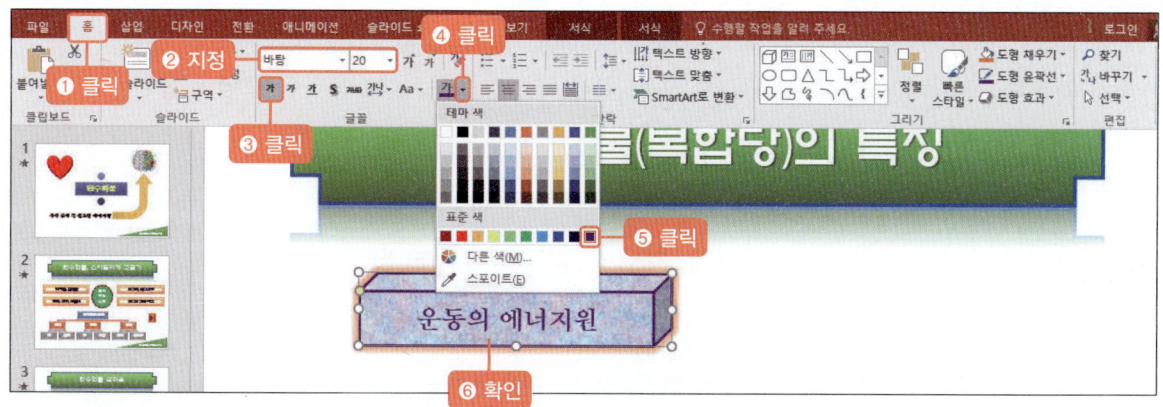

디지털정보활용능력 – 프리젠테이션[파워포인트] (시험시간 : 40분)

[슬라이드 4] 아래의 작성조건 및 출력형태에 알맞게 네 번째 슬라이드에 작업하시오. (60점)

《출력형태》

《작성조건》

(1) 제목
- ▶ 도형 1 ⇒ 사각형 : 대각선 방향의 모서리가 둥근 사각형, 도형 채우기('황금색, 강조 4, 80% 더 밝게'), 도형 윤곽선(실선, 색 : 자주, 너비 : 2pt, 겹선 종류 : 단순형), 도형 효과(그림자 – '바깥쪽 – 오프셋 가운데'), 글꼴(궁서체, 36pt, '검정, 텍스트 1')

(2) 본문
- ▶ 도형 2~4 ⇒ 기본 도형 : 타원, 도형 채우기(질감 : 분홍 박엽지), 선 없음, 도형 효과(입체 효과 – 볼록하게), 글꼴(궁서, 18pt, 굵게, '검정, 텍스트 1')
- ▶ 도형 5~7 ⇒ 사각형 : 모서리가 둥근 직사각형, 도형 채우기(자주, 그라데이션 – 선형 위쪽), 선 없음, 도형 효과(입체 효과 – 아트 데코), 글꼴(돋움, 20pt, '검정, 텍스트 1')
- ▶ 도형 8 ⇒ 기본 도형 : 이등변 삼각형, 도형 채우기(빨강, 그라데이션 – 가운데에서), 선 없음, 도형 효과(그림자 – '바깥쪽 – 오프셋 아래쪽', 네온 – '녹색, 8 pt 네온, 강조색 6')
- ▶ 도형 9 ⇒ 블록 화살표 : 오각형, 도형 채우기(그림 또는 질감 채우기) 기능을 사용하여 그림 3 삽입, 도형 윤곽선(실선, 색 : '청회색, 텍스트 2', 너비 : 4pt, 겹선 종류 : 단순형), 도형 효과(그림자 – 원근감 대각선 오른쪽 위)
- ▶ WordArt 삽입(건강한 겨울, 즐거운 겨울방학)
   ⇒ WordArt 스타일('그라데이션 채우기 – 황금색, 강조 4, 윤곽선 – 강조 4'), 글꼴(궁서, 32pt, 굵게)
- ▶ 지시사항이 없는 부분은 《출력형태》와 동일하게 작성하시오.

⑧ 도형이 완성되면 Ctrl 키를 누른 채 도형의 테두리를 아래쪽으로 드래그 하여 ≪출력 형태≫와 같이 복사합니다.

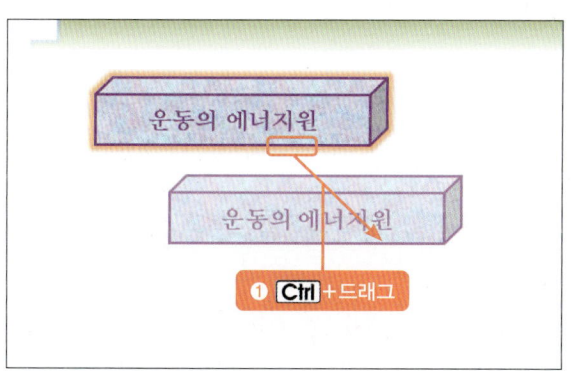
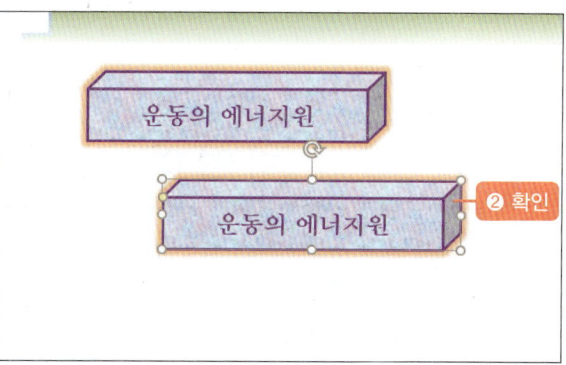

⑨ 첫 번째 도형을 클릭한 후 Ctrl + Shift 키를 누른 채 도형의 테두리를 아래쪽으로 드래그 하여 그림과 같이 복사합니다.

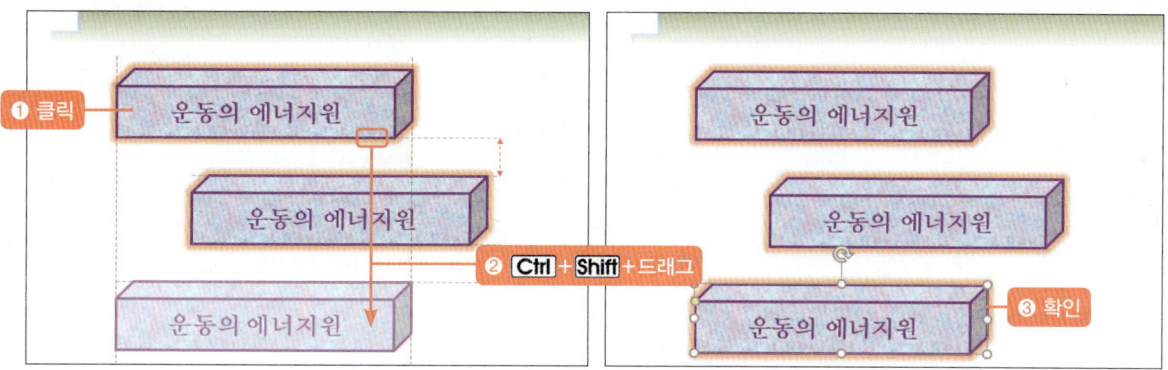

⑩ 2개의 도형이 복사되면 도형 안쪽의 텍스트를 드래그 하여 블록으로 지정한 후 그림과 같이 내용을 입력합니다.

※ 텍스트가 두 줄로 나올 경우 도형의 오른쪽 가운데 조절점(ㅇ)을 드래그 하여 너비를 조절합니다.

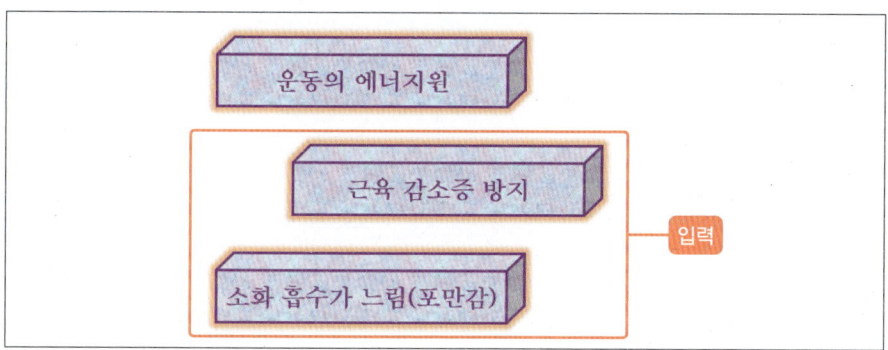

> **TIP** 개체 복사하기
> - Ctrl + 드래그 : 개체를 자유롭게 복사할 수 있습니다.
> - Ctrl + Shift + 드래그 : 개체를 수평 또는 수직으로 반듯하게 복사할 수 있습니다.

디지털정보활용능력 – 프리젠테이션[파워포인트] (시험시간 : 40분)

[슬라이드 3] 아래의 작성조건 및 출력형태에 알맞게 세 번째 슬라이드에 작업하시오. (60점)

≪출력형태≫

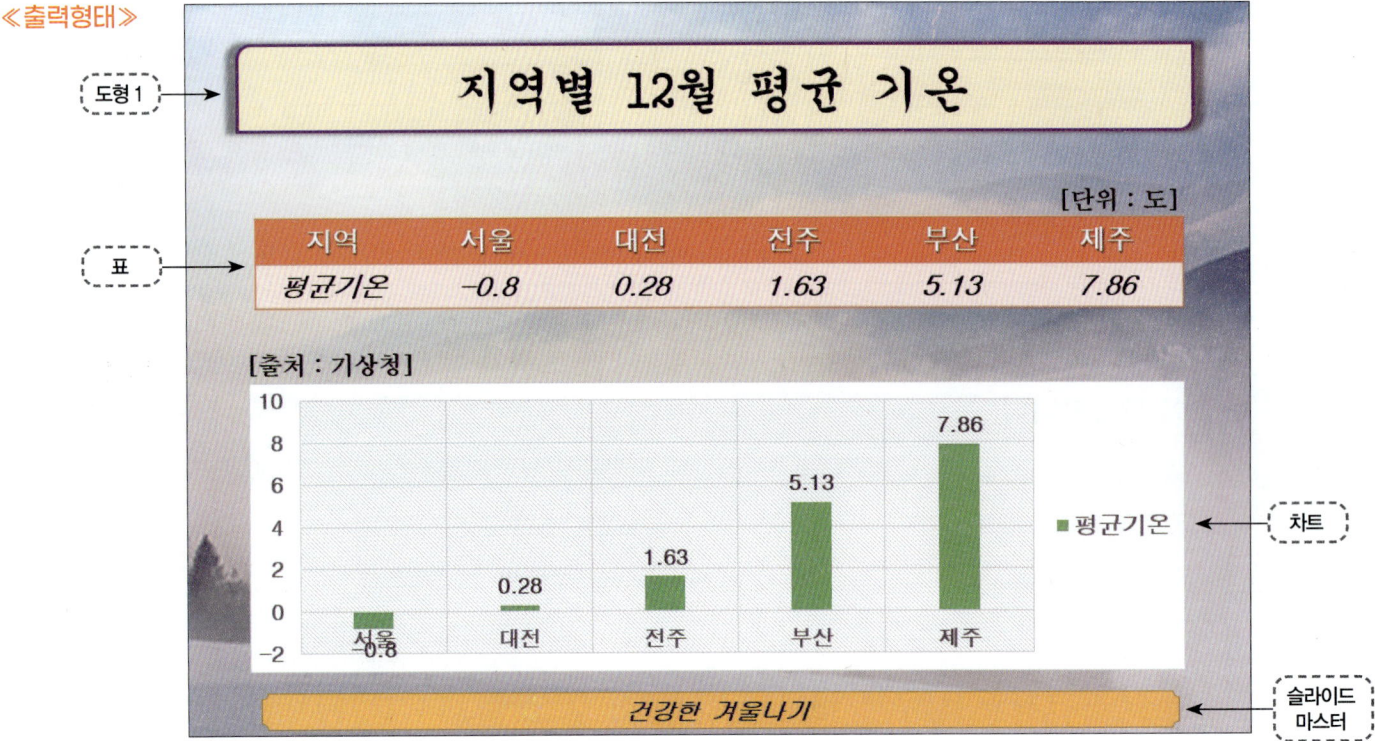

≪작성조건≫

(1) 제목
- ▶ 도형 1 ⇒ 사각형 : 대각선 방향의 모서리가 둥근 사각형, 도형 채우기('황금색, 강조 4, 80% 더 밝게'), 도형 윤곽선(실선, 색 : 자주, 너비 : 2pt, 겹선 종류 : 단순형), 도형 효과(그림자 – '바깥쪽 – 오프셋 가운데'), 글꼴(궁서체, 36pt, '검정, 텍스트 1')

(2) 본문 (※ 차트 작성은 반드시 '차트삽입 → 데이터입력 → 차트스타일' 순으로 작성바랍니다.)
- ▶ 텍스트 상자 1([단위 : 도]) ⇒ 글꼴(바탕, 18pt, 굵게)
- ▶ 표 ⇒ 표 스타일(보통 스타일 1 – 강조 2),
  가장 위의 행 : 글꼴(돋움, 20pt, 굵게, 텍스트 그림자, 가운데 맞춤),
  나머지 행 : 글꼴(돋움, 20pt, 굵게, 기울임꼴, 가운데 맞춤)
- ▶ 텍스트 상자 2([출처 : 기상청]) ⇒ 글꼴(바탕, 18pt, 굵게)
- ▶ 차트 ⇒ 세로 막대형 : 묶은 세로 막대형,
  차트 스타일(색 변경 – '단색형 – 색 10', 스타일 8),
  축 서식/데이터 레이블 서식 : 글꼴(돋움, 16pt, 굵게),
  범례 서식 : 글꼴(돋움, 18pt, 굵게), 데이터는 표 참고(소수점 반드시 기입)
- ▶ 배경 ⇒ 배경 서식(채우기 – 그림 또는 질감 채우기)에서 그림 2 삽입(현재 슬라이드만 적용)
- ▶ 애니메이션 지정 ⇒ 차트 : 나타내기 – 바둑판 무늬
- ▶ 지시사항이 없는 부분은 ≪출력형태≫와 동일하게 작성하시오.

02 도형 5~7 작성하기

❶ [삽입] 탭의 [일러스트레이션] 그룹에서 [도형(□)]-기본 도형-빗면(□)을 클릭합니다.

❷ 마우스 포인터가 ┼ 모양으로 변경되면 드래그 하여 도형을 삽입합니다. 이어서, 조절점(○)을 드래그 하여 ≪출력 형태≫와 같이 크기를 조절한 후 위치를 변경합니다.

 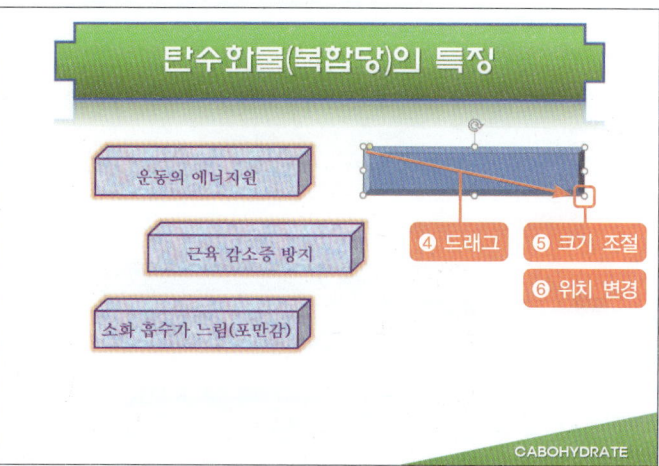

❸ 도형이 선택된 상태에서 **완만한 혈당 상승**을 입력한 후 Esc 키를 누릅니다.

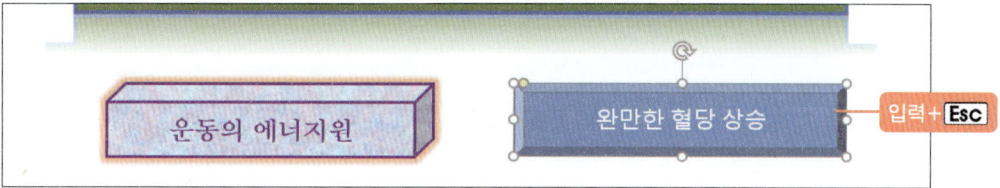

❹ [그리기 도구]-[서식] 탭의 [도형 스타일] 그룹에서 [도형 채우기]-**파랑**을 클릭합니다. 이어서, [도형 윤곽선]-**흰색, 배경 1**을 클릭합니다.

※ ≪작성 조건≫에서 '선 스타일(너비 : 1pt, 겹선 종류 : 단순형)'은 도형을 삽입할 때 기본 값으로 지정되어 있기 때문에 별도의 작업을 하지 않았습니다.

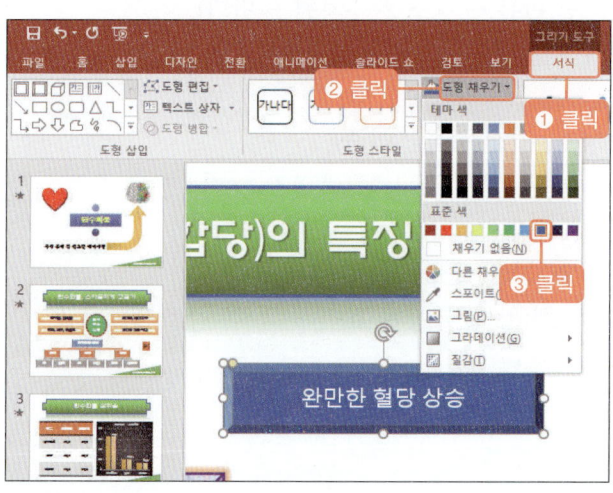 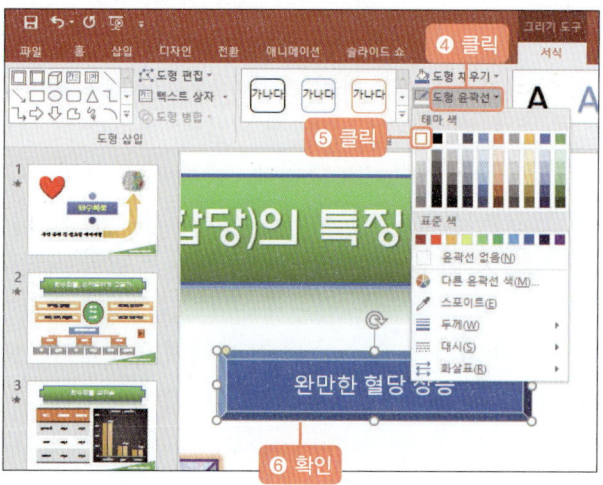

[슬라이드 2] 아래의 작성조건 및 출력형태에 알맞게 두 번째 슬라이드에 작업하시오. (50점)

≪출력형태≫

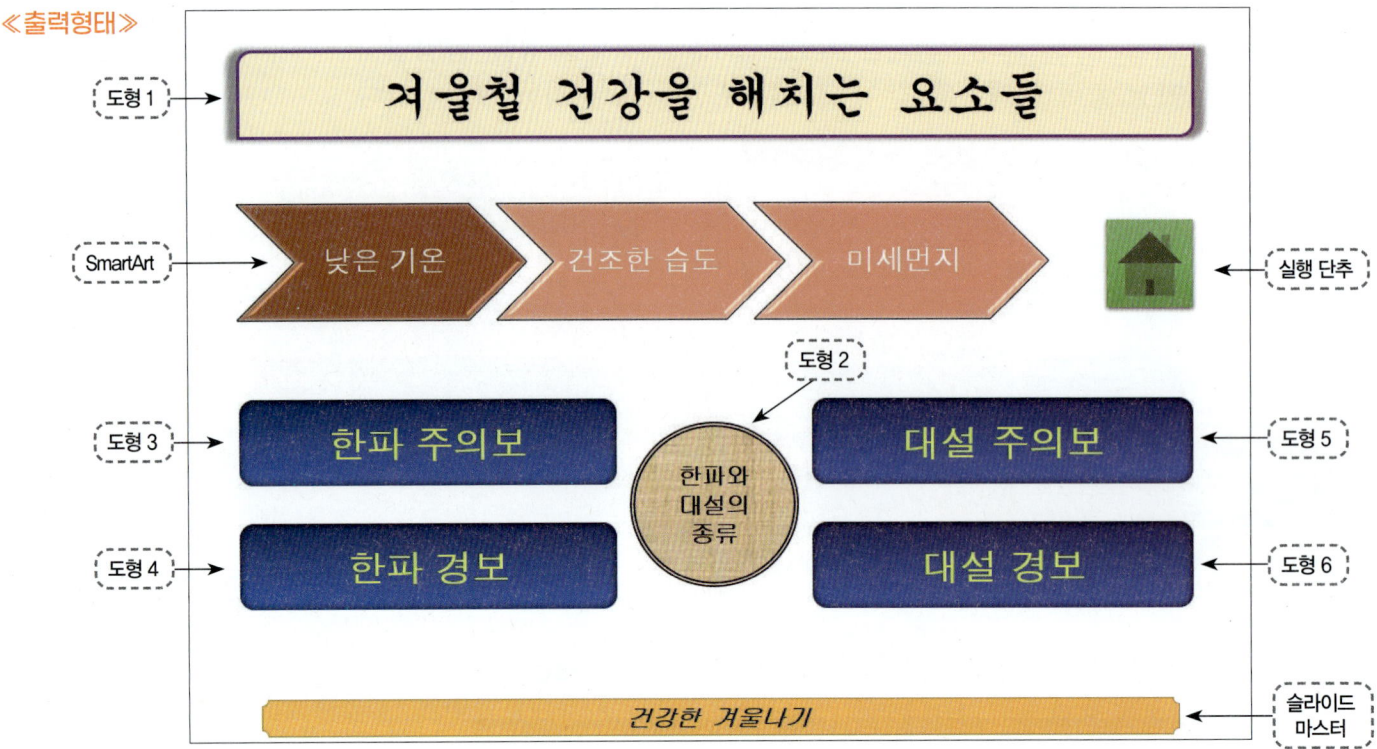

≪작성조건≫

(1) 제목
- 도형 1 ⇒ 사각형 : 대각선 방향의 모서리가 둥근 사각형, 도형 채우기('황금색, 강조 4, 80% 더 밝게'), 도형 윤곽선(실선, 색 : 자주, 너비 : 2pt, 겹선 종류 : 단순형), 도형 효과(그림자 – '바깥쪽 – 오프셋 가운데'), 글꼴(궁서체, 36pt, '검정, 텍스트 1')

(2) 본문
- SmartArt 삽입 ⇒ 프로세스형 : 기본 갈매기형 수장 프로세스형, 글꼴(돋움, 21pt, 가운데 맞춤), SmartArt 스타일(색 변경 – '그라데이션 반복 – 강조 2', 3차원 – 만화), (반드시 SmartArt 기능을 이용하여 작성할 것)
- 도형 2 ⇒ 기본 도형 : 타원, 도형 채우기(질감 : 파피루스), 도형 윤곽선(실선, 색 : '검정, 텍스트 1', 너비 : 4pt, 겹선 종류 : 이중), 글꼴(굴림, 18pt, 굵게, '검정, 텍스트 1')
- 도형 3~6 ⇒ 사각형 : 모서리가 둥근 직사각형, 도형 채우기(파랑, 그라데이션 – 선형 아래쪽), 선 없음, 도형 효과(그림자 – 안쪽 가운데), 글꼴(돋움, 28pt, 굵게, 노랑)
- 실행 단추 ⇒ 실행 단추 : 홈, 하이퍼링크 : 첫째 슬라이드, 도형 스타일('강한 효과 – 녹색, 강조 6')
- 애니메이션 지정 ⇒ SmartArt : 나타내기 – 블라인드
- 지시사항이 없는 부분은 ≪출력형태≫와 동일하게 작성하시오.

❺ 그림자를 적용하기 위해 [그리기 도구]-[서식] 탭의 [도형 스타일] 그룹에서 [도형 효과]-[그림자]-원근감-원근감 대각선 오른쪽 위를 클릭합니다.

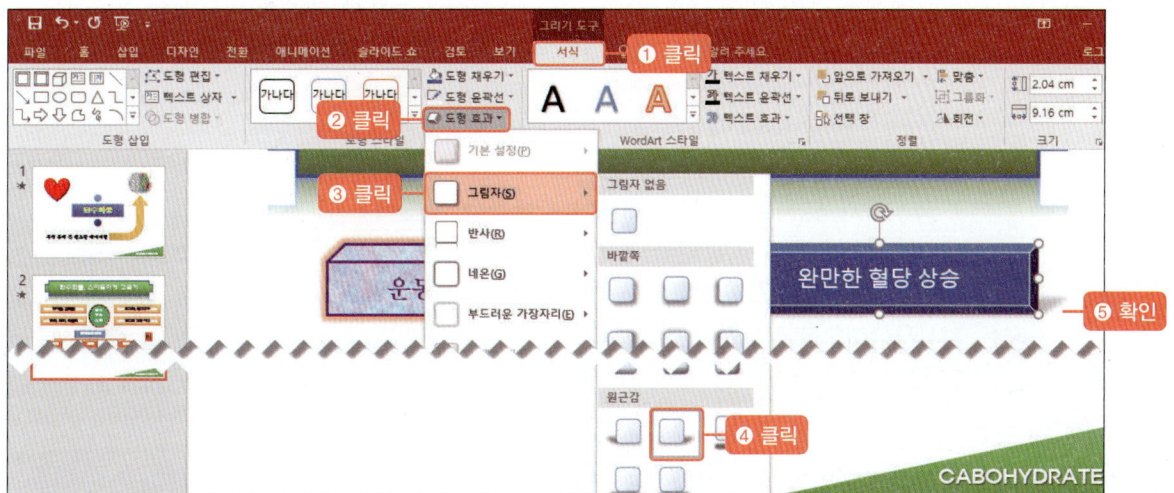

❻ 글꼴 서식을 변경하기 위해 [홈] 탭의 [글꼴] 그룹에서 글꼴(바탕), 글꼴 크기(20pt), 굵게(가), 기울임꼴(가)을 지정합니다.

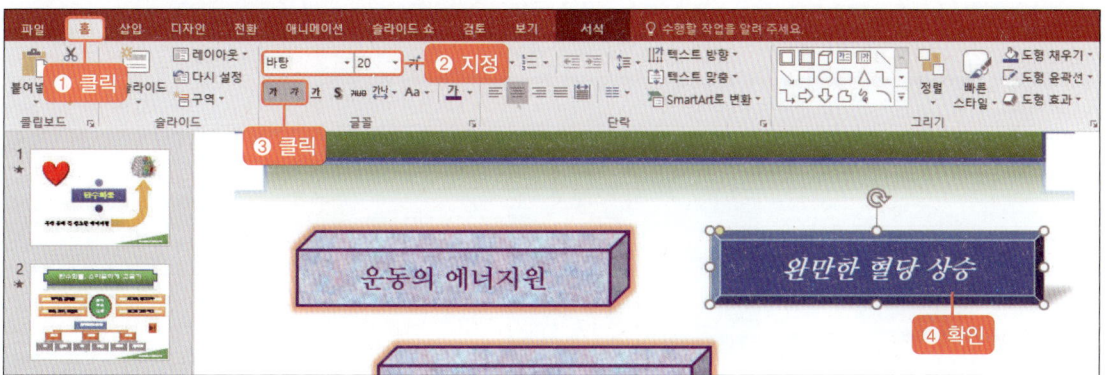

❼ ≪출력 형태≫를 참고하여 도형을 복사한 후 그림과 같이 내용을 입력합니다.

※ Ctrl+드래그 : 자유 방향 복사 / Ctrl+Shift+드래그 : 수평 또는 수직 복사

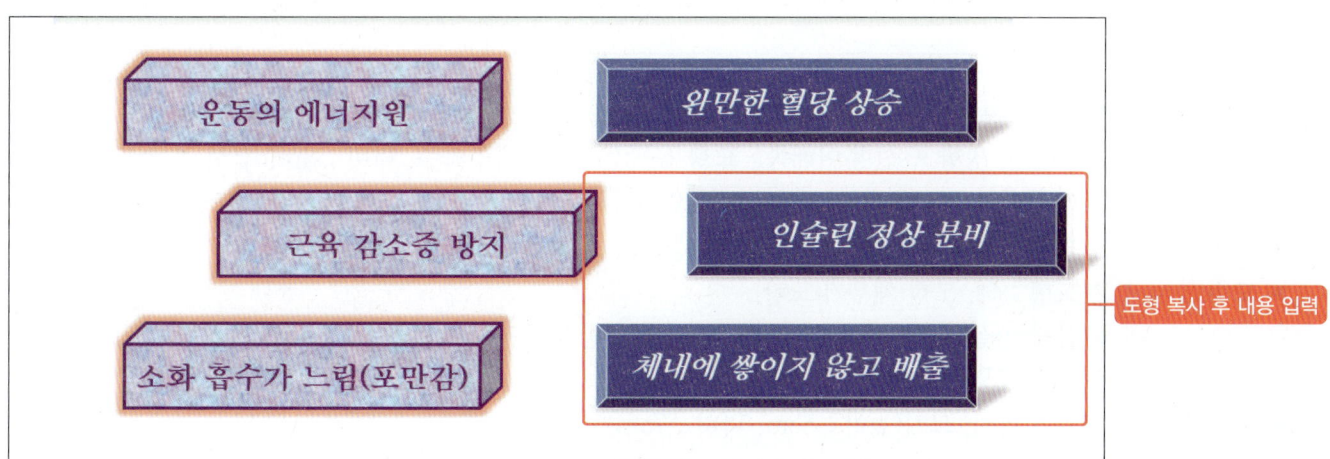

디지털정보활용능력-프리젠테이션[파워포인트] (시험시간 : 40분)

유의사항
- 《작성조건》을 준수하여 반드시 프리젠테이션 슬라이드로 작업합니다.
- 글꼴 및 기타 사항에 대해 별도의 지시사항이 없는 경우, 슬라이드 크기와 전체적인 균형을 고려하여 임의로 작성하되, **도형은 그룹으로 설정하지 않습니다.**
- 모든 슬라이드 크기(A4), 방향(가로), 디자인 테마(Office 테마)로 지정합니다.
  ▶ 슬라이드 크기, 방향 조정 시 '맞춤 확인'으로 지정하여야 합니다.
- 공통적용사항(슬라이드 마스터)
  ▶ 도형 ⇒ 기본 도형 : 배지, 도형 스타일('색 채우기 – 황금색, 강조 4'), 글꼴(굴림체, 18pt, 굵게, 기울임꼴, 진한 파랑)
- 그림 삽입 시 다운로드 한 그림 파일을 반드시 사용하여야 합니다.
- ⬜→ 은 지시사항이므로 작성하지 않습니다.
- 슬라이드에 제시된 글자 및 숫자 오타는 감점처리 됩니다.

[슬라이드 1] 아래의 작성조건 및 출력형태에 알맞게 첫 번째 슬라이드에 작업하시오. (30점)

≪출력형태≫

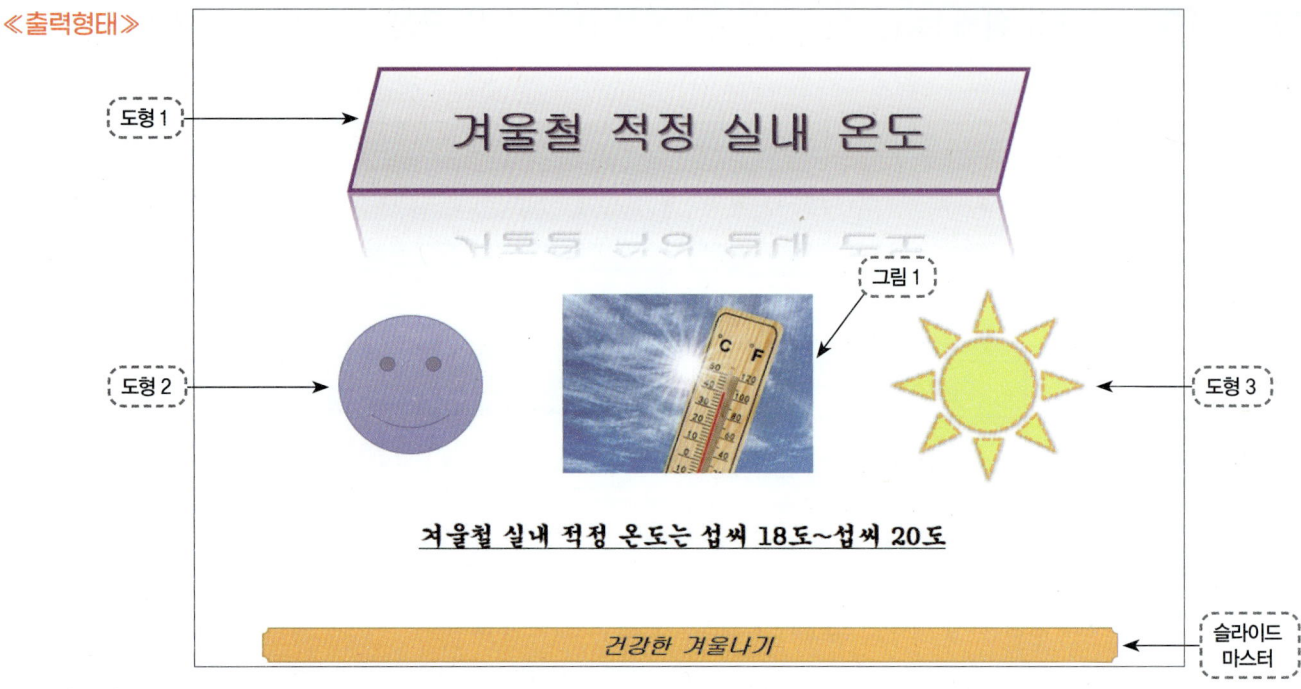

≪작성조건≫

▶ 도형 1 ⇒ 기본 도형 : 평행 사변형, 도형 채우기(그라데이션 : 미리 설정 – '밝은 그라데이션 – 강조 3', 종류 – 선형, 방향 – 선형 아래쪽), 도형 윤곽선(실선, 색 : 자주, 너비 : 3pt, 겹선 종류 : 단순형), 도형 효과(반사 – '1/2 반사, 터치'), 글꼴(굴림체, 36pt, 굵게, 텍스트 그림자, 진한 파랑)
▶ 도형 2 ⇒ 기본 도형 : 웃는 얼굴, 도형 스타일('미세 효과 – 파랑, 강조 5')
▶ 도형 3 ⇒ 기본 도형 : 해, 도형 채우기(노랑), 도형 윤곽선(실선, 색 : 주황, 너비 : 2pt, 겹선 종류 : 단순형, 대시 종류 : 사각 점선), 도형 효과(그림자 – '바깥쪽 – 오프셋 가운데')
▶ 그림 삽입 ⇒ 그림 1 삽입, 크기(높이 : 5cm, 너비 : 7cm)
▶ 텍스트 상자(겨울철 실내 적정 온도는 섭씨 18도~섭씨 20도) ⇒ 글꼴(궁서, 20pt, 굵게, 밑줄)
▶ 애니메이션 지정 ⇒ 그림 1 : 나타내기 – 날아오기
▶ 지시사항이 없는 부분은 《출력형태》와 동일하게 작성하시오.

03 도형 8 작성하기

❶ [삽입] 탭의 [일러스트레이션] 그룹에서 [도형(📐)]-기본 도형-번개(⚡)를 클릭합니다.

❷ 마우스 포인터가 ➕ 모양으로 변경되면 드래그 하여 도형을 삽입합니다. 이어서, 조절점(⭘)을 드래그 하여 ≪출력 형태≫와 같이 크기를 조절한 후 위치를 변경합니다.

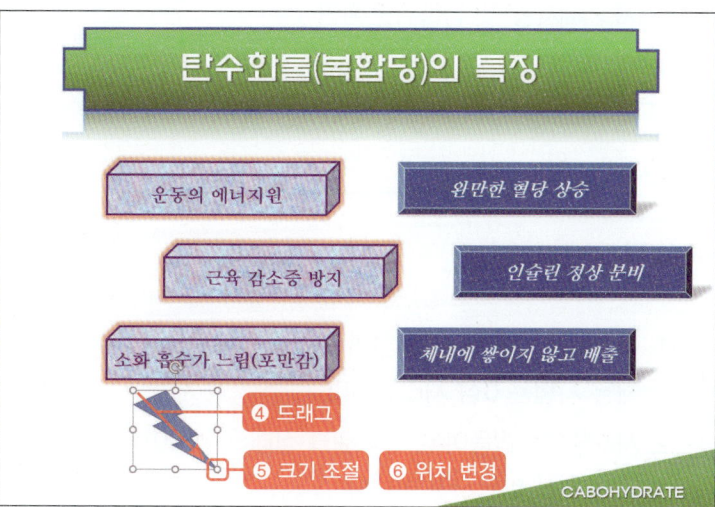

❸ 도형의 스타일을 변경하기 위해 [그리기 도구]-[서식] 탭의 [도형 스타일] 그룹에서 자세히(▾) 단추를 클릭한 후 보통 효과 - 황금색, 강조 4(가나다)를 선택합니다.

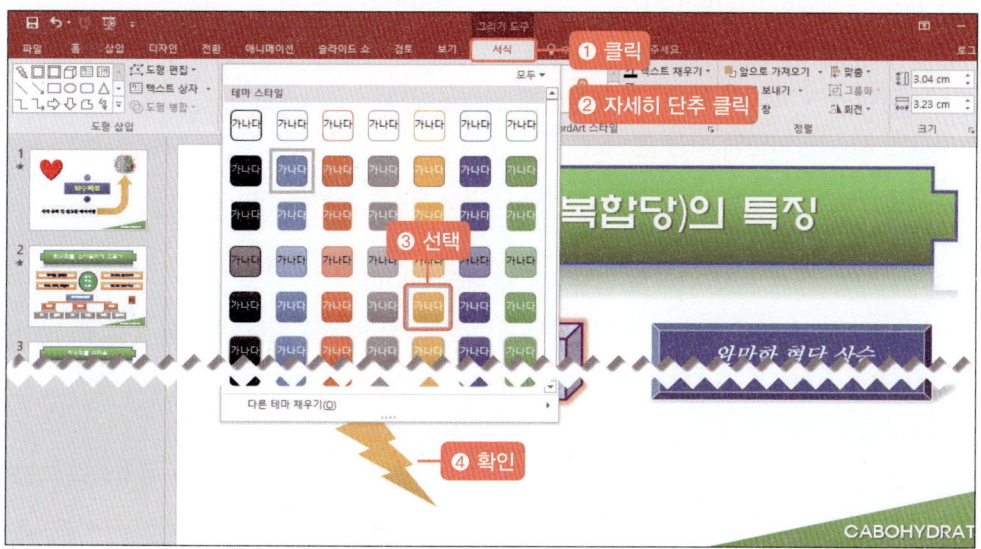

TIP 시험 유의 사항

도형 스타일은 파워포인트 2016에서 제공하는 '도형 채우기, 도형 윤곽선, 도형 효과'가 지정되어 있는 도형 서식입니다. [슬라이드4]는 도형 스타일을 적용하는 문제가 많이 나오고 있기 때문에 메뉴의 위치와 세부 기능을 숙지합니다.

제04회 디지털정보활용능력 출제예상 모의고사

- ☑ 시험과목 : 프리젠테이션(파워포인트)
- ☑ 시험일자 : 20XX. XX. XX. (X)
- ☑ 응시자 기재사항 및 감독위원 확인

MS Office 2016 버전용

수검번호	DIP - XXXX -	감독위원 확인
성　　명		

응시자 유의사항

1. 응시자는 신분증을 지참하여야 시험에 응시할 수 있으며, 시험이 종료될 때까지 신분증을 제시하지 못 할 경우 해당 시험은 0점 처리됩니다.
2. 시스템(PC작동여부, 네트워크 상태 등)의 이상여부를 반드시 확인하여야 하며, 시스템 이상이 있을시 감독위원에게 조치를 받으셔야 합니다.
3. 시험 중 부주의 또는 고의로 시스템을 파손한 경우는 응시자 부담으로 합니다.
4. 답안 전송 프로그램을 통해 다운로드 받은 파일을 이용하여 답안 파일을 작성하시기 바랍니다.
5. 작성한 답안 파일은 답안 전송 프로그램을 통하여 전송됩니다. 감독위원의 지시에 따라 주시기 바랍니다.
6. 다음 사항의 경우 실격(0점) 혹은 부정행위 처리됩니다.
   1) 답안 파일을 저장하지 않았거나, 저장한 파일이 손상되었을 경우
   2) 답안 파일을 지정된 폴더(바탕화면 – "KAIT" 폴더)에 저장하지 않았을 경우
      ※ 답안 전송 프로그램 로그인 시 바탕화면에 자동 생성됨
   3) 답안 파일을 다른 보조 기억장치(USB) 혹은 네트워크(메신저, 게시판 등)로 전송할 경우
   4) 휴대용 전화기 등 통신기기를 사용할 경우
7. 슬라이드는 반드시 순서대로 작성해야 하며, 순서가 다를 경우 "0"점 처리 됩니다.
8. 시험지에 제시된 글꼴이 응시 프로그램에 없는 경우, 반드시 감독위원에게 해당 내용을 통보한 뒤 조치를 받아야 합니다.
9. 슬라이드 작성 시 도형의 그룹 설정을 사용하는 경우, 채점에서 감점처리 됩니다.
10. 시험의 완료는 작성이 완료된 답안을 저장하고, 답안 전송이 완료된 상태를 확인한 것으로 합니다. 답안 전송 확인 후 문제지는 감독위원에게 제출한 후 퇴실하여야 합니다.
11. 답안 전송이 완료된 경우에는 수정 또는 정정이 불가능합니다.
12. 시험 시행 후 합격자 발표는 홈페이지(www.ihd.or.kr)에서 확인하시기 바랍니다.
    1) 문제 및 정답 공개 : 20XX. XX. XX. (X)
    2) 합격자 발표 : 20XX. XX. XX. (X)

도형 9 작성한 후 그림 채우기

❶ [삽입] 탭의 [일러스트레이션] 그룹에서 [도형]-블록 화살표-오각형( )을 클릭합니다.

❷ 마우스 포인터가 ╋ 모양으로 변경되면 드래그 하여 도형을 삽입합니다. 이어서, 조절점(○)을 드래그 하여 ≪출력 형태≫와 같이 크기를 조절한 후 위치를 변경합니다.

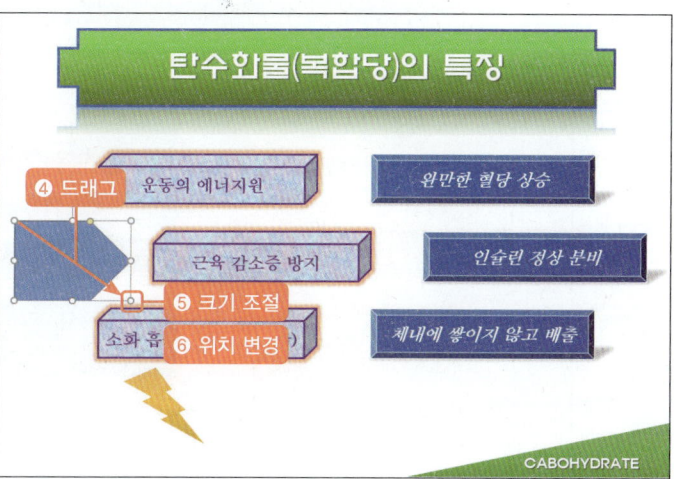

❸ 도형에 그림을 채우기 위해 [그리기 도구]-[서식] 탭의 [도형 스타일] 그룹에서 [도형 채우기]-그림을 클릭합니다. 이어서, 첫 번째 [그림 삽입] 대화상자가 나오면 [파일에서 찾아보기]를 선택합니다.

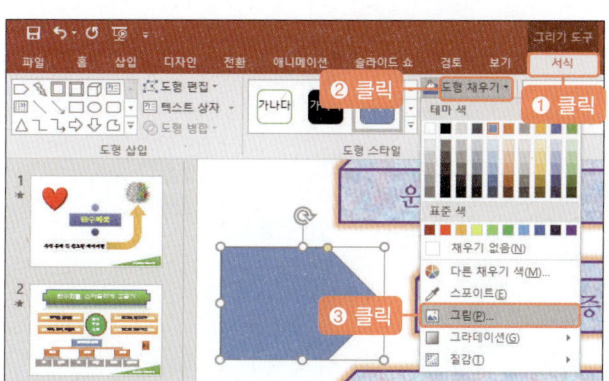
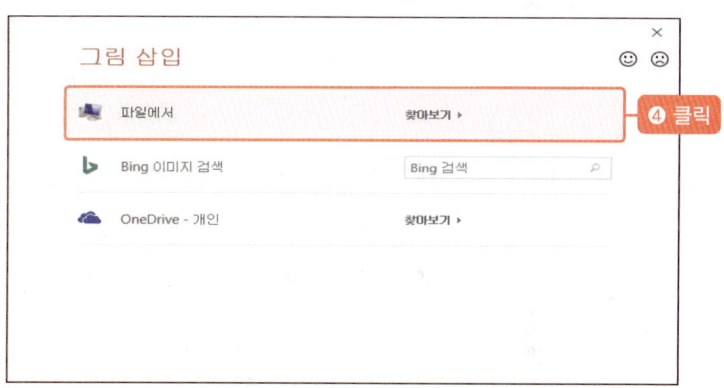

❹ 두 번째 [그림 삽입] 대화상자가 나오면 [그림 파일]-[출제유형 완전정복]-[출제유형 12]-그림 3을 선택한 후 〈삽입〉 단추를 클릭합니다.

※ 실제 시험에서는 바탕 화면의 [KAIT]-[제출파일] 폴더에 있는 그림을 이용해야 합니다.

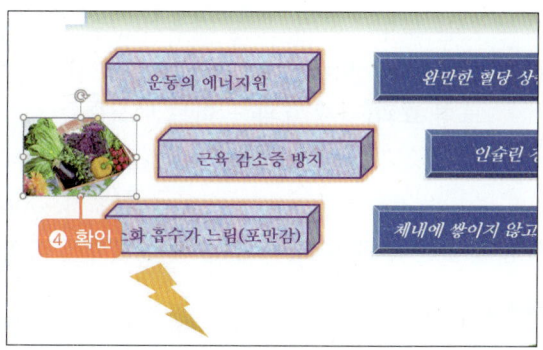

출제유형 12 **115** [슬라이드4] 본문 도형

디지털정보활용능력 – 프리젠테이션[파워포인트] (시험시간 : 40분)

[슬라이드 4] 아래의 작성조건 및 출력형태에 알맞게 네 번째 슬라이드에 작업하시오. (60점)

≪출력형태≫

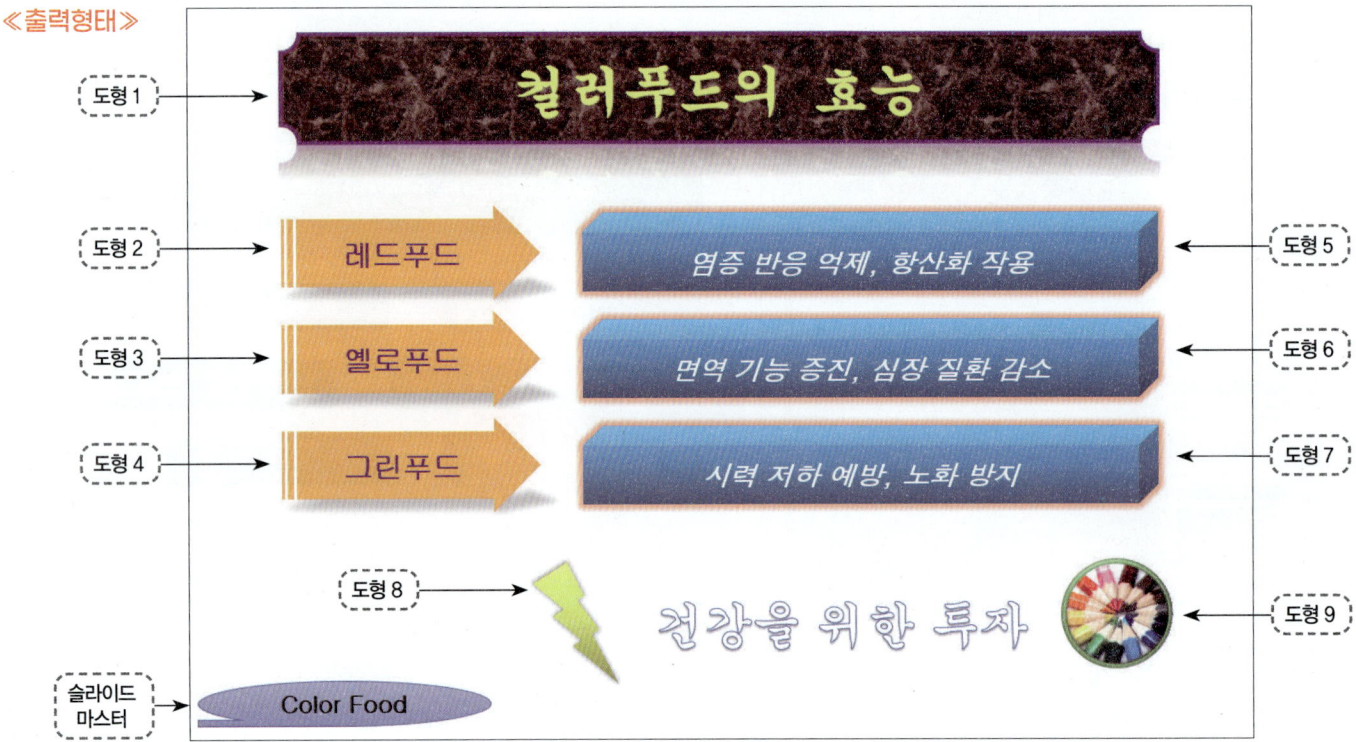

≪작성조건≫

(1) 제목
- ▶ 도형 1 ⇒ 기본 도형 : 배지, 도형 채우기(질감 : 밤색 대리석), 도형 윤곽선(실선, 색 : 자주, 너비 : 3pt, 겹선 종류 : 단순형), 도형 효과(반사 – '근접 반사, 터치', 입체 효과 – 십자형으로), 글꼴(궁서체, 40pt, 굵게, 노랑)

(2) 본문
- ▶ 도형 2~4 ⇒ 블록 화살표 : 줄무늬가 있는 오른쪽 화살표, 도형 채우기('황금색, 강조 4'), 선 없음, 도형 효과(그림자 – 원근감 대각선 오른쪽 위), 글꼴(굴림, 22pt, 굵게, 자주)
- ▶ 도형 5~7 ⇒ 기본 도형 : 정육면체, 도형 채우기(연한 파랑, 그라데이션 – 선형 위쪽), 선 없음, 도형 효과(네온 – '주황, 8 pt 네온, 강조색 2'), 글꼴(돋움, 20pt, 굵게, 기울임꼴)
- ▶ 도형 8 ⇒ 기본 도형 : 번개, 도형 채우기(노랑, 그라데이션 – 선형 위쪽), 선 없음, 도형 효과(그림자 – '바깥쪽 – 오프셋 가운데')
- ▶ 도형 9 ⇒ 기본 도형 : 타원, 도형 채우기(그림 또는 질감 채우기) 기능을 사용하여 그림 3 삽입, 도형 윤곽선(실선, 색 : '녹색, 강조 6', 너비 : 4pt, 겹선 종류 : 단순형), 도형 효과(입체 효과 – 아트 데코)
- ▶ WordArt 삽입(건강을 위한 투자) ⇒ WordArt 스타일('채우기 – 흰색, 윤곽선 – 강조 1, 그림자'), 글꼴(궁서, 36pt, 굵게, 텍스트 그림자)
- ▶ 지시사항이 없는 부분은 ≪출력형태≫와 동일하게 작성하시오.

❺ 선 없음을 지정하기 위해 [그리기 도구]-[서식] 탭의 [도형 스타일] 그룹에서 [도형 윤곽선]-윤곽선 없음을 클릭합니다.

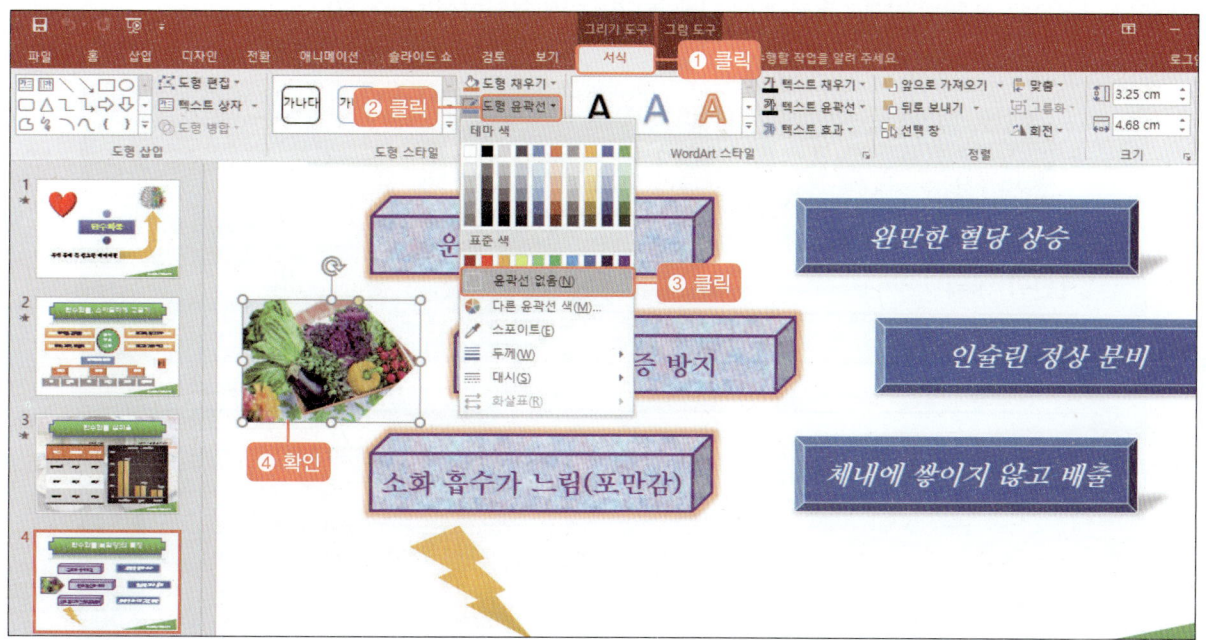

❻ 입체 효과를 적용하기 위해 [그리기 도구]-[서식] 탭의 [도형 스타일] 그룹에서 [도형 효과]-[입체 효과]-아트 데코를 클릭합니다.

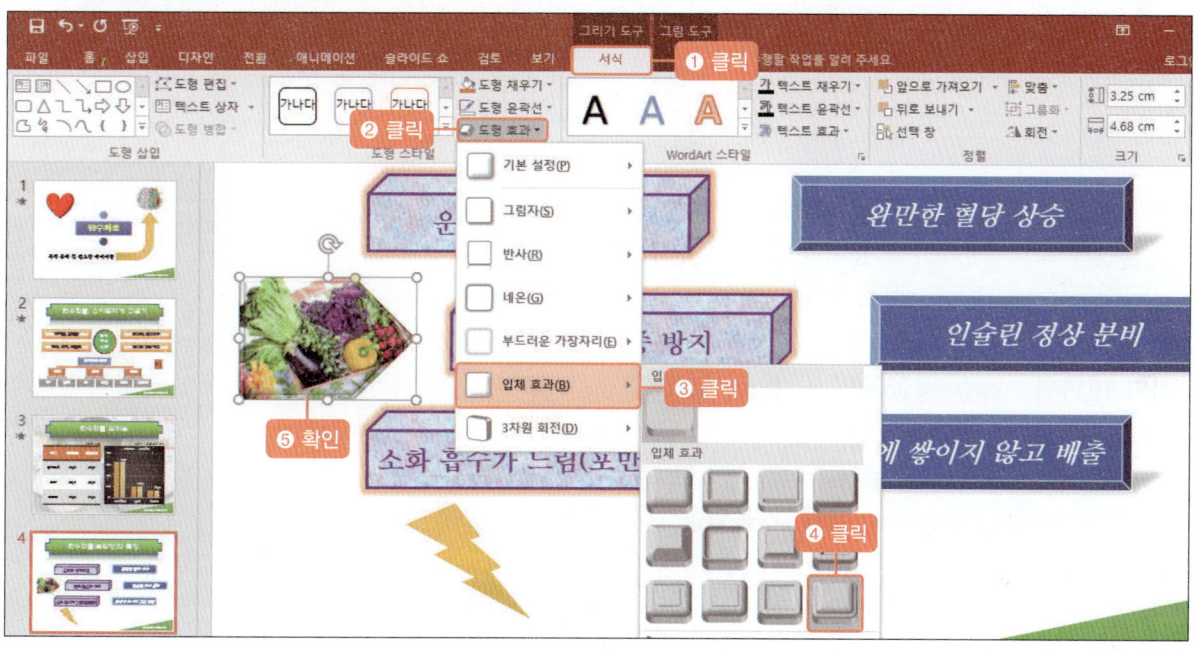

❼ 모든 작업이 완료되면 파일을 저장합니다.

> **TIP** 시험 유의 사항
>
> 시험에서는 다양한 도형 효과를 적용하는 문제가 출제됩니다. 입체 효과 중에서는 '아트 데코, 둥글게, 각지게, 비스듬하게' 등이 자주 출제됩니다.

디지털정보활용능력 - 프리젠테이션[파워포인트] (시험시간 : 40분)

[슬라이드 3] 아래의 작성조건 및 출력형태에 알맞게 세 번째 슬라이드에 작업하시오. (60점)

≪출력형태≫

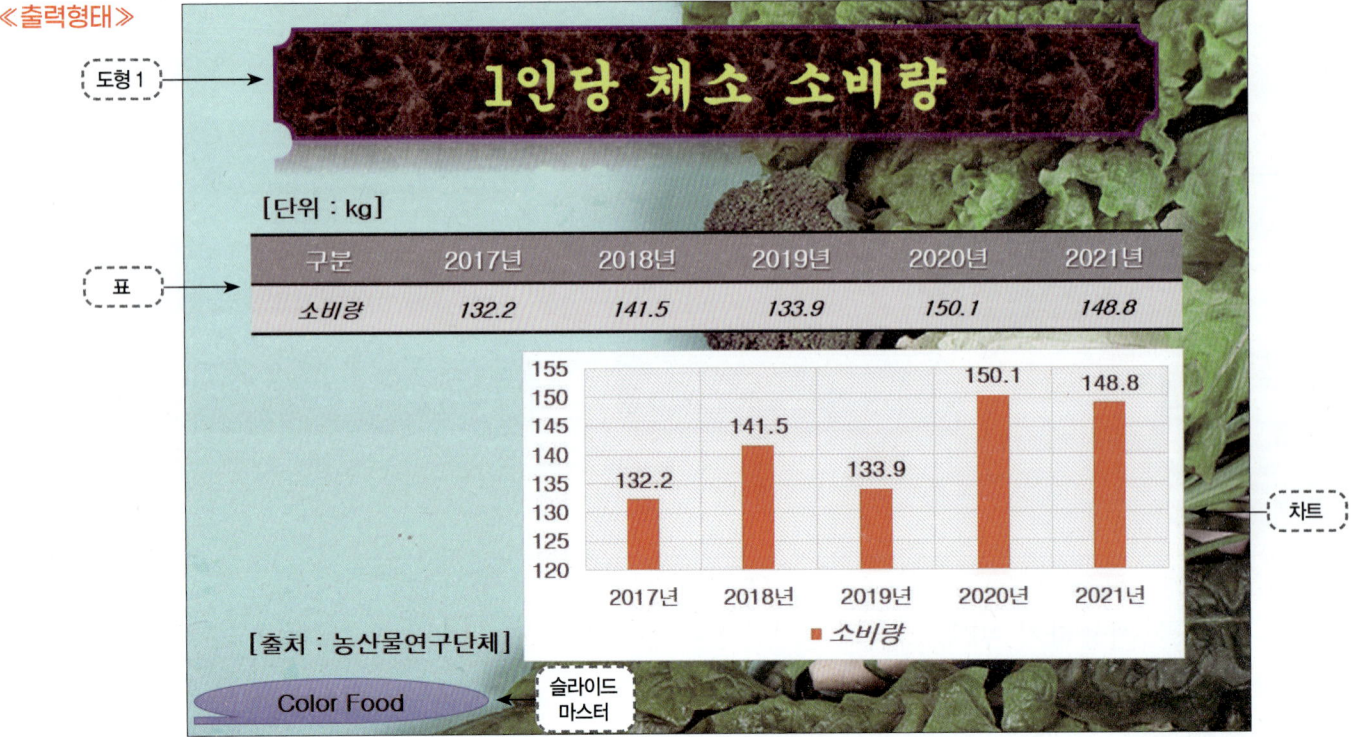

≪작성조건≫

(1) 제목
  ▶ 도형 1 ⇒ 기본 도형 : 배지, 도형 채우기(질감 : 밤색 대리석), 도형 윤곽선(실선, 색 : 자주, 너비 : 3pt, 겹선 종류 : 단순형), 도형 효과(반사 - '근접 반사, 터치', 입체 효과 - 십자형으로), 글꼴(궁서체, 40pt, 굵게, 노랑)
(2) 본문 (※ 차트 작성은 반드시 '차트삽입 → 데이터입력 → 차트스타일' 순으로 작성바랍니다.)
  ▶ 텍스트 상자 1([단위 : kg]) ⇒ 글꼴(돋움, 18pt, 굵게)
  ▶ 표 ⇒ 표 스타일(보통 스타일 3 - 강조 3),
      가장 위의 행 : 글꼴(굴림, 18pt, 굵게, 텍스트 그림자, 가운데 맞춤),
      나머지 행 : 글꼴(굴림, 16pt, 굵게, 기울임꼴, 가운데 맞춤)
  ▶ 텍스트 상자 2([출처 : 농산물연구단체]) ⇒ 글꼴(돋움, 18pt, 굵게)
  ▶ 차트 ⇒ 세로 막대형 : 묶은 세로 막대형, 차트 스타일(색 변경 - '단색형 - 색 6', 스타일 8),
      축 서식/데이터 레이블 서식 : 글꼴(돋움, 16pt, 굵게),
      범례 서식 : 글꼴(돋움, 18pt, 굵게, 기울임꼴), 데이터는 표 참고(소수점 반드시 기입)
  ▶ 배경 ⇒ 배경 서식(채우기 - 그림 또는 질감 채우기)에서 그림 2 삽입(현재 슬라이드만 적용)
  ▶ 애니메이션 지정 ⇒ 차트 : 나타내기 - 시계 방향 회전
  ▶ 지시사항이 없는 부분은 ≪출력형태≫와 동일하게 작성하시오.

[슬라이드4] 본문 도형

01 아래의 작성조건 및 출력 형태에 알맞게 작업하시오.

* 소스 파일 : 정복12_문제01.pptx   * 정답 파일 : 정복12_완성01.pptx

● 출력 형태

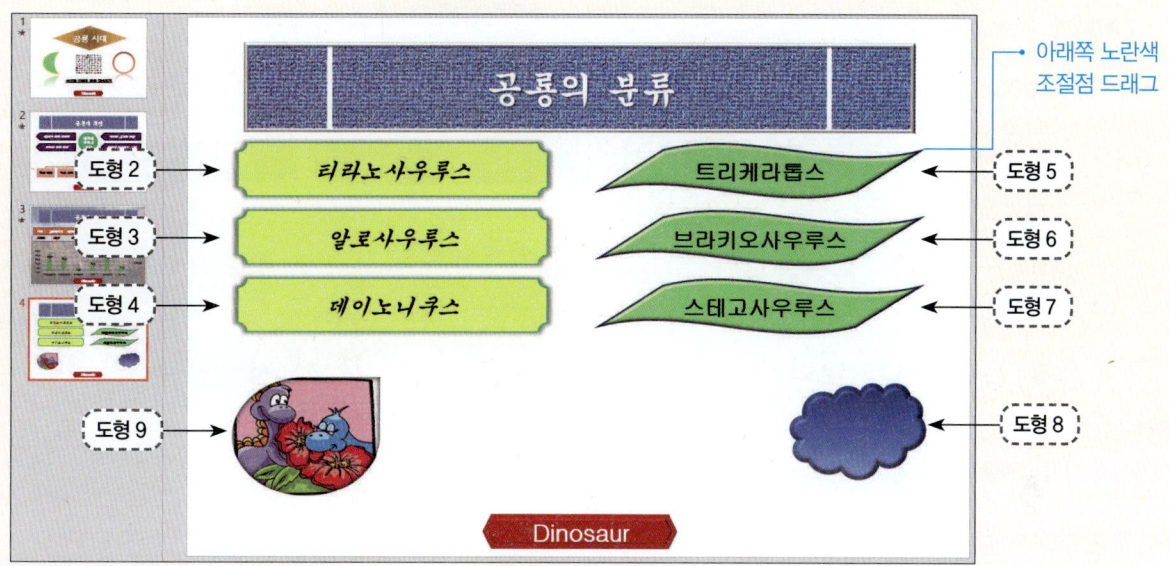

● 작성 조건

▶ 도형 2~4 ⇒ 기본 도형 : 배지, 도형 채우기(노랑), 도형 윤곽선(실선, 색 : 녹색, 너비 : 1.5pt, 겹선 종류 : 단순형), 도형 효과(그림자 – '바깥쪽 – 오프셋 가운데'), 글꼴(궁서, 22pt, 기울임꼴, '검정, 텍스트 1')

▶ 도형 5~7 ⇒ 별 및 현수막 : 물결, 도형 채우기(연한 녹색), 도형 윤곽선(실선, 색 : 진한 파랑, 너비 : 1.5pt, 겹선 종류 : 단순형), 도형 효과(입체 효과 – 둥글게), 글꼴(굴림체, 22pt, 굵게, '검정, 텍스트 1')

▶ 도형 8 ⇒ 기본 도형 : 구름, 도형 채우기(그라데이션 : 미리 설정 – '가운데 그라데이션 – 강조 5', 종류 – 선형, 방향 – 선형 아래쪽), 선 없음, 도형 효과(입체 효과 – 비스듬하게)

▶ 도형 9 ⇒ 기본 도형 : 눈물 방울, 도형 채우기(그림 또는 질감 채우기) 기능을 사용하여 그림 3 삽입, 선 없음, 도형 효과(그림자 – 안쪽 가운데)

[슬라이드 2] 아래의 작성조건 및 출력형태에 알맞게 두 번째 슬라이드에 작업하시오. (50점)

≪출력형태≫

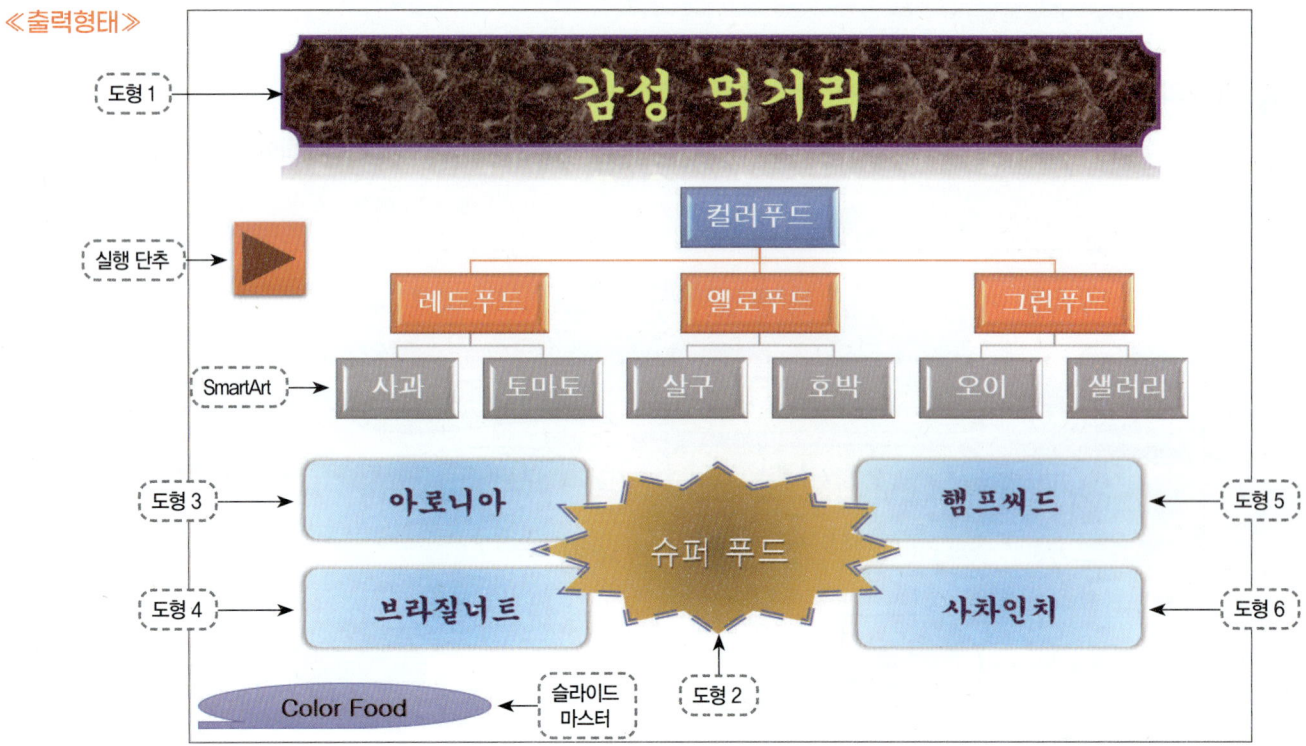

≪작성조건≫

(1) 제목
- ▶ 도형 1 ⇒ 기본 도형 : 배지, 도형 채우기(질감 : 밤색 대리석), 도형 윤곽선(실선, 색 : 자주, 너비 : 3pt, 겹선 종류 : 단순형), 도형 효과(반사 – '근접 반사, 터치', 입체 효과 – 십자형으로), 글꼴(궁서체, 40pt, 굵게, 노랑)

(2) 본문
- ▶ SmartArt 삽입 ⇒ 계층 구조형 : 조직도형, 글꼴(돋움, 20pt, 굵게, 가운데 맞춤), SmartArt 스타일(색 변경 – '색상형 – 강조색', 3차원 – 경사), (반드시 SmartArt 기능을 이용하여 작성할 것)

- ▶ 도형 2 ⇒ 별 및 현수막 : 포인트 12개인 별, 도형 채우기('황금색, 강조 4', 그라데이션 – 가운데에서), 도형 윤곽선(실선, 색 : '파랑, 강조 5', 너비 : 4pt, 겹선 종류 : 이중, 대시 종류 : 파선), 글꼴(돋움, 24pt, 텍스트 그림자)

- ▶ 도형 3~6 ⇒ 순서도 : 대체 처리, 도형 채우기(연한 파랑, 그라데이션 – 가운데에서), 선 없음, 도형 효과(그림자 – '바깥쪽 – 오프셋 가운데'), 글꼴(궁서, 22pt, 굵게, 진한 파랑)

- ▶ 실행 단추 ⇒ 실행 단추 : 앞으로 또는 다음, 하이퍼링크 : 다음 슬라이드, 도형 스타일('강한 효과 – 주황, 강조 2')

- ▶ 애니메이션 지정 ⇒ SmartArt : 나타내기 – 다이아몬드형

- ▶ 지시사항이 없는 부분은 ≪출력형태≫와 동일하게 작성하시오.

[슬라이드4] 본문 도형

02 아래의 작성조건 및 출력 형태에 알맞게 작업하시오.

* 소스 파일 : 없음   * 정답 파일 : 정복12_완성02.pptx

● 출력 형태

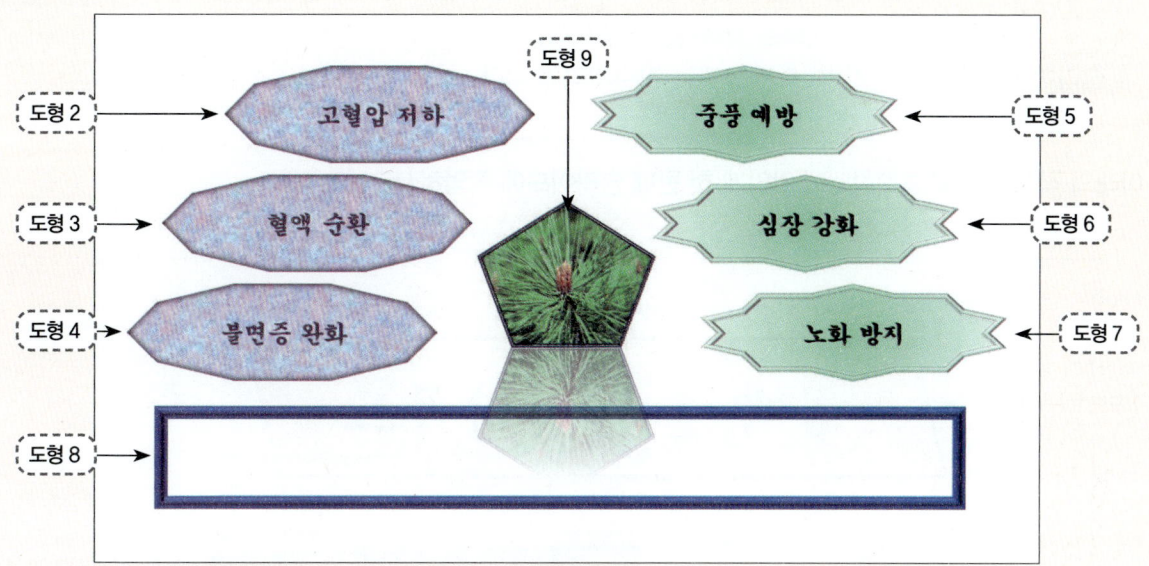

● 작성 조건

▶ 도형 2~4 ⇒ 기본 도형 : 십각형, 도형 채우기(질감 : 꽃다발), 선 없음,
　　　　　　도형 효과(그림자 – 안쪽 가운데), 글꼴(궁서, 20pt, 굵게, '청회색, 텍스트 2')

▶ 도형 5~7 ⇒ 별 및 현수막 : 포인트가 10개인 별, 도형 채우기(녹색, 그라데이션 – 가운데에서),
　　　　　　선 없음, 도형 효과(입체 효과 – 급경사), 글꼴(궁서, 20pt, 굵게, '검정, 텍스트 1')

▶ 도형 8 ⇒ 기본 도형 : 액자, 도형 채우기(파랑), 선 없음, 도형 효과(입체 효과 – 볼록하게)

▶ 도형 9 ⇒ 기본 도형 : 정오각형, 도형 채우기(그림 또는 질감 채우기) 기능을 사용하여 그림 3 삽입,
　　　　　도형 윤곽선(실선, 색 : 진한 파랑, 너비 : 3pt, 겹선 종류 : 이중),
　　　　　도형 효과(반사 – '전체 반사, 터치')

디지털정보활용능력-프리젠테이션[파워포인트] (시험시간 : 40분)

유의사항
- 《작성조건》을 준수하여 반드시 프리젠테이션 슬라이드로 작업합니다.
- 글꼴 및 기타 사항에 대해 별도의 지시사항이 없는 경우, 슬라이드 크기와 전체적인 균형을 고려하여 임의로 작성하되, **도형은 그룹으로 설정하지 않습니다.**
- 모든 슬라이드 크기(A4), 방향(가로), 디자인 테마(Office 테마)로 지정합니다.
  - ▶ 슬라이드 크기, 방향 조정 시 '맞춤 확인'으로 지정하여야 합니다.
- 공통적용사항(슬라이드 마스터)
  - ▶ 도형 ⇒ 순서도 : 순차적 액세스 저장소, 도형 스타일('미세 효과 – 파랑, 강조 5'), 글꼴(굴림, 18pt, 굵게)
- 그림 삽입 시 다운로드 한 그림 파일을 반드시 사용하여야 합니다.
- ☐ ⟶ 은 지시사항이므로 작성하지 않습니다.
- 슬라이드에 제시된 글자 및 숫자 오타는 감점처리 됩니다.

[슬라이드 1] 아래의 작성조건 및 출력형태에 알맞게 첫 번째 슬라이드에 작업하시오. (30점)

《출력형태》

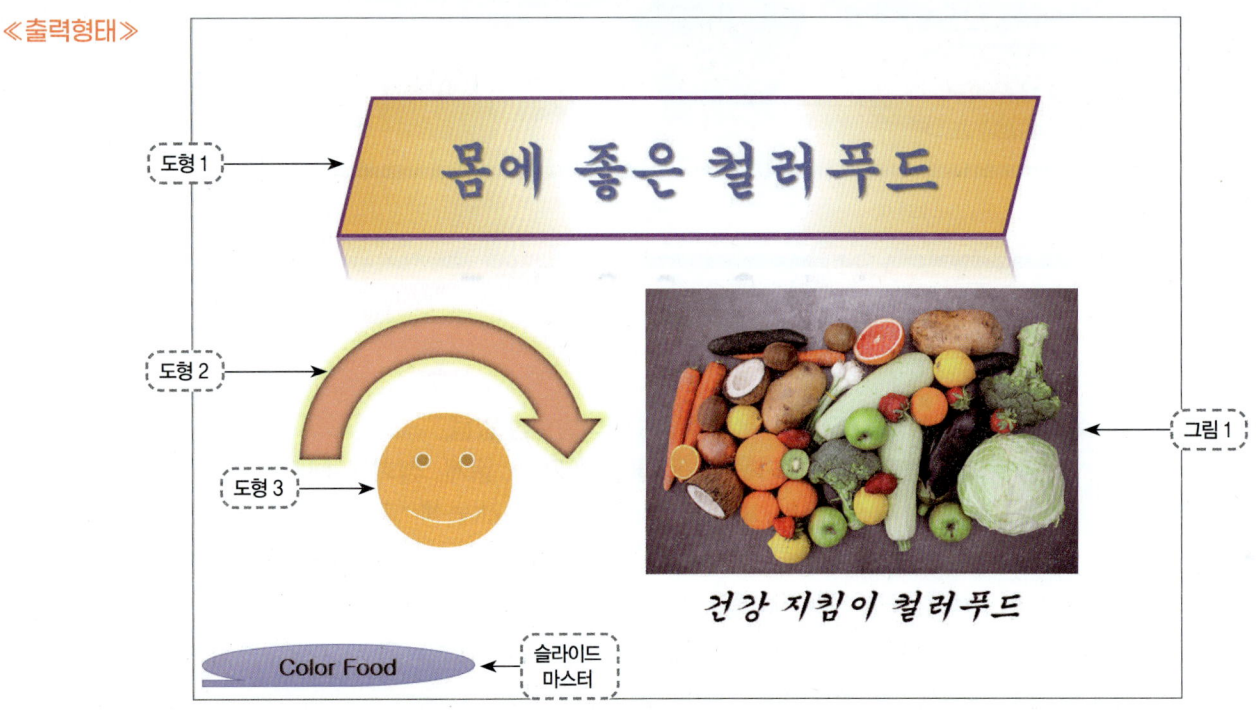

《작성조건》

- ▶ 도형 1 ⇒ 기본 도형 : 평행 사변형, 도형 채우기(그라데이션 : 미리 설정 – '위쪽 스포트라이트 강조 4', 종류 – 방사형, 방향 – 가운데에서), 도형 윤곽선(실선, 색 : 자주, 너비 : 3pt, 겹선 종류 : 단순형), 도형 효과(반사 – '근접 반사, 터치'), 글꼴(궁서, 46pt, 텍스트 그림자, 파랑)
- ▶ 도형 2 ⇒ 블록 화살표 : 원형 화살표, 도형 채우기('주황, 강조 2, 40% 더 밝게'), 선 없음, 도형 효과(그림자 – 안쪽 가운데, 네온 – '황금색, 11 pt 네온, 강조색 4')
- ▶ 도형 3 ⇒ 기본 도형 : 웃는 얼굴, 도형 스타일('밝은 색 1 윤곽선, 색 채우기 – 황금색, 강조 4')
- ▶ 그림 삽입 ⇒ 그림 1 삽입, 크기(높이 : 8cm, 너비 : 12cm)
- ▶ 텍스트 상자(건강 지킴이 컬러푸드) ⇒ 글꼴(궁서, 26pt, 기울임꼴)
- ▶ 애니메이션 지정 ⇒ 도형 1 : 나타내기 – 흩어 뿌리기
- ▶ 지시사항이 없는 부분은 《출력형태》와 동일하게 작성하시오.

출제유형 완전정복
[슬라이드4] 본문 도형

03 아래의 작성조건 및 출력 형태에 알맞게 작업하시오.

* 소스 파일 : 없음 * 정답 파일 : 정복12_완성03.pptx

● 출력 형태

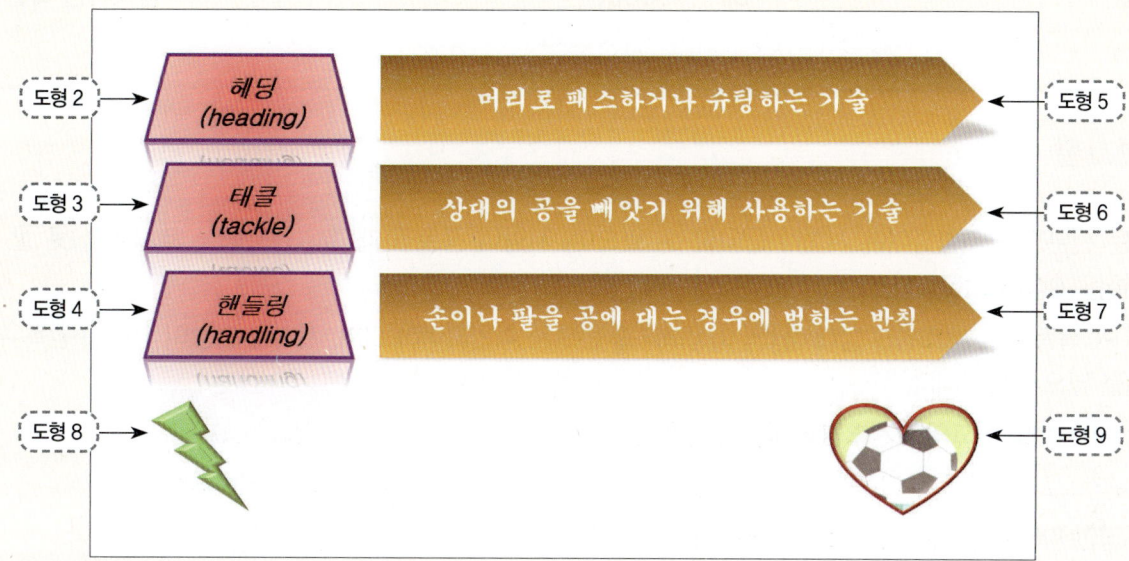

● 작성 조건

▶ 도형 2~4 ⇒ 기본 도형 : 사다리꼴, 도형 채우기(빨강, 그라데이션 – 가운데에서), 도형 윤곽선(실선, 색 : 자주, 너비 : 3pt, 겹선 종류 : 단순형), 도형 효과(반사 – '근접 반사, 터치'), 글꼴(돋움, 20pt, 굵게, 기울임꼴, '검정, 텍스트1')

▶ 도형 5~7 ⇒ 블록 화살표 : 오각형, 도형 채우기(주황, 그라데이션 – 선형 아래쪽), 선 없음, 도형 효과(그림자 – 원근감 대각선 오른쪽 위), 글꼴(궁서, 22pt, 굵게)

▶ 도형 8 ⇒ 기본 도형 : 번개, 도형 채우기(연한 녹색), 선 없음, 도형 효과(입체 효과 – 리블렛)

▶ 도형 9 ⇒ 기본 도형 : 하트, 도형 채우기(그림 또는 질감 채우기) 기능을 사용하여 그림 3 삽입, 도형 윤곽선(실선, 색 : 진한 빨강, 너비 : 3pt, 겹선 종류 : 단순형), 도형 효과(입체 효과 – 부드럽게 둥글리기)

제03회 디지털정보활용능력 출제예상 모의고사

- ☑ 시험과목 : 프리젠테이션(파워포인트)
- ☑ 시험일자 : 20XX. XX. XX. (X)
- ☑ 응시자 기재사항 및 감독위원 확인

MS Office 2016 버전용

수검번호	DIP - XXXX -	감독위원 확인
성 명		

응시자 유의사항

1. 응시자는 신분증을 지참하여야 시험에 응시할 수 있으며, 시험이 종료될 때까지 신분증을 제시하지 못 할 경우 해당 시험은 0점 처리됩니다.
2. 시스템(PC작동여부, 네트워크 상태 등)의 이상여부를 반드시 확인하여야 하며, 시스템 이상이 있을시 감독위원에게 조치를 받으셔야 합니다.
3. 시험 중 부주의 또는 고의로 시스템을 파손한 경우는 응시자 부담으로 합니다.
4. 답안 전송 프로그램을 통해 다운로드 받은 파일을 이용하여 답안 파일을 작성하시기 바랍니다.
5. 작성한 답안 파일은 답안 전송 프로그램을 통하여 전송됩니다. 감독위원의 지시에 따라 주시기 바랍니다.
6. 다음 사항의 경우 실격(0점) 혹은 부정행위 처리됩니다.
   1) 답안 파일을 저장하지 않았거나, 저장한 파일이 손상되었을 경우
   2) 답안 파일을 지정된 폴더(바탕화면 - "KAIT" 폴더)에 저장하지 않았을 경우
      ※ 답안 전송 프로그램 로그인 시 바탕화면에 자동 생성됨
   3) 답안 파일을 다른 보조 기억장치(USB) 혹은 네트워크(메신저, 게시판 등)로 전송할 경우
   4) 휴대용 전화기 등 통신기기를 사용할 경우
7. 슬라이드는 반드시 순서대로 작성해야 하며, 순서가 다를 경우 "0"점 처리 됩니다.
8. 시험지에 제시된 글꼴이 응시 프로그램에 없는 경우, 반드시 감독위원에게 해당 내용을 통보한 뒤 조치를 받아야 합니다.
9. 슬라이드 작성 시 도형의 그룹 설정을 사용하는 경우, 채점에서 감점처리 됩니다.
10. 시험의 완료는 작성이 완료된 답안을 저장하고, 답안 전송이 완료된 상태를 확인한 것으로 합니다. 답안 전송 확인 후 문제지는 감독위원에게 제출한 후 퇴실하여야 합니다.
11. 답안 전송이 완료된 경우에는 수정 또는 정정이 불가능합니다.
12. 시험 시행 후 합격자 발표는 홈페이지(www.ihd.or.kr)에서 확인하시기 바랍니다.
    1) 문제 및 정답 공개 : 20XX. XX. XX. (X)
    2) 합격자 발표 : 20XX. XX. XX. (X)

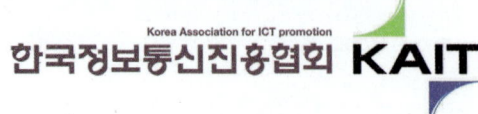

출제유형 13

[슬라이드4] WordArt

- ✅ WordArt 삽입하기
- ✅ WordArt 글꼴 서식 변경하기

문제 미리보기

소스 파일 : 유형13_문제.pptx 정답 파일 : 유형13_완성.pptx

【슬라이드4】 아래의 작성조건 및 출력 형태에 알맞게 네 번째 슬라이드에 작업하시오. (60점)

● 출력 형태

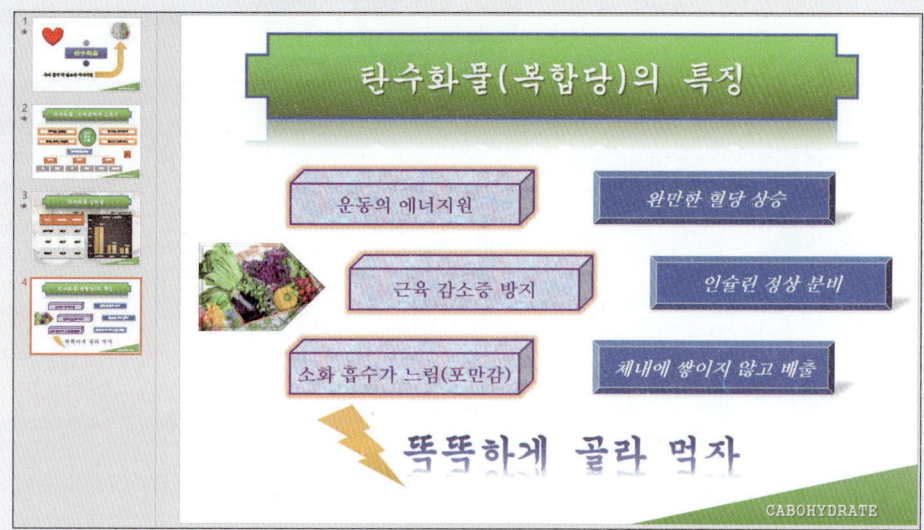

● 작성 조건

(1) 제목

▶ 도형 1 ⇒ 기본 도형 : 십자형, 도형 채우기(연한 녹색, 그라데이션 – 선형 위쪽), 도형 윤곽선(실선, 색 : 파랑, 너비 : 3pt, 겹선 종류 : 단순형), 도형 효과(반사 – '근접 반사, 터치'), 글꼴(궁서체, 36pt, 텍스트 그림자)

(2) 본문

▶ 도형 2~4 ⇒ 기본 도형 : 정육면체, 도형 채우기(질감 : 꽃다발), 도형 윤곽선(실선, 색 : 자주, 너비 : 2pt, 겹선 종류 : 단순형), 도형 효과(네온 – '주황, 8 pt 네온, 강조색 2'), 글꼴(바탕, 20pt, 굵게, 자주)

▶ 도형 5~7 ⇒ 기본 도형 : 빗면, 도형 채우기(파랑), 도형 윤곽선(실선, 색 : '흰색, 배경 1', 너비 : 1pt, 겹선 종류 : 단순형), 도형 효과(그림자 – 원근감 대각선 오른쪽 위), 글꼴(바탕, 20pt, 굵게, 기울임꼴)

▶ 도형 8 ⇒ 기본 도형 : 번개, 도형 스타일('보통 효과 – 황금색, 강조 4')

▶ 도형 9 ⇒ 블록 화살표 : 오각형, 도형 채우기(그림 또는 질감 채우기) 기능을 사용하여 그림 3 삽입, 선 없음, 도형 효과(입체 효과 – 아트 데코)

▶ WordArt 삽입(똑똑하게 골라 먹자) ⇒ WordArt 스타일('그라데이션 채우기 – 파랑, 강조 1, 반사'), 글꼴(궁서체, 40pt, 굵게)

▶ 지시사항이 없는 부분은 《출력 형태》와 동일하게 작성하시오.

※ 출제유형 13은 《작성 조건》 중에서 파란색으로 표시된 내용만 작업합니다.

디지털정보활용능력 – 프리젠테이션[파워포인트] (시험시간 : 40분)

[슬라이드 4] 아래의 작성조건 및 출력형태에 알맞게 네 번째 슬라이드에 작업하시오. (60점)

≪출력형태≫

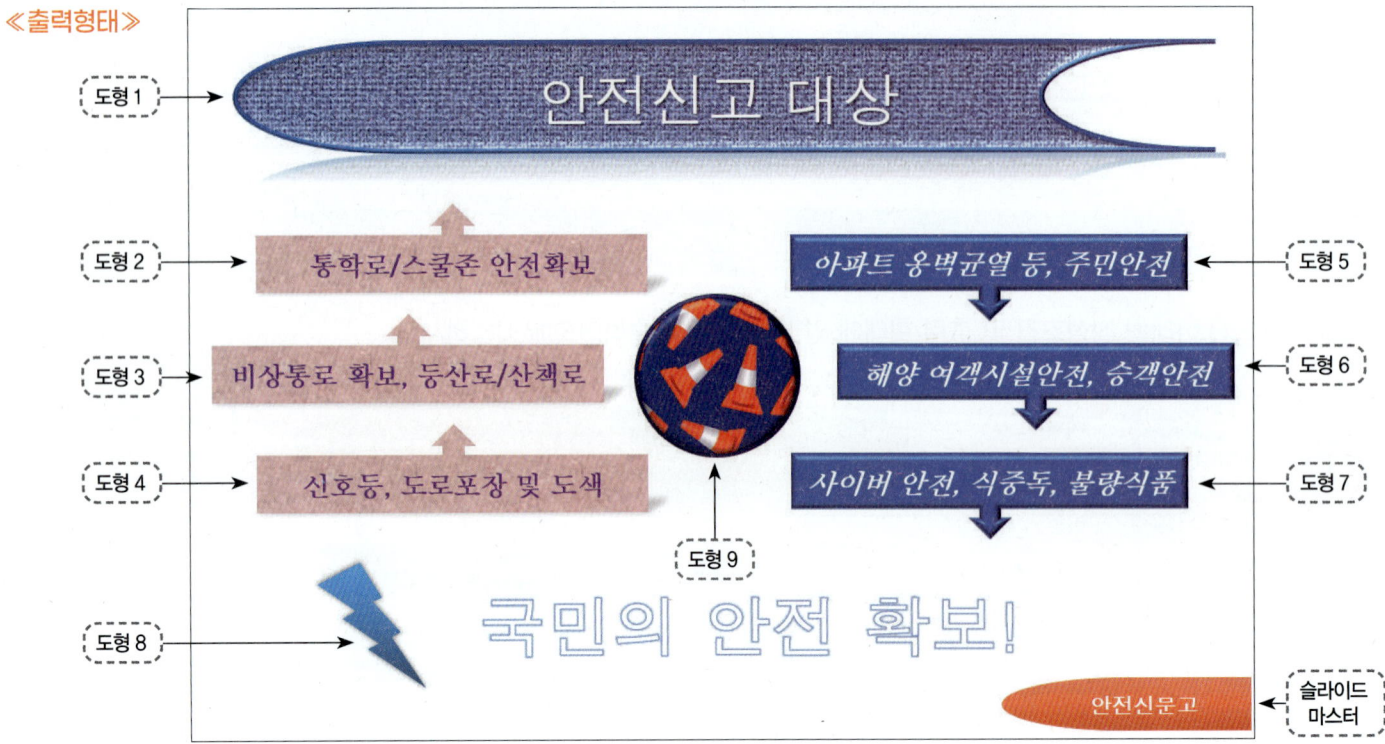

≪작성조건≫

(1) 제목
- 도형 1 ⇒ 순서도 : 저장 데이터, 도형 채우기(질감 : 데님),
  도형 윤곽선(실선, 색 : 파랑, 너비 : 4pt, 겹선 종류 : 단순형),
  도형 효과(반사 – '근접 반사, 터치', 입체 효과 – 부드럽게 둥글리기),
  글꼴(돋움, 42pt, 텍스트 그림자)

(2) 본문
- 도형 2~4 ⇒ 블록 화살표 : 위쪽 화살표 설명선, 도형 채우기(질감 : 분홍 박엽지), 선 없음,
  도형 효과(그림자 – 원근감 대각선 오른쪽 위), 글꼴(바탕, 20pt, 굵게, 자주)
- 도형 5~7 ⇒ 블록 화살표 : 아래쪽 화살표 설명선, 도형 채우기(파랑), 선 없음,
  도형 효과(입체 효과 – 둥글게), 글꼴(바탕, 20pt, 굵게, 기울임꼴)
- 도형 8 ⇒ 기본 도형 : 번개, 도형 채우기(연한 파랑, 그라데이션 – 선형 위쪽), 선 없음,
  도형 효과(그림자 – '바깥쪽 – 오프셋 가운데')
- 도형 9 ⇒ 기본 도형 : 타원, 도형 채우기(그림 또는 질감 채우기) 기능을 사용하여 그림 3 삽입,
  도형 윤곽선(실선, 색 : 진한 파랑, 너비 : 3pt, 겹선 종류 : 단순형),
  도형 효과(입체 효과 – 아트 데코)
- WordArt 삽입(국민의 안전 확보!) ⇒ WordArt 스타일('채우기 – 흰색, 윤곽선 – 강조 1, 네온 – 강조 1'),
  글꼴(돋움, 50pt, 굵게)
- 지시사항이 없는 부분은 ≪출력형태≫와 동일하게 작성하시오.

01 WordArt 작성하기

① 네 번째 슬라이드를 선택한 후 [삽입] 탭의 [텍스트] 그룹에서 [WordArt 삽입(가)]-그라데이션 채우기
– 파랑, 강조 1, 반사(A)를 클릭합니다.

② '필요한 내용을 적으십시오.'라는 문구가 블록으로 지정된 상태로 나오면 똑똑하게 골라 먹자를
입력한 후 Esc 키를 누릅니다.

※ WordArt를 삽입한 후 바로 내용을 입력하면 기본 내용('필요한 내용을 적으십시오')이 삭제되면서 새롭게 입력됩니다. 만약 블록 지정이 해제되었을 경우 워드아트 안쪽의 내용을 드래그 하여 블록으로 지정한 후 새롭게 내용을 입력합니다.

디지털정보활용능력 - 프리젠테이션[파워포인트] (시험시간 : 40분)

[슬라이드 3] 아래의 작성조건 및 출력형태에 알맞게 세 번째 슬라이드에 작업하시오. (60점)

≪출력형태≫

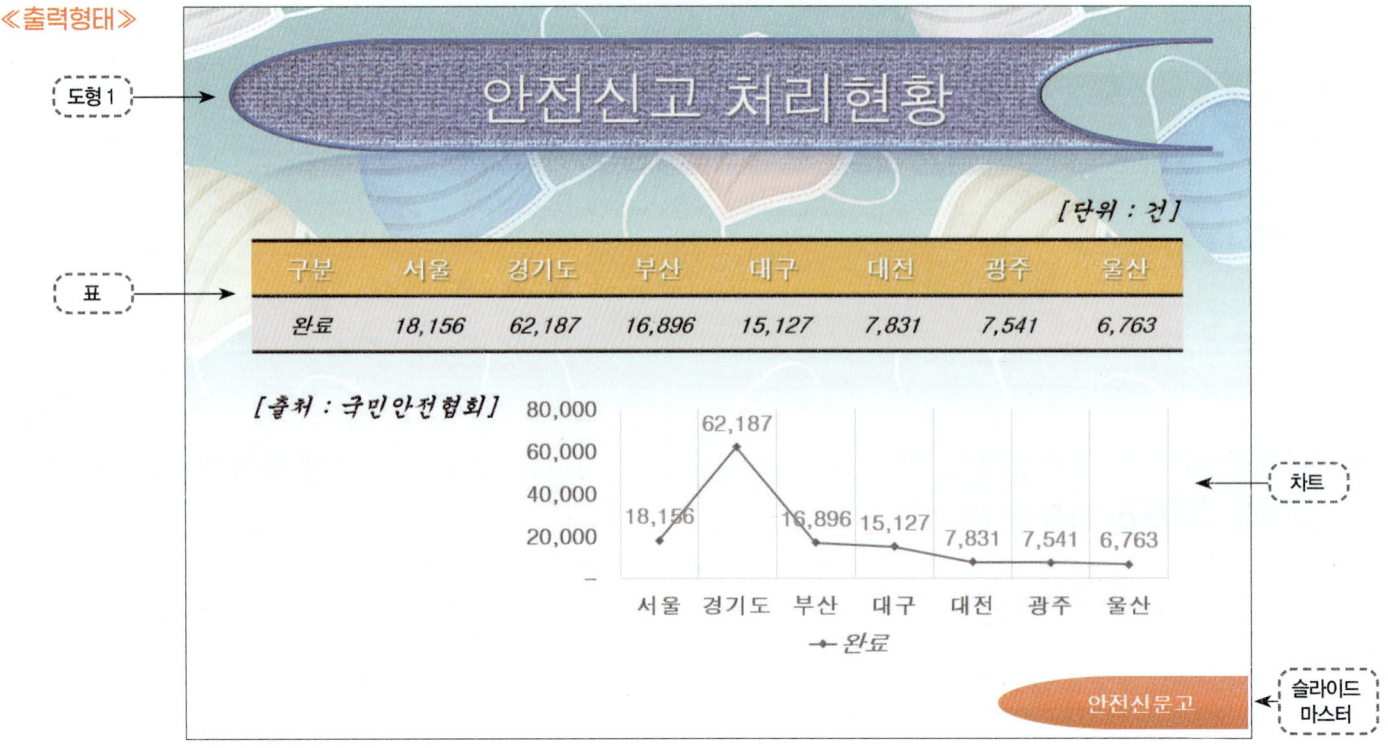

≪작성조건≫

(1) 제목
- ▶ 도형 1 ⇒ 순서도 : 저장 데이터, 도형 채우기(질감 : 데님),
  도형 윤곽선(실선, 색 : 파랑, 너비 : 4pt, 겹선 종류 : 단순형),
  도형 효과(반사 - '근접 반사, 터치', 입체 효과 - 부드럽게 둥글리기),
  글꼴(돋움, 42pt, 텍스트 그림자)

(2) 본문 (※ 차트 작성은 반드시 '차트삽입 → 데이터입력 → 차트스타일' 순으로 작성바랍니다.)
- ▶ 텍스트 상자 1([단위 : 건]) ⇒ 글꼴(궁서, 18pt, 기울임꼴)
- ▶ 표 ⇒ 표 스타일(보통 스타일 3 - 강조 4),
  가장 위의 행 : 글꼴(돋움, 18pt, 굵게, 텍스트 그림자, 가운데 맞춤),
  나머지 행 : 글꼴(돋움, 16pt, 굵게, 기울임꼴, 가운데 맞춤)
- ▶ 텍스트 상자 2([출처 : 국민안전협회]) ⇒ 글꼴(궁서, 18pt, 기울임꼴)
- ▶ 차트 ⇒ 꺾은선형 : 표식이 있는 꺾은선형, 차트 스타일(색 변경 - '단색형 - 색 11', 스타일 13),
  축 서식/데이터 레이블 서식 : 글꼴(돋움, 16pt, 굵게),
  범례 서식 : 글꼴(돋움, 18pt, 굵게, 기울임꼴), 데이터는 표 참고(천단위 표시 기입)
- ▶ 배경 ⇒ 배경 서식(채우기 - 그림 또는 질감 채우기)에서 그림 2 삽입(현재 슬라이드만 적용)
- ▶ 애니메이션 지정 ⇒ 차트 : 나타내기 - 흩어 뿌리기
- ▶ 지시사항이 없는 부분은 ≪출력형태≫와 동일하게 작성하시오.

③ WordArt의 테두리를 드래그 하여 ≪출력 형태≫와 같이 위치를 변경합니다.
   ※ 도형과 겹쳐서 작업이 불편할 수 있기 때문에 미리 위치를 변경한 후 작업합니다.

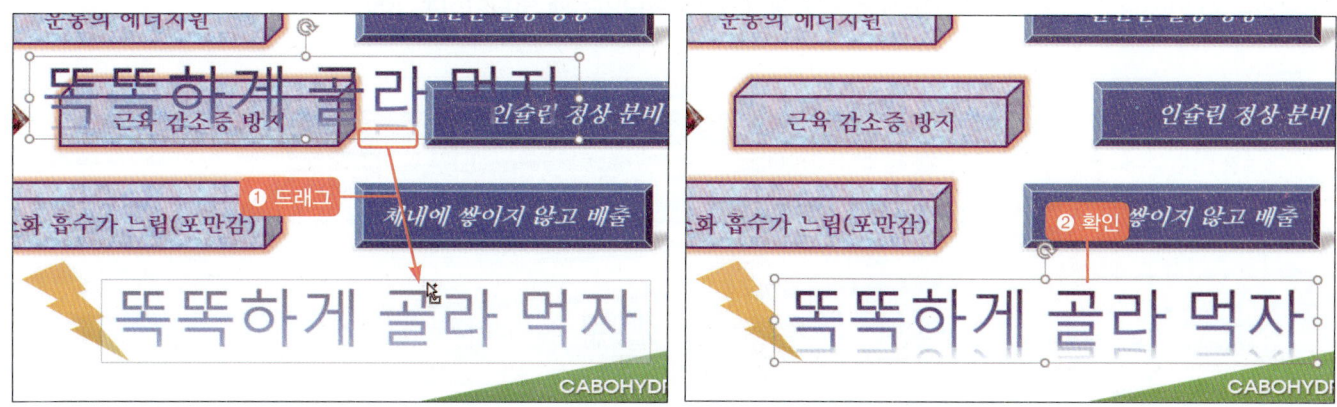

④ 글꼴 서식을 변경하기 위해 [홈] 탭의 [글꼴] 그룹에서 글꼴(궁서체), 글꼴 크기(40pt), 굵게(가)를 지정합니다.

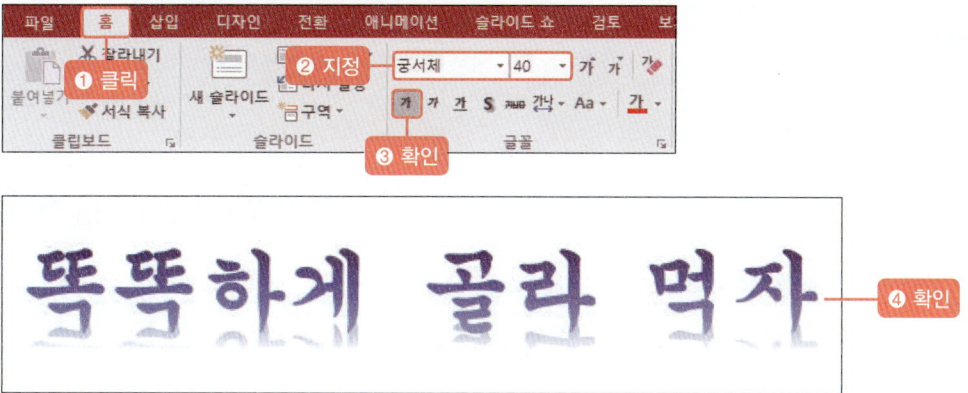

⑤ 글꼴 서식이 변경되었으면 WordArt의 테두리를 드래그 하여 ≪출력 형태≫와 같이 위치를 변경합니다. ※ WordArt의 위치 변경은 ≪출력 형태≫를 참고하여 작업합니다.

⑥ 모든 작업이 완료되면 파일을 저장합니다.

디지털정보활용능력 – 프리젠테이션[파워포인트] (시험시간 : 40분)

[슬라이드 2] 아래의 작성조건 및 출력형태에 알맞게 두 번째 슬라이드에 작업하시오. (50점)

≪출력형태≫

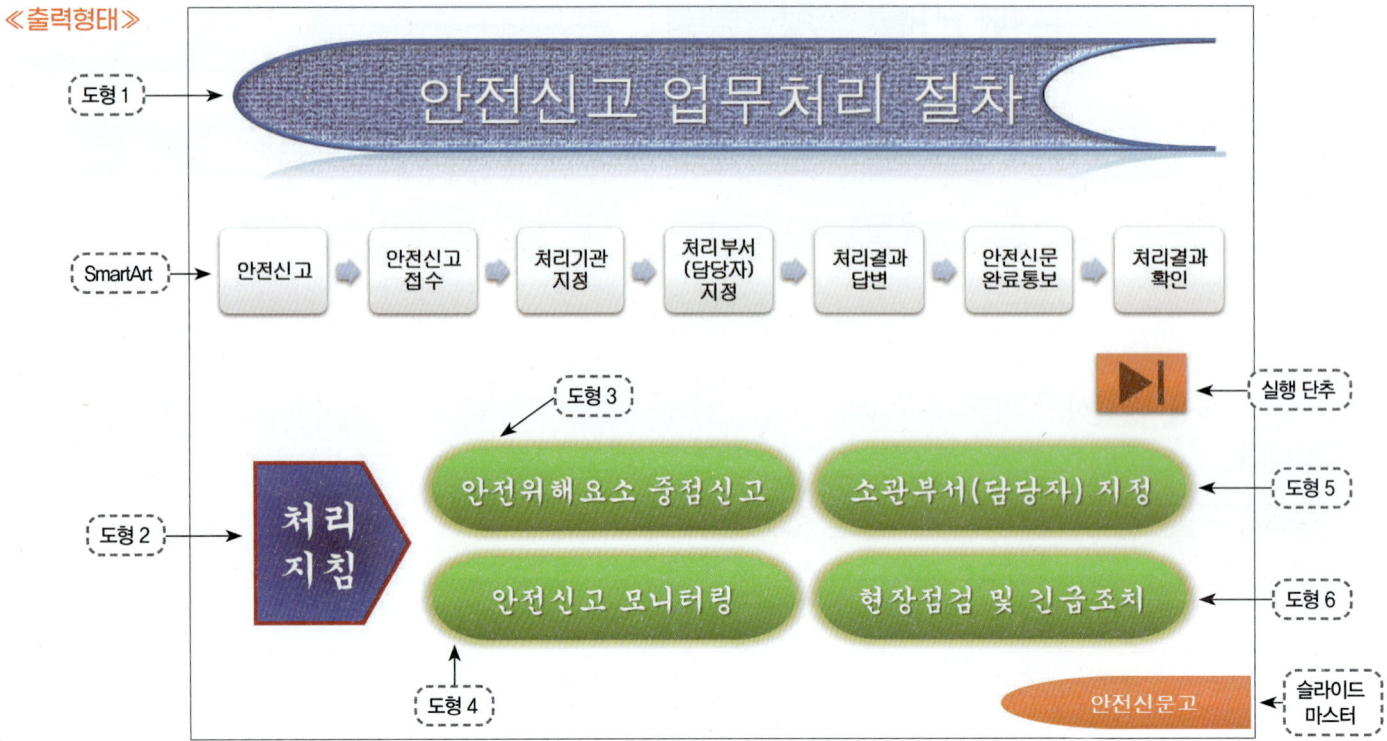

≪작성조건≫

(1) 제목
  ▶ 도형 1 ⇒ 순서도 : 저장 데이터, 도형 채우기(질감 : 데님),
           도형 윤곽선(실선, 색 : 파랑, 너비 : 4pt, 겹선 종류 : 단순형),
           도형 효과(반사 – '근접 반사, 터치', 입체 효과 – 부드럽게 둥글리기),
           글꼴(돋움, 42pt, 텍스트 그림자)

(2) 본문
  ▶ SmartArt 삽입 ⇒ 프로세스형 : 기본 프로세스형, 글꼴(굴림, 14pt, 굵게, 가운데 맞춤),
              SmartArt 스타일(색 변경 – '색 윤곽 – 강조 1', 강한 효과),
              (반드시 SmartArt 기능을 이용하여 작성할 것)
  ▶ 도형 2 ⇒ 블록 화살표 : 오각형, 도형 채우기('파랑, 강조 5', 그라데이션 – 가운데에서),
           도형 윤곽선(실선, 색 : 진한 빨강, 너비 : 2.5pt, 겹선 종류 : 단순형),
           글꼴(궁서, 30pt)
  ▶ 도형 3~6 ⇒ 순서도 : 수행의 시작/종료, 도형 채우기(연한 녹색, 그라데이션 – 선형 위쪽), 선 없음,
              도형 효과(그림자 – '바깥쪽 – 오프셋 가운데', 네온 – '황금색, 8 pt, 네온, 강조색 4'),
              글꼴(궁서, 22pt, 텍스트 그림자)
  ▶ 실행 단추 ⇒ 실행 단추 : 끝, 하이퍼링크 : 마지막 슬라이드, 도형 스타일('강한 효과 – 주황, 강조 2')
  ▶ 애니메이션 지정 ⇒ SmartArt : 나타내기 – 블라인드
  ▶ 지시사항이 없는 부분은 ≪출력형태≫와 동일하게 작성하시오.

[슬라이드4] WordArt

01 아래의 작성조건 및 출력 형태에 알맞게 작업하시오.

* 소스 파일 : 정복13_문제01.pptx   * 정답 파일 : 정복13_완성01.pptx

● 출력 형태

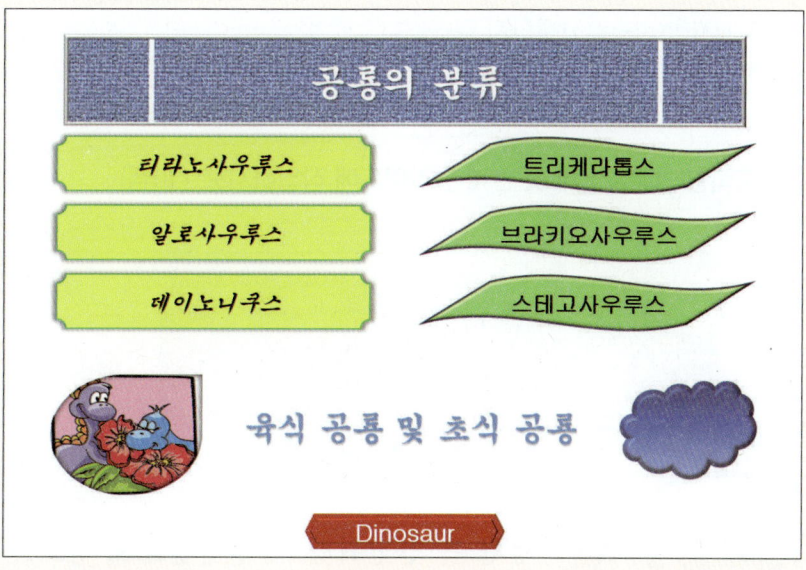

● 작성 조건

▶ WordArt 삽입(육식 공룡 및 초식 공룡) ⇒ WordArt 스타일(채우기 – '파랑, 강조 1, 그림자'),
　　[삽입]-[텍스트]-[WordArt 삽입]
　　글꼴(궁서, 32pt, 굵게, 텍스트 그림자)

02 아래의 작성조건 및 출력 형태에 알맞게 작업하시오.

* 소스 파일 : 없음   * 정답 파일 : 정복13_완성02.pptx

● 출력 형태

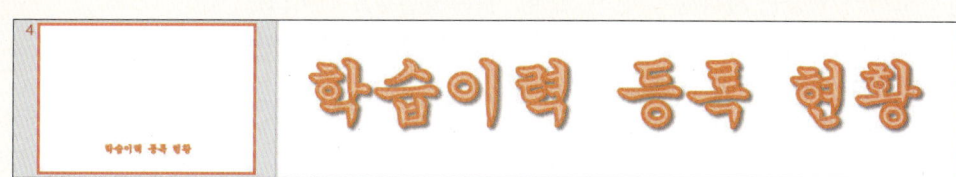

● 작성 조건

▶ WordArt 삽입(학습이력 등록 현황) ⇒ WordArt 스타일(채우기 – '주황, 강조 2, 윤곽선 – 강조 2'),
　　글꼴(궁서체, 36pt, 굵게, 텍스트 그림자)

디지털정보활용능력-프리젠테이션[파워포인트] (시험시간 : 40분)

유의사항
- 《작성조건》을 준수하여 반드시 프리젠테이션 슬라이드로 작업합니다.
- 글꼴 및 기타 사항에 대해 별도의 지시사항이 없는 경우, 슬라이드 크기와 전체적인 균형을 고려하여 임의로 작성하되, **도형은 그룹으로 설정하지 않습니다.**
- 모든 슬라이드 크기(A4), 방향(가로), 디자인 테마(Office 테마)로 지정합니다.
  ▶ 슬라이드 크기, 방향 조정 시 '맞춤 확인'으로 지정하여야 합니다.
- 공통적용사항(슬라이드 마스터)
  ▶ 도형 ⇒ 순서도 : 지연, 도형 스타일('보통 효과 – 주황, 강조 2'), 글꼴(돋움, 16pt, 굵게)
- 그림 삽입 시 다운로드 한 그림 파일을 반드시 사용하여야 합니다.
- ⬚⟶ 은 지시사항이므로 작성하지 않습니다.
- 슬라이드에 제시된 글자 및 숫자 오타는 감점처리 됩니다.

[슬라이드 1] 아래의 작성조건 및 출력형태에 알맞게 첫 번째 슬라이드에 작업하시오. (30점)

《출력형태》

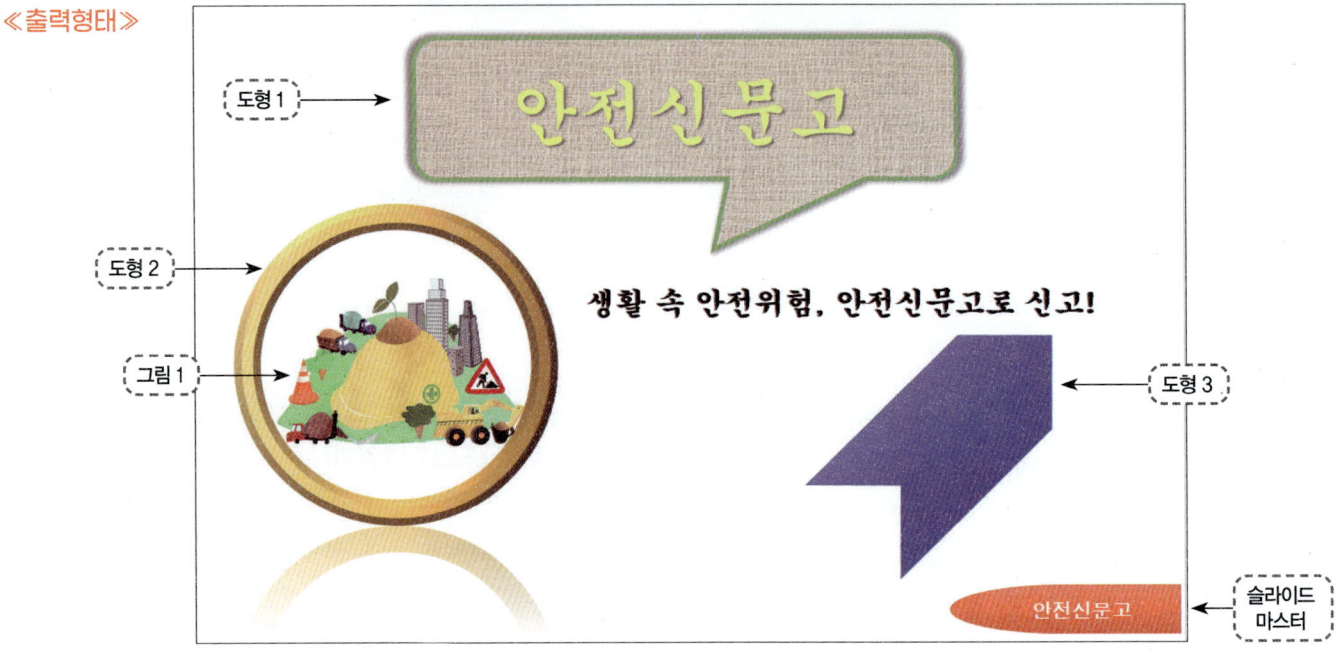

《작성조건》

▶ 도형 1 ⇒ 설명선 : 모서리가 둥근 사각형 설명선, 도형 채우기(질감 : 캔버스),
　　　　　도형 윤곽선(실선, 색 : '녹색, 강조 6', 너비 : 3.5pt, 겹선 종류 : 단순형),
　　　　　도형 효과(그림자 – '바깥쪽 – 오프셋 가운데'),
　　　　　글꼴(궁서, 55pt, 텍스트 그림자, 노랑)
▶ 도형 2 ⇒ 기본 도형 : 도넛, 도형 채우기(그라데이션 : 미리 설정 – '가운데 그라데이션 – 강조 4',
　　　　　종류 – 선형, 방향 – 선형 왼쪽), 선 없음,
　　　　　도형 효과(반사 – '근접 반사, 터치', 입체 효과 – 각지게)
▶ 도형 3 ⇒ 블록 화살표 : 갈매기형 수장, 도형 스타일('보통 효과 – 파랑, 강조 5')
▶ 그림 삽입 ⇒ 그림 1 삽입, 크기(높이 : 6cm, 너비 : 8cm)
▶ 텍스트 상자(생활 속 안전위험, 안전신문고로 신고!) ⇒ 글꼴(궁서, 24pt, 굵게)
▶ 애니메이션 지정 ⇒ 도형 1 : 나타내기 – 바둑판 무늬
▶ 지시사항이 없는 부분은 《출력형태》와 동일하게 작성하시오.

[슬라이드4] WordArt

03 아래의 작성조건 및 출력 형태에 알맞게 작업하시오.

* 소스 파일 : 없음　　* 정답 파일 : 정복13_완성03.pptx

● 출력 형태　

● 작성 조건

▶ WordArt 삽입(아이들의 잠재력을 응원합니다.) ⇒ WordArt 스타일(채우기 – '황금색, 강조 4, 부드러운 입체'), 글꼴(굴림, 40pt, 굵게, 텍스트 그림자)

04 아래의 작성조건 및 출력 형태에 알맞게 작업하시오.

* 소스 파일 : 없음　　* 정답 파일 : 정복13_완성04.pptx

● 출력 형태　

● 작성 조건

▶ WordArt 삽입(창의 융합형 인재 만들기)
⇒ WordArt 스타일(그라데이션 채우기 – '회색'), 글꼴(바탕체, 36pt, 굵게, 기울임꼴, 텍스트 그림자)

05 아래의 작성조건 및 출력 형태에 알맞게 작업하시오.

* 소스 파일 : 없음　　* 정답 파일 : 정복13_완성05.pptx

● 출력 형태　

● 작성 조건

▶ WordArt 삽입(폭력과 학대 없는 가정 만들기)
⇒ WordArt 스타일(무늬 채우기 – '파랑, 강조 1, 50%, 진한 그림자 – 강조 1'), 글꼴(궁서, 36pt, 굵게, 밑줄, 텍스트 그림자)

제02회 디지털정보활용능력 출제예상 모의고사

- ☑ 시험과목 : 프리젠테이션(파워포인트)
- ☑ 시험일자 : 20XX. XX. XX. (X)
- ☑ 응시자 기재사항 및 감독위원 확인

MS Office 2016 버전용

수검번호	DIP - XXXX -	감독위원 확인
성 명		

응시자 유의사항

1. 응시자는 신분증을 지참하여야 시험에 응시할 수 있으며, 시험이 종료될 때까지 신분증을 제시하지 못 할 경우 해당 시험은 0점 처리됩니다.
2. 시스템(PC작동여부, 네트워크 상태 등)의 이상여부를 반드시 확인하여야 하며, 시스템 이상이 있을시 감독위원에게 조치를 받으셔야 합니다.
3. 시험 중 부주의 또는 고의로 시스템을 파손한 경우는 응시자 부담으로 합니다.
4. 답안 전송 프로그램을 통해 다운로드 받은 파일을 이용하여 답안 파일을 작성하시기 바랍니다.
5. 작성한 답안 파일은 답안 전송 프로그램을 통하여 전송됩니다. 감독위원의 지시에 따라 주시기 바랍니다.
6. 다음 사항의 경우 실격(0점) 혹은 부정행위 처리됩니다.
    1) 답안 파일을 저장하지 않았거나, 저장한 파일이 손상되었을 경우
    2) 답안 파일을 지정된 폴더(바탕화면 – "KAIT" 폴더)에 저장하지 않았을 경우
        ※ 답안 전송 프로그램 로그인 시 바탕화면에 자동 생성됨
    3) 답안 파일을 다른 보조 기억장치(USB) 혹은 네트워크(메신저, 게시판 등)로 전송할 경우
    4) 휴대용 전화기 등 통신기기를 사용할 경우
7. 슬라이드는 반드시 순서대로 작성해야 하며, 순서가 다를 경우 "0"점 처리 됩니다.
8. 시험지에 제시된 글꼴이 응시 프로그램에 없는 경우, 반드시 감독위원에게 해당 내용을 통보한 뒤 조치를 받아야 합니다.
9. 슬라이드 작성 시 도형의 그룹 설정을 사용하는 경우, 채점에서 감점처리 됩니다.
10. 시험의 완료는 작성이 완료된 답안을 저장하고, 답안 전송이 완료된 상태를 확인한 것으로 합니다. 답안 전송 확인 후 문제지는 감독위원에게 제출한 후 퇴실하여야 합니다.
11. 답안 전송이 완료된 경우에는 수정 또는 정정이 불가능합니다.
12. 시험 시행 후 합격자 발표는 홈페이지(www.ihd.or.kr)에서 확인하시기 바랍니다.
    1) 문제 및 정답 공개 : 20XX. XX. XX. (X)
    2) 합격자 발표 : 20XX. XX. XX. (X)

[슬라이드4] WordArt

06 아래의 작성조건 및 출력 형태에 알맞게 작업하시오.

* 소스 파일 : 없음   * 정답 파일 : 정복13_완성06.pptx

● 출력 형태

● 작성 조건

▶ WordArt 삽입("인공지능 소프트웨어, 결실을 맺다")
⇒ WordArt 스타일(그라데이션 채우기 – '파랑, 강조 1, 반사'), 글꼴(돋움, 30pt, 굵게)

07 아래의 작성조건 및 출력 형태에 알맞게 작업하시오.

* 소스 파일 : 없음   * 정답 파일 : 정복13_완성07.pptx

● 출력 형태

● 작성 조건

▶ WordArt 삽입(건강하게 즐기는 실내 스포츠)
⇒ WordArt 스타일(채우기 – '흰색, 윤곽선 – 강조 2, 진한 그림자 – 강조 2'),
글꼴(궁서, 38pt, 굵게, 텍스트 그림자)

08 아래의 작성조건 및 출력 형태에 알맞게 작업하시오.

* 소스 파일 : 없음   * 정답 파일 : 정복13_완성08.pptx

● 출력 형태

● 작성 조건

▶ WordArt 삽입(원두의 탄생, 로스팅의 단계별 특징)
⇒ WordArt 스타일(무늬 채우기 – '청회색, 텍스트 2, 어두운 상향 대각선, 진한 그림자 – 텍스트 2'),
글꼴(궁서, 36pt, 굵게, 텍스트 그림자)

[슬라이드 4] 아래의 작성조건 및 출력형태에 알맞게 네 번째 슬라이드에 작업하시오. (60점)

≪출력형태≫

≪작성조건≫

(1) 제목
- 도형 1 ⇒ 기본 도형 : 사다리꼴, 도형 채우기(질감 : 녹색 대리석), 선 없음,
  도형 효과(반사 – '1/2 반사, 터치', 입체 효과 – 부드럽게 둥글리기),
  글꼴(궁서, 34pt, 텍스트 그림자)

(2) 본문
- 도형 2~4 ⇒ 블록 화살표 : 갈매기형 수장, 도형 스타일('미세 효과 – 황금색, 강조 4'),
  글꼴(궁서, 20pt, 굵게)
- 도형 5~7 ⇒ 별 및 현수막 : 이중 물결, 도형 채우기(자주, 그라데이션 – 가운데에서),
  선 없음, 도형 효과(입체 효과 – 부드럽게 둥글리기),
  글꼴(궁서, 20pt, 굵게, 노랑)
- 도형 8 ⇒ 기본 도형 : L 도형, 도형 채우기(질감 : 흰색 대리석),
  도형 윤곽선(실선, 색 : 파랑, 너비 : 3pt, 겹선 종류 : 단순형, 대시 종류 : 파선)
- 도형 9 ⇒ 별 및 현수막 : 포인트가 6개인 별, 도형 채우기(그림 또는 질감 채우기) 기능을 사용하여 그림 3 삽입,
  선 없음, 도형 효과(그림자 – '바깥쪽 – 오프셋 대각선 오른쪽 아래')
- WordArt 삽입(캠핑장 이용 준수사항 확인)
  ⇒ WordArt 스타일('그라데이션 채우기 – 파랑, 강조 1, 반사'), 글꼴(궁서, 24pt, 굵게)
- 지시사항이 없는 부분은 ≪출력형태≫와 동일하게 작성하시오.

MEMO

DIAT

디지털정보활용능력 – 프리젠테이션[파워포인트] (시험시간 : 40분)

[슬라이드 3] 아래의 작성조건 및 출력형태에 알맞게 세 번째 슬라이드에 작업하시오. (60점)

≪출력형태≫

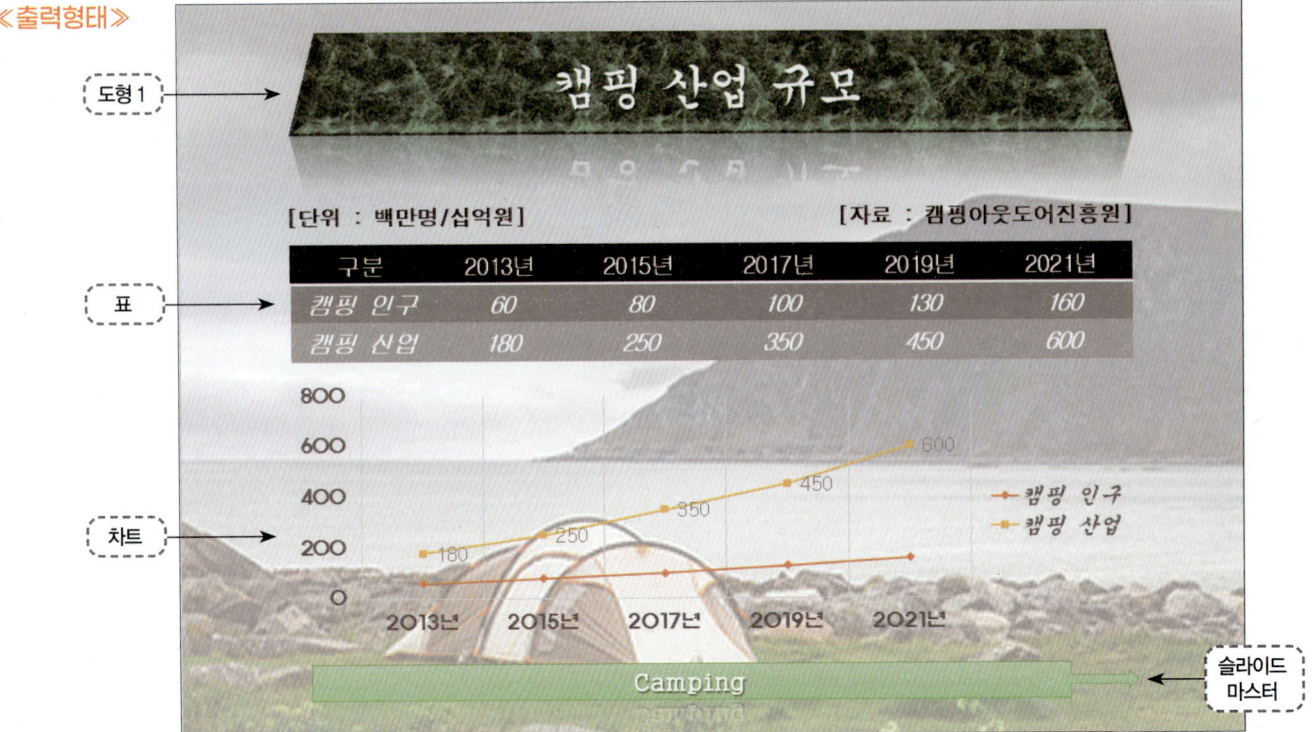

≪작성조건≫

(1) 제목
  ▶ 도형 1 ⇒ 기본 도형 : 사다리꼴, 도형 채우기(질감 : 녹색 대리석), 선 없음,
              도형 효과(반사 – '1/2 반사, 터치', 입체 효과 – 부드럽게 둥글리기),
              글꼴(궁서, 34pt, 텍스트 그림자)

(2) 본문 (※ 차트 작성은 반드시 '차트삽입 → 데이터입력 → 차트스타일' 순으로 작성바랍니다.)
  ▶ 텍스트 상자 1([단위 : 백만명/십억원]) ⇒ 글꼴(돋움체, 16pt, 굵게)
  ▶ 표 ⇒ 표 스타일(어두운 스타일 1 – 강조 3),
          가장 위의 행 : 글꼴(굴림체, 18pt, 굵게, 텍스트 그림자, 가운데 맞춤),
          나머지 행 : 글꼴(굴림체, 18pt, 굵게, 기울임꼴, 가운데 맞춤)
  ▶ 텍스트 상자 2([자료 : 캠핑아웃도어진흥원]) ⇒ 글꼴(돋움체, 16pt, 굵게)
  ▶ 차트 ⇒ 꺾은선형 : 표식이 있는 꺾은선형,
            차트 스타일(색 변경 – '색상형 – 색 3', 스타일 11),
            축 서식/데이터 레이블 서식 : 글꼴(돋움, 14pt),
            범례 서식 : 글꼴(궁서체, 16pt, 기울임꼴), 데이터는 표 참고
  ▶ 배경 ⇒ 배경 서식(채우기 – 그림 또는 질감 채우기)에서 그림 2 삽입(현재 슬라이드만 적용)
  ▶ 애니메이션 지정 ⇒ 차트 : 나타내기 – 바둑판 무늬
  ▶ 지시사항이 없는 부분은 ≪출력형태≫와 동일하게 작성하시오.

PART 03

출제예상 모의고사

디지털정보활용능력 - 프리젠테이션[파워포인트] (시험시간 : 40분)

[슬라이드 2] 아래의 작성조건 및 출력형태에 알맞게 두 번째 슬라이드에 작업하시오. (50점)

≪출력형태≫

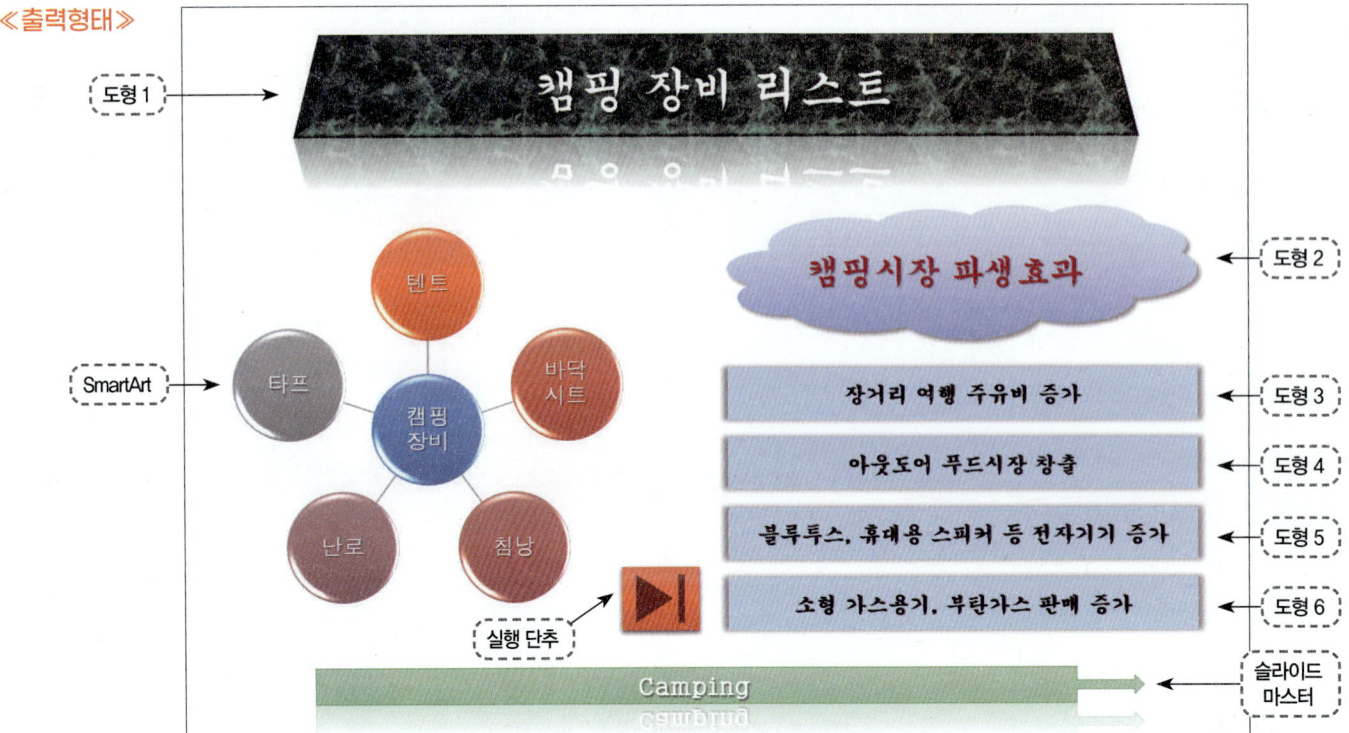

≪작성조건≫

(1) 제목
  ▶ 도형 1 ⇒ 기본 도형 : 사다리꼴, 도형 채우기(질감 : 녹색 대리석), 선 없음,
       도형 효과(반사 – '1/2 반사, 터치', 입체 효과 – 부드럽게 둥글리기),
       글꼴(궁서, 34pt, 텍스트 그림자)

(2) 본문
  ▶ SmartArt 삽입 ⇒ 주기형 : 기본 방사형, 글꼴(돋움, 16pt, 텍스트 그림자, 가운데 맞춤),
       SmartArt 스타일(색 변경 – '색상형 범위 – 강조색 2 또는 3', 3차원 – 광택 처리),
       (반드시 SmartArt 기능을 이용하여 작성할 것)
  ▶ 도형 2 ⇒ 기본 도형 : 구름, 도형 채우기(파랑, 그라데이션 – 선형 위쪽), 선 없음,
       도형 효과(그림자 – '바깥쪽 – 오프셋 대각선 오른쪽 아래'),
       글꼴(궁서, 24pt, 텍스트 그림자, 진한 빨강)
  ▶ 도형 3~6 ⇒ 사각형 : 직사각형, 도형 채우기('파랑, 강조 1, 60% 더 밝게'), 선 없음,
       도형 효과(그림자 – '바깥쪽 – 오프셋 가운데'),
       글꼴(궁서, 16pt, 굵게, '검정, 텍스트 1')
  ▶ 실행 단추 ⇒ 실행 단추 : 끝, 하이퍼링크 : 마지막 슬라이드, 도형 스타일('강한 효과 – 주황, 강조 2')
  ▶ 애니메이션 지정 ⇒ SmartArt : 나타내기 – 올라오기
  ▶ 지시사항이 없는 부분은 ≪출력형태≫와 동일하게 작성하시오.

제 01 회 디지털정보활용능력 출제예상 모의고사

- ☑ 시험과목 : 프리젠테이션(파워포인트)
- ☑ 시험일자 : 20XX. XX. XX. (X)
- ☑ 응시자 기재사항 및 감독위원 확인

MS Office 2016 버전용

수검번호	DIP - XXXX -	감독위원 확인
성 명		

응시자 유의사항

1. 응시자는 신분증을 지참하여야 시험에 응시할 수 있으며, 시험이 종료될 때까지 신분증을 제시하지 못 할 경우 해당 시험은 0점 처리됩니다.
2. 시스템(PC작동여부, 네트워크 상태 등)의 이상여부를 반드시 확인하여야 하며, 시스템 이상이 있을시 감독위원에게 조치를 받으셔야 합니다.
3. 시험 중 부주의 또는 고의로 시스템을 파손한 경우는 응시자 부담으로 합니다.
4. 답안 전송 프로그램을 통해 다운로드 받은 파일을 이용하여 답안 파일을 작성하시기 바랍니다.
5. 작성한 답안 파일은 답안 전송 프로그램을 통하여 전송됩니다. 감독위원의 지시에 따라 주시기 바랍니다.
6. 다음 사항의 경우 실격(0점) 혹은 부정행위 처리됩니다.
   1) 답안 파일을 저장하지 않았거나, 저장한 파일이 손상되었을 경우
   2) 답안 파일을 지정된 폴더(바탕화면 - "KAIT" 폴더)에 저장하지 않았을 경우
      ※ 답안 전송 프로그램 로그인 시 바탕화면에 자동 생성됨
   3) 답안 파일을 다른 보조 기억장치(USB) 혹은 네트워크(메신저, 게시판 등)로 전송할 경우
   4) 휴대용 전화기 등 통신기기를 사용할 경우
7. 슬라이드는 반드시 순서대로 작성해야 하며, 순서가 다를 경우 "0"점 처리 됩니다.
8. 시험지에 제시된 글꼴이 응시 프로그램에 없는 경우, 반드시 감독위원에게 해당 내용을 통보한 뒤 조치를 받아야 합니다.
9. 슬라이드 작성 시 도형의 그룹 설정을 사용하는 경우, 채점에서 감점처리 됩니다.
10. 시험의 완료는 작성이 완료된 답안을 저장하고, 답안 전송이 완료된 상태를 확인한 것으로 합니다. 답안 전송 확인 후 문제지는 감독위원에게 제출한 후 퇴실하여야 합니다.
11. 답안 전송이 완료된 경우에는 수정 또는 정정이 불가능합니다.
12. 시험 시행 후 합격자 발표는 홈페이지(www.ihd.or.kr)에서 확인하시기 바랍니다.
    1) 문제 및 정답 공개 : 20XX. XX. XX. (X)
    2) 합격자 발표 : 20XX. XX. XX. (X)

디지털정보활용능력 – 프리젠테이션[파워포인트] (시험시간 : 40분)

유의사항
- 《작성조건》을 준수하여 반드시 프리젠테이션 슬라이드로 작업합니다.
- 글꼴 및 기타 사항에 대해 별도의 지시사항이 없는 경우, 슬라이드 크기와 전체적인 균형을 고려하여 임의로 작성하되, **도형은 그룹으로 설정하지 않습니다.**
- 모든 슬라이드 크기(A4), 방향(가로), 디자인 테마(Office 테마)로 지정합니다.
  ▶ 슬라이드 크기, 방향 조정 시 '맞춤 확인'으로 지정하여야 합니다.
- 공통적용사항(슬라이드 마스터)
  ▶ 도형 ⇒ 블록 화살표 : 오른쪽 화살표 설명선, 도형 스타일('미세 효과 – 녹색, 강조 6'), 도형 효과(반사 – '전체 반사, 터치'), 글꼴(궁서, 18pt, 텍스트 그림자, '흰색, 배경 1')
- 그림 삽입 시 다운로드 한 그림 파일을 반드시 사용하여야 합니다.
- ☐ ⟶ 은 지시사항이므로 작성하지 않습니다.
- 슬라이드에 제시된 글자 및 숫자 오타는 감점처리 됩니다.

[슬라이드 1] 아래의 작성조건 및 출력형태에 알맞게 첫 번째 슬라이드에 작업하시오. (30점)

≪출력형태≫

≪작성조건≫

▶ 도형 1 ⇒ 기본 도형 : 정육면체, 도형 채우기(그라데이션 : 미리 설정 – '가운데 그라데이션 – 강조 5', 종류 – 선형, 방향 – '선형 대각선 – 왼쪽 위에서 오른쪽 아래로'), 선 없음, 도형 효과(반사 – '근접 반사, 터치'), 글꼴(궁서, 32pt, 텍스트 그림자)

▶ 도형 2 ⇒ 블록 화살표 : 줄무늬가 있는 오른쪽 화살표, 도형 스타일('강한 효과 – 황금색, 강조 4')

▶ 도형 3 ⇒ 블록 화살표 : 왼쪽/오른쪽/위쪽/아래쪽 화살표 설명선, 도형 채우기(질감 : 흰색 대리석), 도형 윤곽선(실선, 색 : 자주, 너비 : 2pt, 겹선 종류 : 단순형), 도형 효과(네온 – '주황, 5 pt 네온, 강조색 2')

▶ 그림 삽입 ⇒ 그림 1 삽입, 크기(높이 : 6cm, 너비 : 7cm)

▶ 텍스트 상자(여행과 낭만은 캠핑으로 통한다) ⇒ 글꼴(돋움, 22pt, 굵게, 밑줄)

▶ 애니메이션 지정 ⇒ 도형 1 : 나타내기 – 회전

▶ 지시사항이 없는 부분은 《출력형태》와 동일하게 작성하시오.

| 디지털정보활용능력 | 프리젠테이션(파워포인트) | (시험시간 : 40분) |

【슬라이드3】 아래의 작성조건 및 출력형태에 알맞게 세 번째 슬라이드에 작업하시오. **(60점)**

≪출력형태≫

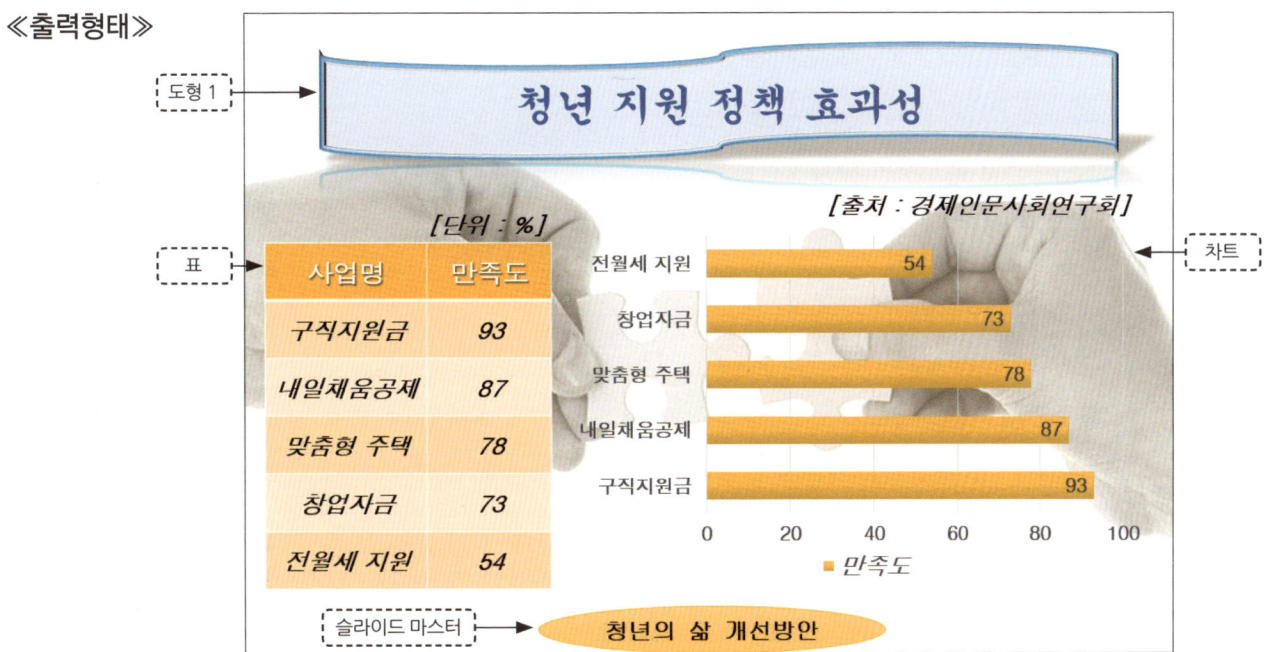

≪작성조건≫ (1) 제목

▶ 도형 1 ⇒ 순서도 : 천공 테이프, 도형 채우기('파랑, 강조 5, 80% 더 밝게'),
　　　　　도형 윤곽선(실선, 색 : 연한 파랑, 너비 : 3pt, 겹선 종류 : 단순형),
　　　　　도형 효과(그림자 - 원근감 - 대각선 오른쪽 위, 반사 - '근접 반사, 터치'),
　　　　　글꼴(궁서, 35pt, 굵게, 파랑)

(2) 본문 (※ 차트 작성은 반드시 '차트삽입→데이타입력→차트스타일' 순으로 작성바랍니다.)

▶ 텍스트 상자 1([단위 : %]) ⇒ 글꼴(돋움, 20pt, 굵게, 기울임꼴)

▶ 표 ⇒ 　표 스타일(보통 스타일 2 - 강조 4),
　　　　가장 위의 행 : 글꼴(돋움, 22pt, 굵게, 텍스트 그림자, 가운데 맞춤),
　　　　나머지 행 : 글꼴(돋움, 20pt, 굵게, 기울임꼴, 가운데 맞춤)

▶ 텍스트 상자 2([출처 : 경제인문사회연구회]) ⇒ 글꼴(돋움, 20pt, 굵게, 기울임꼴)

▶ 차트 ⇒ 　가로 막대형 : 묶은 가로 막대형, 차트 스타일(색 변경 -'단색형 - 색 15', 스타일 5),
　　　　　축 서식/데이터 레이블 : 글꼴(돋움, 16pt, 굵게),
　　　　　범례 서식 : 글꼴(돋움, 20pt, 굵게, 기울임꼴), 데이터는 표 참고

▶ 배경 ⇒ 　배경 서식(채우기 - 그림 또는 질감 채우기)에서 그림 2 삽입(현재 슬라이드만 적용)

▶ 애니메이션 지정 ⇒ 차트 : 나타내기 - 밝기 변화

▶ 지시사항이 없는 부분은 ≪출력형태≫와 동일하게 작성하시오.

MS Office 2016 버전용

디지털정보활용능력
(DIAT; Digital Information Ability Test)

- **시험과목** : 프리젠테이션(파워포인트)
- **시험일자** : 20XX. XX. XX.(X)
- **응시자 기재사항 및 감독위원 확인**

수검번호	DIP - XXXX -	감독위원 확인
성 명		

응시자 유의사항

1. 응시자는 신분증을 지참하여야 시험에 응시할 수 있으며, 시험이 종료될 때까지 신분증을 제시하지 못 할 경우 해당 시험은 0점 처리됩니다.
2. 시스템(PC작동여부, 네트워크 상태 등)의 이상여부를 반드시 확인하여야 하며, 시스템 이상이 있을시 감독위원에게 조치를 받으셔야 합니다.
3. 시험 중 부주의 또는 고의로 시스템을 파손한 경우는 응시자 부담으로 합니다.
4. 답안 전송 프로그램을 통해 다운로드 받은 파일을 이용하여 답안 파일을 작성하시기 바랍니다.
5. 작성한 답안 파일은 답안 전송 프로그램을 통하여 전송됩니다. 감독위원의 지시에 따라 주시기 바랍니다.
6. 다음 사항의 경우 실격(0점) 혹은 부정행위 처리됩니다.
    1) 답안 파일을 저장하지 않았거나, 저장한 파일이 손상되었을 경우
    2) 답안 파일을 지정된 폴더(바탕화면 – "KAIT" 폴더)에 저장하지 않았을 경우
        ※ 답안 전송 프로그램 로그인 시 바탕화면에 자동 생성됨
    3) 답안 파일을 다른 보조 기억장치(USB) 혹은 네트워크(메신저, 게시판 등)로 전송할 경우
    4) 휴대용 전화기 등 통신기기를 사용할 경우
7. 슬라이드는 반드시 순서대로 작성해야 하며, 순서가 다를 경우 "0"점 처리 됩니다.
8. 시험지에 제시된 글꼴이 응시 프로그램에 없는 경우, 반드시 감독위원에게 해당 내용을 통보한 뒤 조치를 받아야 합니다.
9. **슬라이드 작성 시 도형의 그룹 설정을 사용하는 경우, 채점에서 감점처리 됩니다.**
10. 시험의 완료는 작성이 완료된 답안을 저장하고, 답안 전송이 완료된 상태를 확인한 것으로 합니다. 답안 전송 확인 후 문제지는 감독위원에게 제출한 후 퇴실하여야 합니다.
11. 답안 전송이 완료된 경우에는 수정 또는 정정이 불가능합니다.
12. 시험 시행 후 합격자 발표는 홈페이지(www.ihd.or.kr)에서 확인하시기 바랍니다.
    1) 문제 및 정답 공개 : 20XX. XX. XX.(X)
    2) 합격자 발표 : 20XX. XX. XX.(X)

디지털정보활용능력 | 프리젠테이션(파워포인트) — (시험시간 : 40분)

【슬라이드4】 아래의 작성조건 및 출력형태에 알맞게 네 번째 슬라이드에 작업하시오. **(60점)**

≪출력형태≫

≪작성조건≫ (1) 제목

▶ 도형 1 ⇒ 순서도 : 천공 테이프, 도형 채우기('파랑, 강조 5, 80% 더 밝게'),
도형 윤곽선(실선, 색 : 연한 파랑, 너비 : 3pt, 겹선 종류 : 단순형),
도형 효과(그림자 - 원근감 - 대각선 오른쪽 위, 반사 - '근접 반사, 터치'),
글꼴(궁서, 35pt, 굵게, 파랑)

(2) 본문

▶ 도형 2~4 ⇒ 순서도 : 지연, 도형 채우기(질감 : 분홍 박엽지), 선 없음,
도형 효과(네온 - '주황, 11pt, 네온, 강조색 2'), 글꼴(굴림, 26pt, 굵게, '검정, 텍스트 1')

▶ 도형 5~7 ⇒ 순서도 : 카드, 도형 채우기(연한 파랑, 그라데이션 - 선형 오른쪽), 선 없음,
도형 효과(그림자 - 원근감 - 대각선 오른쪽 위), 글꼴(굴림, 26pt, 굵게, 자주)

▶ 도형 8 ⇒ 별 및 현수막 : 포인트가 4개인 별, 도형 채우기(파랑, 그라데이션 - 선형 오른쪽),
선 없음, 도형 효과(입체 효과 - 둥글게)

▶ 도형 9 ⇒ 기본 도형 : 원형, 도형 채우기(그림 또는 질감 채우기) 기능을 사용하여 그림 3 삽입,
도형 윤곽선(실선, 색 : 노랑, 너비 : 3pt, 겹선 종류 : 단순형, 대시 종류 : 둥근 점선),
도형 효과(그림자 - 원근감 - 대각선 왼쪽 위)

▶ WordArt 삽입(청년에게 더 많은 지원 보장)
⇒ WordArt 스타일('채우기 - 회색-50%, 강조 3, 선명한 입체'), 글꼴(궁서, 30pt, 굵게)

▶ 지시사항이 없는 부분은 ≪**출력형태**≫와 동일하게 작성하시오.

academy*soft*

디지털정보활용능력 | **프리젠테이션(파워포인트)** — (시험시간 : 40분)

【슬라이드2】 아래의 작성조건 및 출력형태에 알맞게 두 번째 슬라이드에 작업하시오. **(50점)**

≪출력형태≫

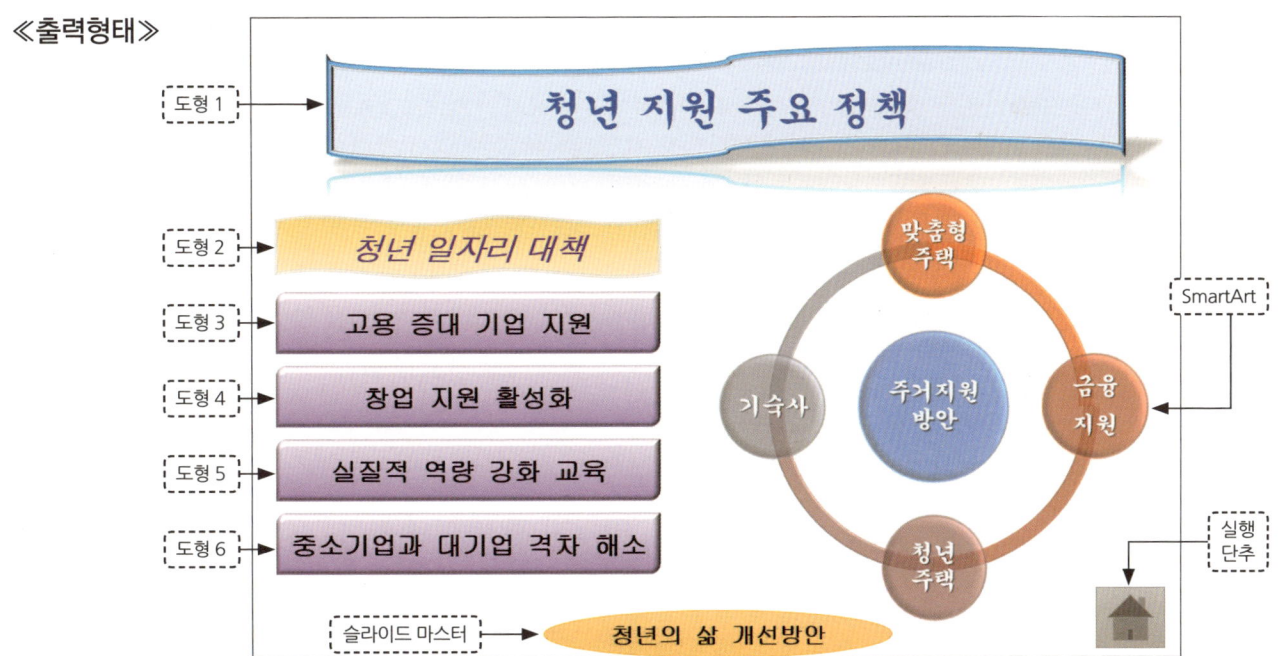

≪작성조건≫ (1) 제목

▶ 도형 1 ⇒ 순서도 : 천공 테이프, 도형 채우기('파랑, 강조 5, 80% 더 밝게'),
도형 윤곽선(실선, 색 : 연한 파랑, 너비 : 3pt, 겹선 종류 : 단순형),
도형 효과(그림자 - 원근감 - 대각선 오른쪽 위, 반사 - '근접 반사, 터치'),
글꼴(궁서, 35pt, 굵게, 파랑)

(2) 본문

▶ 도형 2 ⇒ 별 및 현수막 : 이중 물결, 도형 채우기(주황, 그라데이션 - 선형 아래쪽),
도형 윤곽선(실선, 색 : '회색-25%, 배경 2', 너비 : 3pt, 겹선 종류 : 이중),
글꼴(돋움, 26pt, 굵게, 기울임꼴, 자주)

▶ 도형 3~6 ⇒ 사각형 : 대각선 방향의 모서리가 둥근 사각형,
도형 채우기(자주, 그라데이션 - 선형 위쪽),
선 없음, 도형 효과(입체 효과 - 둥글게),
글꼴(굴림체, 22pt, 굵게, '검정, 텍스트 1')

▶ 실행 단추 ⇒ 실행 단추 : 홈, 하이퍼링크 : 첫째 슬라이드,
도형 스타일('미세 효과 - 회색-50%, 강조 3')

▶ SmartArt 삽입 ⇒ 주기형 : 방사 주기형, 글꼴(궁서, 20pt, 굵게, 가운데 맞춤),
SmartArt 스타일(색 변경 - '색상형 범위 - 강조색 2 또는 3', 3차원 - 파우더),
(반드시 SmartArt 기능을 이용하여 작성할 것)

▶ 애니메이션 지정 ⇒ SmartArt : 나타내기 - 회전하며 밝기 변화

▶ 지시사항이 없는 부분은 ≪출력형태≫와 동일하게 작성하시오.

디지털정보활용능력 | **프리젠테이션(파워포인트)** — (시험시간 : 40분)

유의사항

- 《작성조건》을 준수하여 반드시 프리젠테이션 슬라이드로 작업합니다.
- 글꼴 및 기타 사항에 대해 별도의 지시사항이 없는 경우, 슬라이드 크기와 전체적인 균형을 고려하여 임의로 작성하되, **도형은 그룹으로 설정하지 않습니다.**
- 모든 슬라이드 크기(A4), 방향(가로), 디자인 테마(Office 테마)로 지정합니다.
  ▶ 슬라이드 크기, 방향 조정 시 '맞춤 확인'으로 지정하여야 합니다.
- 공통적용사항(슬라이드 마스터)
  ▶ 도형 ⇒ 기본 도형 : 타원, 도형 스타일('미세 효과 - 황금색, 강조 4'), 글꼴(굴림체, 20pt, 굵게)
- 그림 삽입 시 다운로드 한 그림 파일을 반드시 사용하여야 합니다.
- ⃞ ⟶ 은 지시사항이므로 작성하지 않습니다.
- 슬라이드에 제시된 글자 및 숫자 오타는 감점처리 됩니다.

【슬라이드1】 아래의 작성조건 및 출력형태에 알맞게 첫 번째 슬라이드에 작업하시오. **(30점)**

≪출력형태≫

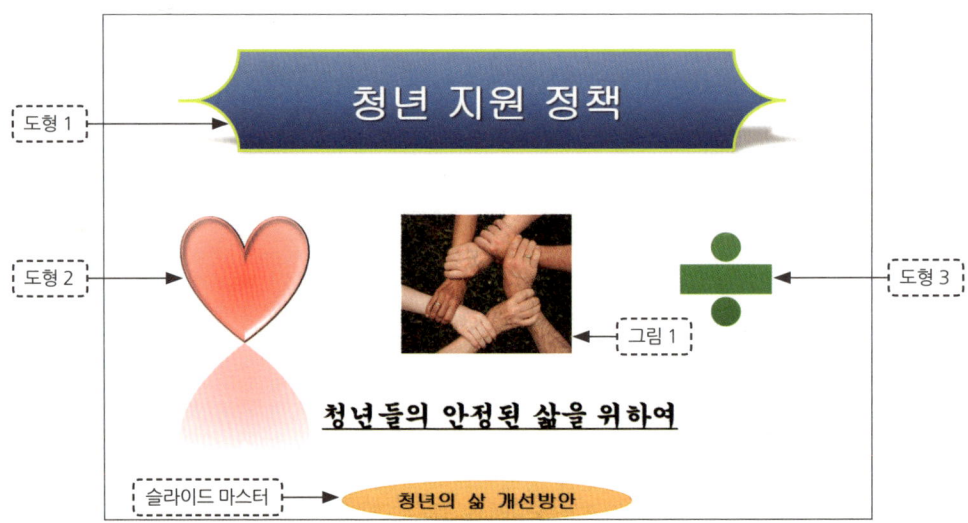

≪작성조건≫
▶ 도형 1 ⇒ 기본 도형 : 배지, 도형 채우기(그라데이션 미리 설정 - '가운데 그라데이션 - 강조 1', 종류 - 선형, 방향 - 선형 위쪽), 도형 윤곽선(실선, 색 : 노랑, 너비 : 3pt, 겹선 종류 : 단순형), 도형 효과(그림자 - 원근감 - 대각선 오른쪽 위), 글꼴(굴림, 42pt, 굵게, 텍스트 그림자)

▶ 도형 2 ⇒ 기본 도형 : 하트, 도형 채우기(빨강, 그라데이션 - 가운데에서), 선 없음, 도형 효과(반사 - '전체 반사, 터치', 입체 효과 - 부드럽게 둥글리기)

▶ 도형 3 ⇒ 수식 도형 : 나눗셈 기호, 도형 스타일('보통 효과 - 녹색, 강조 6')

▶ 그림 삽입 ⇒ 그림 1 삽입, 크기(높이 : 5cm, 너비 : 6cm)

▶ 텍스트 상자(청년들의 안정된 삶을 위하여) ⇒ 글꼴(궁서, 28pt, 굵게, 밑줄)

▶ 애니메이션 지정 ⇒ 도형 1 : 나타내기 - 실선 무늬

▶ 지시사항이 없는 부분은 ≪출력형태≫와 동일하게 작성하시오.

【슬라이드4】 아래의 작성조건 및 출력형태에 알맞게 네 번째 슬라이드에 작업하시오. **(60점)**

≪출력형태≫

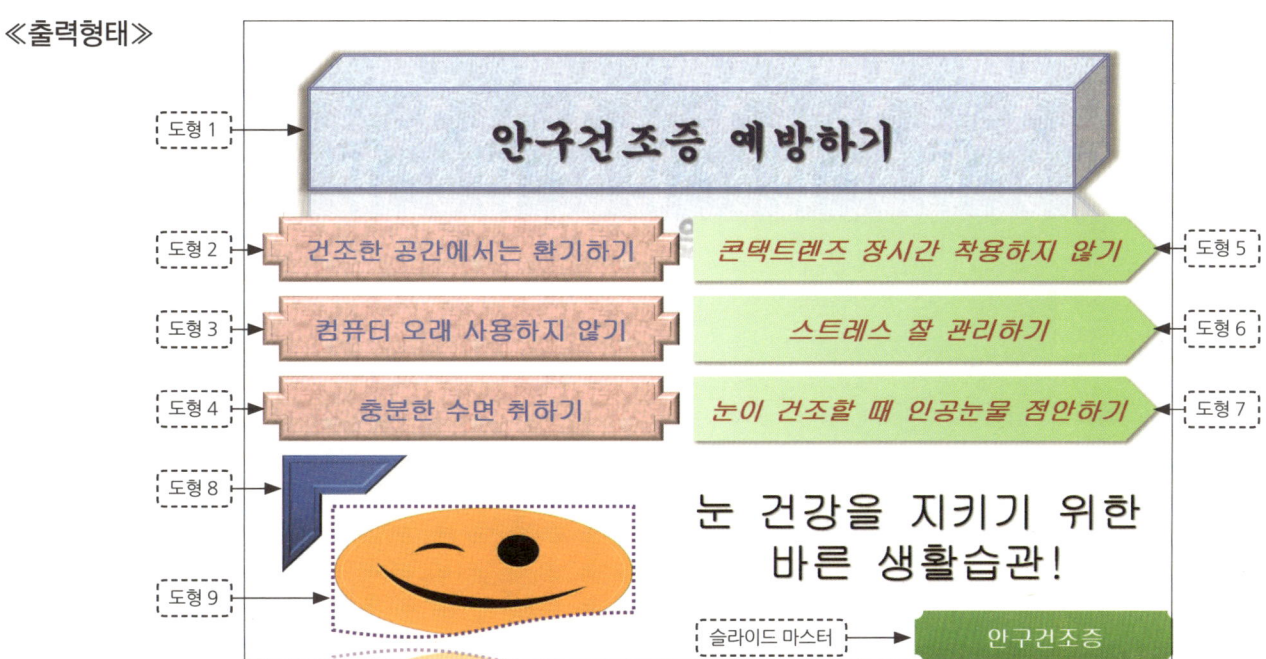

≪작성조건≫ (1) 제목
- 도형 1 ⇒ 기본 도형 : 정육면체, 도형 채우기(질감 : 파랑 박엽지),
  도형 윤곽선(실선, 색 : '파랑, 강조 1', 너비 : 3pt, 겹선 종류 : 이중),
  도형 효과(그림자 - 바깥쪽 - 오프셋 가운데, 반사 - '1/2 반사, 터치'),
  글꼴(궁서체, 36pt, 굵게, 텍스트 그림자, 진한 파랑)

(2) 본문
- 도형 2~4 ⇒ 기본 도형 : 십자형, 도형 채우기(질감 : 분홍 박엽지), 선 없음,
  도형 효과(입체 효과 - 리블렛), 글꼴(굴림, 22pt, 굵게, '파랑, 강조 1')
- 도형 5~7 ⇒ 블록 화살표 : 오각형, 도형 채우기(연한 녹색, 그라데이션 - 선형 왼쪽),
  선 없음, 도형 효과(그림자 - 바깥쪽 - 오프셋 대각선 오른쪽 아래),
  글꼴(굴림체, 22pt, 굵게, 기울임꼴, 진한 빨강)
- 도형 8 ⇒ 기본 도형 : 1/2 액자, 도형 채우기(파랑, 그라데이션 - 선형 위쪽),
  선 없음, 도형 효과(입체 효과 - 딱딱한 가장자리)
- 도형 9 ⇒ 순서도 : 문서, 도형 채우기(그림 또는 질감 채우기) 기능을 사용하여 그림 3 삽입,
  도형 윤곽선(실선, 색 : 자주, 너비 : 3pt, 겹선 종류 : 단순형, 대시 종류 : 둥근 점선),
  도형 효과(반사 - '근접 반사, 8pt 오프셋')
- WordArt 삽입(눈 건강을 지키기 위한 바른 생활습관!)
  ⇒ WordArt 스타일('채우기 - 검정, 텍스트 1, 그림자'), 글꼴(굴림체, 36pt, 텍스트 그림자)
- 지시사항이 없는 부분은 ≪**출력형태**≫와 동일하게 작성하시오.

academysoft

| 디지털정보활용능력 | 프리젠테이션(파워포인트) | (시험시간 : 40분) |

유의사항
- 《작성조건》을 준수하여 반드시 프리젠테이션 슬라이드로 작업합니다.
- 글꼴 및 기타 사항에 대해 별도의 지시사항이 없는 경우, 슬라이드 크기와 전체적인 균형을 고려하여 임의로 작성하되, **도형은 그룹으로 설정하지 않습니다.**
- 모든 슬라이드 크기(A4), 방향(가로), 디자인 테마(Office 테마)로 지정합니다.
  ▶ 슬라이드 크기, 방향 조정 시 '맞춤 확인'으로 지정하여야 합니다.
- 공통적용사항(슬라이드 마스터)
  ▶ 도형 ⇒ 기본 도형 : 배지, 도형 스타일('보통 효과 - 녹색, 강조 6'), 글꼴(굴림, 20pt, 굵게)
- 그림 삽입 시 다운로드 한 그림 파일을 반드시 사용하여야 합니다.
- ┌─────┐ → 은 지시사항이므로 작성하지 않습니다.
- 슬라이드에 제시된 글자 및 숫자 오타는 감점처리 됩니다.

【슬라이드1】 아래의 작성조건 및 출력형태에 알맞게 첫 번째 슬라이드에 작업하시오. **(30점)**

《출력형태》

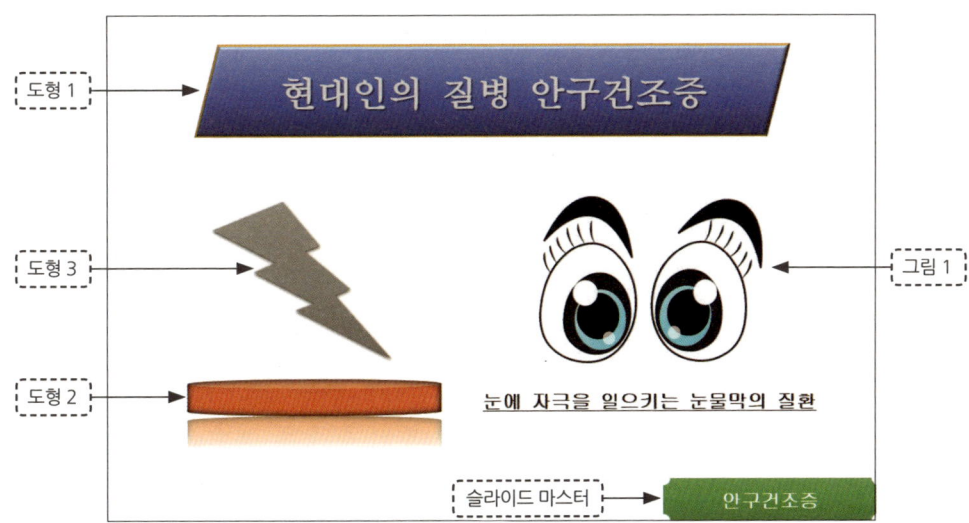

《작성조건》 ▶ 도형 1 ⇒ 기본 도형 : 평행 사변형, 도형 채우기(그라데이션 : 미리 설정 - '가운데 그라데이션 - 강조 5', 종류 - 선형, 방향 - 선형 위쪽), 도형 윤곽선(실선, 색 : '황금색, 강조 4', 너비 : 2pt, 겹선 종류 : 단순형), 도형 효과(입체 효과 - 둥글게), 글꼴(바탕체, 36pt, 굵게, 텍스트 그림자, '회색-25%, 배경 2')

▶ 도형 2 ⇒ 기본 도형 : 원통, 도형 채우기('주황, 강조 2'), 선 없음, 도형 효과(그림자 - 안쪽 가운데, 반사 - '전체 반사, 터치')

▶ 도형 3 ⇒ 기본 도형 : 번개, 도형 스타일('강한 효과 - 회색-50%, 강조 3')

▶ 그림 삽입 ⇒ 그림 1 삽입, 크기(높이 : 6cm, 너비 : 8cm)

▶ 텍스트 상자(눈에 자극을 일으키는 눈물막의 질환) ⇒ 글꼴(굴림체, 20pt, 굵게, 밑줄)

▶ 애니메이션 지정 ⇒ 도형 1 : 나타내기 - 밝기 변화

▶ 지시사항이 없는 부분은 《출력형태》와 동일하게 작성하시오.

디지털정보활용능력 | 프리젠테이션(파워포인트) — (시험시간 : 40분)

【슬라이드2】 아래의 작성조건 및 출력형태에 알맞게 두 번째 슬라이드에 작업하시오. **(50점)**

≪출력형태≫

≪작성조건≫ (1) 제목

▶ 도형 1 ⇒ 기본 도형 : 정육면체, 도형 채우기(질감 : 파랑 박엽지),
도형 윤곽선(실선, 색 : '파랑, 강조 1', 너비 : 3pt, 겹선 종류 : 이중),
도형 효과(그림자 - 바깥쪽 - 오프셋 가운데, 반사 - '1/2 반사, 터치'),
글꼴(궁서체, 36pt, 굵게, 텍스트 그림자, 진한 파랑)

(2) 본문

▶ 도형 2 ⇒ 기본 도형 : 눈물 방울, 도형 채우기(진한 빨강, 그라데이션 - 선형 위쪽),
도형 윤곽선(실선, 색 : '녹색, 강조 6', 너비 : 5pt, 겹선 종류 : 굵고 얇음),
글꼴(궁서, 24pt, 굵게, 텍스트 그림자, 노랑)

▶ 도형 3~6 ⇒ 기본 도형 : 육각형, 도형 채우기(노랑, 그라데이션 - 왼쪽 아래 모서리에서),
선 없음, 도형 효과(입체 효과 - 각지게), 글꼴(굴림, 20pt, 굵게, 기울임꼴, 자주)

▶ 실행 단추 ⇒ 실행 단추 : 홈, 하이퍼링크 : 첫째 슬라이드,
도형 스타일('색 채우기 - 황금색, 강조 4')

▶ SmartArt 삽입 ⇒ 행렬형 : 제목 있는 행렬형, 글꼴(돋움, 24pt, 굵게, 가운데 맞춤),
SmartArt 스타일(색 변경 - '색상형 - 강조색', 3차원 - 광택 처리),
(반드시 SmartArt 기능을 이용하여 작성할 것)

▶ 애니메이션 지정 ⇒ SmartArt : 나타내기 - 도형

▶ 지시사항이 없는 부분은 ≪출력형태≫와 동일하게 작성하시오.

디지털정보활용능력 **프리젠테이션(파워포인트)** **(시험시간 : 40분)**

【슬라이드3】 아래의 작성조건 및 출력형태에 알맞게 세 번째 슬라이드에 작업하시오. **(60점)**

≪출력형태≫

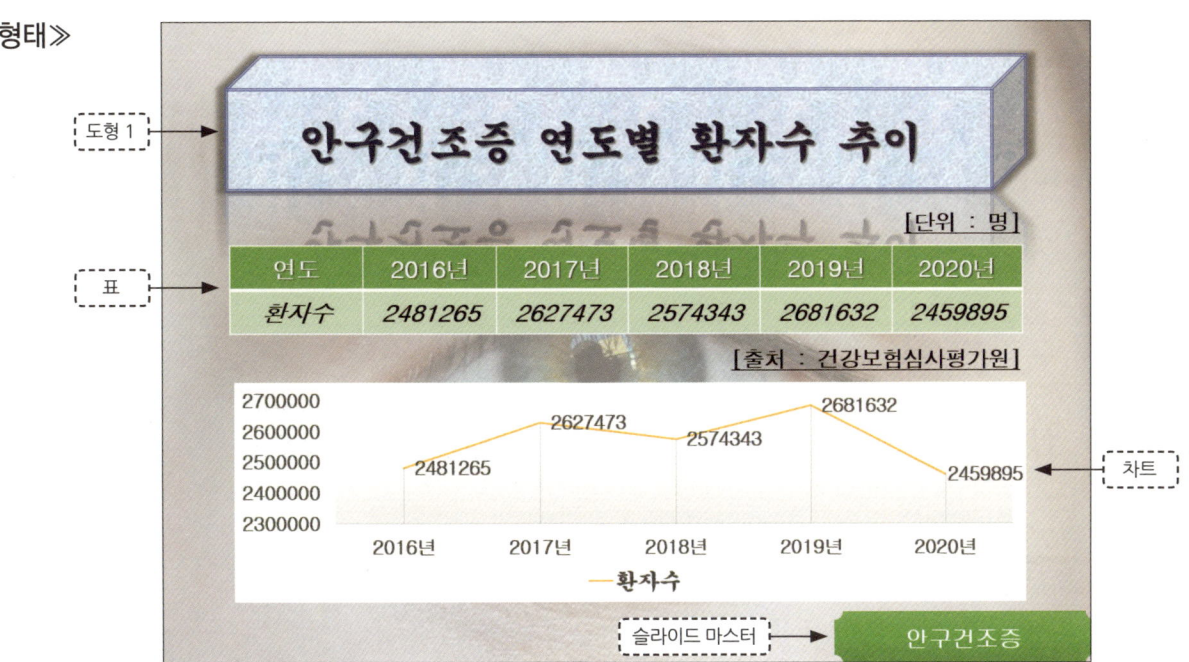

≪작성조건≫ (1) 제목

▶ 도형 1 ⇒ 기본 도형 : 정육면체, 도형 채우기(질감 : 파랑 박엽지),
   도형 윤곽선(실선, 색 : '파랑, 강조 1', 너비 : 3pt, 겹선 종류 : 이중),
   도형 효과(그림자 - 바깥쪽 - 오프셋 가운데, 반사 - '1/2 반사, 터치'),
   글꼴(궁서체, 36pt, 굵게, 텍스트 그림자, 진한 파랑)

(2) 본문 (※ 차트 작성은 반드시 '차트삽입→데이타입력→차트스타일' 순으로 작성바랍니다.)

▶ 텍스트 상자 1([단위 : 명]) ⇒ 글꼴(돋움체, 18pt, 굵게, 밑줄)
▶ 표 ⇒ 표 스타일('보통 스타일 2 - 강조 6'),
   가장 위의 행 : 글꼴(돋움, 20pt, 굵게, 텍스트 그림자, 가운데 맞춤),
   나머지 행 : 글꼴(돋움, 20pt, 굵게, 기울임꼴, 가운데 맞춤)
▶ 텍스트 상자 2([출처 : 건강보험심사평가원]) ⇒ 글꼴(돋움체, 18pt, 굵게, 밑줄)
▶ 차트 ⇒ 꺾은선형 : 꺾은선형, 차트 스타일(색 변경 - '단색형 - 색 8', 스타일 4),
   축 서식/데이터 레이블 : 글꼴(굴림, 16pt, 굵게),
   범례 서식 : 글꼴(궁서체, 18pt, 굵게), 데이터는 표 참고
▶ 배경 ⇒ 배경 서식(채우기 - 그림 또는 질감 채우기)에서 그림 2 삽입(현재 슬라이드만 적용)
▶ 애니메이션 지정 ⇒ 차트 : 나타내기 - 나누기
▶ 지시사항이 없는 부분은 ≪출력형태≫와 동일하게 작성하시오.

MS Office 2016 버전용

디지털정보활용능력
(DIAT; Digital Information Ability Test)

- **시험과목** : 프리젠테이션(파워포인트)
- **시험일자** : 20XX. XX. XX.(X)
- **응시자 기재사항 및 감독위원 확인**

수검번호	DIP - XXXX -	감독위원 확인
성　　명		

응시자 유의사항

1. 응시자는 신분증을 지참하여야 시험에 응시할 수 있으며, 시험이 종료될 때까지 신분증을 제시하지 못 할 경우 해당 시험은 0점 처리됩니다.
2. 시스템(PC작동여부, 네트워크 상태 등)의 이상여부를 반드시 확인하여야 하며, 시스템 이상이 있을시 감독위원에게 조치를 받으셔야 합니다.
3. 시험 중 부주의 또는 고의로 시스템을 파손한 경우는 응시자 부담으로 합니다.
4. 답안 전송 프로그램을 통해 다운로드 받은 파일을 이용하여 답안 파일을 작성하시기 바랍니다.
5. 작성한 답안 파일은 답안 전송 프로그램을 통하여 전송됩니다. 감독위원의 지시에 따라 주시기 바랍니다.
6. 다음 사항의 경우 실격(0점) 혹은 부정행위 처리됩니다.
    1) 답안 파일을 저장하지 않았거나, 저장한 파일이 손상되었을 경우
    2) 답안 파일을 지정된 폴더(바탕화면 - "KAIT" 폴더)에 저장하지 않았을 경우
        ※ 답안 전송 프로그램 로그인 시 바탕화면에 자동 생성됨
    3) 답안 파일을 다른 보조 기억장치(USB) 혹은 네트워크(메신저, 게시판 등)로 전송할 경우
    4) 휴대용 전화기 등 통신기기를 사용할 경우
7. 슬라이드는 반드시 순서대로 작성해야 하며, 순서가 다를 경우 "0"점 처리 됩니다.
8. 시험지에 제시된 글꼴이 응시 프로그램에 없는 경우, 반드시 감독위원에게 해당 내용을 통보한 뒤 조치를 받아야 합니다.
9. **슬라이드 작성 시 도형의 그룹 설정을 사용하는 경우, 채점에서 감점처리 됩니다.**
10. 시험의 완료는 작성이 완료된 답안을 저장하고, 답안 전송이 완료된 상태를 확인한 것으로 합니다. 답안 전송 확인 후 문제지는 감독위원에게 제출한 후 퇴실하여야 합니다.
11. 답안 전송이 완료된 경우에는 수정 또는 정정이 불가능합니다.
12. 시험 시행 후 합격자 발표는 홈페이지(www.ihd.or.kr)에서 확인하시기 바랍니다.
    1) 문제 및 정답 공개 : 20XX. XX. XX.(X)
    2) 합격자 발표 : 20XX. XX. XX.(X)

디지털정보활용능력 **프리젠테이션(파워포인트)** — (시험시간 : 40분)

【슬라이드4】 아래의 작성조건 및 출력형태에 알맞게 네 번째 슬라이드에 작업하시오. **(60점)**

≪출력형태≫

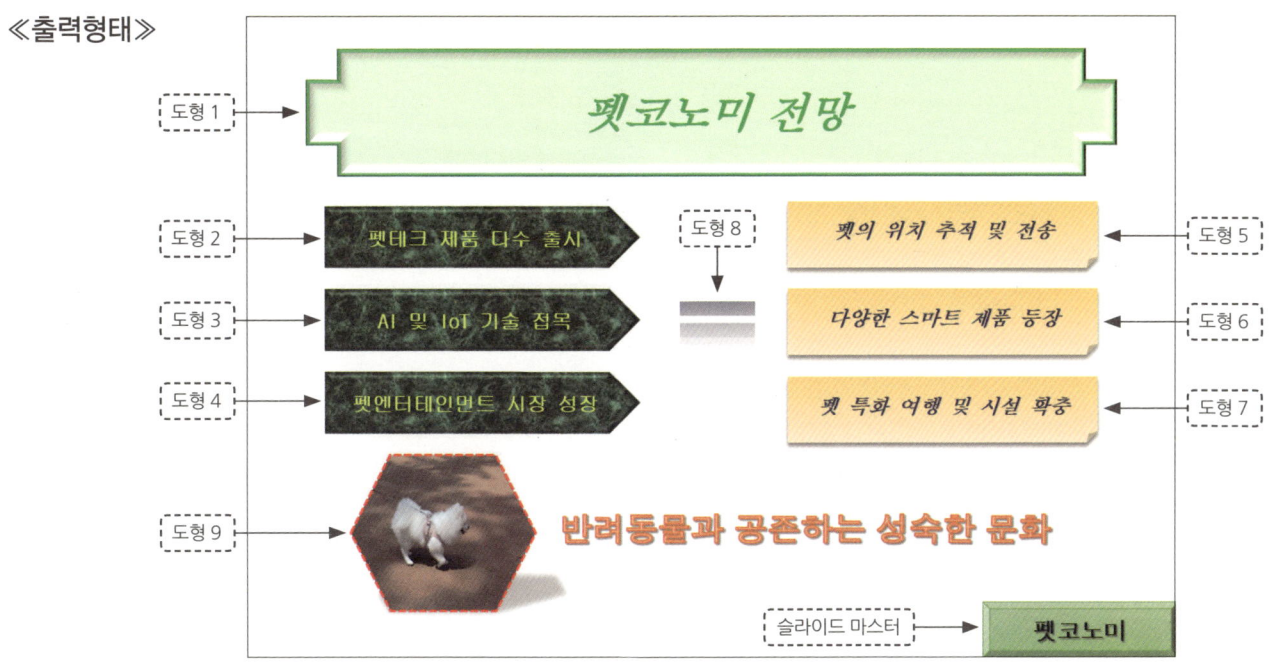

≪작성조건≫ (1) 제목

▶ 도형 1 ⇒ 기본 도형 : 십자형, 도형 채우기('녹색, 강조 6, 80% 더 밝게'),
도형 윤곽선(실선, 색 : 녹색, 너비 : 3pt, 겹선 종류 : 단순형),
도형 효과(입체 효과 - 부드럽게 둥글리기), 글꼴(바탕, 36pt, 굵게, 기울임꼴, 녹색)

(2) 본문

▶ 도형 2~4 ⇒ 블록 화살표 : 오각형, 도형 채우기(질감 : 녹색 대리석), 선 없음,
도형 효과(입체 효과 - 둥글게), 글꼴(굴림체, 17pt, 굵게, 노랑)

▶ 도형 5~7 ⇒ 기본 도형 : 모서리가 접힌 도형, 도형 채우기(주황, 그라데이션 - 선형 아래쪽),
선 없음, 도형 효과(그림자 - 바깥쪽 - 오프셋 아래쪽),
글꼴(바탕체, 굵게, 17pt, 기울임꼴, 진한 파랑)

▶ 도형 8 ⇒ 수식 도형 : 등호, 도형 채우기(진한 파랑, 그라데이션 - 선형 아래쪽),
선 없음, 도형 효과(반사 - '근접 반사, 터치')

▶ 도형 9 ⇒ 기본 도형 : 육각형, 도형 채우기(그림 또는 질감 채우기) 기능을 사용하여 그림 3 삽입,
도형 윤곽선(실선, 색 : 빨강, 너비 : 2pt, 겹선 종류 : 단순형, 대시 종류 : 사각 점선),
도형 효과(그림자 - 원근감 - 대각선 오른쪽 위)

▶ WordArt 삽입(반려동물과 공존하는 성숙한 문화)
⇒ WordArt 스타일('채우기 : 주황, 강조색 2, 윤곽선 : 주황, 강조색 2'),
글꼴(돋움, 28pt, 굵게, 텍스트 그림자)

▶ 지시사항이 없는 부분은 ≪출력형태≫와 동일하게 작성하시오.

academysoft

| 디지털정보활용능력 | **프리젠테이션(파워포인트)** | (시험시간 : 40분) |

【슬라이드2】 아래의 작성조건 및 출력형태에 알맞게 두 번째 슬라이드에 작업하시오. **(50점)**

≪출력형태≫

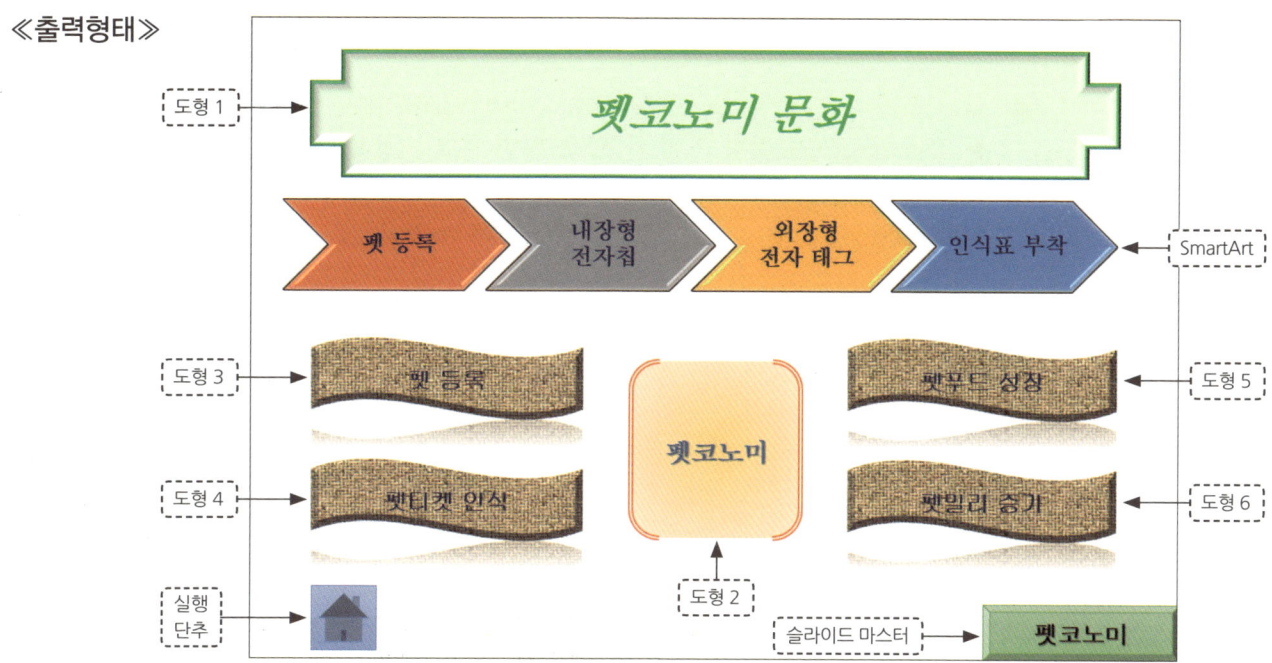

≪작성조건≫ (1) 제목

▶ 도형 1 ⇒ 기본 도형 : 십자형, 도형 채우기('녹색, 강조 6, 80% 더 밝게'),
   도형 윤곽선(실선, 색 : 녹색, 너비 : 3pt, 겹선 종류 : 단순형),
   도형 효과(입체 효과 - 부드럽게 둥글리기), 글꼴(바탕, 36pt, 굵게, 기울임꼴, 녹색)

(2) 본문

▶ 도형 2 ⇒ 기본 도형 : 양쪽 대괄호, 도형 채우기(주황, 그라데이션 - 가운데에서),
   도형 윤곽선(실선, 색 : '주황, 강조 2', 너비 : 4pt, 겹선 종류 : 이중),
   글꼴(바탕, 22pt, 굵게, 텍스트 그림자, 파랑)

▶ 도형 3~6 ⇒ 별 및 현수막 : 물결, 도형 채우기(질감 : 돗자리), 선 없음,
   도형 효과(반사 - '근접 반사, 터치', 입체 효과 - 각지게),
   글꼴(굴림, 20pt, 굵게, 진한 파랑)

▶ 실행 단추 ⇒ 실행 단추 : 홈, 하이퍼링크 : 첫째 슬라이드,
   도형 스타일('미세 효과 - 파랑, 강조 5')

▶ SmartArt 삽입 ⇒ 프로세스형 : 기본 갈매기형 수장 프로세스형,
   글꼴(바탕, 19pt, 굵게, 진한 파랑, 가운데 맞춤),
   SmartArt 스타일(색 변경 - '색상형 - 강조색', 3차원 - 만화),
   (반드시 SmartArt 기능을 이용하여 작성할 것)

▶ 애니메이션 지정 ⇒ SmartArt : 나타내기 - 회전하며 밝기 변화

▶ 지시사항이 없는 부분은 ≪출력형태≫와 동일하게 작성하시오.

디지털정보활용능력 **프리젠테이션(파워포인트)** (시험시간 : 40분)

유의사항
- 《작성조건》을 준수하여 반드시 프리젠테이션 슬라이드로 작업합니다.
- 글꼴 및 기타 사항에 대해 별도의 지시사항이 없는 경우, 슬라이드 크기와 전체적인 균형을 고려하여 임의로 작성하되, 도형은 그룹으로 설정하지 않습니다.
- 모든 슬라이드 크기(A4), 방향(가로), 디자인 테마(Office 테마)로 지정합니다.
  ▶ 슬라이드 크기, 방향 조정 시 '맞춤 확인'으로 지정하여야 합니다.
- 공통적용사항(슬라이드 마스터)
  ▶ 기본 도형 : 빗면, 도형 스타일('미세 효과 - 녹색, 강조 6'),
    글꼴(돋움, 20pt, 굵게, 텍스트 그림자, '검정, 텍스트 1')
- 그림 삽입 시 다운로드 한 그림 파일을 반드시 사용하여야 합니다.
- ☐ → 은 지시사항이므로 작성하지 않습니다.
- 슬라이드에 제시된 글자 및 숫자 오타는 감점처리 됩니다.

【슬라이드1】 아래의 작성조건 및 출력형태에 알맞게 첫 번째 슬라이드에 작업하시오. **(30점)**

《출력형태》

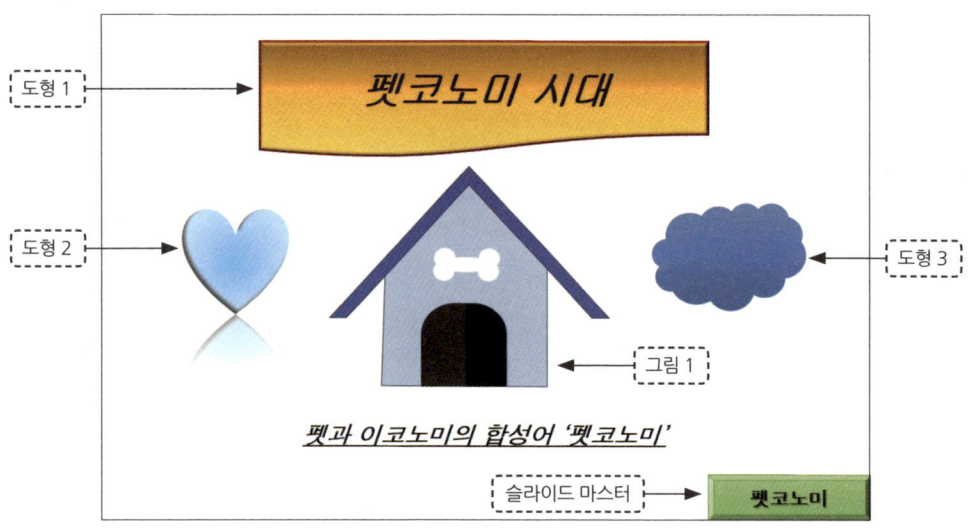

《작성조건》 ▶ 도형 1 ⇒ 순서도 : 문서, 도형 채우기(그라데이션 : 미리 설정 - '가운데 그라데이션 - 강조 4', 종류 - 선형, 방향 - 선형 아래쪽), 도형 윤곽선(실선, 색 : 진한 빨강, 너비 : 2pt, 겹선 종류 : 단순형), 도형 효과(입체 효과 - 둥글게), 글꼴(굴림, 40pt, 굵게, 기울임꼴, 진한 파랑)

▶ 도형 2 ⇒ 기본 도형 : 하트, 도형 채우기(연한 파랑, 그라데이션 - 가운데에서), 선 없음, 도형 효과(그림자 - 안쪽 - 대각선 왼쪽 아래, 반사 - '1/2 반사, 터치')

▶ 도형 3 ⇒ 기본 도형 : 구름, 도형 스타일('보통 효과 - 파랑, 강조 5')

▶ 그림 삽입 ⇒ 그림 1 삽입, 크기(높이 : 8cm, 너비 : 10cm)

▶ 텍스트 상자(펫과 이코노미의 합성어 '펫코노미') ⇒ 글꼴(돋움, 24pt, 굵게, 기울임꼴, 밑줄)

▶ 애니메이션 지정 ⇒ 도형 1 : 나타내기 - 닦아내기

▶ 지시사항이 없는 부분은 《출력형태》와 동일하게 작성하시오.

디지털정보활용능력 프리젠테이션(파워포인트) (시험시간 : 40분)

【슬라이드3】 아래의 작성조건 및 출력형태에 알맞게 세 번째 슬라이드에 작업하시오. **(60점)**

≪출력형태≫

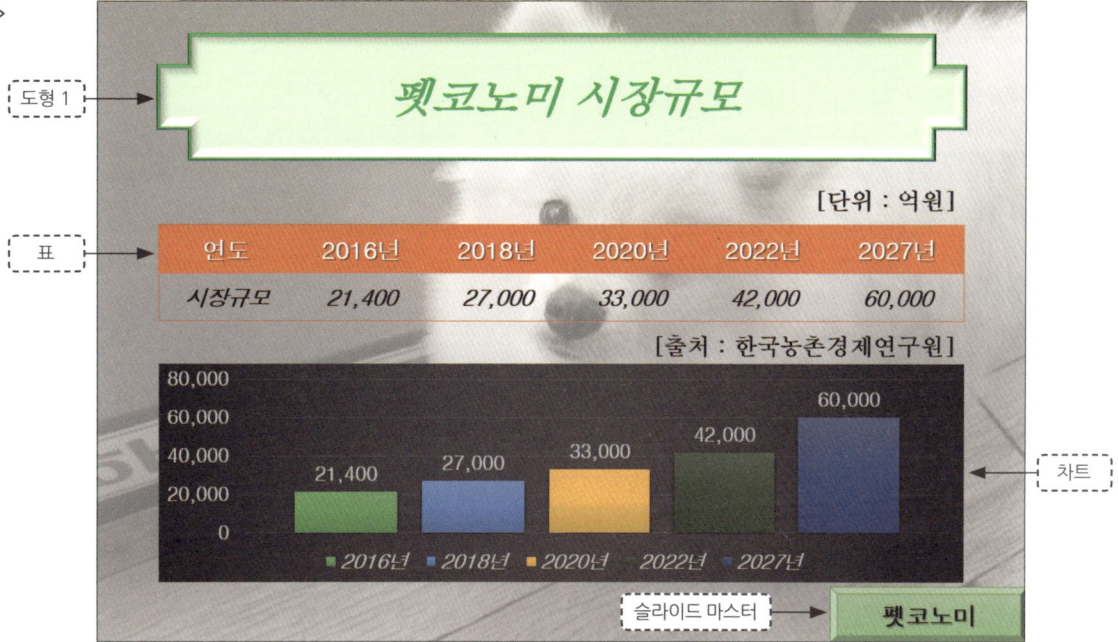

≪작성조건≫ (1) 제목

▶ 도형 1 ⇒ 기본 도형 : 십자형, 도형 채우기('녹색, 강조 6, 80% 더 밝게'),
　　　　　도형 윤곽선(실선, 색 : 녹색, 너비 : 3pt, 겹선 종류 : 단순형),
　　　　　도형 효과(입체 효과 - 부드럽게 둥글리기), 글꼴(바탕, 36pt, 굵게, 기울임꼴, 녹색)

(2) 본문 (※ 차트 작성은 반드시 '차트삽입→데이타입력→차트스타일' 순으로 작성바랍니다.)

▶ 텍스트 상자 1([단위 : 억원]) ⇒ 글꼴(바탕, 20pt, 굵게)

▶ 표 ⇒ 　표 스타일(밝은 스타일 2 - 강조 2), 세로 가운데 맞춤,
　　　　가장 위의 행 : 글꼴(돋움, 20pt, 굵게, 텍스트 그림자, 가운데 맞춤),
　　　　나머지 행 : 글꼴(돋움, 18pt, 굵게, 기울임꼴, 가운데 맞춤)

▶ 텍스트 상자 2([출처 : 한국농촌경제연구원]) ⇒ 글꼴(바탕, 20pt, 굵게)

▶ 차트 ⇒ 　세로 막대형 : 묶은 세로 막대형,
　　　　　차트 스타일(색 변경 - '색상형 - 색 4', 스타일 8),
　　　　　축 서식/데이터 레이블 : 글꼴(돋움, 16pt, 굵게),
　　　　　범례 서식 : 글꼴(돋움, 17pt, 굵게, 기울임꼴), 데이터는 표 참고

▶ 배경 ⇒ 배경 서식(채우기 - 그림 또는 질감 채우기)에서 그림 2 삽입(현재 슬라이드만 적용)

▶ 애니메이션 지정 ⇒ 차트 : 나타내기 - 도형

▶ 지시사항이 없는 부분은 ≪출력형태≫와 동일하게 작성하시오.

MS Office 2016 버전용

디지털정보활용능력
(DIAT; Digital Information Ability Test)

- **시험과목** : 프리젠테이션(파워포인트)
- **시험일자** : 20XX. XX. XX.(X)
- **응시자 기재사항 및 감독위원 확인**

수 검 번 호	DIP - XXXX -	감독위원 확인
성 명		

응시자 유의사항

1. 응시자는 신분증을 지참하여야 시험에 응시할 수 있으며, 시험이 종료될 때까지 신분증을 제시하지 못 할 경우 해당 시험은 0점 처리됩니다.
2. 시스템(PC작동여부, 네트워크 상태 등)의 이상여부를 반드시 확인하여야 하며, 시스템 이상이 있을시 감독위원에게 조치를 받으셔야 합니다.
3. 시험 중 부주의 또는 고의로 시스템을 파손한 경우는 응시자 부담으로 합니다.
4. 답안 전송 프로그램을 통해 다운로드 받은 파일을 이용하여 답안 파일을 작성하시기 바랍니다.
5. 작성한 답안 파일은 답안 전송 프로그램을 통하여 전송됩니다. 감독위원의 지시에 따라 주시기 바랍니다.
6. 다음 사항의 경우 실격(0점) 혹은 부정행위 처리됩니다.
    1) 답안 파일을 저장하지 않았거나, 저장한 파일이 손상되었을 경우
    2) 답안 파일을 지정된 폴더(바탕화면 – "KAIT" 폴더)에 저장하지 않았을 경우
        ※ 답안 전송 프로그램 로그인 시 바탕화면에 자동 생성됨
    3) 답안 파일을 다른 보조 기억장치(USB) 혹은 네트워크(메신저, 게시판 등)로 전송할 경우
    4) 휴대용 전화기 등 통신기기를 사용할 경우
7. 슬라이드는 반드시 순서대로 작성해야 하며, 순서가 다를 경우 "0"점 처리 됩니다.
8. 시험지에 제시된 글꼴이 응시 프로그램에 없는 경우, 반드시 감독위원에게 해당 내용을 통보한 뒤 조치를 받아야 합니다.
9. 슬라이드 작성 시 도형의 그룹 설정을 사용하는 경우, 채점에서 감점처리 됩니다.
10. 시험의 완료는 작성이 완료된 답안을 저장하고, 답안 전송이 완료된 상태를 확인한 것으로 합니다. 답안 전송 확인 후 문제지는 감독위원에게 제출한 후 퇴실하여야 합니다.
11. 답안 전송이 완료된 경우에는 수정 또는 정정이 불가능합니다.
12. 시험 시행 후 합격자 발표는 홈페이지(www.ihd.or.kr)에서 확인하시기 바랍니다.
    1) 문제 및 정답 공개 : 20XX. XX. XX.(X)
    2) 합격자 발표 : 20XX. XX. XX.(X)